Catherine CARON-MICHAMBLÉ
Professeur certifié de Lettres modernes
Collège Paul Fort à Is-sur-Tille

Anne-Marie ACHARD
Professeur certifié de Lettres modernes
Collège Jean Rostand à Quétigny

Jean-Jacques BESSON
Professeur agrégé de Lettres modernes
Collège Saint-Exupéry à Mâcon

Littérature et expression

3ᵉ

Des méthodes pour lire et pour écrire

HACHETTE
Éducation

Maquette intérieure : Evelyn AUDUREAU
Mise en pages : Denise GAILLARD
Iconographie : Anne MENSIOR
Couverture : Evelyn AUDUREAU

© HACHETTE LIVRE 1999, 43, quai de Grenelle, 75905 Paris Cedex 15
ISBN 2-01-125096.X
www.hachette-education.com

Tous droits de traduction, de reproduction et d'adaptation réservés pour tous pays.

Le Code de la propriété intellectuelle n'autorisant, aux termes des articles L. 122-4 et L. 122-5, d'une part, que les « copies ou reproductions strictement réservées à l'usage privé du copiste et non destinées à une utilisation collective », et d'autre part, que « les analyses et les courtes citations » dans un but d'exemple et d'illustration, « toute représentation ou reproduction intégrale ou partielle, faite sans le consentement de l'auteur ou de ses ayants droit ou ayants cause, est illicite ».
(Alinéas 1er de l'Article 40).
Cette représentation ou reproduction, par quelque procédé que ce soit, sans autorisation de l'éditeur ou du Centre français de l'exploitation du droit de copie (20, rue des Grands-Augustins, 75006 Paris), constituerait donc une contrefaçon sanctionnée par les Articles 425 et suivants du Code pénal.

Avant-propos

Un manuel organisé en trois parties

Le manuel *Littérature et expression 3ᵉ* guide l'élève dans **l'étude des formes de discours** à travers trois grandes parties :

1ʳᵉ partie : **Le discours narratif :**
on aborde les aspects plus complexes du discours narratif, centrés sur le narrateur, le point de vue, les différentes voix qui s'expriment dans un récit.

2ᵉ partie : **Le discours argumentatif :**
la compréhension et la pratique de l'argumentation amènent l'élève à reconnaître l'expression d'une pensée, et à prendre en compte l'opinion d'autrui.

3ᵉ partie : **Discours, genres et sous-genres :**
l'approche des genres se fait en relation avec des pratiques diversifiées de lecture des discours.

Des objectifs formulés pour l'élève

- Chaque chapitre propose **un objectif général** qui synthétise la notion centrale abordée par les différentes activités proposées.

- Chaque texte est précédé d'**un objectif partiel** qui met l'accent sur un aspect du texte lié à l'objectif général du chapitre.

- Le professeur peut ainsi guider l'élève dans ses apprentissages, tout en **choisissant** les objectifs qui lui paraissent prioritaires pour la classe dont il a la charge. Il peut **organiser son enseignement** en ordonnant les objectifs et les textes de la manière qui lui convient le mieux.

Des chapitres structurés selon un axe qui lie constamment lecture et écriture

- **Préciser les objectifs du chapitre**
Une phase de découverte amène l'élève à cerner une question, à travers l'étude de plusieurs textes.

- **Lectures**
  – Des textes variés et un appareil pédagogique conséquent conduisent l'élève à s'interroger sur les techniques d'écriture, et sur le sens des textes ;
  – des activités d'expression écrite et orale sont proposées à partir des notions découvertes ;
  – des activités de lecture de l'image liées aux illustrations permettent de s'interroger sur la relation texte-image.

- **Lecture personnelle**
Cette partie met à la disposition des élèves des textes longs, pour une activité de lecture cursive.

- **Lecture-écriture**
Les activités de lectures sont synthétisées pour un réinvestissement dans de nombreux exercices consacrés aux pratiques d'écriture.

- **Prolongements**
À partir de l'objectif général du chapitre, un thème se trouve approfondi, et appliqué dans des activités d'écriture.

- **Lecture de l'image**
Des œuvres liées à l'objectif du chapitre amènent l'élève à réfléchir sur le langage de l'image.

Les Auteurs

N.B. : Les astérisques de couleur bleue (*) indiquent les mots expliqués au lexique en fin d'ouvrage.

SOMMAIRE

1re partie : *Le discours narratif*

Chapitre 1 : Le récit à la troisième personne
OBJECTIF ▶ *Reconnaître les points de vue du narrateur*

LECTURES
- ▶ Préciser l'objectif du chapitre .... p. 14
- ▶ Description et point de vue .... p. 18
  La Neige en deuil de Henri TROYAT
- ▶ Raconter objectivement .... p. 20
  L'Amour de Marguerite DURAS
- ▶ Personnages et point de vue .... p. 22
  Typhon de Joseph CONRAD
- ▶ Les différents points de vue .... p. 24
  L'Assommoir de Émile ZOLA

LECTURE PERSONNELLE .... p. 27
Le Mariage du Lieutenant Laré de Guy DE MAUPASSANT

LECTURE-ÉCRITURE .... p. 31
Reconnaître et utiliser les points de vue du narrateur

PROLONGEMENTS .... p. 34
Raconter, dans quel but ?

LECTURE DE L'IMAGE .... p. 36
Le narrateur dans la bande dessinée

Expression : Écrire, p. 19, 21, 23, 26 – S'exprimer à l'oral, p. 21, 26   **Relation texte-image,** p. 19, 21

Chapitre 2 : Le récit encadré
OBJECTIFS ▶ *Délimiter un récit encadré dans diverses formes de discours*
▶ *Reconnaître l'utilité du récit encadré*

LECTURES
- ▶ Préciser les objectifs du chapitre .... p. 40
- ▶ Le récit encadré à valeur d'illustration p. 42
  Choses vues de Victor HUGO
- ▶ L'insertion du récit encadré .... p. 44
  Une histoire racontée à l'obscurité de R.-M. RILKE
- ▶ Le double encadrement .... p. 46
  Le Dernier Mousse de Francisco COLOANE

LECTURE PERSONNELLE .... p. 52
Les Mille et Une Nuits

LECTURE-ÉCRITURE .... p. 56
Encadrer un récit

PROLONGEMENTS .... p. 60
Récits encadrés et textes-cadres

LECTURE DE L'IMAGE .... p. 62
Le tableau dans le tableau

Expression : Écrire, p. 43, 45, 52 – S'exprimer à l'oral, p. 43, 52   **Relation texte-image,** p. 52

Chapitre 3 : Pour lire une œuvre intégrale : Carmen de Prosper Mérimée

OBJECTIFS ▶ *Comprendre la construction d'un récit complexe*
Différencier les formes de discours dans un récit

LECTURES	PROLONGEMENTS .... p. 78
▶ **Extrait 1 : Chapitre 1, début** .... p. 66	Les formes de discours dans le récit
Clés pour lire le chapitre 1, fin .... p. 69	
Clés pour lire le chapitre 2, début .... p. 69	
▶ **Extrait 2 : Chapitre 2, fin** .... p. 69	
▶ **Extrait 3 : Chapitre 3, début** .... p. 72	
Clés pour lire le chapitre 3, milieu .... p. 74	
▶ **Extrait 4 : Chapitre 3, fin** .... p. 75	
Clés pour lire le chapitre 4 .... p. 76	

Chapitre 4 : L'Histoire, témoignages et romans

OBJECTIFS ▶ *Identifier les événements racontés*
Analyser les réflexions ou les émotions exprimées à propos de ces événements

LECTURES	LECTURE PERSONNELLE .... p. 100
▶ **Préciser les objectifs du chapitre** .... p. 82	*Le Tigre dans la vitrine* de Alki ZEI
▶ **Raconter une anecdote significative** .. p. 84	LECTURE-ÉCRITURE .... p. 102
Le Monde d'hier de Stefan ZWEIG	Raconter un événement et exprimer
▶ **Insérer un événement historique dans un roman** .... p. 86	des réflexions
L'Été 1914 de Roger MARTIN DU GARD	LECTURE DE L'IMAGE .... p. 104
▶ **Témoigner et montrer l'émotion** .... p. 90	Le photographe témoin de son temps
Les Heures longues de COLETTE	
▶ **Raconter pour témoigner** .... p. 92	
Argoval de Henri BARBUSSE	
▶ **S'adresser à la sensibilité du lecteur** . p. 95	
Ce jour-là de VERCORS (Texte intégral)	

Expression : Écrire, p. 86, 89, 91, 94, 99 –
S'exprimer à l'oral, p. 86, 89, 94, 99   **Relation texte-image,** p. 91, 99

2ᵉ partie : *Le discours argumentatif*

Chapitre 5 : L'information et le commentaire

OBJECTIF ▶ *Distinguer l'information et le commentaire*

LECTURES	LECTURE-ÉCRITURE .... p. 120
▶ **Préciser l'objectif du chapitre** .... p. 110	Rédiger un paragraphe de commentaire
▶ **Informer et argumenter** .... p. 114	LECTURE DE L'IMAGE .... p. 122
Le Lièvre et les Grenouilles de J. DE LA FONTAINE	Aller à l'essentiel : *Le Taureau* de Picasso
▶ **Organiser l'information et le commentaire** .... p. 116	
Lettres de Madame DE SÉVIGNÉ	

Expression : Écrire, p. 115, 117, 119 – S'exprimer à l'oral, p. 115, 117

Chapitre 6 : Exprimer une opinion personnelle

OBJECTIFS ▶ *Apprendre à exprimer précisément une opinion*
Identifier des procédés pour exprimer une opinion

LECTURES	LECTURE PERSONNELLE .... p. 140
▶ **Préciser les objectifs du chapitre** ..... p. 128	*Inventaire paradoxal de petits plaisirs et de grandes haines* de Charlélie COUTURE
▶ **Distinguer les thèmes, les sentiments, les réflexions** .... p. 130	LECTURE-ÉCRITURE .... p. 143
Madrapour de Robert MERLE	Comment préciser son opinion ?
▶ **Illustrer une opinion à l'aide d'une anecdote** .... p. 132	PROLONGEMENTS .... p. 146
La Vraie Paresse de J. K. JEROME	Le vocabulaire de l'opinion
▶ **Prendre en compte l'opinion d'autrui** p. 134	LECTURE DE L'IMAGE .... p. 148
Le Poissonnier du Louvre de Hubert COMTE	Le dessin humoristique
▶ **Des procédés pour exprimer son opinion** .... p. 138	
Voyages de ALAIN	

Expression : Écrire, p. 131, 134, 137, 139 –
S'exprimer à l'oral, p. 131, 137   **Relation texte-image,** p. 131, 137, 139

Chapitre 7 : Argumenter au théâtre

OBJECTIFS ▶ *Reconnaître la situation de communication*
Lire une suite d'images d'un film

LECTURE DU TEXTE pp. 152-163, 165-167	PROLONGEMENTS .... p. 168
LECTURE DE L'IMAGE .... pp. 164-165	Communiquer et argumenter

Relation texte-image, p. 155, 157, 159, 161, 167

Chapitre 8 : Réunir les éléments de l'argumentation

OBJECTIFS ▶ *Formuler des arguments pour convaincre*
Choisir des exemples pour illustrer des arguments

LECTURES

▶ **Préciser les objectifs du chapitre** ...... p. 172

▶ **Justifier ses choix** .... p. 174
Tous les matins du monde
de Pascal QUIGNARD

▶ **Illustrer ses arguments
par des exemples** .... p. 176
Les Yeux ouverts, Marguerite YOURCENAR
entretiens avec Matthieu Galey

▶ **Généraliser pour argumenter** .... p. 178
Conseils à un jeune homme
de André MAUROIS

▶ **Réfuter une idée fausse** .... p. 180
L'image, elle, ne ment pas
de Pierre VIANSSON-PONTÉ

LECTURE PERSONNELLE .... p. 182
Sur les contes de fées de P.-J. STAHL

LECTURE-ÉCRITURE .... p. 186
Les éléments de l'argumentation

LECTURE DE L'IMAGE .... p. 190
La photographie de presse

Expression : Écrire, p. 175, 177, 179, 181 –
S'exprimer à l'oral, p. 175, 177, 179

Relation texte-image, p. 177, 181

Chapitre 9 : Organiser l'argumentation

OBJECTIFS ▶ *Construire un texte argumentatif*
Présenter les arguments de façon efficace

LECTURES

▶ **Préciser les objectifs du chapitre** ..... p. 194

▶ **Ordonner les arguments** .... p. 196
Une lecture inoubliable de Serge CARRÈRE

▶ **Argumenter pour agir : l'engagement** p. 198
Lettres de VOLTAIRE

▶ **Le dialogue argumentatif** .... p. 200
Eugénie Grandet de Honoré DE BALZAC

▶ **La présentation des arguments** .... p. 202
Lettres d'Espagne de Prosper MÉRIMÉE

LECTURE PERSONNELLE .... p. 204
L'Équation du nénuphar
de Albert JACQUARD

LECTURE-ÉCRITURE .... p. 208
Rédiger un paragraphe argumentatif

PROLONGEMENTS .... p. 210
Introduire et conclure une argumentation

LECTURE DE L'IMAGE .... p. 212
Publicité : l'argumentation en images

Expression : Écrire, p. 197, 199, 201, 203 –
S'exprimer à l'oral, p. 197, 199, 201, 203

Relation texte-image, p. 197, 203

3e partie : Discours, genres et sous-genres

Chapitre 10 : Théâtre

OBJECTIFS ▶ *Reconnaître l'argumentation dans le texte théâtral*
Comprendre le lien entre le verbal et le visuel au théâtre

LECTURES

▶ **Préciser les objectifs du chapitre**..... p. 218

▶ **Comprendre le déroulement d'un dialogue argumentatif**................. p. 222
Roméo et Juliette de William SHAKESPEARE

▶ **Repérer l'absence ou la présence d'arguments**........................... p. 225
Antigone de Jean ANOUILH

▶ **Échanger des arguments**................ p. 228
Le Voyage de Monsieur Perrichon de Eugène LABICHE

▶ **Exposer des arguments**.................. p. 231
Hernani de Victor HUGO

LECTURE-ÉCRITURE .... p. 236
La description dans le texte théâtral

PROLONGEMENTS .... p. 238
Le dialogue de théâtre

LECTURE DE L'IMAGE .... p. 234
La mise en scène au théâtre

Expression : Écrire, p. 224, 227, 230, 233 –
S'exprimer à l'oral, p. 224, 227, 230, 233 **Relation texte-image,** p. 224, 227, 230, 233

Chapitre 11 : Poésie

OBJECTIFS ▶ *Reconnaître les caractéristiques de la poésie lyrique*
Reconnaître les caractéristiques de la poésie engagée

LECTURES

▶ **Préciser les objectifs du chapitre**..... p. 242

▶ **Suggérer des sentiments**................ p. 246
Chanson de Marie NOËL

▶ **Exprimer sa peine**....................... p. 248
Gaspard Hauser chante de Paul VERLAINE

▶ **L'élégie**................................... p. 250
Jardin d'hiver de Jean LORRAIN

▶ **L'engagement du poète**.................. p. 252
Les connaître tous de Pablo NERUDA

▶ **Prendre position pour une cause**..... p. 254
L'Enfant de Victor HUGO

▶ **Symbole et poésie**........................ p. 256
Le Galant Tireur de Charles BAUDELAIRE

LECTURE PERSONNELLE .... p. 258
(Choix de poèmes)

LECTURE-ÉCRITURE .... p. 263
L'expression de soi

PROLONGEMENTS .... p. 266
Figures de style

LECTURE DE L'IMAGE .... p. 268
Peinture et sentiments

Expression : Écrire, p. 249, 251, 253, 255, 257 –
S'exprimer à l'oral, p. 247, 249, 251, 253, 255 **Relation texte-image,** p. 249, 253, 255

Chapitre 12 : Le récit fantastique

OBJECTIFS ▶ *Reconnaître les caractéristiques du récit fantastique*
Différencier les formes de l'imaginaire

LECTURES

▶ **Préciser les objectifs du chapitre**..... p. 272

▶ **Amuser grâce au fantastique**.......... p. 274
Le Chat assassiné de Jean RAY

▶ **Décrire pour effrayer**...................... p. 276
La Malvenue de Claude SEIGNOLLE

▶ **Faire naître l'incertitude**................. p. 278
Sosie de Dino BUZZATI

▶ **L'irruption de l'étrange**................... p. 281
Le Portrait de Dorian Gray de Oscar WILDE

LECTURE-ÉCRITURE .... p. 284
Écrire un récit fantastique

PROLONGEMENTS .... p. 288
Science-fiction, merveilleux, fantastique

LECTURE DE L'IMAGE .... p. 290
La peinture de l'imaginaire

Expression : Écrire, p. 275, 277, 280, 283 –
S'exprimer à l'oral, p. 277-283   **Relation texte-image**, p. 280-283

Chapitre 13 : Les écrits autobiographiques

OBJECTIFS ▶ *Découvrir ce que l'auteur raconte de sa vie*
Comprendre sa vision du monde

LECTURES

▶ **Préciser les objectifs du chapitre**..... p. 294

▶ **Évoquer l'enfance** .... p. 298
Mémoires d'une jeune fille rangée
de Simone DE BEAUVOIR

▶ **Observer le fonctionnement
de la mémoire** .... p. 300
Si le grain ne meurt de André GIDE

▶ **Tout dire ?** .... p. 303
Passe-temps de Paul LÉAUTAUD

▶ **Comment exprimer ce qu'on a vécu ?** p. 306
L'Écriture ou la vie de Jorge SEMPRUN

LECTURE-ÉCRITURE .... p. 308
Les commentaires du narrateur

PROLONGEMENTS .... p. 311
Parler de soi, parler du monde

LECTURE DE L'IMAGE .... p. 314
Autoportraits

Expression : Écrire, p. 299, 303, 305 – S'exprimer à l'oral, p. 307   **Relation texte-image**, p. 303

Lexique   p. 316
Index des auteurs   p. 320

1ʳᵉ partie

Le discours narratif

POUR COMMENCER...

• Un discours est **narratif** quand il rapporte un ou plusieurs événements.

• L'**auteur** est la personne réelle, existant ou ayant existé, qui écrit des romans, des articles de journaux, des témoignages,…

• Le **personnage** est un être inventé par l'auteur. Le **narrateur** est le personnage qui raconte l'histoire.

---

récit à la première personne : le narrateur est un personnage de l'histoire

— Je me levai sans bruit, j'allai pieds nus jusqu'à la glace de l'armoire et me contemplai, comme si j'eusse été un autre, ou plutôt comme si j'étais redevenu moi-même : l'homme qu'on n'avait pas aimé, celui pour qui personne au monde n'avait souffert. Je m'apitoyais sur ma jeunesse ; ma grande main de paysan glissa le long de ma joue non rasée, déjà assombrie d'une barbe dure, aux reflets roux.

Je me vêtis en silence et descendis au jardin. Maman était dans l'allée des roses. Elle se levait avant les domestiques pour aérer la maison, elle me dit :
— Tu profites de la fraîcheur ?

un autre personnage

François MAURIAC, *Le Nœud de vipères*, © Grasset, 1932.

l'auteur

CHAPITRES

1. Le récit à la troisième personne
2. Le récit encadré
3. Pour lire une œuvre intégrale :
   Carmen *de Prosper Mérimée*
4. L'Histoire : témoignages et romans

Frans FRANCKEN (1542-1616), *Le Fils prodigue*.
Londres, Alan Jacobs Gallery.
© The Bridgeman Art Library.

Chapitre 1.
Le récit à la troisième personne

OBJECTIF ▶ *Reconnaître les points de vue du narrateur*

LECTURES

▷ **Préciser l'objectif du chapitre**
  Les Misérables de Victor Hugo
  L'Éducation sentimentale de Gustave Flaubert
  Les Gommes de Alain Robbe-Grillet

▷ **Description et point de vue**
  La Neige en deuil de Henri Troyat

▷ **Raconter objectivement**
  L'Amour de Marguerite Duras

▷ **Personnages et point de vue**
  Typhon de Joseph Conrad

▷ **Les différents points de vue**
  L'Assommoir de Émile Zola

LECTURE PERSONNELLE
Le Mariage du Lieutenant Laré de Guy de Maupassant

LECTURE-ÉCRITURE
Reconnaître et utiliser les points de vue du narrateur

PROLONGEMENTS
Raconter, dans quel but ?

LECTURE DE L'IMAGE
Le narrateur dans la bande dessinée
Bruno Brazil de Vance-Greg

Gustave CAILLEBOTTE (1848-1894), *Homme nu-tête, vu de dos à la fenêtre*, 1875. Coll. particulière. © BL. – Giraudon.

LECTURES

▶ *Préciser l'objectif du chapitre*

Les Misérables

Constant TROYON (1810-1865), *Le Braconnier*. Mulhouse, Musée des Beaux-Arts. © Giraudon.

Victor HUGO
(1802-1885) a envisagé, dès 1845, d'écrire un roman, *Les Misères*. Ce roman paraîtra en 1862, sous le titre *Les Misérables*.

Dans les premiers jours du mois d'octobre 1815, une heure environ avant le coucher du soleil, un homme qui voyageait à pied entrait dans la petite ville de Digne. Les rares habitants qui se trouvaient en ce moment à leurs fenêtres ou sur le seuil de leurs maisons regardaient ce
5 voyageur avec une sorte d'inquiétude. Il était difficile de rencontrer un passant d'un aspect plus misérable. C'était un homme de moyenne taille,

trapu et robuste, dans la force de l'âge. Il pouvait avoir quarante-six ou quarante-huit ans. Une casquette à visière de cuir rabattue cachait en partie son visage brûlé par le soleil et le hâle et ruisselant de sueur. Sa chemise de grosse toile jaune, rattachée au col par une petite ancre d'argent, laissait voir sa poitrine velue ; il avait une cravate tordue en corde, un pantalon de coutil bleu, usé et râpé, blanc à un genou, troué à l'autre, une vieille blouse grise en haillons, rapiécée à l'un des coudes d'un morceau de drap vert cousu avec de la ficelle, sur le dos un sac de soldat fort plein, bien bouclé et tout neuf, à la main un énorme bâton noueux, les pieds sans bas dans des souliers ferrés, la tête tondue et la barbe longue.

La sueur, la chaleur, le voyage à pied, la poussière, ajoutaient je ne sais quoi de sordide à cet ensemble délabré.

Les cheveux étaient ras, et pourtant hérissés ; car ils commençaient à pousser un peu, et semblaient n'avoir pas été coupés depuis quelque temps.

Personne ne le connaissait. Ce n'était évidemment qu'un passant. D'où venait-il ? Du midi. Des bords de la mer peut-être. Car il faisait son entrée dans Digne par la même rue qui sept mois auparavant avait vu passer l'empereur Napoléon allant de Cannes à Paris. Cet homme avait dû marcher tout le jour. Il paraissait très fatigué. Des femmes de l'ancien bourg qui est au bas de la ville l'avaient vu s'arrêter sous les arbres du boulevard Gassendi et boire à la fontaine qui est à l'extrémité de la promenade. Il fallait qu'il eût bien soif, car des enfants qui le suivaient le virent encore s'arrêter, et boire, deux cents pas plus loin, à la fontaine de la place du marché.

Arrivé au coin de la rue Poichevert, il tourna à gauche et se dirigea vers la mairie. Il y entra, puis sortit un quart d'heure après. Un gendarme était assis près de la porte sur le banc de pierre où le général Drouot monta le 4 mars pour lire à la foule effarée des habitants de Digne la proclamation du golfe Juan. L'homme ôta sa casquette et salua humblement le gendarme.

Victor HUGO, Les Misérables, 1862.

L'Éducation sentimentale

Gustave FLAUBERT (1821-1880) a consacré sa vie à l'écriture de son œuvre, *Trois contes, Madame Bovary, L'Éducation sentimentale*, notamment.

Frédéric et Rosanette se promènent dans la forêt.

Ils s'amusaient de tout ; ils se montraient, comme une curiosité, des fils de la Vierge suspendus aux buissons, des trous pleins d'eau au milieu des pierres, un écureuil sur les branches, le vol de deux papillons qui les suivaient ; ou bien, à vingt pas d'eux, sous les arbres, une biche marchait, tranquillement, d'un air noble et doux, avec son faon côte à côte. Rosanette aurait voulu courir après pour l'embrasser.

Elle eut bien peur une fois quand un homme, se présentant tout à coup, lui montra dans une boîte trois vipères. Elle se jeta vivement contre Frédéric ; – il fut heureux de ce qu'elle était faible et de se sentir assez fort pour la défendre.

Ce soir-là, ils dînèrent dans une auberge, au bord de la Seine. La table était près de la fenêtre, Rosanette en face de lui ; et il contemplait son petit nez fin et blanc, ses lèvres retroussées, ses yeux clairs, ses bandeaux châtains qui bouffaient, sa jolie figure ovale. Sa robe de foulard écru collait à ses épaules un peu tombantes ; et, sortant de leurs manchettes tout unies, ses deux mains découpaient, versaient à boire, s'avançaient sur la nappe. On leur servit un poulet avec les quatre membres étendus, une matelote d'anguilles dans un compotier en terre de pipe, du vin râpeux, du pain trop dur, des couteaux ébréchés. Tout cela augmentait le plaisir, l'illusion. Ils se croyaient presque au milieu d'un voyage, en Italie, dans leur lune de miel.

Avant de repartir, ils allèrent se promener le long de la berge.

Gustave FLAUBERT, *L'Éducation sentimentale*, 1869.

Édouard MANET (1832-1883), *Chez le père Lathuile. En plein air*, 1879.
Tournai, Musée des Beaux-Arts. © Photo Josse.

Les Gommes

Alain Robbe-Grillet est né à Brest en 1922. Il a fait des études d'agronomie. Il a travaillé à l'étranger, puis s'est consacré exclusivement à la littérature.

Wallas, un détective, va dans un restaurant. Les repas, préparés sur un plateau, sont servis dans un distributeur.

Dans la vitre de celui-ci Wallas aperçoit, l'un au-dessus de l'autre, six exemplaires de la composition suivante : sur un lit de pain de mie, beurré de margarine, s'étale un large filet de hareng, à la peau bleu argenté ; à droite cinq quartiers de tomate, à gauche trois rondelles
5 d'œuf dur ; posées par-dessus, en des points calculés, trois olives noires. Chaque plateau supporte en outre une fourchette et un couteau. Les disques de pain sont certainement fabriqués sur mesure.

Wallas introduit son jeton dans la fente et appuie sur un bouton. Avec un ronronnement agréable de moteur électrique, toute la colonne
10 d'assiettes se met à descendre ; dans la case vide située à la partie inférieure apparaît, puis s'immobilise, celle dont il s'est rendu acquéreur. Il la saisit, ainsi que le couvert qui l'accompagne, et pose le tout sur une table libre. Après avoir opéré de la même façon pour une tranche du même pain, garni cette fois de fromage, et enfin pour un verre de bière,
15 il commence à couper son repas en petits cubes.

Un quartier de tomate en vérité sans défaut, découpé à la machine dans un fruit d'une symétrie parfaite.

La chair périphérique, compacte et homogène, d'un beau rouge de chimie, est régulièrement épaisse entre une bande de peau luisante et la
20 loge où sont rangés les pépins, jaunes, bien calibrés, maintenus en place par une mince couche de gelée verdâtre le long d'un renflement du cœur. Celui-ci, d'un rose atténué légèrement granuleux, débute, du côté de la dépression inférieure, par un faisceau de veines blanches, dont l'une se prolonge jusque vers les pépins – d'une façon peut-être un peu
25 incertaine.

Alain Robbe-Grillet, *Les Gommes*, © Éditions de Minuit, 1953.

PRÉCISER LES OBJECTIFS

1. Reproduisez le tableau ci-dessous et complétez les cases qui conviennent à l'aide d'une croix ; vous justifierez vos choix oralement.

Le texte contient :	Les Misérables	L'Éducation sentimentale	Les Gommes
une description d'un lieu, d'un objet ou d'un être			
la narration de faits ou d'actions			

2. À quelle personne ces textes sont-ils écrits ? Qu'en déduisez-vous sur la place du narrateur par rapport à l'histoire ?

3. Précisez dans quel texte le narrateur :
a) raconte et décrit seulement ce que pourrait voir un observateur présent sur les lieux ;
b) exprime les pensées et sentiments des personnages ;
c) décrit un être ou un objet à travers le regard d'un personnage de l'histoire ;
d) donne des explications ou formule un commentaire.

1. Le récit à la troisième personne

LECTURES

▶ *Description et point de vue*

La Neige en deuil

Henri TROYAT est né en 1911. Son œuvre romanesque est importante. Il a écrit également des biographies littéraires – *Maupassant, Flaubert,* par exemple – et historiques – *Ivan le Terrible, Gorki,* notamment. Il est membre de l'Académie française depuis 1959.

Le jour approchait. La montagne approchait. Des risées couraient dans le brouillard. L'ombre des marcheurs se couchait, bleue, sur la neige. Une coulée d'acide rongeait la crasse du ciel. Isaïe baissa la tête. Il ne voulait pas voir ce qui se passait devant lui. Encore un pas, deux pas, 5 trois pas...

– Ça vient ! dit Marcelin.

Isaïe leva les yeux et reçut le paysage en pleine figure, comme un coup de vent. Une gigantesque muraille se dressait au-dessus de la terre blanche. Tailladées d'ombres obliques, cirées de verglas, ciselées, vitri-10 fiées, aiguisées à l'extrême, les cimes incrustaient dans l'espace leur architecture ennemie des humains. Des névés luisaient comme des éclats de porcelaine dans des nids de roches abruptes. Une dentelle aux mailles lâches pendait sur le flanc d'un pic, hérissé de redents pointus. À gauche, dominant une paroi lisse et sombre, un casque de glace épar-15 pillait les premiers rayons du soleil. C'était là-haut qu'il fallait grimper. Dans le ciel, des éponges roses voguaient vers un petit lac de jade, qui disparut bientôt, asséché par leurs masses buveuses de lumière. D'autres monstres de vapeur, aux nageoires effilochées, se hâtaient de couvrir les derniers trous de clarté. Les courants atmosphériques brassaient, autour 20 des sommets, une pâte amorphe, dont les filaments demeuraient accrochés aux moindres aspérités du rempart. Isaïe observait intensément ce combat silencieux où l'air et la pierre mesuraient leurs forces. Un équilibre mystérieux s'établissait entre l'énergie qu'il avait dépensée et la beauté du spectacle dont il était le témoin. Sans doute, rien de tout cela 25 n'aurait eu lieu en son absence. Le soleil se levait pour lui seul, et pour lui seul, les montagnes acceptaient les couleurs de l'aurore. Il était responsable, en quelque sorte, de cette création éblouissante et hostile. Il retira ses gants et se signa, sans quitter du regard les cimes pétrifiées qui mordaient le ciel.

Henri TROYAT, *La Neige en deuil,* © Flammarion, 1952.

LIRE LE TEXTE

Les éléments de l'histoire

1. Par quels mots est précisément désigné le lieu de l'histoire ?

2. Quelles expressions indiquent à quel moment du jour se déroule cette scène ? Précisez ce moment.

3. Nommez les deux personnages de l'histoire. Quel est celui que le narrateur fait le plus connaître ? Justifiez votre réponse.

4. Quelles actions ce personnage accomplit-il ? Précisez votre réponse en citant le texte.

Gustave DORÉ (1832-1883), *Le Cirque de Gavarnie*. Pau, Musée des Beaux-Arts. © Giraudon.

Les descriptions

5. Délimitez, en indiquant le numéro des lignes, deux passages descriptifs. Faites la liste des noms désignant tout ce qui est décrit.

6. Relevez, dans chacune de ces descriptions, les métaphores* et comparaisons*. Que suggèrent-elles dans l'un et l'autre cas ?

7. Relevez les verbes appartenant au champ lexical* de la vue. Précisez où ils se trouvent placés dans le texte et quel est leur sujet.

8. Utilisez vos réponses à la question **7** pour déterminer qui regarde et qui décrit ce qui est regardé.

Le personnage

9. Que peut-on déduire de la phrase : « *C'était là-haut qu'il fallait grimper* » (l. 15) ?

10. En quelles lignes le narrateur exprime-t-il les pensées du personnage ? Relevez un groupe de mots exprimant une opposition.

LIRE L'IMAGE

11. Selon vous l'œuvre de G. Doré convient-elle pour illustrer cet extrait de roman ? Donnez vos raisons.

12. Choisissez, dans le texte, une expression ou une phrase qui puisse servir de légende à ce tableau.

13. Quels aspects de la montagne le peintre a-t-il mis en valeur ?

ÉCRIRE

14. Choisissez l'une des deux affirmations ci-dessous et rédigez un court paragraphe de commentaire. Vous justifierez l'affirmation choisie à l'aide de quelques citations.
– Dans cet extrait, la description permet de montrer le décor.
– Dans cet extrait, la description permet de faire connaître les sentiments d'un personnage.

1. Le récit à la troisième personne

LECTURES

▶ *Raconter objectivement*

L'Amour

Léon SPILLIAERT (1881-1946), *La Digue,* 1909. Courtrai, Coll. Carlo de Poortere.
Photo Lauros-Giraudon.
© Adagp 1999.

●───
Marguerite DURAS (1914-1996) a vécu son enfance et sa jeunesse en Indochine. Elle s'est installée en France à l'âge de dix-huit ans. Elle a créé des romans, des films, *Hiroshima mon amour,* notamment.

Un homme.
Il est debout, il regarde : la plage, la mer.
La mer est basse, calme, la saison est indéfinie, le temps, lent.
L'homme se trouve sur un chemin de planches posé sur le sable.
5 Il est habillé de vêtements sombres. Son visage est distinct.
Ses yeux sont clairs.
Il ne bouge pas. Il regarde.
La mer, la plage, il y a des flaques, des surfaces d'eau calme isolées.
Entre l'homme qui regarde et la mer, tout au bord de la mer, loin,
10 quelqu'un marche. Un autre homme. Il est habillé de vêtements sombres. À cette distance son visage est indistinct. Il marche, il va, il vient, il va, il revient, son parcours est assez long, toujours égal.
Quelque part sur la plage, à droite de celui qui regarde, un mouvement lumineux : une flaque se vide, une source, un fleuve, des fleuves,
15 sans répit, alimentent le gouffre de sel.

À gauche, une femme aux yeux fermés. Assise.

L'homme qui marche ne regarde pas, rien, rien d'autre que le sable devant lui. Sa marche est incessante, régulière, lointaine.

Le triangle se ferme avec la femme aux yeux fermés. Elle est assise contre un mur qui délimite la plage vers sa fin, la ville.

L'homme qui regarde se trouve entre cette femme et l'homme qui marche au bord de la mer.

Du fait de l'homme qui marche, constamment, avec une lenteur égale, le triangle se déforme, se reforme, sans se briser jamais.

Cet homme a le pas régulier d'un prisonnier.

Marguerite DURAS, *L'Amour,* © Gallimard, 1971.

LIRE LE TEXTE

Qui raconte ?

1. À quelle personne ce texte est-il écrit ? Qu'en déduisez-vous sur la place du narrateur par rapport à l'histoire racontée ?

2. À quel temps la scène est-elle racontée ? Quel est l'effet produit par l'emploi de ce temps ?

Lieu, personnages et actions

3. En quel lieu la scène se déroule-t-elle ? Quelles expressions, quelles phrases décrivent ce lieu ?

4. Relevez les mots et groupes de mots qui désignent chacun des trois personnages. Formulez une remarque sur ces groupes de mots.

5. Quelle est l'impression produite par cette manière de nommer les personnages ?

6. Quelles actions les personnages accomplissent-ils ?

7. Relevez des phrases non verbales. Quel est l'effet produit par cette sorte de phrase ?

Qui voit ?

8. a) Combien de fois le verbe « *regarder* » est-il utilisé ?
b) Que regardent les personnages ?
c) Par qui sont-ils regardés ?

9. Le narrateur rapporte-t-il les pensées des personnages ? leurs sentiments ?

LIRE L'IMAGE

10. Décrivez ce que vous voyez dans l'œuvre de L. Spilliaert. Utilisez le plus possible de phrases non verbales.

11. Quelle est l'impression produite par l'absence de personnages ?

12. À quels endroits du paysage représenté dans le tableau placeriez-vous les personnages du texte ?

ÉCRIRE

13. Rédigez quelques lignes qui puissent s'enchaîner à la dernière phrase. Vous veillerez à n'exprimer ni les pensées, ni les sentiments *de l'homme qui marche*.

14. a) Rédigez quelques lignes qui s'enchaînent à la dernière phrase. Vous veillerez à exprimer les pensées ou les sentiments *de l'homme qui marche*.
b) Quelle modification cela apporte-t-il au récit ?

S'EXPRIMER À L'ORAL

15. Si vous deviez filmer cette scène, que montreriez-vous ? Que feriez-vous entendre dans la bande-son ?

16. Choisissez l'affirmation exacte, puis justifiez oralement votre avis.
– Dans ce texte, le narrateur ne raconte que ce que pourrait voir un spectateur de la scène.
– Dans ce texte, le narrateur exprime ce que pensent et ressentent les personnages.

LECTURES

▶ *Personnages et point de vue*

Typhon

Joseph Conrad
(1857-1924) est un romancier anglais d'origine polonaise. Il devint marin dès l'âge de dix-sept ans. La mer, la vie de marin furent une de ses principales sources d'inspiration. Il s'installa en Angleterre à partir de 1896 et se consacra à l'écriture de romans, *Typhon, Lord Jim, Au cœur des ténèbres*, notamment.

En observant la baisse persistante du baromètre, le capitaine Mac Whirr pensa donc : « Il doit faire quelque part un sale temps peu ordinaire. » Oui, c'est exactement ce qu'il pensa. Il avait l'expérience des sales temps moyens – le terme sale appliqué au temps n'impliquant
5 qu'un malaise modéré pour le marin.
   Une autorité incontestable lui eût-elle annoncé que la fin du monde sera due à un trouble catastrophique de l'atmosphère, il aurait assimilé cette information à la simple idée de « sale temps » et pas à une autre, parce qu'il n'avait aucune expérience des cataclysmes, et que la foi
10 n'implique pas nécessairement la compréhension.
   La sagesse de son pays avait décrété, au moyen d'un acte de Parlement, qu'avant d'être jugé digne d'assumer la charge d'un navire on devait avoir été reconnu capable de répondre à quelques simples questions au sujet des orages circulaires tels qu'ouragans, cyclones et
15 typhons. Il faut croire que Mac Whirr avait répondu passablement puisqu'il commandait maintenant le *Nan-Shan* dans les mers de Chine pendant la saison des typhons. Mais il y avait longtemps de cela et Mac Whirr ne se rappelait plus rien de tout cela aujourd'hui.
   Il était cependant conscient du malaise que lui causait cette chaleur
20 moite. Il sortit sur la passerelle mais n'y trouva aucun soulagement à sa gêne. L'air semblait épais. Mac Whirr haletait comme un poisson hors de l'eau, et finit par se croire sérieusement indisposé. La surface circulaire de la mer avait le lustre ondoyant d'une étoffe de soie grise au travers de laquelle le *Nan-Shan* traçait un sillon fugitif. Le soleil, pâle et sans
25 rayons, répandait une chaleur de plomb dans une lumière bizarrement diffuse. Les Chinois s'étaient couchés tout de leur long sur le pont. Leurs visages jaunes, pincés et anémiques, ressemblaient à des figures de bilieux. Deux d'entre eux furent spécialement remarqués par le capitaine Mac Whirr ; étendus sur le dos en dessous de la passerelle, ils sem-
30 blaient morts dès qu'ils avaient les yeux fermés. Trois autres, par contre, se querellaient âprement, là-bas, à l'avant ; un grand individu, à demi nu, aux épaules herculéennes, était indolemment penché sur un treuil tandis qu'un autre, assis par terre, les genoux relevés et la tête penchée de côté dans une attitude de petite fille, tressait sa natte, les mouve-
35 ments de ses doigts étaient lents et toute sa personne respirait une extraordinaire langueur. La fumée luttait péniblement pour sortir de la cheminée, et, au lieu de flotter au loin, elle s'étendait comme un nuage d'enfer qui empestait le soufre et faisait pleuvoir de la suie sur les ponts.
   – Que diable faites-vous là, monsieur Jukes ? demanda le capitaine
40 Mac Whirr.

1. **glène** : portion de cordage repliée sur elle-même.
2. **carrelet** : grosse aiguille.

Bien que marmottée plutôt que prononcée, cette apostrophe insolite fit sursauter M. Jukes comme un coup de stylet sous la cinquième côte. Une glène[1] de filin à ses pieds, un morceau de toile sur les genoux, il poussait vigoureusement son carrelet[2], installé sur un tabouret bas qu'il s'était fait monter sur la passerelle. Il leva les yeux et la surprise donna à son regard une expression de candeur et d'innocence.

– Je ralingue quelques sacs de ce nouveau lot dont nous nous sommes servis pour le charbonnage, riposta-t-il sans aigreur. Nous en aurons besoin la prochaine fois que nous ferons du charbon, capitaine.

– Que sont donc devenus les anciens sacs ?

– Mais ils sont usés, capitaine.

Le capitaine Mac Whirr considéra son second d'un air d'abord irrésolu, puis finit par déclarer sa cynique et sombre conviction que plus de la moitié de ces sacs avait dû passer par-dessus bord.

– Si l'on pouvait seulement savoir la vérité ! disait-il.

Puis il se retira à l'autre extrémité de la passerelle.

Jukes, exaspéré par cette sortie[3] immotivée, cassa son aiguille au second point, laissa tomber son travail et se leva, en grommelant des imprécations contre cette maudite chaleur.

Joseph CONRAD, *Typhon*, 1903.
Traduit en 1918 par André Gide, © Gallimard.

3. **sortie** : paroles désagréables.

S'INFORMER

1. Dans quelle région du monde l'histoire se déroule-t-elle ? En vous aidant d'un atlas, situez précisément cette région.

LIRE LE TEXTE

L'histoire et le narrateur

2. Quelle sorte de navire est le *Nan-Shan* ?

3. Quelles sont les conditions météorologiques ?

4. À quelle personne le texte est-il écrit ? Qu'en déduisez-vous sur la place du narrateur par rapport à l'histoire ?

Un personnage privilégié

5. À quel personnage le narrateur accorde-t-il le plus d'importance ? Justifiez votre réponse.

6. Montrez, en citant le texte, que le narrateur :
a) connaît la vie passée de ce personnage ;
b) rapporte ses pensées ;
c) décrit ses sensations*.

Les autres personnages

7. Relisez les phrases décrivant les passagers chinois (l. 26 à 36).
Le narrateur les décrit-il comme le ferait un spectateur de la scène ?
Exprime-t-il leurs pensées ?

8. Quelles informations le narrateur donne-t-il sur Jukes ?
Exprime-t-il ses sentiments* ?

ÉCRIRE

9. Relisez la dernière phrase de l'extrait et récrivez-la de manière qu'elle exprime seulement ce que pourrait voir un spectateur de la scène.

10. a) Constituez, dans cet extrait, le champ lexical des sensations.
b) Rédigez un court récit, à la troisième personne, dans lequel vous emploierez quatre de ces mots.

11. Jukes écrit à ses proches. Il leur raconte cet épisode.

1. *Le récit à la troisième personne*

> *Les différents points de vue*

L'Assommoir

Émile Zola
(1840-1902) est un écrivain français. Il a écrit de nombreux romans, *L'Assommoir*, *Germinal*, *L'Œuvre*, par exemple, regroupés sous le titre des *Rougon-Macquart*. Chef de file des Naturalistes, Zola a voulu écrire ainsi « *L'histoire naturelle et sociale d'une famille sous le Second Empire* ». Il procède de manière scientifique : il observe les groupes sociaux qu'il veut mettre en scène, étudie les faits, puis construit les histoires. *L'Assommoir* présente des ouvriers, montre leurs conditions de vie, leur travail, leurs habitudes et leur déchéance liée à l'alcoolisme.

1. brunisseuse : ouvrière chargée de polir des métaux, de l'or, par exemple.

2. reconnaissance du mont-de-piété : reçu donné par un établissement qui prête sur gage, c'est-à-dire qui prête de l'argent en échange d'un objet que l'on y dépose.

    Gervaise avait attendu Lantier jusqu'à deux heures du matin. Puis, toute frissonnante d'être restée en camisole à l'air vif de la fenêtre, elle s'était assoupie, jetée en travers du lit, fiévreuse, les joues trempées de larmes. Depuis huit jours, au sortir du *Veau à deux têtes*, où ils man-
5 geaient, il l'envoyait se coucher avec les enfants et ne reparaissait que tard dans la nuit, en racontant qu'il cherchait du travail. Ce soir-là, pendant qu'elle guettait son retour, elle croyait l'avoir vu entrer au bal du Grand-Balcon, dont les dix fenêtres flambantes éclairaient d'une nappe d'incendie la coulée noire des boulevards extérieurs ; et, derrière lui, elle
10 avait aperçu la petite Adèle, une brunisseuse[1] qui dînait à leur restaurant, marchant à cinq ou six pas, les mains ballantes comme si elle venait de lui quitter le bras pour ne pas passer ensemble sous la clarté crue des globes de la porte.
    Quand Gervaise s'éveilla, vers cinq heures, raidie, les reins brisés,
15 elle éclata en sanglots. Lantier n'était pas rentré. Pour la première fois, il découchait. Elle resta assise au bord du lit, sous le lambeau de perse déteinte qui tombait de la flèche attachée au plafond par une ficelle. Et, lentement, de ses yeux voilés de larmes, elle faisait le tour de la misérable chambre garnie, meublée d'une commode de noyer dont un tiroir
20 manquait, de trois chaises de paille et d'une petite table graisseuse sur laquelle traînait un pot à eau ébréché. On avait ajouté, pour les enfants, un lit de fer qui barrait la commode et emplissait les deux tiers de la pièce. La malle de Gervaise et de Lantier, grande ouverte dans un coin, montrait ses flancs vides, un vieux chapeau d'homme tout au fond,
25 enfoui sous des chemises et des chaussettes sales ; tandis que, le long des murs, sur le dossier des meubles, pendaient un châle troué, un pantalon mangé par la boue, les dernières nippes dont les marchands d'habits ne voulaient pas. Au milieu de la cheminée, entre deux flambeaux de zinc dépareillés, il y avait un paquet de reconnaissances du
30 mont-de-piété[2], d'un rose tendre. C'était la belle chambre de l'hôtel, la chambre du premier, qui donnait sur le boulevard.
    Cependant, couchés côte à côte sur le même oreiller, les deux enfants dormaient. Claude, qui avait huit ans, ses petites mains rejetées hors de la couverture, respirait d'une haleine lente ; tandis qu'Étienne,
35 âgé de quatre ans seulement, souriait, un bras passé au cou de son frère. Lorsque le regard noyé de leur mère s'arrêta sur eux, elle eut une nouvelle crise de sanglots, elle tamponna un mouchoir sur sa bouche, pour étouffer les légers cris qui lui échappaient. Et, pieds nus, sans songer à remettre ses savates tombées, elle retourna s'accouder à la fenêtre, elle
40 reprit son attente de la nuit, interrogeant les trottoirs au loin.

Henri de Toulouse-Lautrec (1864-1901), *La Blanchisseuse*, 1889.
Ancienne collection Brame et Lorenceau.
© Bl. – Giraudon.

L'hôtel se trouvait sur le boulevard de la Chapelle, à gauche de la barrière Poissonnière. C'était une masure de deux étages, peinte en rouge lie de vin jusqu'au second, avec des persiennes pourries par la pluie. Au-dessus d'une lanterne aux vitres étoilées, on parvenait à lire
45 entre les deux fenêtres : *Hôtel Boncœur, tenu par Marsoullier,* en grandes lettres jaunes, dont la moisissure du plâtre avait emporté des morceaux. Gervaise, que la lanterne gênait, se haussait, son mouchoir sur les lèvres. Elle regardait à droite, du côté du boulevard de Rochechouart, où des groupes de bouchers, devant les abattoirs, stationnaient en tabliers
50 sanglants ; et le vent frais apportait une puanteur par moments, une odeur fauve de bêtes massacrées. Elle regardait à gauche, enfilant un long ruban d'avenue, s'arrêtant presque en face d'elle, à la masse blanche de l'hôpital de Lariboisière, alors en construction. Lentement, d'un bout à l'autre de l'horizon, elle suivait le mur de l'octroi, derrière lequel, la

1. Le récit à la troisième personne

55 nuit, elle entendait parfois des cris d'assassinés ; et elle fouillait les angles écartés, les coins sombres, noirs d'humidité et d'ordure, avec la peur d'y découvrir le corps de Lantier, le ventre troué de coups de couteau. Quand elle levait les yeux, au-delà de cette muraille grise et interminable qui entourait la ville d'une bande de désert, elle apercevait une
60 grande lueur, une poussière de soleil, pleine déjà du grondement matinal de Paris. Mais c'était toujours à la barrière Poissonnière qu'elle revenait, le cou tendu, s'étourdissant à voir couler, entre les deux pavillons trapus de l'octroi, le flot ininterrompu d'hommes, de bêtes, de charrettes, qui descendait des hauteurs de Montmartre et de la Chapelle. Il y
65 avait là un piétinement de troupeau, une foule que de brusques arrêts étalaient en mares sur la chaussée, un défilé sans fin d'ouvriers allant au travail, leurs outils sur le dos, leur pain sous le bras ; et la cohue s'engouffrait dans Paris où elle se noyait, continuellement. Lorsque Gervaise, parmi tout ce monde, croyait reconnaître Lantier, elle se penchait
70 davantage, au risque de tomber ; puis, elle appuyait plus fortement son mouchoir sur la bouche comme pour renforcer sa douleur.

Émile ZOLA, *L'Assommoir*, 1877.

LIRE LE TEXTE

Les éléments de l'histoire

1. Dans quel cadre la scène se situe-t-elle ?

2. Établissez la liste des personnages. Quels sont ceux qui sont présents dans la scène ?

3. Relevez les indications qui permettent de situer les actions dans le temps.

4. Donnez un titre à chaque paragraphe.

Les fonctions du narrateur

5. Quelles informations le narrateur donne-t-il sur le passé de Gervaise, sa vie affective, sa situation financière ?

6. Dans quel paragraphe relevez-vous une expression indiquant que le narrateur décrit ce que le personnage regarde ?

7. Étudiez la description de l'hôtel (l. 41 à 46) :
a) Relevez les indications de lieu qui organisent la description.
b) Qui est représenté par le pronom « *on* » (l. 44) ?
c) Quel contraste observez-vous entre la description de l'hôtel et la précision donnée dans les lignes 30-31 ?

8. Que révèle cette description de l'hôtel à propos de la vie de Gervaise ?

9. a) Relevez, dans les lignes 47 à 71, les mots et expressions appartenant au champ lexical du regard.
b) Qu'indique l'emploi de ces mots ?

ÉCRIRE

10. Récrivez les lignes 14 à 16 « *Quand Gervaise... découchait* » ; Gervaise raconte son réveil à la première personne.
Que remarquez-vous ?

11. Récrivez la phrase « *Lentement, d'un bout de l'horizon à l'autre... couteau* » (l. 53 à 58) en ne gardant que ce qui pourrait être vu par un spectateur de la scène.
Que remarquez-vous ?

12. Rédigez quelques phrases de commentaire : vous montrerez que, dans cet extrait, le narrateur :
– exprime les pensées du personnage ;
– décrit ce que le personnage regarde ;
– décrit seulement ce que pourrait voir un témoin réel.

S'EXPRIMER À L'ORAL

13. Formulez des suppositions sur ce qui sera raconté dans la suite du texte. Précisez sur quels éléments vous vous fondez.

Lecture personnelle

Le Mariage du lieutenant Laré

Dès le début de la campagne, le lieutenant Laré prit aux Prussiens deux canons. Son général lui dit : « Merci, lieutenant », et lui donna la croix d'honneur.

Comme il était aussi prudent que brave, subtil, inventif, plein de ruses et de ressources, on lui confia une centaine d'hommes, et il organisa un service d'éclaireurs qui, dans les retraites, sauva plusieurs fois l'armée.

Mais comme une mer débordée, l'invasion entrait par toute la frontière. C'étaient de grands flots d'hommes qui arrivaient les uns après les autres, jetant autour d'eux une écume de maraudeurs. La brigade du général Carrel, séparée de sa division, reculait sans cesse, se battant chaque jour, mais se maintenait presque intacte, grâce à la vigilance et à la célérité du lieutenant Laré, qui semblait être partout en même temps, déjouait toutes les ruses de l'ennemi, trompait ses prévisions, égarait ses uhlans, tuait ses avant-gardes.

Un matin, le général le fit appeler.

« Lieutenant, dit-il, voici une dépêche du général de Lacère qui est perdu si nous n'arrivons pas à son secours demain au lever du soleil. Il est à Blainville, à huit lieues d'ici. Vous partirez à la nuit tombante avec trois cents hommes que vous échelonnerez tout le long du chemin. Je vous suivrai deux heures après. Étudiez la route avec soin ; j'ai peur de rencontrer une division ennemie. »

Il gelait fortement depuis huit jours. À deux heures, la neige commença de tomber ; le soir, la terre en était couverte, et d'épais tourbillons blancs voilaient les objets les plus proches.

À six heures le détachement se mit en route.

Deux hommes marchaient en éclaireurs, seuls, à trois cents mètres en avant. Puis venait un peloton de dix hommes que le lieutenant commandait lui-même. Le reste s'avançait ensuite sur deux longues colonnes. À trois cents mètres sur les flancs de la petite troupe, à droite et à gauche, quelques soldats allaient deux par deux.

La neige, qui tombait toujours, les poudrait de blanc dans l'ombre ; elle ne fondait pas sur leurs vêtements, de sorte que, la nuit étant obscure, ils tachaient à peine la pâleur uniforme de la campagne.

On faisait halte de temps en temps. Alors on n'entendait plus cet innommable froissement de la neige qui tombe, plutôt sensation que bruit, murmure sinistre et vague. Un ordre se communiquait à voix

1. Le récit à la troisième personne

Lecture personnelle

basse, et, quand la troupe se remettait en route, elle laissait derrière elle une espèce de fantôme blanc debout dans la neige. Il s'effaçait peu à peu
40 et finissait par disparaître. C'étaient les échelons vivants qui devaient guider l'armée.

Les éclaireurs ralentirent leur marche. Quelque chose se dressait devant eux.

« Prenez à droite, dit le lieutenant, c'est le bois de Ronfi ; le château
45 se trouve plus à gauche. »

Bientôt le mot : « Halte ! » circula. Le détachement s'arrêta et attendit le lieutenant qui, accompagné de dix hommes seulement, poussait une reconnaissance jusqu'au château.

Ils avançaient, rampant sous les arbres. Soudain tous demeurèrent
50 immobiles. Un calme effrayant plana sur eux. Puis, tout près, une petite voix claire, musicale et jeune traversa le silence du bois. Elle disait :

« Père, nous allons nous perdre dans la neige. Nous n'arriverons jamais à Blainville. »

Une voix plus forte répondit :
55 « Ne crains rien, fillette, je connais le pays comme ma poche. »

Le lieutenant dit quelques mots, et quatre hommes s'éloignèrent sans bruit, pareils à des ombres.

Soudain un cri de femme, aigu,
60 monta dans la nuit. Deux prisonniers furent amenés : un vieillard et une enfant. Le lieutenant les interrogea, toujours à voix basse.

« Votre nom ?
65 — Pierre Bernard.
— Votre profession ?
— Sommelier du comte de Ronfi.
— C'est votre fille ?
— Oui.
70 — Que fait-elle ?
— Elle est lingère au château.
— Où allez-vous ?
— Nous nous sauvons.
— Pourquoi ?
75 — Douze uhlans ont passé ce soir. Ils ont fusillé trois gardes et pendu le jardinier ; moi, j'ai eu peur pour la petite.
— Où allez-vous ?
80 — À Blainville.
— Pourquoi ?
— Parce qu'il y a là une armée française.
— Vous connaissez le chemin ?
85 — Parfaitement.
— Très bien ; suivez-nous. »

Édouard DETAILLE (1848-1912),
En batterie, charge de cavalerie, 1870.
Paris, Musée de l'Armée. © Photo Josse.

On rejoignit la colonne, et la marche à travers champs recommença. Silencieux, le vieillard se tenait aux côtés du lieutenant. Sa fille marchait près de lui. Tout à coup, elle s'arrêta.

90 « Père, dit-elle, je suis si fatiguée que je n'irai pas plus loin. »

Et elle s'assit. Elle tremblait de froid et paraissait prête à mourir. Son père voulut la porter. Il était trop vieux et trop faible.

« Mon lieutenant, dit-il en sanglotant, nous gênerions votre marche. La France avant tout. Laissez-nous. »

95 L'officier avait donné un ordre. Quelques hommes étaient partis. Ils revinrent avec des branches coupées. Alors, en une minute, une litière fut faite. Le détachement tout entier les avait rejoints.

« Il y a là une femme qui meurt de froid, dit le lieutenant ; qui veut donner son manteau pour la couvrir ? »

100 Deux cents manteaux furent détachés.

« Qui veut la porter maintenant ? »

Tous les bras s'offrirent. La jeune fille fut enveloppée dans ces chaudes capotes de soldat, couchée doucement sur la litière, puis quatre épaules robustes l'enlevèrent ; et, comme une reine d'Orient portée par 105 ses esclaves, elle fut placée au milieu du détachement, qui reprit sa marche plus fort, plus courageux, plus allègre, réchauffé par la présence d'une femme, cette souveraine inspiratrice qui a fait accomplir tant de progrès au vieux sang français.

Au bout d'une heure, on s'arrêta de nouveau et tout le monde se 110 coucha dans la neige. Là-bas, au milieu de la plaine, une grande ombre noire courait. C'était comme un monstre fantastique qui s'allongeait ainsi qu'un serpent, puis, soudain, se ramassait en boule, prenait des élans vertigineux, s'arrêtait, repartait sans cesse. Des ordres murmurés circulaient parmi les hommes et, de temps en temps, un petit bruit sec et 115 métallique claquait. La forme errante se rapprocha brusquement, et l'on vit venir au grand trot, l'un derrière l'autre, douze uhlans perdus dans la nuit. Une lueur terrible leur montra soudain deux cents hommes couchés devant eux. Une détonation rapide se perdit dans le silence de la neige, et tous les douze avec leurs douze chevaux tombèrent.

120 On attendit longtemps. Puis on se remit en marche. Le vieillard qu'on avait trouvé servait de guide.

Enfin, une voix très lointaine cria : « Qui vive ! »

Une autre plus proche répondit un mot d'ordre.

On attendit encore, des pourparlers s'engageaient. La neige avait 125 cessé de tomber. Un vent froid balayait les nuages, et derrière eux, plus haut, d'innombrables étoiles scintillaient. Elles pâlirent et le ciel devint rose à l'orient.

Un officier d'état-major vint recevoir le détachement. Mais comme il demandait qui l'on portait sur cette litière, elle s'agita ; deux petites 130 mains écartèrent les grosses capotes bleues, et rose comme l'aurore avec des yeux plus clairs que n'étaient les étoiles disparues, et un sourire illuminant comme le jour qui se levait, une mignonne figure répondit :

« C'est moi, Monsieur. »

Les soldats, fous de joie, battirent des mains et portèrent la jeune 135 fille en triomphe jusqu'au milieu du camp qui prenait les armes. Bientôt

1. Le récit à la troisième personne

Lecture personnelle

après le général Carrel arrivait. À neuf heures, les Prussiens attaquaient. Ils battirent en retraite à midi.

Le soir, comme le lieutenant Laré, rompu de fatigue, s'endormait sur une botte de paille, on vint le chercher de la part du général. Il le trouva sous sa tente, causant avec le vieillard qu'il avait rencontré dans la nuit. Aussitôt qu'il fut entré, le général le prit par la main et s'adressant à l'inconnu :

« Mon cher comte, dit-il, voici le jeune homme dont vous me parliez tout à l'heure ; un de mes meilleurs officiers. »

Il sourit, baissa la voix et reprit :

« Le meilleur. »

Puis, se tournant vers le lieutenant abasourdi, il présenta « le comte de Ronfi-Quédissac ».

Le vieillard lui prit les deux mains.

« Mon cher lieutenant, dit-il, vous avez sauvé la vie de ma fille, je n'ai qu'un moyen de vous remercier... vous viendrez dans quelques mois me dire... si elle vous plaît... »

Un an après, jour pour jour, dans l'église Saint-Thomas-d'Aquin, le capitaine Laré épousait Mlle Louise-Hortense-Geneviève de Ronfi-Quédissac.

Elle apportait six cent mille francs de dot et était, disait-on, la plus jolie mariée qu'on eût encore vue cette année-là.

25 mai 1878.

Guy de Maupassant,
« Le Mariage du lieutenant Laré »,
dans *Contes divers*.

Édouard Detaille (1848-1912), *Colonne d'infanterie allant tenter un coup de main*, 1872. Dunkerque, Musée des Beaux-Arts. © Giraudon.

Reconnaître et utiliser les points de vue du narrateur

OBSERVATION

Jeanne, ayant fini ses malles, s'approcha de la fenêtre mais la pluie ne cessait pas.

L'averse, toute la nuit, avait sonné contre les carreaux et les toits. Le ciel bas et chargé d'eau semblait crevé, se vidant sur la terre, la
5 délayant en bouillie, la fondant comme du sucre. Des rafales passaient, pleines d'une chaleur lourde. Le ronflement des ruisseaux débordés emplissait les rues désertes où les maisons, comme des éponges, buvaient l'humidité qui pénétrait au-dedans et faisait suer les murs de la cave au grenier.

10 Jeanne, sortie la veille du couvent, libre enfin pour toujours, prête à saisir tous les bonheurs de la vie dont elle rêvait depuis si longtemps, craignait que son père hésitât à partir si le temps ne s'éclaircissait pas et pour la centième fois depuis le matin elle interrogeait l'horizon.

15 Puis elle s'aperçut qu'elle avait oublié de mettre son calendrier dans son sac de voyage. Elle cueillit sur le mur le petit carton divisé par mois, et portant au milieu d'un dessin la date de l'année courante 1819 en chiffres d'or. Puis elle biffa à coups de crayon les quatre premières colonnes, rayant chaque nom de saint jusqu'au
20 2 mai, jour de sa sortie du couvent.

Une voix, derrière la porte, appela : « Jeannette ! »

Jeanne répondit : « Entre, papa. » Et son père parut.

Le baron Simon-Jacques Le Perthuis des Vauds était un gentilhomme de l'autre siècle, maniaque et bon. Disciple enthousiaste de
25 J.-J. Rousseau, il avait des tendresses d'amant pour la nature, les champs, les bois, les bêtes.

Guy DE MAUPASSANT, *Une vie*.

Horace DE CALLIAS (?-1921), *Jeune femme se regardant dans un miroir devant une fenêtre avec une vue des toits parisiens.* Paris, Louvre.
© Photo RMN - Reversement Kodak.

1. À quelle personne ce texte est-il écrit ? Nommez les deux personnages.

2. Justifiez à l'aide de citations chacune des affirmations suivantes :
a) Le narrateur décrit ce que regarde Jeanne.
b) Il décrit un détail que Jeanne ne peut pas voir du lieu où elle se trouve.
c) Le narrateur évoque le passé de Jeanne.
d) Il exprime les pensées de Jeanne.
e) Il rapporte des actions comme s'il était un témoin réel.

LEÇON

Lorsque le récit est écrit à la troisième personne, **le narrateur raconte l'histoire sans y participer.** Trois cas peuvent se présenter :

1. Le récit à la troisième personne

Le point de vue objectif

Le narrateur rapporte seulement les faits, les actions qu'un témoin réel pourrait observer, les paroles qu'un auditeur pourrait entendre. Il n'évoque pas le passé des personnages, n'exprime pas leurs pensées. Il se borne à raconter ce qui est observable. L'auteur a choisi **un point de vue objectif.**

→ *Entre l'homme qui regarde et la mer, tout au bord de la mer, loin, quelqu'un marche. Un autre homme. Il est habillé de vêtements sombres. À cette distance son visage est indistinct. Il marche, il va, il vient, il va, il revient, son parcours est assez long, toujours égal.* (M. Duras)

Le point de vue subjectif

Le narrateur privilégie un personnage ; il raconte ses actions, décrit ce que le personnage regarde, exprime ainsi ses sensations et laisse deviner ses sentiments, sa vie intérieure : l'histoire est racontée à travers un personnage. Ce choix correspond à un **point de vue subjectif.** Les verbes de perception (regarder, écouter, sentir, etc.) aident à comprendre quel personnage est privilégié.

→ *Isaïe observait intensément ce combat silencieux où l'air et la pierre mesuraient leurs forces. Un équilibre mystérieux s'établissait entre l'énergie qu'il avait dépensée et la beauté du spectacle dont il était le témoin.* (H. Troyat)

Le narrateur omniscient

Le narrateur, connaissant tout de l'histoire, raconte le passé des personnages, leurs actions ; il analyse leurs pensées, leurs émotions et il procède ainsi tour à tour pour plusieurs personnages. On parle dans ce cas d'un **narrateur omniscient,** c'est-à-dire d'un narrateur qui sait tout. Il peut facilement donner des explications sur ce qui s'est passé auparavant ou en un autre lieu, afin d'aider le lecteur à comprendre et à imaginer l'histoire.

→ *En observant la baisse persistante du baromètre, le capitaine Mac Whirr pensa donc : « Il doit faire quelque part un sale temps peu ordinaire. » Oui, c'est exactement ce qu'il pensa.* (J. Conrad)

Emploi de ces procédés

Certaines œuvres n'utilisent qu'un seul de ces procédés, mais, le plus souvent, l'auteur les utilise tour à tour pour raconter l'histoire. C'est le cas du texte de l'observation :

→ *Jeanne, ayant fini ses malles, s'approcha de la fenêtre mais la pluie ne cessait pas.*

L'averse, toute la nuit, avait sonné contre les carreaux et les toits. Le ciel bas et chargé d'eau semblait crevé...

→ *Jeanne, sortie la veille du couvent, libre enfin pour toujours, prête à saisir tous les bonheurs de la vie dont elle rêvait depuis si longtemps, craignait que son père hésitât à partir si le temps ne s'éclaircissait pas...*

- L'expression « Jeanne... s'approcha de la fenêtre... » suggère que, dans la suite du texte, le narrateur décrit ce que le personnage regarde.

- Le narrateur omniscient évoque des événements passés, exprime les sentiments, espoirs, craintes du personnage.

→ *Une voix, derrière la porte, appela : « Jeannette ! »*
Jeanne répondit : « Entre, papa. » Et son père parut.

• Le narrateur, « présent dans la pièce », respecte la vraisemblance : l'expression « **une** voix » montre qu'il n'identifie pas le personnage qui parle. En revanche la fille reconnaît la voix de son père.

EXERCICES

1. Les extraits suivants ont été prélevés dans des romans. Quel est celui dans lequel le narrateur joue le rôle d'un témoin ? Quel est celui dans lequel le narrateur raconte l'histoire à travers un personnage ?

A

Quand Thérèse rentra dans la boutique où elle allait vivre désormais, il lui sembla qu'elle descendait dans la terre grasse d'une fosse. Une sorte d'écœurement la prit à la gorge, elle eut des frissons de peur. Elle regarda la galerie sale et humide, elle visita le magasin, monta au premier étage, fit le tour de chaque pièce ; ces pièces nues, sans meubles, étaient effrayantes de solitude et de délabrement.

Émile ZOLA, *Thérèse Raquin*.

B

Au bord du canal, près du pont tournant qui termine la rue des arpenteurs, il y a deux hommes. Le pont vient de s'ouvrir pour le passage d'un chalutier ; debout près du treuil, un marin s'apprête à le refermer.

L'autre attend sans doute la fin de la manœuvre mais il ne doit pas être pressé : la passerelle qui relie les deux berges à cent mètres sur la droite lui aurait déjà permis de continuer sa route. C'est un homme de petite taille, vêtu d'un long manteau verdâtre et d'un feutre défraîchi. Il tourne le dos au marin, il ne regarde pas le bateau ; il est appuyé contre la légère balustrade en fer qui sert de garde-fou, à l'entrée du pont. Il fixe à ses pieds l'eau huileuse du port.

Alain ROBBE-GRILLET, *Les Gommes*, © Éditions de Minuit, 1953.

2. Quels éléments permettent d'affirmer que, dans la nouvelle *Tamango*, le narrateur est omniscient ?

Le capitaine Ledoux était un bon marin. Il avait commencé par être simple matelot, puis il devint aide-timonier. Au combat de Trafalgar, il eut la main gauche fracassée par un éclat de bois ; il fut amputé, et congédié ensuite avec de bons certificats. Le repos ne lui convenait guère, et, l'occasion de se rembarquer se présentant, il servit, en qualité de second lieutenant, à bord d'un corsaire. L'argent qu'il retira de quelques prises lui permit d'acheter des livres et d'étudier la théorie de la navigation, dont il connaissait déjà parfaitement la pratique. Avec le temps, il devint capitaine d'un lougre corsaire de trois canons et de soixante hommes d'équipage et les caboteurs de Jersey conservent encore le souvenir de ses exploits. La paix le désola : il avait amassé pendant la guerre une petite fortune, qu'il espérait augmenter aux dépens des Anglais. Force lui fut d'offrir ses services à de pacifiques négociants ; et, comme il était connu pour un homme de résolution et d'expérience, on lui confia facilement un navire.

Prosper MÉRIMÉE, *Tamango*.

3. Précisez le point de vue adopté dans chacun des débuts de récit suivants : point de vue objectif, point de vue subjectif. Écrivez ensuite quelques phrases qui puissent leur faire suite, en respectant ce point de vue.

A

Une vieille femme est assise sur un banc. Elle tient sur ses genoux un sac noir, une sorte de cabas à provisions. Au bout d'un moment elle en sort un sachet, commence à l'ouvrir. Des pigeons s'approchent, le cou tendu.

B

Mélina aime cette anse ; à la tombée de la nuit elle regarde le ciel et la mer se confondre ; seuls subsistent alors la respiration des vagues, le souffle du vent qu'elle sent sur ses joues.

4. Imaginez une suite à ce texte. Vous ferez connaître les pensées et les sentiments de Raúl Carnot.

Cette nuit-là d'étranges incidents survinrent dans le petit port à bois de Quemchi. Habitués aux fureurs des grandes dépressions atmosphériques du sud-ouest, les gens ne s'inquiétèrent pas de la tempête qui s'était déchaînée en milieu d'après-midi.

Toutefois, un canot à voiles qui doublait le petit promontoire de Pinkén fut retourné par une violente rafale. Son seul homme d'équipage, un modeste père de famille en quête de bois, parvint à se hisser sur la quille et, juché dessus comme sur le dos d'un cétacé, il s'y agrippa désespérément. C'était sa dernière planche de salut.

Il pensait que personne n'oserait venir à son secours et se débattait, à la vue de tous, entre la vie et la mort, lorsque surgit d'entre les vagues le bateau de Raúl Carnot, un pêcheur...

Francisco COLOANE, *Le Sillage de la baleine*, traduit par F. Gaudry, © Éditions Phébus, 1998.

PROLONGEMENTS

Raconter, dans quel but ?

MISE AU POINT

- Un récit est un texte racontant des actions qui s'enchaînent dans le temps. Il est possible de parler de récit chaque fois qu'une situation se modifie, évolue avant d'aboutir à une situation nouvelle.
- Des récits littéraires et non littéraires peuvent être écrits dans des buts divers.

MOTS CLÉS

RACONTER POUR...	
• Donner des informations	C'est le cas des récits de presse, par exemple : le journaliste rapporte ce qui s'est passé en un lieu et à un moment précis.
• Expliquer un phénomène naturel, un procédé...	Pour faire comprendre le phénomène, l'auteur en raconte le déroulement. Il peut raconter aussi ce qui est à l'origine de ce phénomène.
• Soutenir une argumentation	L'auteur d'un texte argumentatif, pour convaincre son lecteur, peut raconter une anecdote qui sert d'exemple : elle illustre les propos de l'auteur. L'anecdote peut aussi être utilisée comme une preuve.

ACTIVITÉ 1

Lisez le texte suivant, puis établissez la liste de tout ce qui permet d'affirmer qu'il s'agit d'un récit.

    Le béri-béri était une maladie répandue en Asie jusqu'à la fin du XIXe siècle. Les symptômes se traduisaient par une paralysie ou par un œdème. Eijkman, un médecin qui soignait les prisonniers du pénitencier de Java, s'aperçut que les poules de la prison présentaient des troubles analogues à ceux des détenus atteints de béri-béri. Comme ces volatiles consommaient le même riz décortiqué que les prisonniers, il supposa que l'alimentation était à l'origine de la maladie.
    Eijkman partagea alors les poules malades en deux lots : le premier fut nourri au riz complet (dont on avait gardé l'enveloppe du grain) ; le deuxième continua à recevoir du riz décortiqué. Les poules du premier lot guérirent rapidement, tandis que celles du deuxième lot restèrent malades. Le béri-béri était donc dû à la carence d'une substance présente dans l'enveloppe des grains de riz. Eijkman appliqua le même traitement aux prisonniers, qui guérirent à leur tour.

Chirouze, Vento, Aude et al., *Biologie 3e*, © Hachette.

ACTIVITÉ 2 Dans quel but chacun des récits suivants a-t-il été écrit ?

Texte 1

Les eaux du Loch Ness ont frémi pendant dix minutes

Les eaux du Loch Ness ont frémi jeudi pendant une dizaine de minutes, un phénomène peut-être causé par un mouvement du monstre légendaire de ce lac écossais, ont raconté, vendredi, les vacanciers d'un hôtel situé sur la rive.

De mystérieux mouvements « en zigzag » sont apparus à la surface du lac dans la soirée de jeudi et ont duré dix minutes avant de cesser. « J'ai vu quelque chose bouger dans le lac, un mouvement suivi par de l'écume », a déclaré Kate Munro, propriétaire de l'hôtel Craigcarroch. Avec treize clients de l'hôtel, Mme Munro a observé le phénomène pendant une dizaine de minutes. « Nous n'avons rien pu voir à la surface », a-t-elle dit. La légende du monstre du Loch Ness a débuté en 564 après J.-C. Depuis la construction d'une route le long du lac, les témoignages sur une mystérieuse créature vivant dans le lac se sont multipliés. Mais à chaque fois on a expliqué ces phénomènes par les branches d'un arbre, les plongeons d'oiseaux ou même le cadavre d'un cheval.

(A.F.P.) *Le Bien public,*
Les Dépêches,
samedi 15 juin 1996.

Texte 2

La cigale et les fourmis

C'était en hiver ; leur grain était mouillé, les fourmis le faisaient sécher. Une cigale qui avait faim leur demanda de quoi manger. Les fourmis lui dirent : « Pourquoi, pendant l'été n'amassais-tu pas, toi aussi, des provisions ? – Je n'en avais pas le temps, répondit la cigale : je chantais mélodieusement. » Les fourmis lui rirent au nez : « Eh bien ! dirent-elles, si tu chantais en été, danse en hiver. »

Cette fable montre qu'en toute affaire il faut se garder de la négligence, si l'on veut éviter le chagrin et le danger.

Ésope, *Fables,*
© Belles Lettres.

ACTIVITÉ 3 Recherchez dans votre manuel de physique ou de S.V.T. un récit dont la fonction est d'expliquer un phénomène naturel. Vous le présenterez, oralement, à la classe.

ACTIVITÉ 4 Lisez, au C.D.I., un quotidien ; choisissez un récit que vous présenterez oralement à la classe.

ACTIVITÉ 5 Recherchez, au C.D.I., une fable de Jean de La Fontaine. Présentez-la oralement à la classe. Vous préciserez ce qu'elle se propose de montrer.

1. Le récit à la troisième personne

LECTURE DE L'IMAGE

LE NARRATEUR

① JUILLET...
TOUT COMMENÇA DANS UN CRISSEMENT DE FREINS ET UN CHOC FORMIDABLE, EN PLEIN MILIEU D'UN APRÈS-MIDI D'ÉTÉ...

BRUNO BRAZIL

② LA CONDUITE INTÉRIEURE A BRÛLÉ LE FEU ROUGE À TOUTE ALLURE !
C'EST UN MASSACRE ! ILS SONT TOUS AUSSI DÉMOLIS QUE LA VOITURE !
L'AMBULANCE ! APPELEZ L'AMBULANCE !

③ LE RAPPORT, DATÉ DU 3 JUIN À 17 HEURES 20, DÉPLORAIT LA MORT INSTANTANÉE DU CHAUFFEUR DE LA LIMOUSINE ET DE DEUX DE SES OCCUPANTS. LE QUATRIÈME, DANS UN ÉTAT DÉSESPÉRÉ, ÉTAT AUSSITÔT TRANSFÉRÉ À L'HÔPITAL MUNICIPAL, SERVICE DES URGENCES...

④ ALORS ? ON SAIT QUI C'EST, FRANK ?
PAS UN PAPIER SUR LUI ! ON A PRIS SES EMPREINTES À TOUT HASARD. S'IL A DÉJÀ SUBI DES SOINS, LE FICHIER NOUS RENSEIGNERA...

⑤ C'EST BIZARRE, J'AI CRU LE RECONNAÎTRE AU PREMIER ABORD... MAIS JE N'ARRIVE PAS À...
NOUS ALLONS ÊTRE FIXÉS. J'AI TROUVÉ. MODÈLE **AX-3**, SANS ERREUR POSSIBLE. VOILÀ NOTRE HOMME...

⑥ !! TONNERRE !!
MARGE ! LE TÉLÉPHONE, VITE ! JE CROIS QU'ON VIENT DE GAGNER LE POMPON !!!

36

DANS LA BANDE DESSINÉE

VANCE-GREG, *Bruno Brazil*, « Le Requin qui mourut deux fois ». © Éditions du Lombard, Bruxelles, 1995.

L'histoire

1. Résumez en quelques phrases ce qui est raconté.

2. Qui sont *Marge* ? *Sardi* ?

3. En quels lieux différents l'histoire se déroule-t-elle ?

L'organisation du récit

4. Signalez, en indiquant leur numéro, les vignettes qui racontent des actions successives.

5. Signalez les ellipses* temporelles qui s'intercalent entre les épisodes racontés.

6. « La première vignette présente la situation initiale. » Cette affirmation est-elle exacte ? Justifiez votre réponse.

Des moyens utilisés pour raconter l'histoire

7. Quels indices visuels signalent les paroles des personnages ?

8. Quel sens donnez-vous aux caractères gras et aux lettres majuscules des vignettes 6 et 10 ?

9. Relisez les textes des vignettes 1, 3, 7 et 8.
a) Par quels signes visuels se distinguent-ils des paroles des personnages ?
b) Quelles informations donnent-ils au lecteur ?

1. Le récit à la troisième personne

Chapitre 2. Le récit encadré

OBJECTIFS ▶ Délimiter un récit encadré dans diverses formes de discours.
Reconnaître l'utilité du récit encadré.

LECTURES

▷ **Préciser les objectifs du chapitre**
  L'Été grec de Jacques LACARRIÈRE

▷ **Le récit encadré à valeur d'illustration**
  Choses vues de Victor HUGO

▷ **L'insertion du récit encadré**
  Une histoire racontée à l'obscurité de R.-M. RILKE

▷ **Le double encadrement**
  Le Dernier Mousse de Francisco COLOANE

LECTURE PERSONNELLE
Les Mille et Une Nuits

LECTURE-ÉCRITURE
Encadrer un récit

PROLONGEMENTS
Récits encadrés et textes-cadres

LECTURE DE L'IMAGE
Le tableau dans le tableau

Salvador DALI (1904-1989), *Dali de dos peignant Gala de dos éternisée par six cornées virtuelles provisoirement réfléchies par six vrais miroirs.*
Figueras, Fondation Gala-Salvador Dali.
Photo Descharnes and Descharnes. © Adagp 1999.

LECTURES

▶ *Préciser les objectifs du chapitre*

L'Été grec

Jacques LACARRIÈRE est né en 1925. Il a consacré sa vie aux voyages et à l'écriture. Il a parcouru la Grèce et le Proche-Orient pendant vingt ans, et a traduit en français la plupart des écrivains grecs contemporains.

Jacques Lacarrière évoque les métamorphoses qu'on rencontre dans la mythologie grecque.

Singulière – et merveilleuse – est également la légende grecque de l'enfant métamorphosé en gecko. Le gecko est un petit lézard à peau jaune clair ponctué de taches ocre foncé, avec des pattes terminées par de petites ventouses. Elles lui permettent de monter le long des murs et
5 même de marcher aux plafonds. À l'inverse des autres lézards, il gîte volontiers dans les maisons dont il aime l'ombre fraîche. Ce qu'on remarque surtout en lui, ce sont les mouchetures de sa peau, qui font penser à des taches de son et durent impressionner les Grecs puisqu'elles ont suscité elles aussi un mythe étiologique[1], intégré à celui
10 de Déméter[2] et de sa fille Coré[2].

Quand la déesse, partie à la recherche de Coré – Perséphone, sa fille, enlevée par le dieu des Enfers – eut parcouru en vain toute la Grèce, elle arriva un soir, assoiffée, épuisée, dans la plaine d'Éleusis. Elle avait pris l'apparence d'une très vieille femme et c'est sous cette forme
15 qu'elle frappa à la porte d'une maison pour demander à boire. La maîtresse de céans lui offrit aussitôt le brouet[3] qu'elle avait préparé pour le soir, composé *d'eau, de miel et de grains d'orge*. Déméter l'avala goulûment, si goulûment que le gosse de la maison, un jeune garçon « au regard dur et insolent », précise Ovide, éclata de rire en la voyant. Or,
20 s'il est une règle de conduite qu'il faut suivre une fois pour toutes dans sa vie, c'est celle qui enseigne à ne jamais rire des dieux. Déméter, outrée et furieuse, expédia donc à la tête du gosse les restes de son bol. Voilà l'enfant couvert de ce mélange de miel et de grains d'orge et qui, peu à peu, sous les yeux effarés de sa mère, se change en gecko.

25 Cette histoire m'a toujours passionné depuis les temps anciens où je la lus pour la première fois dans *Les Métamorphoses* d'Ovide. Elle nous révèle d'abord pourquoi le gecko a une peau couleur de miel parsemée de taches sombres comme des grains d'orge. Pourquoi aussi il aime à se tenir à l'ombre fraîche des maisons plutôt qu'en plein soleil puisque c'est
30 un ancien enfant. Mais évidemment, il y a beaucoup plus dans ce mythe. Essayons d'imaginer – d'imager – cette scène à la fois mythique et quotidienne : une vieille femme portant le deuil, épuisée par la route, couverte de poussière, s'assied pour souffler dans une humble maison et demande à boire et à manger. La maîtresse de céans lui offre spontané-
35 ment son brouet. Et son gosse, disons son fils ou son petit-fils, un *micro*, un *pitsiriko* comme on dit en Grèce, un de ces gamins au crâne toujours rasé, aux yeux vifs, déluré, insolent et prêt à toutes les farces, reluque sans y croire cette ruine ambulante qui avale son brouet d'une façon si

---

1. mythe étiologique : histoire impliquant des divinités, et expliquant les causes d'un phénomène.
2. Déméter : déesse grecque des moissons, mère de **Coré**. Cette dernière est également appelée Perséphone.
3. brouet : aliment semi-liquide.

comique. Bien entendu, le gosse ignore, ne peut même imaginer un seul
instant que cette loque épuisée est une divinité. Et qui plus est la plus
grande, la plus ancienne, la plus puissante des divinités puisque c'est la
Grande Mère, la Terre nourricière en personne. Mais le mythe – les
mythes – ne peuvent entrer dans ces détails purement psychologiques.

Jacques LACARRIÈRE, *L'Été grec,*
© Plon, 1975.

BÉNÉDICTUS, Décorations pour céramiques, vers 1900. Paris, Bibliothèque des Arts Décoratifs. Photo © J.-L. Charmet.

PRÉCISER LES OBJECTIFS

1. Formulez la question à laquelle répond le premier paragraphe du texte.

2. À quelle forme de discours peut-on rattacher le premier paragraphe du texte ?

3. Quel est le temps le plus employé dans les parties du texte qui sont imprimées sur fond bleu ?

4. Quel est le temps le plus employé dans la partie du texte qui est imprimée sur fond jaune ?

5. En utilisant vos réponses aux questions **3** et **4**, et les fonds de couleur sur lesquels est imprimé le texte, définissez les expressions suivantes :
– récit - cadre,
– récit encadré.

6. Pourquoi peut-on dire que, dans l'extrait du texte de J. Lacarrière, *L'Été grec,* le récit encadré a une valeur explicative ?

2. Le récit encadré

LECTURES

▶ *Le récit encadré à valeur d'illustration*

Choses vues

Les exécuteurs testamentaires de **Victor Hugo** ont réuni dans *Choses vues* un certain nombre de notes, souvenirs, fragments de journaux qui figuraient dans de nombreux cartons et cahiers remplis par l'auteur. On y trouve des remarques sur sa vie personnelle et sur la vie publique de son époque.

1. **Elle ne m'avait point présenté** : ce n'était pas Mme de Chateaubriand qui avait introduit le narrateur parmi les visiteurs de la maison.

Mme de Chateaubriand était fort bonne, ce qui ne l'empêchait pas d'être fort méchante. Elle avait la bonté officielle, ce qui ne fait aucun tort à la méchanceté domestique. Elle avait fondé un hospice, l'infirmerie Marie-Thérèse ; elle visitait les pauvres, surveillait les
5 crèches, présidait les bureaux de charité, secourait les malades, donnait et priait ; et en même temps elle rudoyait son mari, ses parents, ses amis, ses gens, était aigre, dure, prude, médisante, amère. Le bon Dieu pèsera tout cela là-haut.
  Elle était fort laide, avait la bouche énorme, les yeux petits, l'air
10 chétif, et faisait la grande dame, quoiqu'elle fût plutôt la femme d'un grand homme que la femme d'un grand seigneur. Elle, de sa naissance, n'était autre chose que la fille d'un armateur de Saint-Malo. M. de Chateaubriand la craignait, la détestait, la ménageait et la cajolait.
  Elle profitait de ceci pour être insupportable aux pâles humains. Je
15 n'ai jamais vu abord plus revêche et accueil plus formidable. J'étais adolescent quand j'allais chez M. de Chateaubriand. Elle me recevait fort mal, c'est-à-dire ne me recevait pas du tout. J'entrais, je saluais, Mme de Chateaubriand ne me voyait pas, j'étais terrifié. Ces terreurs faisaient de mes visites à M. de Chateaubriand de vrais cauchemars auxquels je son-
20 geais quinze jours et quinze nuits d'avance. Mme de Chateaubriand haïssait quiconque venait chez son mari autrement que par les portes qu'elle ouvrait. Elle ne m'avait point présenté[1], donc elle me haïssait. Je lui étais parfaitement odieux, et elle me le montrait. M. de Chateaubriand se dédommageait de ces sujétions. C'est dommage qu'il ait eu,
25 comme beaucoup d'autres contemporains, le goût des vieilles femmes.
  Une seule fois dans ma vie, et dans la sienne, Mme de Chateaubriand me reçut bien.
  Un jour j'entrais, pauvre petit diable, comme à l'ordinaire fort malheureux, avec ma mine de lycéen épouvanté, et je roulais mon chapeau
30 dans mes mains. M. de Chateaubriand demeurait encore alors rue Saint-Dominique-Saint-Germain, n° 27. J'avais peur de tout chez lui, même de son domestique qui m'ouvrait la porte. J'entrai donc. Mme de Chateaubriand était dans le salon qui précédait le cabinet de son mari. C'était le matin et c'était l'été. Il y avait un rayon de soleil sur le parquet
35 et, ce qui m'éblouit et m'émerveilla, bien plus que le rayon de soleil, un sourire sur le visage de Mme de Chateaubriand !
  « – C'est vous, monsieur Victor Hugo ? » me dit-elle. Je me crus en plein rêve des *Mille et Une Nuits* ; Mme de Chateaubriand souriant ! Mme de Chateaubriand sachant mon nom ! prononçant mon nom !
40 C'était la première fois qu'elle daignait paraître s'apercevoir que j'existais. Je saluai jusqu'à terre. Elle reprit : « – Je suis charmée de vous voir. »

Je n'en croyais pas mes oreilles. Elle continua : « – Je vous attendais ; il y avait longtemps que vous n'étiez venu. » Pour le coup, je pensai sérieusement qu'il devait y avoir quelque chose de dérangé soit en moi,
45 soit en elle. Cependant elle me montrait du doigt une pile quelconque qu'elle avait sur une petite table, puis elle ajouta : « – Je vous ai réservé ceci, j'ai pensé que cela vous ferait plaisir ; vous savez ce que c'est ? »

C'était un chocolat religieux qu'elle protégeait[2], et dont la vente était destinée à de bonnes œuvres. Je pris et je payai. C'était l'époque où
50 je vivais quinze mois avec huit cents francs. Le chocolat catholique et le sourire de Mme de Chateaubriand me coûtèrent quinze francs, c'est-à-dire quinze jours de nourriture. Quinze francs, c'était pour moi alors comme quinze cents francs aujourd'hui.

C'est le sourire de femme le plus cher qui m'ait jamais été vendu.

Victor HUGO, *Choses vues*, 1847.

2. un chocolat religieux qu'elle protégeait : du chocolat vendu pour le compte d'une œuvre religieuse dont Mme de Chateaubriand prenait soin.

S'INFORMER

1. Mme de Chateaubriand est l'épouse d'un écrivain. Dans un dictionnaire des noms propres, cherchez les dates qui délimitent l'existence de cet écrivain, et celles qui délimitent l'existence de Victor Hugo.

2. Indiquez approximativement l'époque à laquelle la scène racontée s'est déroulée.

LIRE LE TEXTE

Le texte-cadre

3. Relevez dans le texte les actions de Mme de Chateaubriand, et classez-les en deux listes selon qu'elles sont dictées par sa bonté ou sa méchanceté.

4. À l'aide de votre réponse à la question **3**, expliquez la première phrase du texte.

5. Le texte-cadre (lignes 1 à 34) est-il une narration ? une argumentation ? un portrait ?

Le récit encadré

6. Relevez la phrase qui marque le début du récit encadré.

7. Quel changement la physionomie et les paroles de Mme de Chateaubriand (l. 36-41) laissent-elles espérer au jeune homme ?

8. Avec quoi ce changement de physionomie est-il mis en parallèle ?

9. En réalité, pourquoi Mme de Chateaubriand sourit-elle ?

Le rôle du récit encadré

10. Pourquoi le récit encadré fonctionne-t-il comme une illustration reliée au texte-cadre ?

11. La dernière phrase du texte
– termine le portrait de Mme de Chateaubriand ?
– termine le récit-cadre ?
– est un commentaire de l'auteur ?

12. La dernière phrase du texte appartient-elle au texte-cadre ? au récit encadré ?

ÉCRIRE

13. En quelques phrases, terminez le texte-cadre.

14. Faites le portrait d'une personne qui vous effraie, et insérez-y une anecdote qui vous a mis en sa présence dans des circonstances difficiles. N'oubliez pas d'exprimer les sentiments que vous avez ressentis.

S'EXPRIMER À L'ORAL

15. Imaginez que Victor Hugo ait refusé d'acheter le chocolat. Avec un(e) camarade, préparez pendant quelques instants la scène entre le jeune garçon et Mme de Chateaubriand, puis jouez-la devant la classe.

LECTURES

▸ *L'insertion du récit encadré*

Une histoire racontée à l'obscurité

Rainer Maria RILKE (1875-1926) est né à Prague, et a vécu une existence vagabonde dans de nombreuses villes d'Europe. Il a été quelque temps à Paris le secrétaire du sculpteur Rodin. Son œuvre est essentiellement poétique. Il a également traduit en allemand de nombreux auteurs français, dont André Gide et Paul Valéry.

Le docteur Lassmann est en visite chez sa sœur, mariée à un industriel et qui est aussi conseiller impérial. Au cours du dîner, il demande des nouvelles de Clara, qu'ils ont connue autrefois. Le couple élude la question.

En revanche, M. le Conseiller montra d'autant plus d'empressement à reprendre ce sujet lorsque sa femme eut laissé les messieurs prendre seuls leur café noir. « Cette Clara », interrogea-t-il avec un sourire malicieux, et il considéra les cendres de son cigare qui tombaient
5 dans le cendrier en argent, « elle était cependant, paraît-il, une enfant tranquille et même plutôt laide ? » Le docteur se tut. M. Le Conseiller se rapprocha de lui avec un air confidentiel. « Quelle affaire ! n'en as-tu jamais recueilli des échos ? – Tu sais bien que je n'ai parlé à personne. – Pourquoi, parlé, sourit finement le conseiller. Tu aurais pu le lire même
10 dans les journaux. – Quoi donc ? demanda le docteur nerveusement.

– Voilà, elle lui a brûlé la politesse » ; cette phrase surprenante suivit une bouffée de fumée, et l'industriel en attendait à présent l'effet, avec un bien-être infini. Mais cet effet produit ne sembla pas lui plaire. Il prit un air préoccupé, se redressa, et commença sur un autre ton, objec-
15 tif, et comme offensé : « Hum, on l'avait mariée à Lehr, l'architecte. Tu ne dois pas l'avoir connu. Pas vieux du tout, de mon âge. Riche, très convenable, tu sais, tout à fait convenable. Elle n'avait pas le sou, elle n'était pas jolie, aucune éducation, bref... C'est vrai que l'architecte ne voulait pas une grande dame, mais une modeste ménagère. Voilà que
20 Clara... on la recevait partout, dans le meilleur monde, on lui témoignait beaucoup de bienveillance, vraiment, oui, on se conduisait comme il faut, elle aurait donc facilement pu se faire une situation, n'est-ce pas ?... voilà donc que Clara... un jour, à peine deux ans après la noce... partit pour ne plus revenir ! Tu peux te représenter cela : partie ! Partie, où ?
25 En Italie. Un petit voyage de plaisir, naturellement pas seule. Pendant toute l'année précédente, déjà, nous ne l'avions plus invitée... comme si nous avions pressenti cela. L'architecte, mon ami, un homme d'honneur, un homme...

– Et Clara ? » l'interrompit le docteur en se levant. « Ah oui. Eh
30 bien, le châtiment du ciel l'a atteinte. Donc l'homme en question... on dit que c'est un artiste, n'est-ce pas ?... Donc, lorsqu'ils furent de retour à Munich : adieu, on ne l'a plus revu. La voici, avec son enfant sur les bras. »

Le docteur Lassmann arpenta la chambre d'un air agité : « À
35 Munich ? – Oui, à Munich », répondit le conseiller en se levant à son

44

tour. « On prétend d'ailleurs qu'elle mène là une existence très misérable. – Que veut dire très misérable ? – Mon Dieu, pécuniairement », fit le conseiller en regardant son cigare, « et puis, en général... n'est-ce pas ? une de ces existences... »

Rainer Maria RILKE « Une histoire racontée à l'obscurité »,
dans *Œuvres* 1. Traduction de Maurice Betz,
© Éditions du Seuil, Paris, 1966.

Pierre BONNARD (1867-1947),
Intimité, 1891.
Paris, Musée d'Orsay.
© GF-Giraudon. Adagp 1999.

S'INFORMER

1. Consultez un dictionnaire : qu'est-ce qu'un *fait divers* ?

LIRE LE TEXTE

Les personnages

2. Délimitez le récit encadré en indiquant les numéros des lignes.

3. Qui est le personnage central de ce récit ? Quelle attitude attendait-on de ce personnage après son mariage ? Qui raconte son histoire ?

4. Relevez les expressions qui montrent l'intérêt du docteur Lassmann pour Clara.

L'insertion du récit encadré

5. Par quel moyen le conseiller provoque-t-il la curiosité du docteur Lassmann ?

6. Relevez, dans le texte, deux phrases qui s'intercalent dans le récit encadré, et qui appartiennent au texte-cadre.

7. À quoi servent ces phrases ?

Le personnage et son récit

8. Observez la ponctuation des lignes 17 à 28 : quels sentiments du personnage qui raconte, cette ponctuation traduit-elle ?

ÉCRIRE

9. Écrivez en quelques lignes une anecdote arrivée récemment à l'un(e) de vos ami(e)s. Insérez ensuite cette anecdote dans le texte-cadre de votre choix.

10. Relatez un court fait divers survenu dans votre collège et encadrez-le dans un texte narratif de votre choix.

▶ *Le double encadrement*

Le Dernier Mousse

J. DALIERI, *Côtes septentrionales*. Paris, Coll. particulière. © Giraudon.

Francisco COLOANE est né en 1910 au sud du Chili. Il a écrit des nouvelles (*Cap Horn, Tierra de fuego*) et des romans (*Le Dernier Mousse, Le Sillage de la Baleine*) dont l'action se situe en Patagonie et en Terre de Feu.

Pendant la traversée, la journée était divisée en quarts, instruction, exercices et repas. Mis à part l'instruction militaire et navale destinée aux cadets et aux mousses, le bateau faisait penser à un lycée qui aurait levé l'ancre avec tous ses élèves à bord.

5   Cet après-midi-là était consacré aux cours de mathématiques, d'histoire et de géographie.

À la fin des classes – ici, pas de temps mort – on ordonna une heure de couture. Chaque mousse sortit de son casier une bobine de fil, des aiguilles et une petite boîte de boutons, et, les uns dans l'entrepont,
10   les autres sur le pont, ils durent vérifier leurs vêtements, les repriser et consolider les boutons.

Alejandro se dirigea avec son groupe vers le château de proue, son lieu préféré, d'où on dominait le navire, les manœuvres et la mer à l'infini. Assis en tailleur, mousses et matelots se mirent au travail.

Ils commentaient joyeusement les incidents de navigation, les dangers que l'un avait courus en carguant un perroquet[1], tel autre, au bout d'une vergue, qui avait failli tomber à l'eau ; bref, l'ordinaire de la vie d'un marin.

Ils en étaient là quand, un pantalon dans une main, une boîte à couture dans l'autre, vint s'asseoir parmi eux un vieux loup de mer, premier charpentier du bateau, le sergent Escobedo.

– Faites-moi une petite place, les gars. Je vais en profiter pour raccommoder ce pantalon qui est plus vieux que moi, sauf que lui il a quelqu'un pour le rafistoler, tandis que mes pauvres os, personne pas même le diable ne pourrait les consolider.

Escobedo, le charpentier du *Baquedano* avait passé sa vie sur ce bateau et, maintenant qu'il savait qu'on allait le désarmer[2] au retour, il était un peu affligé et pensait qu'il valait mieux prendre sa retraite plutôt que de fouler un nouveau pont.

C'était un homme de cœur, qui aimait les mousses et les aidait, par ses conseils et son expérience, à éviter les punitions. Mais il aimait surtout leur raconter les aventures de sa jeunesse. [...]

Escobedo raconte comment il s'est engagé sur la Leonora.

Les mousses prirent place autour du vieil Escobedo pour écouter ses bonnes histoires.

– Je n'ai pas trouvé de bateau, continua le sergent d'une voix lente, mais j'ai lu dans un journal qu'on recrutait deux hommes pour le ponton *Leonora*.

« Des années avant, la *Leonora* avait été un superbe voilier de quatre mâts que l'on avait arraché aux récifs du détroit de Magellan après un naufrage, puis transformé en ponton pour une compagnie de navigation, c'est-à-dire en entrepôt flottant de marchandises à transborder.

« L'équipage se composait d'un patron et de quatre matelots. Tout cela, je l'ai appris au foyer des marins où je logeais, et quand j'ai dit à un camarade que je voulais me faire embaucher sur la *Leonora,* il m'a sérieusement mis en garde : "Tu sais ; il vaudrait mieux pas que tu y ailles. Sur la *Leonora* on ne prend que des types au bout du rouleau, ou des durs, des gars dont personne ne veut, parce que depuis longtemps, à intervalles réguliers, un homme disparaît mystérieusement sur ce bateau... Personne ne sait comment ils meurent, parfois on retrouve le cadavre sur la plage, d'autres fois rien du tout. J'ai eu un copain, Jesús Barr´a, qui a tenu le coup pendant quatre ans sur ce rafiot, et il a vu disparaître quatre de ses camarades, un par an." "Le démon qui a ensorcelé ce bateau ne m'aura pas, c'est moi qui l'aurai !" Voilà ce qu'il disait mon copain en se frappant la poitrine. Et fatalement son tour est venu une nuit. Ils disparaissaient tous la nuit. "Cette année, personne n'a encore été emporté, j'espère que ce ne sera pas ton tour ! a terminé mi-sérieux, mi-blagueur mon camarade du foyer."

« Je n'y ai pas fait attention, je n'ai jamais cru à ces sornettes. Bien que maintenant, avec l'âge, en pensant à tout ce qui m'est arrivé, j'aie

1. carguer un perroquet : abattre une voile appelée perroquet.

2. désarmer un bateau, c'est enlever ses mâts, ses voiles et son équipage parce qu'il ne naviguera plus.

mes doutes, continua le sergent en souriant, tandis que des mousses s'allongeaient sur le pont, la tête entre les mains pour ne pas perdre une miette de l'histoire du vieux.

« Je suis allé au bureau de l'armateur et je me suis engagé sur la Leonora, histoire de tuer le temps en attendant le passage d'un vapeur qui me ramènerait au nord.

« Bien sûr, mes collègues étaient des voyous, de ceux que la marée rejette dans les ports. C'était écrit sur leurs trognes où plus d'un couteau avait laissé sa trace. Même le patron n'avait pas l'air très net. Alors je me suis dit qu'il n'y avait pas de maléfice sur ce bateau : avec des types comme ça, qui pouvait ne pas disparaître ?

« Mais ce qui est fait est fait et je me suis mis au boulot. Il n'y en avait pas beaucoup, la vie à bord d'un ponton est plutôt calme, il est la plupart du temps à tourner sur sa chaîne, nez au vent. On ne travaillait que lorsqu'un bateau accostait et qu'il fallait charger ou décharger. Le reste du temps, je le passais à construire des petits brigantins[3], des jouets, ou à pêcher des bars, fameux les bars, et des crabes ou des moules.

« J'ai visité ce bateau qui avait été superbe. Les parois et les plafonds du carré étaient ouvragés, les chaises et les tables, en acajou et en cèdre, des serpents sculptés sur les rampes d'escalier et des incrustations en bronze ; enfin tout le luxe des anciens navires. Mais ce qui attirait le plus mon attention était la figure de proue que j'avais vue en arrivant en barque.

« Elle représentait une sirène, le visage et le corps aussi beaux qu'une vierge, et les deux bras ouverts comme si elle voulait embrasser la mer. On aurait dit une apparition, elle était blanche comme le marbre.

Une légère brise fit ondoyer des voiles qui claquèrent violemment dans la mâture. Le sergent scruta l'horizon.

– On dirait qu'un grain se prépare, dit-il, et il continua son récit :

« Nous avons essuyé quelques tempêtes à bord de la Leonora, mais sans gravité et sans dégâts. L'hiver est venu. Les montagnes, la ville et la côte étaient blanches de neige, les tempêtes ont diminué et tout est devenu si tranquille et si froid qu'on aurait dit du verre. Vous allez voir bientôt comme cette terre est étrange.

« À bord, tout était normal. On allait très peu à terre et j'avais même fini par oublier pourquoi la Leonora était si célèbre.

« Juillet arriva, le mois où la nuit tombe à quatre heures de l'après-midi et où le jour se lève à neuf heures du matin. Les nuits étaient longues, pénibles et la vie ennuyeuse à bord du ponton. Il est mauvais que l'homme s'habitue à paresser. S'il n'a pas trouvé un lieu à son goût, il doit se remuer jusqu'à le trouver. C'est pour ça que la terre est ronde et à tout le monde, dit sentencieusement le sergent.

« La paresse et le manque de travail me mettaient des bêtises dans la tête, je restais éveillé des nuits entières à écouter le vent miauler dans la mâture de ce bateau qui paraissait mort et qui avait eu en d'autres temps une voilure aussi belle que celle de notre chère carcasse.

« Aux insomnies se sont ajoutés des cauchemars et le mauvais génie s'est tellement emparé de moi que je ne parlais plus à personne.

3. brigantin : navire à deux mâts.

110 « À la fin, j'ai décidé de rompre mon contrat. Je m'apprêtais donc à revenir à terre quinze jours plus tard.

« Une nuit, après une chute de neige, la lune s'est levée et tout était si calme et si pur qu'on aurait dit un autre monde. J'ai fait un tour sur le pont et je suis redescendu dans ma cabine. Ne soyez pas étonnés, 115 on avait chacun sa cabine, il y en avait tant qu'on n'y faisait pas attention. Moi, j'occupais probablement celle d'un premier pilote...

« J'ai éteint la bougie, c'est comme ça qu'on s'éclairait à l'intérieur, et je ne dirais pas que je me suis endormi, mais j'étais dans cet état entre veille et sommeil où on voit des choses qu'on jurerait réelles.

120 « J'étais donc dans cet état quand j'ai vu ma porte s'ouvrir lentement et une forme blanche entrer dans ma chambre. Au début, j'ai cru que c'était la lueur de la lune, mais la forme refermait la porte et restait aussi blanche que les *cauquiles*[4].

« Moi, j'ai toujours eu plus peur des choses de ce monde que de 125 celles de l'autre, des vivants que des morts, et comme ça ressemblait à une apparition je suis resté bien tranquille en attendant de voir ce qui allait se passer.

« Et il s'est passé que cette apparition s'est approchée prudemment. Elle portait une tunique blanche, son visage était tellement beau 130 que je ne l'oublierai jamais et ses mains m'ont fait signe de la suivre.

« Comme j'hésitais, elle m'a pris le bras et, je ne sais pas, je me suis senti attiré par cette apparition si belle et je l'ai suivie avec autant de confiance que j'aurais suivi un enfant.

« Nous avons marché sur le pont tapissé de neige, puis nous 135 sommes descendus par l'écoutille d'une cale de proue, elle toujours devant, me tenant la main. Au fond de la cale, elle s'est dirigée vers un endroit couvert de toiles d'araignée, elle a ouvert une porte que je n'avais encore jamais vue et nous avons pris une petite échelle jusqu'à la contrequille. De là nous avons continué vers l'étrave et, dans l'obscurité 140 atténuée par la lueur qui émanait d'elle, elle m'a montré un énorme cadenas rouillé qui fermait une chaîne.

« Nous sommes remontés par le même chemin et, sur le pont, elle m'a conduit jusqu'à l'écubier. Je voulais lui demander ce qu'il y avait derrière cet énorme cadenas rongé par le temps, mais ma langue était 145 paralysée et une attraction irrésistible et mystérieuse m'obligeait à la suivre.

« Nous avons dépassé l'écubier et nous avons commencé à marcher sur le mât de beaupré, ma main toujours dans la sienne, et avec une assurance que le meilleur des mousses n'aura jamais sur un tagon.

150 « Nous approchions de l'extrémité quand j'ai entendu un cri : "Eh ! Escobedo !"

« J'ai ressenti alors quelque chose d'étrange, j'ai tourné la tête et j'ai vu le patron de la *Leonora* emmitouflé dans son caban avec une carabine dans les mains.

155 « Et aussitôt j'ai perdu l'équilibre, j'ai titubé et je suis tombé du beaupré. Mais j'ai réussi à saisir un filin et je suis resté suspendu dans le vide en me balançant comme un singe.

« La vision que j'ai eue sous les yeux, je ne l'oublierai jamais !

4. *cauquiles* : phosphorescences qui apparaissent à la proue d'un navire.

« C'était terrible ! Il aurait mieux valu que je tombe à l'eau ! Mes cheveux se sont dressés sur ma tête et j'ai hurlé : "Elle est là !"

« Elle était là, en effet, et me regardait avec les mêmes yeux, le même visage et ces mains qui m'avaient guidé à travers le bateau : c'était la grande figure de proue ! L'apparition, c'était elle !

« – Vous devenez fou, Escobedo ! m'a dit le patron quand je me suis retrouvé sur le pont.

« – Je ne sais pas si c'est un rêve ou la réalité, patron. Je ne suis pas somnambule, mais je vous jure que je l'ai vue, cette femme, c'est la figure de proue ! Si vous n'aviez pas crié, à l'heure qu'il est, je tiendrais compagnie aux oursins et aux crabes, avec ou sans elle, comment savoir. Mon tour était arrivé et vous m'avez sauvé la vie, j'ai dit au patron de la *Leonora*, après lui avoir raconté l'étrange histoire.

« – Allons boire un coup de genièvre, m'a-t-il proposé. J'ai entendu des bruits de pas et j'ai cru qu'une barque de voleurs nous attaquait, alors j'ai pris ma winchester et j'allais les accueillir quand je vous ai vu marcher le bras tendu, comme si vous attendiez que quelqu'un vous prenne la main. Il va relever une ligne, je me suis dit, mais quand je vous ai vu avancer sur le beaupré comme un somnambule, j'ai crié pour vous empêcher de tomber à l'eau.

« Le lendemain, j'ai raconté à mes camarades ce qui était arrivé. Ils m'ont regardé avec curiosité comme si je n'avais pas toute ma tête, mais quand le patron est arrivé, il a confirmé mon récit.

« On va bien voir si cette histoire de soute et de cadenas est vraie, j'ai dit, et nous sommes descendus dans la cale.

« J'ai retrouvé la mystérieuse porte, mais elle était tapissée de toiles d'araignée, comme si elle n'avait pas été ouverte. "Voilà la porte !" je me suis exclamé. Ils la regardaient, ébahis. Personne ne l'avait jamais remarquée, cette porte. Nous avons descendu l'échelle pour gagner l'étrave, le même chemin que j'avais parcouru avec le fantôme. Et nous sommes arrivés, à la lueur d'une lanterne, devant de vieux bidons de brai[5] que les années avaient rendu aussi dur que la pierre. Après bien des efforts, on a réussi à les déplacer. Derrière, il y avait une petite porte fermée par un énorme cadenas.

« Avec une barre à mine nous avons cassé le cadenas et par à-coups nous avons ouvert la porte qui était quasiment scellée au cadre.

« Nous sommes entrés courbés, le patron et moi, dans une espèce de cabine construite contre l'étrave.

« – Tout ça est bien étrange, a murmuré le patron de la *Leonora*, tandis que je levais la lanterne pour éclairer ce cagibi.

« Il y avait un petit paquet sur le sol. Quand j'ai voulu le toucher, il s'est effrité entre mes doigts, comme une écorce d'arbre pourrie et desséchée.

« Nous nous sommes accroupis et nous avons compris que c'était un cadavre, probablement de femme, dont le squelette était entouré de haillons. Seul le crâne était encore en bon état.

« Il n'y avait rien d'autre dans le cagibi. Nous allions repartir, impressionnés par cette trouvaille, quand j'ai aperçu un bout de papier près du cadavre.

5. brai : enduit à base de goudron utilisé pour l'étanchéité des navires.

« – Un moment ! j'ai dit, et je l'ai ramassé.

« C'était en effet un papier parcheminé, je l'ai approché de la lan-
210 terne et nous avons lu :

"Je suis tombée entre les mains d'un homme cruel et vindicatif. Il a voulu m'arracher le secret des bancs de perles qui se trouvent au nord du cap Anan-Aka, d'abord en m'offrant sa main et tous ses biens, jusqu'à ce bateau à la proue duquel il a fait sculpter une figure qui me repré-
215 sente ; puis il m'a fait subir de terribles supplices et enfin il m'a enfermée dans ce sinistre cachot. Je le hais, il a assassiné mon père et détruit notre flottille de pêche. Je sais qu'il me reste peu d'heures à vivre dans cette grande souffrance, mais cela n'a pas d'importance. Comme je n'ai pas pu venger mon père j'emporte dans la tombe le secret des bancs
220 d'huîtres perlières. Qu'une malédiction éternelle s'abatte sur Childrake, sur son bateau qui porte mon nom et mon visage, sur son équipage et sur quiconque montera à son bord. Leonora Bruce - 13 - VI - 1863."

« Nous avons informé les autorités maritimes. Elles ont ramené à terre les derniers os et la poussière du cadavre. Le patron de la *Leonora*
225 n'a pas voulu garder la figure de proue, il l'a cassée et jetée à la mer.

« Dans un endroit discret du cimetière de Punta Arenas, des mains pieuses ont planté une croix sur laquelle on peut lire : "Leonora Bruce", suivi de deux points d'interrogation entre parenthèses, à la place des dates de naissance et de décès.

230 « Chaque fois qu'on mouille dans ce port je vais au cimetière, devant la croix. Puis je demande s'il y a eu de nouvelles disparitions sur la *Leonora* et depuis des années on me répond que non, termina le sergent Escobedo.

Au sud-ouest l'horizon se chargeait de nuages, le sifflet d'un officier
235 se fit entendre et l'équipage fut appelé à d'autres tâches.

Francisco COLOANE, *Le Dernier Mousse,*
traduction de F. Gaudry, © Phébus, 1996.

BURNE-JONES , *Les Sirènes* (vers 1875).
Le Cap, National Gallery of South Africa.
© Bridgeman-Giraudon.

S'INFORMER

1. À l'aide d'un atlas et de la notice biographique de Francisco Coloane, situez Punta Arenas.

2. Quel détail météorologique (étonnant pour nous) la situation de Punta Arenas permet-elle d'expliquer ?

3. Qu'est-ce qu'un *mousse* ?

LIRE LE TEXTE

La vie des marins

4. Le texte contient de nombreuses expressions appartenant au registre de langue familier :
– relevez-en trois exemples,
– justifiez l'emploi de ce registre de langue dans le texte.

5. Pourquoi le sergent Escobedo est-il précieux pour les mousses ? Pourquoi aime-t-il se trouver auprès d'eux ?

6. Relevez les phrases qui montrent que les mousses sont de plus en plus passionnés par le récit du sergent Escobedo.

Les récits encadrés

7. Quel signe typographique permet de repérer le récit encadré du sergent Escobedo ?

8. Délimitez les récits encadrés en indiquant le numéro des lignes. Combien de récits encadrés comptez-vous ?

9. Relevez les expressions qui introduisent ces récits encadrés, et qui permettent de deviner qu'un récit va suivre.

Le double encadrement

10. Observez les schémas de la page 57 et, sur le même principe, faites le schéma qui permet de montrer l'organisation du texte. Vous utiliserez une couleur différente pour chaque énonciateur, et vous indiquerez à l'intérieur de chaque surface de quel récit il s'agit.

11. Quelle est l'utilité de chaque récit encadré par rapport à son texte-cadre ?

LIRE L'IMAGE

12. À votre avis, à quel endroit d'un navire peuvent se trouver les objets réunis dans le tableau de J. Dalieri, *Côtes septentrionales*, p. 46 ?

13. Au C.D.I., renseignez-vous sur les différents sens du mot « sirène ». Sur le tableau, p. 51, repérez où se trouvent les sirènes.

ÉCRIRE

14. Écrivez le récit encadré qui pourrait s'insérer à la place des [...], l. 33, et dans lequel Escobedo évoque un épisode de sa vie alors qu'il était lui-même mousse.

15. Sur le principe des schémas suivants, écrivez deux textes narratifs contenant chacun deux courts récits encadrés.
Vous situerez vos histoires dans des milieux professionnels auxquels vous vous intéressez (marine, agriculture, armée, professions médicales,…).

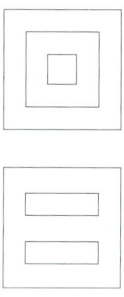

S'EXPRIMER À L'ORAL

16. Constituez des groupes qui comprendront autant d'élèves que de récits présents dans le texte de Francisco Coloane (texte-cadre et récits encadrés). Chaque élève résumera en quelques phrases le contenu du récit qu'il représente.
Placez-vous sur une ligne :
l'élève qui parle fait un pas en avant par rapport aux autres élèves du groupe, puis se replace en arrière à la fin de son récit.

Lecture personnelle

Les Mille et Une Nuits

Scheherazade, épouse du sultan Schahriar, doit être mise à mort pour venger l'infidélité dont s'est rendue coupable la précédente épouse du sultan. Dinarzade, la jeune sœur de Scheherazade, demande chaque matin la grâce d'entendre une dernière histoire.

XXVIIIe Nuit

Dinarzade, suivant sa coutume, n'oublia pas d'appeler la sultane lorsqu'il en fut temps : « Ma chère sœur, lui dit-elle, si vous ne dormez pas, je vous supplie, en attendant le jour, de me raconter un de ces beaux contes que vous savez. » Scheherazade, sans lui répondre, com-
5 mença d'abord, et, adressant la parole au sultan :

Sire, dit-elle, sous le règne du calife Haroun-al-Raschid, il y avait à Bagdad, où il faisait sa résidence, un porteur qui, malgré sa profession basse et pénible, ne laissait pas d'être homme d'esprit et de bonne humeur. Un matin qu'il était, à son ordinaire, avec un grand panier à
10 jour près de lui, dans une place où il attendait que quelqu'un eût besoin de son ministère, une jeune dame de belle taille, couverte d'un grand voile de mousseline, l'aborda, et lui dit d'un air gracieux : « Écoutez, porteur, prenez votre panier, et suivez-moi. » Le porteur, enchanté de ce peu de paroles prononcées si agréablement, prit aussitôt son panier, le
15 mit sur sa tête, et suivit la dame en disant : *Ô jour heureux ! ô jour de bonne rencontre !*

D'abord la dame s'arrêta devant une porte fermée et frappa. Un chrétien vénérable par une longue barbe blanche ouvrit, et elle lui mit de l'argent dans la main sans lui dire un seul mot. Mais le chrétien, qui
20 savait ce qu'elle demandait, rentra, et peu de temps après apporta une grosse cruche d'un vin excellent. « Prenez cette cruche, dit la dame au porteur, et la mettez dans votre panier. » Cela étant fait, elle lui commanda de la suivre ; puis elle continua de marcher, et le porteur continua de dire : *Ô jour de félicité ! ô jour d'agréable surprise et de joie !*

25 La dame s'arrêta à la boutique d'un vendeur de fruits et de fleurs, où elle choisit de plusieurs sortes de pommes, des abricots, des pêches, des coings, des limons, des citrons, des oranges, du myrte, du basilic, des lis, du jasmin, et de quelques autres sortes de fleurs et de plantes de bonne odeur. Elle dit au porteur de mettre tout cela dans son panier et
30 de la suivre. En passant devant l'étalage d'un boucher, elle se fit peser vingt-cinq livres de la plus belle viande qu'il eût ; ce que le porteur mit encore dans son panier par son ordre. À une autre boutique, elle prit des câpres, de l'estragon, de petits concombres, de la percepierre et autres herbes, le tout confit dans le vinaigre ; à une autre, des pistaches, des

35 noix, des noisettes, des pignons, des amandes et d'autres fruits semblables ; à une autre encore, elle acheta toutes sortes de pâtes d'amande. Le porteur, en mettant toutes ces choses dans son panier, remarquant qu'il se remplissait, dit à la dame : « Ma bonne dame, il fallait m'avertir que vous feriez tant de provisions, j'aurais pris un cheval, ou plutôt un
40 chameau pour les porter. J'en aurai beaucoup plus que ma charge, pour peu que vous en achetiez d'autres. » La dame rit de cette plaisanterie, et ordonna de nouveau au porteur de la suivre.

Elle entra chez un droguiste, où elle se fournit de toutes sortes d'eaux de senteur, de clous de girofle, de muscade, de poivre gingembre,
45 d'un gros morceau d'ambre gris et de plusieurs autres épiceries des Indes ; ce qui acheva de remplir le panier du porteur, auquel elle dit encore de la suivre. Alors ils marchèrent tous deux jusqu'à ce qu'ils arrivèrent à un hôtel magnifique, dont la façade était ornée de belles colonnes, et qui avait une porte d'ivoire. Ils s'y arrêtèrent, et la dame
50 frappa un petit coup...

En cet endroit, Scheherazade aperçut qu'il était jour, et cessa de parler. « Franchement, ma sœur, dit Dinarzade, voilà un commencement qui donne beaucoup de curiosité. Je crois que le sultan ne voudra pas se priver du plaisir d'entendre la suite. » Effectivement, Schahriar,
55 loin d'ordonner la mort de la sultane, attendit impatiemment la nuit suivante pour apprendre ce qui se passerait dans l'hôtel dont elle avait parlé.

XXIXe Nuit

Dinarzade, réveillée avant le jour, adressa ces paroles à la sultane :
60 « Ma sœur, si vous ne dormez pas, je vous prie de poursuivre l'histoire que vous commençâtes hier. » Scheherazade aussitôt la continua de cette manière :

Pendant que la jeune dame et le porteur attendaient que l'on ouvrît la porte de l'hôtel, le porteur faisait mille réflexions. Il était étonné
65 qu'une dame faite comme celle qu'il voyait fît l'office de pourvoyeur : car enfin il jugeait bien que ce n'était pas une esclave ; il lui trouvait l'air trop noble pour penser qu'elle ne fût pas libre, et même une personne de distinction. Il lui aurait volontiers fait des questions pour s'éclaircir de sa qualité ; mais, dans le temps qu'il se préparait à lui par-
70 ler, une autre dame qui vint ouvrir la porte lui parut si belle qu'il en demeura tout surpris, ou plutôt il fut si vivement frappé de l'éclat de ses charmes qu'il en pensa laisser tomber son panier avec tout ce qui était dedans, tant cet objet le mit hors de lui-même. Il n'avait jamais vu de beauté qui approchât de celle qu'il avait devant les yeux.

75 La dame qui avait amené le porteur s'aperçut du désordre qui se passait dans son âme et du sujet qui le causait. Cette découverte la divertit ; et elle prenait tant de plaisir à examiner la contenance du porteur qu'elle ne songeait pas que la porte était ouverte. « Entrez donc, ma sœur, lui dit la belle portière ; qu'attendez-vous ? Ne voyez-vous
80 pas que ce pauvre homme est si chargé qu'il n'en peut plus ? »

Lorsqu'elle fut entrée avec le porteur, la dame qui avait ouvert la porte la ferma ; et tous trois, après avoir traversé un beau vestibule, ils passèrent dans une cour très spacieuse, et environnée d'une galerie à

Ludwig Hans FISCHER (1848-1915), *Le Sérail*.
Londres, Christie's.
© Bridgeman-Giraudon.

jour, qui communiquait à plusieurs appartements de plain-pied de la
85 dernière magnificence. Il y avait dans le fond de cette cour un sofa richement garni, avec un trône d'ambre au milieu, soutenu de quatre colonnes d'ébène enrichies de diamants et de perles d'une grosseur extraordinaire, et garnies d'un satin rouge relevé d'une broderie d'or des Indes d'un travail admirable. Au milieu de la cour, il y avait un grand
90 bassin bordé de marbre blanc, et plein d'une eau très claire, qui y tombait abondamment par un mufle de lion de bronze doré.

Le porteur, tout chargé qu'il était, ne laissait pas d'admirer la magnificence de cette maison et la propreté qui y régnait partout ; mais ce qui attira particulièrement son attention fut une troisième dame, qui
95 lui parut encore plus belle que la seconde, et qui était assise sur le trône dont j'ai parlé. Elle en descendit dès qu'elle aperçut les deux premières dames, et s'avança au-devant d'elles. Il jugea par les égards que les autres avaient pour celle-là que c'était la principale ; en quoi il ne se trompait pas. Cette dame se nommait Zobéide ; celle qui avait ouvert la porte
100 s'appelait Safie, et Amine était le nom de celle qui avait été aux provisions.

Zobéide dit aux deux dames en les abordant : « Mes sœurs, ne voyez-vous pas que ce bon homme succombe sous le fardeau qu'il porte ? qu'attendez-vous à le décharger ? » Alors Amine et Safie prirent
105 le panier, l'une par devant, l'autre par derrière. Zobéide y mit aussi la main, et toutes trois le posèrent à terre. Elles commencèrent à le vider, et, quand cela fut fait, l'agréable Amine tira de l'argent, paya libéralement le porteur...

Le jour, venant à paraître en cet endroit, imposa silence à Schehera-
110 zade, et laissa non seulement à Dinarzade, mais encore à Schahriar, un grand désir d'entendre la suite ; ce que ce prince remit à la nuit suivante.

Traduit par Antoine GALLAND au XVIIIe siècle.
© Garnier-Flammarion, 1965.

Encadrer un récit

OBSERVATION

Jacques CALLOT (1592-1635),
Marchand de gibier.
Béziers, Musée des Beaux-Arts.
© Giraudon.

DESCARTES. – Hier, je me promenais sur le Pont-Neuf – je vous ai dit, je crois, combien j'aime la flânerie – quand un pauvre homme m'aborda pour me demander humblement la charité. Ce ne fut qu'au bout d'un moment que je le reconnus tant sa mise était misé-
5 rable. Et cependant, Monsieur, il y a de cela quelques années, cet homme m'a sauvé la vie. Je voyageais cet hiver-là – un rude hiver – dans le nord de la France, en Picardie, quand une nuit, à la corne d'un petit bois, mon cheval s'abattit sur la glace, et je restai sous lui, la jambe prise, étourdi par la chute, et si faible que je sentais venir la
10 mort avec le froid sans même pouvoir appeler. Vint le moment où je perdis les sens. Quand je revins à moi, j'étais dans une hutte, étendu sur une paillasse, et l'homme qui m'avait sauvé me regardait avec un bon sourire, à la lueur du feu qu'il avait allumé. J'avais une forte fièvre, et ne prêtai que peu d'attention aux propos qu'il me tint
15 jusqu'à l'aube. *(Un temps.)* Un grand bavard que ce pauvre homme, et un simple d'esprit qui tout en me soignant entreprit sérieusement de m'expliquer les mystères de la Trinité, de la nature humaine de Jésus et je ne sais plus quoi encore. Ah ! oui, je me souviens : il prétendait savoir la composition du lait de la Vierge. *(Pascal se lève*
20 *brusquement et regarde Descartes fixement.)* Est-il besoin de vous le dire, je n'accordai nulle importance à ce babil. En revanche, je n'oubliai jamais la bonté de cet homme, et tout le soin qu'il prit de ma personne, en cette nuit d'hiver.
PASCAL. – *(dans un souffle).* Frère Saint-Ange...
25 DESCARTES. – Oui, vous le connaissez, je crois. Frère Saint-Ange, un Capucin. De son vrai nom Jacques Forton.
PASCAL. – Il vous a raconté ?...
DESCARTES. – Il m'a dit qu'il y a quelques mois un jeune homme d'une grande piété était venu le voir pour se faire expliquer en détail
30 son éclaircissement des mystères. À la suite de quoi, le jeune homme le dénonça, document à l'appui, comme hérétique, à l'archevêque de Rouen. Il fut donc obligé de jeter son froc aux orties et de s'enfuir loin de cette province où il passait sa vie à secourir les pauvres. Et c'est ainsi qu'il était devenu mendiant sur le Pont-Neuf.
35 Où je le rencontrai.

Jean-Claude BRISVILLE, *L'Entretien de M. Descartes avec M. Pascal le Jeune*, © Actes Sud, 1986.

1. Quels sont les deux personnages qui parlent dans cet extrait d'une pièce de théâtre ?

2. Sur une flèche chronologique, situez :
– la discussion entre les deux personnages,
– la rencontre sur le Pont-Neuf,
– l'accident de cheval,
– la visite du jeune homme pieux,
– la fuite de Frère Saint-Ange.

LEÇON

A. Le récit encadré

On dit qu'un récit est **encadré** lorsqu'il prend place à l'intérieur d'un autre texte, qui peut être narratif, descriptif, explicatif ou argumentatif.

Le texte dans lequel s'insère le récit s'appelle **texte-cadre.** C'est dans ce texte-cadre que prennent place un ou plusieurs autres récits. On peut même parfois observer **plusieurs niveaux** d'emboîtements. Les différents systèmes d'encadrement peuvent être représentés par les schémas suivants :

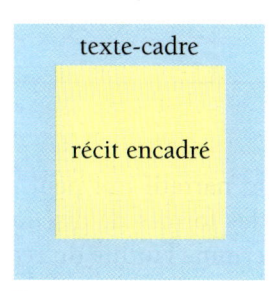

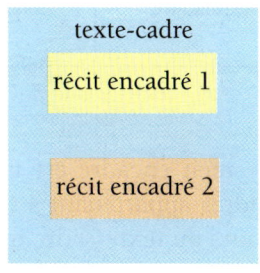

texte-cadre récit encadré	texte-cadre récit encadré 1 récit encadré 2	texte-cadre récit encadré 1 récit encadré 2
figure 1	figure 2	figure 3

Dans la figure 3, le récit encadré 1 devient à son tour le texte-cadre du récit encadré 2

B. Les déclencheurs

Dans le texte-cadre, différents éléments peuvent amener le ou les récits encadrés. Ce peut être :

– un **mot**, **une réaction** ou une **question** :

→ *Et Clara ?*

– un **objet**, un **paysage**, un **animal** ou une **personne** :

→ *Le gecko est un petit lézard...*

– un **sujet de conversation** :

→ *J'en ai eu des aventures ! Mais aucune comme celle qui m'est arrivée au port où l'on va bientôt jeter l'ancre !*

C. L'énonciateur et le destinataire

Il faut être attentif lors de la lecture pour repérer les **indices** qui permettent d'identifier, quand c'est possible, **les énonciateurs** et **les destinataires.** En effet, l'énonciateur et le destinataire du récit encadré ne sont pas forcément les mêmes que l'énonciateur et le destinataire du texte-cadre. Le plus souvent, l'énonciateur du récit encadré est clairement **nommé** dans le texte-cadre.

Pour reconnaître l'énonciateur et le destinataire, il faut bien **délimiter le récit encadré** à l'intérieur du texte-cadre, et **identifier la fonction du texte-cadre.**

	Choses vues	*L'Été grec*	*Le Dernier Mousse*
Texte-cadre	descriptif (portrait)	explicatif	narratif
Énonciateur	V. Hugo	J. Lacarrière	non identifié
Destinataire	non identifié	non identifié	non identifié
Récit encadré	narratif	narratif	narratif
Narrateur	V. Hugo	non identifié	plusieurs récits, et plusieurs narrateurs
Destinataire	non identifié	le lecteur	plusieurs récits, et plusieurs destinataires

D. L'utilité du récit encadré

Le récit encadré est un texte narratif qui peut s'insérer dans des textes-cadres appartenant à toutes les formes de discours. C'est la forme de discours du texte-cadre qui détermine l'utilité du récit encadré.

On peut raconter pour :

• **illustrer une affirmation** : le récit encadré de *Choses vues* vient illustrer l'affirmation « *... ce qui ne l'empêchait pas d'être fort méchante* »,

• **apporter une explication** : le récit encadré de *L'Été grec* vient expliquer ce qu'est un gecko,

• **émouvoir, effrayer, passionner**,... : l'attitude des mousses pendant le récit du sergent Escobedo le prouve.

EXERCICES

1. Dans les textes suivants, indiquez où commence le récit encadré en donnant le numéro des lignes, et dites quel est l'élément déclencheur.

A

On jouait chez Naroumov, officier aux gardes à cheval. La longue nuit d'hiver s'écoula sans qu'on s'en aperçût. On se mit à souper vers cinq heures du matin. Les gagnants mangeaient de bon appé-
5 tit, les autres regardaient distraitement leurs couverts vides. Mais la conversation s'anima grâce au champagne, et bientôt tout le monde y prit part.

« Qu'as-tu fait aujourd'hui, Sourine ? demanda
10 le maître de la maison ?

– J'ai perdu, comme d'habitude. Vraiment, je n'ai pas de veine. Je ne double jamais ma mise. Rien ne me démonte. Pourtant, je perds toujours.

– Eh quoi ! pas une seule fois tu n'as cherché à
15 profiter de la série ? Pas une seule fois tu n'as été tenté d'essayer ? Ta constance me confond.

– Et que diriez-vous de Hermann ? s'écria l'un des convives en désignant un jeune officier du génie. De sa vie ce garçon n'a fait un *paroli*[1], ni
20 même touché une carte ; mais il reste avec nous jusqu'à cinq heures du matin, à nous regarder jouer.

– Le jeu m'intéresse beaucoup, dit Hermann, mais dans l'espoir du superflu, je ne puis risquer le
25 nécessaire.

— Hermann est Allemand : il est économe, voilà tout, remarqua Tomaki. Mais s'il est quelqu'un que je ne comprenne pas, c'est ma grand-mère, la comtesse Anna Fédotovna.

30 — Comment ? Pourquoi ? s'écrièrent les convives. [...]

— Or donc, écoutez. Mais sachez d'abord que ma grand-mère, il y a quelque soixante ans, vint à Paris, où elle fit fureur. On la suivait en foule ; on
35 voulait voir la *Vénus moscovite*. Richelieu, qui lui fit la cour, faillit se brûler la cervelle, affirme-t-elle, désespéré par ses rigueurs. En ce temps, les dames jouaient au pharaon. Un soir, à la cour, ma grand-mère jouant contre le duc d'Orléans, perdit
40 sur parole une somme considérable.

Alexandre POUCHKINE, *La Dame de pique*,
traduction de A. Dide et J. Schiffrin,
© Gallimard, 1949.

1. **paroli** : pari au jeu.

B

« François Paradis... »

Son regard se leva un instant sur Maria, pour se détourner aussitôt ; mais elle ne remarqua même pas ce coup d'œil chargé d'honnête sympathie. Un
5 grand silence s'était appesanti non seulement dans la maison, mais sur l'univers entier ; toutes les créatures vivantes et toutes les choses restaient muettes et attendaient anxieusement cette nouvelle qui était d'une si terrible importance,
10 puisqu'elle touchait le seul homme au monde qui comptât vraiment.

« Voilà comment ça s'est passé... Vous avez peut-être eu connaissance qu'il était foreman dans un chantier en haut de la Tuque, sur la
15 rivière Vermillon. Quand le milieu de décembre est venu, il a dit tout à coup au boss qu'il allait partir pour venir passer les fêtes au lac Saint-Jean, icitte... Le boss ne voulait pas, comme de raison ; quand les hommes se mettent à prendre
20 des congés de dix et quinze jours en plein milieu de l'hiver, autant vaudrait casser le chantier tout de suite. Il ne voulait pas et il le lui a bien dit ; mais vous connaissez François : c'était un garçon malaisé à commander, quand il avait une chose
25 en tête. Il a répondu qu'il avait dans son cœur d'aller au grand lac pour les fêtes et qu'il irait. Alors le boss l'a laissé faire, par peur de le perdre, vu que c'était un homme capable hors de l'ordinaire, et accoutumé dans le bois... »

30 Il parlait avec une facilité singulière, lentement, mais sans chercher ses mots, comme s'il avait tout préparé d'avance. Maria songea tout à coup, au milieu de son angoisse : « François a voulu venir icitte pour les fêtes... me voir », et une
35 joie fugitive effleura son cœur comme une hirondelle rase l'eau.

Louis HÉMON, *Maria Chapdeleine*.

2. Dans la lettre suivante, adressée par Madame de Sévigné à sa fille, délimitez le texte-cadre et reconnaissez sa fonction, puis délimitez le récit encadré.

Savez-vous ce que c'est que faner ? Il faut que je vous l'explique : faner est la plus jolie chose du monde, c'est retourner du foin en batifolant dans une prairie ; dès qu'on en sait tant, on sait faner.
5 Tous mes gens y allèrent gaiement ; le seul Picard[1] me vint dire qu'il n'irait pas, qu'il n'était pas entré à mon service pour cela, que ce n'était pas son métier, et qu'il aimait mieux s'en aller à Paris. Ma foi ! la colère me monte à la tête. Je songeai que
10 c'était la centième sottise qu'il m'avait faite ; qu'il n'avait ni cœur ni affection, en un mot la mesure était comble. Je l'ai pris au mot, et quoi qu'on m'ait pu dire pour lui, je suis restée ferme comme un rocher, et il est parti.

Madame DE SÉVIGNÉ, *Lettres*.

1. **Picard** : l'un des valets.

3. Choisissez une des propositions suivantes, et rédigez un texte-cadre avec un récit encadré. Veillez à l'emploi des temps.

1. texte-cadre : explication de ce qu'est l'escalade en montagne – récit encadré : la plus belle escalade de l'alpiniste qui explique – élément déclencheur : une difficulté particulière ;

2. texte-cadre : quelques pêcheurs évoquent leurs souvenirs d'ouverture de la pêche – récit encadré : une prise magnifique – élément déclencheur : le saut d'une belle truite ;

3. texte-cadre : vos camarades et vous-même commentez le brevet blanc à la fin de l'épreuve de français – récit encadré : une tricherie mémorable – élément déclencheur : le conseiller d'éducation annonce qu'un tricheur a été pris sur le fait dans l'une des salles d'examen ;

4. texte-cadre : quelques adolescents argumentent à propos de la célébrité – récit encadré : la rencontre, par l'un d'eux, d'une vedette de l'actualité sportive ou artistique – élément déclencheur : le projet d'un des adolescents.

4. Guy de Maupassant utilise très fréquemment le principe du ou des récits encadrés. Lisez « Mademoiselle Perle » (*Contes et nouvelles*), et faites le schéma des récits encadrés en vous inspirant de la leçon.

PROLONGEMENTS

Récits encadrés et textes-cadres

MISE AU POINT

Le récit encadré peut se trouver dans des textes-cadres appartenant à différentes formes de discours.

MOTS CLÉS

LE VOCABULAIRE	
• Récit encadré	Énoncé narratif qui se trouve inclus à l'intérieur d'un autre texte.
• Texte-cadre	Le texte-cadre est l'énoncé dans lequel vient s'insérer le récit encadré.
• Formes de discours	Un énoncé appartient à l'une des quatre formes de discours suivantes : discours narratif, descriptif, explicatif, argumentatif. Les énoncés complexes combinent plusieurs formes de discours.

UTILITÉ DU RÉCIT ENCADRÉ	
• Dans un texte narratif	Le récit encadré introduit une pause dans la narration. Il fait entendre une autre voix dans le récit.
• Dans un texte descriptif	Le récit encadré illustre la description, ou le portrait. Il met la description en action.
• Dans un texte explicatif	Le récit encadré illustre ou fait comprendre par un cas concret. Il peut aussi servir de justification.
• Dans un texte argumentatif	Le récit encadré vient à l'appui des arguments avancés pour étayer un avis.

LES OUTILS DE LA LANGUE	
• Pronoms	Les pronoms de la 1re ou de la 2e personne permettent d'identifier l'énonciateur et le destinataire.
• Adverbes	Les adverbes de temps et de lieu permettent d'identifier la situation d'énonciation.

ACTIVITÉ 1 Lisez le texte suivant. Identifiez la fonction du texte-cadre, le narrateur et le destinataire du récit encadré dont vous avez les premiers mots, puis terminez le récit encadré.

C'était en juillet, je m'en souviens très bien. Cette année-là, malgré le soleil éblouissant et le chant des cigales, Hubert ne s'était pas départi d'une humeur sombre, qui semblait née de préoccupations graves. Un jour, à l'heure de la sieste, sous le figuier, il me confia sa peine : « Écoute-moi, Sophie, je crois que j'ai fait une grosse sottise... »

ACTIVITÉ 2 Écrivez pour le récit suivant un texte-cadre descriptif, qui permettra de montrer le tableau dont il est question.

Ce tableau, je l'avais acheté à Strasbourg. Nous étions partis à l'improviste, comme cela, pour deux jours d'escapade. Nous avions visité la Petite France, nous avions admiré les colonnes roses de la cathédrale, et nous avions flâné dans les rues piétonnes qu'animait un soleil de printemps. Lorsque nous nous arrêtâmes devant la vitrine de l'antiquaire, je sus que ce tableau était celui qu'il fallait au mur de mon bureau.

ACTIVITÉ 3 Lisez le texte suivant, reconnaissez la forme de discours à laquelle il appartient, et insérez, à la place des [...], un récit qui illustrera le propos du texte.

Comment expliquer l'augmentation des allergies particulièrement chez les jeunes ? Deux hypothèses sont avancées par les chercheurs. Avec l'âge, le système immunitaire devient moins efficace, et fabrique en particulier beaucoup moins d'immunoglobulines E, agents biologiques principaux de la réaction allergique. Moins de défenses immunitaires, donc moins d'allergies. La seconde hypothèse fait intervenir l'évolution des modes de vie, maisons de mieux en mieux isolées, souvent trop chauffées, augmentation du temps passé à l'intérieur, au domicile ou à l'école, généralisation de l'usage des couettes : « *Ces environnements calfeutrés rendent les enfants plus sensibles que leurs aînés, qui ont grandi dans des environnements très différents, davantage au grand air* », souligne Denis Charpin. [...] L'autre facteur aggravant, pointé du doigt par les scientifiques, est celui de la pollution atmosphérique.

Pedro LIMA, « Allergies au pollen, un calvaire de saison »
© *Eurêka*, avril 1999.

ACTIVITÉ 4 Pensez-vous que les élèves des collèges bénéficient d'un enseignement artistique (arts plastiques, musique) suffisant ? Écrivez sur ce sujet un court texte argumentatif dans lequel vous insérerez un récit encadré qui fera part d'une expérience personnelle.

ACTIVITÉ 5 Au C.D.I., feuilletez des magazines, et recopiez un paragraphe qui explique un phénomène, puis écrivez un récit bref que vous placerez soit à la suite du paragraphe recopié, soit entre deux phrases de ce paragraphe.

LECTURE DE L'IMAGE

LE TABLEAU DANS LE TABLEAU

Le tableau réunit, autour du peintre Manet, les peintres Auguste Renoir, Frédéric Bazille et Claude Monet, et les critiques Edmond Maître, Zacharie Astruc et Émile Zola.

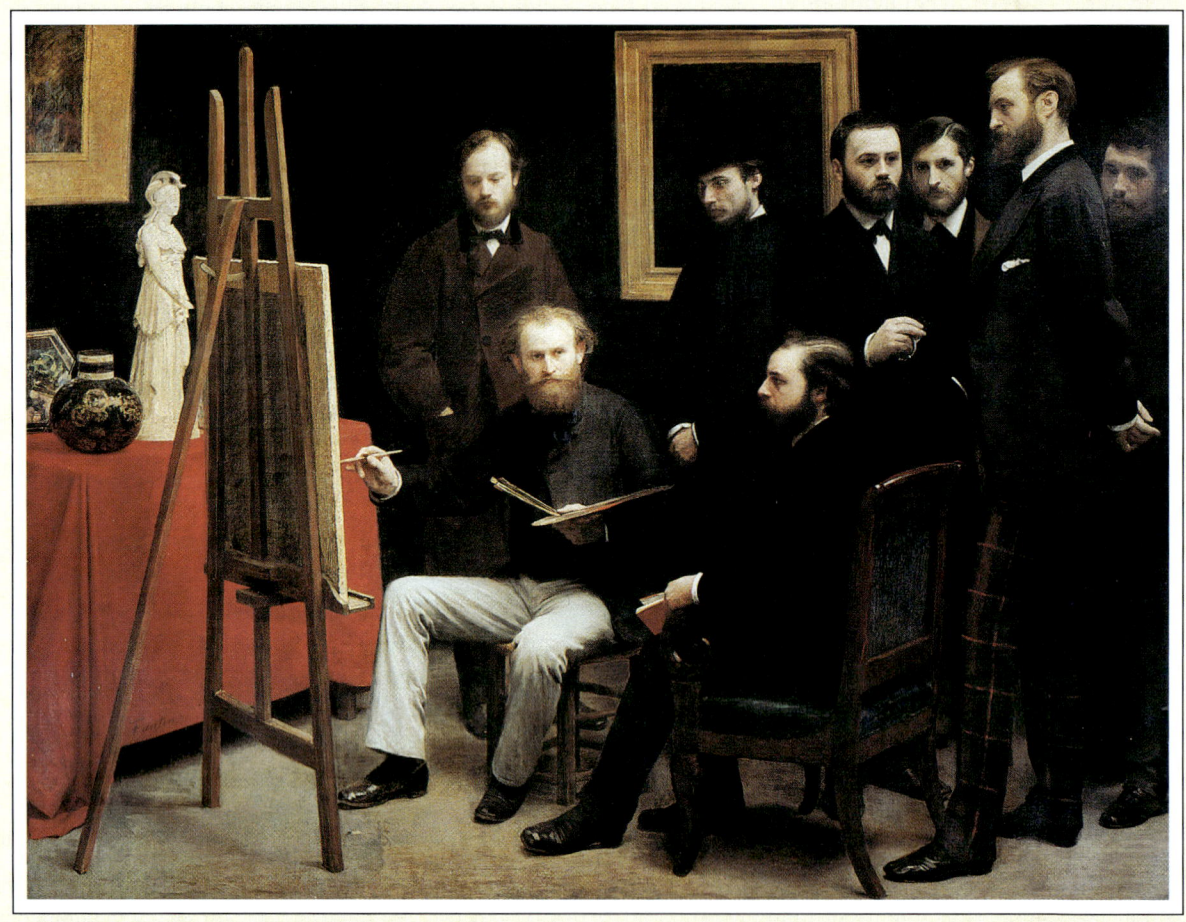

Henri FANTIN-LATOUR (1836-1904), *Un atelier aux Batignolles*, 1870, (2,04 x 2,73). Paris, Musée d'Orsay. © Photo Josse.

Des points communs

1. Quel est l'objet important dans chacun des tableaux ?

2. Dans quelle partie des tableaux cet objet est-il situé ?

3. Lisez les textes qui présentent les deux tableaux : à quel milieu les personnes représentées appartiennent-elles ?

Des différences

4. Où les groupes sont-ils placés par rapport à l'œuvre dans les deux tableaux ?

62

La scène se tient dans la boutique d'Ambroise Vollard, marchand de tableaux. De gauche à droite : les peintres Odilon Redon et Antoine Vuillard, le critique André Mellerio, Ambroise Vollard, les peintres Maurice Denis, Paul Sérusier, Ranson, Roussel, Pierre Bonnard, et l'épouse de Maurice Denis.

Maurice DENIS (1870-1943), *Hommage à Cézanne*, 1900, (1,80 x 2,40).
Paris, Musée d'Orsay. Photo Josse. © Adagp 1999.

5. Vers quoi ou vers qui les regards des personnes présentes se dirigent-ils dans chacun des tableaux?

6. Dans quel tableau l'œuvre est-elle en train de se faire ?

7. Quelle différence constatez-vous dans la position de l'œuvre par rapport au spectateur du tableau ?

Le but des peintres

8. À votre avis, les peintres ont voulu :
– faire le portrait de leurs amis ?
– montrer comment on peint un tableau ?
– montrer que le tableau est l'intérêt central de ces groupes de personnes ?

Chapitre

3.

Pour lire une œuvre intégrale :
Carmen
de Prosper Mérimée

OBJECTIFS ▶ *Comprendre la construction d'un récit complexe*
Différencier les formes de discours dans un récit

LECTURES

▷ **Extrait 1 : Chapitre 1, début**
   Clés pour lire le chapitre 1, fin
   Clés pour lire le chapitre 2, début

▷ **Extrait 2 : Chapitre 2, fin**

▷ **Extrait 3 : Chapitre 3, début**
   Clés pour lire le chapitre 3, milieu

▷ **Extrait 4 : Chapitre 3, fin**
   Clés pour lire le chapitre 4

PROLONGEMENTS
Les formes de discours dans le récit

Julia Migenès Johnson dans le rôle de Carmen. © Photo Kipa.

Les illustrations de ce chapitre sont extraites d'un film tourné en 1982 par le réalisateur Francesco Rosi. Ce film s'appuie sur l'opéra que Georges Bizet a tiré (en 1875) de l'œuvre de Prosper Mérimée.

Les notes signalées par un astérique (*) ont été mises par Prosper Mérimée lui-même.

Carmen

Extrait 1 : Chapitre 1, début

1. Munda : la bataille de Munda a été livrée par Jules César aux deux fils de Pompée le 17 mars de l'an 45 avant Jésus-Christ.
2. Marbella : ville d'Andalousie, région située au sud de l'Espagne.
3. *Bellum Hispaniense* : titre latin signifiant *La Guerre d'Hispanie*.
4. Montilla : ville d'Andalousie située au sud de Cordoue.

5. *Commentaires* : Mémoires que Jules César a écrits sur la guerre qu'il a menée en Gaule et sur la guerre civile à Rome.
6. Cachena : en réalité la Carchena, rivière du sud de l'Espagne.

7. sierra de Cabra : massif montagneux au sud de Montilla.

J'avais toujours soupçonné les géographes de ne savoir ce qu'ils disent lorsqu'ils placent le champ de bataille de Munda[1] dans le pays des Bastuli-Pœni, près de la moderne Monda, à quelque deux lieues au nord de Marbella[2]. D'après mes propres conjectures sur le texte de l'anonyme, auteur du *Bellum Hispaniense*[3], et quelques renseignements recueillis dans l'excellente bibliothèque du duc d'Ossuna, je pensais qu'il fallait chercher aux environs de Montilla[4], le lieu mémorable où, pour la dernière fois, César joua quitte ou double contre les champions de la république. Me trouvant en Andalousie au commencement de l'automne de 1830, je fis une assez longue excursion pour éclaircir les doutes qui me restaient encore. Un mémoire que je publierai prochainement ne laissera plus, je l'espère, aucune incertitude dans l'esprit de tous les archéologues de bonne foi. En attendant que ma dissertation résolve enfin le problème géographique qui tient toute l'Europe savante en suspens, je veux vous raconter une petite histoire ; elle ne préjuge rien sur l'intéressante question de l'emplacement de Munda.

J'avais loué à Cordoue un guide et deux chevaux, et m'étais mis en campagne avec les *Commentaires* de César[5] et quelques chemises pour tout bagage. Certain jour, errant dans la partie élevée de la plaine de Cachena[6], harassé de fatigue, mourant de soif, brûlé par un soleil de plomb, je donnais au diable de bon cœur César et les fils de Pompée, lorsque j'aperçus assez loin du sentier que je suivais, une petite pelouse verte parsemée de joncs et de roseaux. Cela m'annonçait le voisinage d'une source. En effet, en m'approchant, je vis que la prétendue pelouse était un marécage où se perdait un ruisseau, sortant, comme il semblait, d'une gorge étroite entre deux hauts contreforts de la sierra de Cabra[7]. Je conclus qu'en remontant je trouverais de l'eau plus fraîche, moins de sangsues et de grenouilles, et peut-être un peu d'ombre au milieu des rochers. À l'entrée de la gorge, mon cheval hennit, et un autre cheval, que je ne voyais pas, lui répondit aussitôt. À peine eus-je fait une centaine de pas, que la gorge, s'élargissant tout à coup, me montra une espèce de cirque naturel parfaitement ombragé par la hauteur des escarpements qui l'entouraient. Il était impossible de rencontrer un lieu qui promît au voyageur une halte plus agréable. Au pied de rochers à pic, la source s'élançait en bouillonnant, et tombait dans un petit bassin tapissé d'un sable blanc comme la neige. Cinq à six beaux chênes verts, toujours à l'abri du vent et rafraîchis par la source, s'élevaient sur ses bords, et la couvraient de leur épais ombrage ; enfin, autour du bassin, une herbe fine, lustrée, offrait un lit meilleur qu'on n'en eût trouvé dans aucune auberge à dix lieues à la ronde.

Van Everdingen Allaert (1621-1675), *Paysage : un homme debout parmi des rochers.* Paris, Musée du Louvre. © Photo RMN – J.G. Berizzi.

À moi n'appartenait pas l'honneur d'avoir découvert un si beau lieu. Un homme s'y reposait déjà, et sans doute dormait, lorsque j'y pénétrai. Réveillé par les hennissements, il s'était levé, et s'était rapproché de son cheval, qui avait profité du sommeil de son maître pour faire
45 un bon repas de l'herbe aux environs. C'était un jeune gaillard de taille moyenne, mais d'apparence robuste, au regard sombre et fier. Son teint, qui avait pu être beau, était devenu, par l'action du soleil, plus foncé que ses cheveux. D'une main il tenait le licol de sa monture, de l'autre une espingole[8] de cuivre. J'avouerai que d'abord l'espingole et l'air farouche
50 du porteur me surprirent quelque peu ; mais je ne croyais plus aux voleurs, à force d'en entendre parler et de n'en rencontrer jamais. D'ailleurs, j'avais vu tant d'honnêtes fermiers s'armer jusqu'aux dents pour aller au marché, que la vue d'une arme à feu ne m'autorisait pas à mettre en doute la moralité de l'inconnu. – Et puis, me disais-je, que
55 ferait-il de mes chemises et de mes *Commentaires* Elzévir[9] ? Je saluai donc l'homme à l'espingole d'un signe de tête familier, et je lui demandai en souriant si j'avais troublé son sommeil. Sans me répondre, il me toisa de la tête aux pieds : puis, comme satisfait de son examen, il considéra avec la même attention mon guide, qui s'avançait. Je vis celui-ci pâlir et
60 s'arrêter en montrant une terreur évidente. Mauvaise rencontre ! me dis-je. Mais la prudence me conseilla aussitôt de ne laisser voir aucune inquiétude. Je mis pied à terre ; je dis au guide de débrider, et, m'agenouillant au bord de la source, j'y plongeai ma tête et mes mains ; puis je bus une bonne gorgée, couché à plat ventre, comme les mauvais soldats
65 de Gédéon[10].

J'observais cependant mon guide et l'inconnu. Le premier s'approchait bien à contrecœur ; l'autre semblait n'avoir pas de mauvais desseins contre nous, car il avait rendu la liberté à son cheval, et son espingole, qu'il tenait d'abord horizontale, était maintenant dirigée vers la
70 terre.

8. une espingole : un gros fusil court, à canon évasé.

9. Elzévir : nom d'une famille d'imprimeurs hollandais (XVIᵉ et XVIIᵉ siècles). Leur édition des *Commentaires* est considérée comme un chef-d'œuvre de la typographie.

10. Gédéon : pour livrer bataille, Gédéon exclut les soldats qui s'étaient mis à genoux pour boire, ce qui leur avait fait perdre leur dignité (épisode de la Bible).

Ne croyant pas devoir me formaliser du peu de cas qu'on avait paru faire de ma personne, je m'étendis sur l'herbe, et d'un air dégagé je demandai à l'homme à l'espingole s'il n'avait pas un briquet sur lui. En même temps je tirai mon étui à cigares. L'inconnu, toujours sans parler, fouilla dans sa poche, prit son briquet, et s'empressa de me faire du feu. Évidemment il s'humanisait ; car il s'assit en face de moi, toutefois sans quitter son arme. Mon cigare allumé, je choisis le meilleur de ceux qui me restaient et je lui demandai s'il fumait.

— Oui, monsieur, répondit-il.

C'étaient les premiers mots qu'il faisait entendre, et je remarquai qu'il ne prononçait pas l's à la manière andalouse*, d'où je conclus que c'était un voyageur comme moi, moins archéologue seulement.

— Vous trouverez celui-ci assez bon, lui dis-je en lui présentant un véritable régalia[11] de La Havane.

Il me fit une légère inclination de tête, alluma son cigare au mien, me remercia d'un autre signe de tête, puis se mit à fumer avec l'apparence d'un très grand plaisir.

— Ah ! s'écria-t-il en laissant échapper lentement sa première bouffée par la bouche et les narines, comme il y avait longtemps que je n'avais pas fumé !

11. régalia : cigare de qualité supérieure.

* Les Andalous aspirent l's et le confondent dans la prononciation avec le *c* doux et le *z* que les Espagnols prononcent comme le *th* anglais. Sur le mot *Senor* on peut reconnaître un Andalou.

LECTURE

L'auteur

1. Documentez-vous sur Prosper Mérimée : sa vie, sa profession, son œuvre.

2. Prosper Mérimée est-il allé lui-même en Espagne ? Cherchez dans ce manuel un texte qui vous permettra de répondre.

Le narrateur et les personnages

3. Qui est le narrateur ?

4. Est-il un personnage de l'histoire ou est-il extérieur à l'histoire ? Justifiez votre réponse.

5. À partir de quel moment commence-t-il à raconter ? À quoi sert le premier paragraphe ?

6. Combien de personnages sont présents dans cette scène ?

7. Quelle est l'impression produite par l'inconnu sur le serviteur ? et sur le narrateur ? Relevez des expressions du texte pour justifier votre réponse.

Le rôle de la description

8. Repérez la description du lieu. Pourquoi ce lieu est-il une « halte agréable » ?

9. Quel est l'effet produit par le portrait de l'inconnu ? Quels éléments y contribuent-ils ? La suite du texte confirme-t-elle cet effet ?

10. Pourquoi les personnages se regardent-ils, s'observent-ils ?

L'histoire

11. Relevez les indications qui renseignent sur le temps de l'action : époque, saison, moment du jour…

12. Pour quelle raison le narrateur se trouve-t-il en Espagne ?

13. L'inconnu a-t-il un rapport avec cette raison ?

14. Le narrateur veut nous raconter une « *petite histoire* » : donne-t-il la raison de ce choix ?

15. D'après cet extrait, peut-on prévoir la suite de l'histoire ?

Clés pour lire le chapitre 1 (fin)

1. À quel moment apprend-on le nom de l'inconnu ? Qui le prononce ?

2. À quel moment apprend-on l'identité de l'inconnu ? Qui la révèle ?

3. Quelle conduite le narrateur adopte-t-il par rapport à l'inconnu ?

4. Qualifiez par deux adjectifs les liens qui se sont créés entre le narrateur et l'inconnu.

Clés pour lire le chapitre 2 (début)

1. Qu'a-t-il pu se passer entre la fin du chapitre 1 et le début du chapitre 2 ?

2. Y a-t-il un changement de lieu entre les deux chapitres ?

3. Précisez le lieu où se trouve le narrateur.

4. Où et quand rencontre-t-il Carmen ?

5. Délimitez les deux portraits de Carmen. Quel est le rôle de ces deux passages descriptifs dans le récit ?

6. Qualifiez Carmen à l'aide de deux adjectifs, compte tenu de l'effet produit par ces deux descriptions.
Quel élément de son visage est particulièrement mis en valeur par la description ?

7. La deuxième rencontre entre le narrateur et l'inconnu était-elle prévisible ?
Précisez les circonstances de cette rencontre.

Extrait 2 : Chapitre 2, fin

Après plusieurs mois de courses errantes en Andalousie, je voulus retourner à Madrid, et il me fallut repasser par Cordoue. Je n'avais pas l'intention d'y faire un long séjour, car j'avais pris en grippe cette belle ville et les baigneuses du Guadalquivir. Cependant quelques amis à
5 revoir, quelques commissions à faire devaient me retenir au moins trois ou quatre jours dans l'antique capitale des princes musulmans[1].

Dès que je reparus au couvent des dominicains, un des pères qui m'avait toujours montré un vif intérêt dans mes recherches sur l'emplacement de Munda m'accueillit les bras ouverts en s'écriant :
10 — Loué soit le nom de Dieu ! Soyez le bienvenu, mon cher ami. Nous vous croyions tous mort, et moi, qui vous parle, j'ai récité bien des *pater* et des *ave*, que je ne regrette pas, pour le salut de votre âme. Ainsi vous n'êtes pas assassiné, car pour volé nous savons que vous l'êtes ?

— Comment cela ? lui demandai-je un peu surpris.
15 — Oui, vous savez bien, cette belle montre à répétition que vous faisiez sonner dans la bibliothèque, quand nous vous disions qu'il était temps d'aller au chœur. Eh bien ! elle est retrouvée on vous la rendra.

1. L'Espagne a été occupée par les musulmans de 711 à 1492.

2. un corrégidor : un magistrat chargé de fonctions administratives et judiciaires.

3. un hidalgo : un gentilhomme.
4. garrotté : étranglé au moyen d'un anneau de fer.

5. citation extraite de *Monsieur de Pourceaugnac*, pièce de Molière (acte III, scène 3).

6. Vittoria (actuellement *Vitoria*) : ville du nord de l'Espagne, capitale du Pays basque.
7. Pampelune : ville du nord de l'Espagne, capitale de la province de Navarre.

– C'est-à-dire, interrompis-je, un peu décontenancé, que je l'avais égarée...

– Le coquin est sous les verrous, et, comme on savait qu'il était homme à tirer un coup de fusil à un chrétien pour lui prendre une piécette, nous mourions de peur qu'il ne vous eût tué. J'irai avec vous chez le corrégidor², et nous vous ferons rendre votre belle montre. Et puis, avisez-vous de dire là-bas que la justice ne sait pas son métier en Espagne !

– Je vous avoue, lui dis-je, que j'aimerais mieux perdre ma montre que de témoigner en justice pour faire pendre un pauvre diable, surtout, parce que... parce que...

– Oh ! n'ayez aucune inquiétude ; il est bien recommandé, et on ne peut le pendre deux fois. Quand je dis pendre, je me trompe. C'est un hidalgo³ que votre voleur ; il sera donc *garrotté*⁴ après demain sans rémission*. Vous voyez qu'un vol de plus ou de moins ne changera rien à son affaire. Plût à Dieu qu'il n'eût que volé ! mais il a commis plusieurs meurtres, tous plus horribles les uns que les autres.

– Comment se nomme-t-il ?

– On le connaît dans le pays sous le nom de José Navarro, mais il a encore un autre nom basque que ni vous ni moi ne prononcerons jamais. Tenez, c'est un homme à voir, et vous qui aimez à connaître les singularités du pays, vous ne devez pas négliger d'apprendre comment en Espagne les coquins sortent de ce monde. Il est en chapelle, et le père Martinez vous y conduira.

Mon dominicain insista tellement pour que je visse les apprêts du « *petit pendement bien choli* »⁵ que je ne pus m'en défendre. J'allai voir le prisonnier, muni d'un paquet de cigares qui, je l'espérais, devaient lui faire excuser mon indiscrétion.

On m'introduisit auprès de don José, au moment où il prenait son repas. Il me fit un signe de tête assez froid, et me remercia poliment du cadeau que je lui apportais. Après avoir compté les cigares du paquet que j'avais mis entre ses mains, il en choisit un certain nombre, et me rendit le reste, observant qu'il n'avait pas besoin d'en prendre davantage.

Je lui demandai si, avec un peu d'argent, ou par le crédit de mes amis, je pourrais obtenir quelque adoucissement à son sort. D'abord il haussa les épaules en souriant avec tristesse, bientôt, se ravisant, il me pria de faire dire une messe pour le salut de son âme.

– Voudriez-vous, ajouta-t-il timidement, voudriez-vous en faire dire une autre pour une personne qui vous a offensé ?

– Assurément, mon cher ami, lui dis-je ; mais personne, que je sache, ne m'a offensé en ce pays.

Il me prit la main et la serra d'un air grave. Après un moment de silence il reprit :

– Oserai-je encore vous demander un service ?... Quand vous reviendrez dans votre pays, peut-être passerez-vous par la Navarre, au moins vous passerez par Vittoria qui n'en est pas fort éloignée.

– Oui, lui dis-je, je passerai certainement par Vittoria⁶ ; mais il n'est pas impossible que je me détourne pour aller à Pampelune⁷, et, à cause de vous, je crois que je ferai volontiers ce détour.

– Eh bien ! si vous allez à Pampelune, vous y verrez plus d'une chose qui vous intéressera… C'est une belle ville… Je vous donnerai cette médaille (il me montrait une petite médaille d'argent qu'il portait au cou), vous l'envelopperez dans du papier… il s'arrêta un instant pour maîtriser son émotion… et vous la remettrez ou vous la ferez remettre à une bonne femme dont je vous dirai l'adresse. – Vous direz que je suis mort, vous ne direz pas comment.

Je promis d'exécuter sa commission. Je le revis le lendemain, et je passai une partie de la journée avec lui. C'est de sa bouche que j'ai appris les tristes aventures qu'on va lire.

* En 1830, la noblesse jouissait encore de ce privilège. Aujourd'hui, sous le régime constitutionnel, les vilains ont conquis le droit au *garrote*.

Placido Domingo dans le rôle de Don José. © Photo Kipa.

LECTURE

Les personnages

1. Combien de fois le narrateur et don José se sont-ils rencontrés avant l'entrevue rapportée dans ce texte ?

2. Relevez les mots et expressions qui désignent don José.
Classez-les en trois groupes : expressions péjoratives, neutres, mélioratives.
Quelles sont les plus nombreuses, pourquoi ?

3. Pourquoi le visiteur choisit-il d'offrir des cigares ? Pourquoi le prisonnier en rend-il certains ?

4. Observez les différentes réactions du prisonnier aux paroles et aux actes du visiteur. Que nous apprennent-elles sur le caractère et la personnalité du prisonnier ?

5. Qui peut être la « *bonne femme* » dont il est question à la fin et quel peut être le sens de cette expression ?

Le dialogue

6. Délimitez dans ce texte les deux passages dialogués et le passage narratif qui sert de transition. Quel est l'intérêt des dialogues ?

7. Qui parle le plus dans ces dialogues ? Le narrateur impose-t-il les sujets de conversation ?

8. Quel titre donneriez-vous au second dialogue ? Justifiez votre choix.
– La révolte d'un condamné.
– Les dernières volontés d'un condamné.
– L'aveu.
– Un interrogatoire inutile.

Le rôle du récit

9. Pourquoi don José a-t-il été condamné ? L'avoue-t-il lui-même au visiteur ? Justifiez votre réponse en relevant des passages du texte.

10. Don José explique-t-il au visiteur la ou les raisons de ses actes ?

11. Pourquoi va-t-il raconter lui-même ses aventures ?

12. Quelle phrase annonce ce changement de narrateur ?

13. Indiquez la bonne réponse : la suite du texte
– va anticiper* sur les événements,
– va raconter le présent (la vie du prisonnier dans sa prison),
– va effectuer un retour en arrière*.

3. *Pour lire une œuvre intégrale : Carmen de P. Mérimée*

Extrait 3 : Chapitre 3, début

1. Le Baztan : région du nord de la Navarre, proche de la frontière française.

2. la paume : jeu de balle qui se joue à main nue ou avec une sorte de raquette, comparable à la pelote basque.

3. Séville : grande ville du sud de l'Espagne, capitale de l'Andalousie.

4. une épinglette : une longue épingle. Elle servait à déboucher l'ouverture qui, dans certaines armes à feu, permettait d'enflammer la poudre.

5. une mantille : une écharpe de dentelle que les femmes espagnoles portent sur la tête ou sur les épaules.

6. le cassie : arbre d'origine antillaise dont la fleur ressemble à celle du mimosa.

Je suis né, dit-il, à Elizondo, dans la vallée de Baztan[1]. Je m'appelle don José Lizarrabengoa, et vous connaissez assez l'Espagne, monsieur, pour que mon nom vous dise aussitôt que je suis Basque et vieux chrétien. Si je prends le *don*, c'est que j'en ai le droit, et si j'étais à Elizondo, 5 je vous montrerais ma généalogie sur mon parchemin. On voulait que je fusse d'Église, et l'on me fit étudier, mais je ne profitais guère. J'aimais trop à jouer à la paume[2], c'est ce qui m'a perdu. Quand nous jouons à la paume, nous autres Navarrais, nous oublions tout. Un jour que j'avais gagné, un gars de l'Alava me chercha querelle ; nous prîmes nos *maqui-* 10 *las**, et j'eus encore l'avantage ; mais cela m'obligea de quitter le pays. Je rencontrai des dragons, et je m'engageai dans le régiment d'Almanza, cavalerie. Les gens de nos montagnes apprennent vite le métier militaire. Je devins bientôt brigadier, et on me promettait de me faire maréchal des logis, quand, pour mon malheur, on me mit de garde à la manufacture 15 de tabacs de Séville[3]. Si vous êtes allé à Séville, vous aurez vu ce grand bâtiment-là, hors des remparts, près du Guadalquivir. Il me semble en voir encore la porte et le corps de garde auprès. Quand ils sont de service, les Espagnols jouent aux cartes, ou dorment ; moi, comme un franc Navarrais, je tâchais toujours de m'occuper. Je faisais une chaîne 20 avec du fil de laiton, pour tenir mon épinglette[4]. Tout d'un coup les camarades disent : Voilà la cloche qui sonne ; les filles vont rentrer à l'ouvrage. Vous saurez, monsieur, qu'il y a bien quatre à cinq cents femmes occupées dans la manufacture. Ce sont elles qui roulent les cigares dans une grande salle, où les hommes n'entrent pas sans une 25 permission du *Vingt-quatre***, parce qu'elles se mettent à leur aise, les jeunes surtout, quand il fait chaud. À l'heure où les ouvriers rentrent, après leur dîner, bien des jeunes gens vont les voir passer, et leur en content de toutes les couleurs. Il y a peu de ces demoiselles qui refusent une mantille[5] de taffetas, et les amateurs, à cette pêche-là, n'ont qu'à se 30 baisser pour prendre le poisson. Pendant que les autres regardaient, moi, je restais sur mon banc, près de la porte. J'étais jeune alors ; je pensais toujours au pays, et je ne croyais pas qu'il y eût de jolies filles sans jupes bleues et sans nattes tombant sur les épaules***. D'ailleurs, les Andalouses me faisaient peur ; je n'étais pas encore fait à leurs manières : tou- 35 jours à railler, jamais un mot de raison. J'étais donc le nez sur ma chaîne, quand j'entends des bourgeois qui disaient : Voilà la gitanilla ! Je levai les yeux, et je la vis. C'était un vendredi, et je ne l'oublierai jamais. Je vis cette Carmen que vous connaissez, chez qui je vous ai rencontré il y a quelques mois.

40 Elle avait un jupon rouge fort court qui laissait voir des bas de soie blancs avec plus d'un trou, et des souliers mignons de maroquin rouge attachés avec des rubans couleur de feu. Elle écartait sa mantille afin de montrer ses épaules et un gros bouquet de cassie[6] qui sortait de sa chemise. Elle avait encore une fleur de cassie dans le coin de la bouche, et 45 elle s'avançait en se balançant sur ses hanches comme une pouliche du

7. se signer : faire le signe de la croix, geste que font les chrétiens pour rappeler la croix où mourut Jésus-Christ.

8. Compère : traduction du mot espagnol qui signifie *camarade*, *ami*.

9. une aune : ancienne mesure de longueur équivalant à 1,20 mètre environ.

haras de Cordoue. Dans mon pays, une femme en ce costume aurait obligé le monde à se signer[7]. À Séville, chacun lui adressait quelque compliment gaillard sur sa tournure ; elle répondait à chacun, faisant les yeux en coulisse, le poing sur la hanche, effrontée comme une vraie bohémienne qu'elle était. D'abord elle ne me plut pas, et je repris mon ouvrage ; mais elle, suivant l'usage des femmes et des chats qui ne viennent pas quand on les appelle et qui viennent quand on ne les appelle pas, s'arrêta devant moi et m'adressa la parole :

— Compère[8], me dit-elle à la façon andalouse, veux-tu me donner ta chaîne pour tenir les clefs de mon coffre-fort ?

— C'est pour attacher mon épinglette, lui répondis-je.

— Ton épinglette ! s'écria-t-elle en riant. Ah ! monsieur fait de la dentelle, puisqu'il a besoin d'épingles !

Tout le monde qui était là se mit à rire, et moi je me sentais rougir, et je ne pouvais trouver rien à lui répondre.

— Allons, mon cœur, reprit-elle, fais-moi sept aunes[9] de dentelle noire pour une mantille, épinglier de mon âme !

Et prenant la fleur de cassie qu'elle avait à la bouche, elle me la lança, d'un mouvement du pouce, juste entre les deux yeux. Monsieur, cela me fit l'effet d'une balle qui m'arrivait...

* Bâtons ferrés des Basques.
** Magistrat chargé de la police et de l'administration municipale.
*** Costume ordinaire des paysannes de la Navarre et des provinces basques.

LECTURE

Le récit et l'histoire

1. Par qui l'histoire est-elle maintenant racontée ?

2. Ce narrateur est-il un personnage de l'histoire ?

3. Dans quelle ville se situent les événements racontés ?

4. Où se trouve le narrateur ? Pourquoi se trouve-t-il là ?

Portraits croisés

5. En deux colonnes, relevez les indications qui renseignent sur l'origine géographique, l'origine sociale, la profession de don José et de Carmen.

6. Carmen et don José sont-ils présentés comme semblables ou opposés ? Justifiez votre réponse.

7. Don José préfère-t-il les jeunes filles de sa région d'origine ou celles de la région où il se trouve ? Relevez des expressions du texte pour justifier votre réponse.

8. Quelles couleurs dominent dans le portrait de Carmen ? Relevez des exemples et précisez l'effet produit.

9. D'après le portrait qui est fait d'elle, quel est le comportement habituel de Carmen par rapport aux gens, et aux hommes en particulier ?

Fonction du récit

10. Don José fait-il un portrait favorable ou défavorable de Carmen ? Comment ce choix peut-il s'expliquer ?

11. Relevez l'expression signalant que l'histoire aura une fin malheureuse. Quel effet produit cette expression sur le lecteur ?

12. Pourquoi le narrateur tient-il à rappeler ses origines avant de raconter les faits eux-mêmes ?

13. D'après le narrateur, qui, de lui-même ou de Carmen, a pris l'initiative d'entrer en relation ? Qui, dès cet épisode, semble maîtriser les événements ? Justifiez votre réponse.

14. Expliquez la comparaison contenue dans la dernière phrase et l'effet produit par cette comparaison sur le lecteur.

3. Pour lire une œuvre intégrale : *Carmen* de P. Mérimée

© Photo KIPA.

Clés pour lire le chapitre 3 (milieu)

1. Quels sont les deux principaux personnages de l'histoire ?

2. Pourquoi don José a-t-il été amené à se faire contrebandier ? Résumez la succession des événements qui l'ont conduit à prendre cette décision.

3. Quels sont pour lui les avantages et les inconvénients de cette nouvelle vie ?

4. Combien de temps mène-t-il cette vie de contrebandier : quelques jours, quelques semaines, plusieurs mois, de nombreuses années ?

5. Indiquez quelques lieux où se déroule l'action. Pourquoi ces lieux sont-ils nombreux ?

6. Combien de meurtres a commis don José ? Certains s'expliquent-ils par la légitime défense ?

7. Quel est le principal projet de don José ? Carmen est-elle favorable à ce projet ?

8. Expliquez la phrase prononcée par Carmen : *Chien et loup ne font pas longtemps bon ménage.*
À qui l'adresse-t-elle ? Pourquoi la dit-elle ?

Extrait 4 : Chapitre 3, fin

1. une sébile : un petit récipient pour recueillir de l'argent.

— Carmen, lui dis-je, voulez-vous venir avec moi ?
Elle se leva, jeta sa sébile[1], et mit sa mantille sur sa tête comme prête à partir. On m'amena mon cheval, elle monta en croupe et nous nous éloignâmes.
— Ainsi, lui dis-je, ma Carmen, après un bout de chemin, tu veux bien me suivre, n'est-ce pas ?
— Je te suis à la mort, oui, mais je ne vivrai plus avec toi.
Nous étions dans une gorge solitaire ; j'arrêtai mon cheval.
— Est-ce ici ? dit-elle.
Et d'un bond elle fut à terre. Elle ôta sa mantille, la jeta à ses pieds, et se tint immobile un poing sur la hanche, me regardant fixement.
— Tu veux me tuer, je le vois bien, dit-elle ; c'est écrit, mais tu ne me feras pas céder.
— Je t'en prie, lui dis-je, sois raisonnable. Écoute-moi ! tout le passé est oublié. Pourtant, tu le sais, c'est toi qui m'as perdu ; c'est pour toi que je suis devenu un voleur et un meurtrier. Carmen ! ma Carmen ! laisse-moi te sauver et me sauver avec toi.

2. le rom : le mari, **la romi :** la femme (dialecte des Bohémiens).
3. calo (masculin), **calli** (féminin), **calés** (pluriel) : nom que les Bohémiens se donnent à eux-mêmes. Le mot signifie en fait *noir*.

— José, répondit-elle, tu me demandes l'impossible. Je ne t'aime plus ; toi, tu m'aimes encore, et c'est pour cela que tu veux me tuer. Je pourrais bien encore te faire quelque mensonge ; mais je ne veux pas m'en donner la peine. Tout est fini entre nous. Comme mon rom[2], tu as le droit de tuer ta romi[2] ; mais Carmen sera toujours libre. Calli[3] elle est née, calli elle mourra.
— Tu aimes donc Lucas ? lui demandai-je.
— Oui, je l'ai aimé, comme toi, un instant, moins que toi peut-être. À présent, je n'aime plus rien, et je me hais pour t'avoir aimé.
Je me jetai à ses pieds, je lui pris les mains, je les arrosai de mes larmes. Je lui rappelai tous les moments de bonheur que nous avions passés ensemble. Je lui offris de rester brigand pour lui plaire. Tout, monsieur, tout ; je lui offris tout, pourvu qu'elle voulût m'aimer encore !
Elle me dit :
— T'aimer encore, c'est impossible. Vivre avec toi, je ne le veux pas.
La fureur me possédait. Je tirai mon couteau. J'aurais voulu qu'elle eût peur et me demandât grâce, mais cette femme était un démon.
— Pour la dernière fois, m'écriai-je, veux-tu rester avec moi !
— Non ! non ! non ! dit-elle en frappant du pied.
Et elle tira de son doigt une bague que je lui avais donnée, et la jeta dans les broussailles.

4. Le Borgne : Garcia le Borgne, le mari de Carmen, que Don José a tué lors d'un duel au couteau.

Je la frappai deux fois. C'était le couteau du Borgne[4] que j'avais pris, ayant cassé le mien. Elle tomba au second coup sans crier. Je crois voir encore son grand œil noir me regarder fixement ; puis il devint trouble et se ferma. Je restai anéanti une bonne heure devant ce cadavre. Puis, je me rappelai que Carmen m'avait dit souvent qu'elle aimerait à être enterrée dans un bois. Je lui creusai une fosse avec mon couteau, et je l'y déposai. Je cherchai longtemps sa bague et je la trouvai à la fin. Je

la mis dans la fosse auprès d'elle avec une petite croix. Peut-être ai-je eu tort. Ensuite je montai sur mon cheval, je galopai jusqu'à Cordoue, et au premier corps de garde je me fis connaître. J'ai dit que j'avais tué Carmen ; mais je n'ai pas voulu dire où était son corps. L'ermite était un
50 saint homme. Il a prié pour elle. Il a dit une messe pour son âme... Pauvre enfant ! Ce sont les Calés qui sont coupables pour l'avoir élevée ainsi.

LECTURE

La narration

1. Qui raconte ? Le narrateur est-il l'acteur du drame ?

2. Le narrateur raconte-t-il avec ou sans précisions ? Relevez des expressions pour justifier votre réponse.

3. Délimitez les trois moments de ce récit : avant le meurtre, le meurtre, après le meurtre.
– Quels moments sont racontés intégralement ?
– Quel moment est raconté avec des ellipses* temporelles ? Relevez des mots ou expressions qui signalent ces ellipses.

4. Quel est le dernier geste de Carmen ? Est-il important ? Justifiez votre réponse.

La description

5. Relevez l'expression qui désigne et caractérise le lieu où se produit la scène. Pourquoi ce lieu convient-il bien à ce qui va se passer ?

6. Relevez une expression qui montre l'attitude de Carmen. Quel est l'effet produit ?

7. Pourquoi y a-t-il très peu de passages descriptifs dans ce texte ?

L'explication

8. Quelle raison Carmen donne-t-elle pour expliquer son comportement et ses choix ? Relevez une expression pour justifier votre réponse.

9. Rappelez à quel moment de sa vie et dans quelles circonstances don José raconte ces événements. Cherche-t-il, dans ce texte, à se donner le beau rôle ?

10. Pourquoi, dans le récit des événements, le narrateur donne-t-il cette explication : « *C'était le couteau du Borgne que j'avais pris, ayant cassé le mien* » (l. 39) ?

11. Qui don José désigne-t-il comme véritables coupables de ce drame ? Quelle explication donne-t-il à ce drame ?

L'argumentation

12. De quoi don José veut-il convaincre Carmen ? Relevez deux arguments employés par don José pour y parvenir.

13. De quoi Carmen veut-elle convaincre don José ? Relevez deux arguments qu'elle emploie pour y parvenir.

14. L'argumentation de l'un ou de l'autre réussit-elle ? Justifiez votre réponse et dites alors comment peut s'expliquer le drame.

15. Quel personnage a employé deux fois le mot « *impossible* » ?

CLÉS POUR LIRE LE CHAPITRE 4

1. Après avoir lu le chapitre 4, dites qui parle.

2. Rappelez quel était le projet du narrateur à son arrivée en Espagne.
Évoque-t-il de nouveau ce projet au début du chapitre 4 ?
Si oui, relevez l'expression qui le montre.

3. Retrouvez l'ordre des paragraphes de ce chapitre portant sur les Bohémiens :

– la vie familiale et les mœurs,
– la religion,
– le commerce et les occupations,
– la langue,
– le physique,
– l'origine.
Quel sujet est traité en dernier ?

4. Dans son ensemble, ce chapitre cherche-t-il à raconter, à décrire ou à expliquer ? Justifiez votre réponse et donnez un titre à ce chapitre.

Julia Migenès Johnson et Placido Domingo.
© Photo KIPA.

POUR CONCLURE LA LECTURE DE L'ŒUVRE

1. Comparez deux lieux : celui où se passe la première rencontre entre le narrateur et don José ; celui où se passe la dernière rencontre entre don José et Carmen. Quelles sont les différences et les ressemblances ?

2. Dans quel but don José a-t-il fait le récit de sa vie ? Peut-on qualifier son récit d'autobiographique ?

3. Pour quelle raison l'auteur a-t-il choisi de faire raconter l'histoire de don José et de Carmen par don José lui-même ?

4. Entre les chapitres 3 et 4, quelle scène aurait pu être racontée ? Pourquoi ne l'a-t-elle pas été ? Expliquez ce choix du narrateur.

5. Quel mot vous semble désigner au mieux le *sentiment* que don José a éprouvé pour Carmen ? Pour justifier votre choix, vous pouvez citer le texte :
violence - affection - tendresse - amitié - passion - inclination - caprice - douceur.

6. Pourquoi le narrateur était-il venu en Espagne ? A-t-il atteint son but ? Quel est l'intérêt de l'histoire qu'il raconte ?

7. En face de chacune de ces propositions, écrivez une citation prise dans le texte :
– *Carmen* est une histoire d'amour.
– *Carmen* est une étude de mœurs.
– *Carmen* est le récit d'un voyage d'études.

3. Pour lire une œuvre intégrale : Carmen de P. Mérimée

Les formes de discours dans le récit

MISE AU POINT

- Le **récit** est un texte dans lequel les différentes formes de discours sont utilisées pour rapporter une **histoire**.
- Les quatre principales formes de discours sont la **narration**, la **description**, l'**explication**, l'**argumentation**.

MOTS CLÉS

QUATRE FORMES DE DISCOURS :	
leurs caractéristiques dans le récit	leurs fonctions dans le récit
LA NARRATION	
– Elle sert de base au récit. – Elle suit ou non l'ordre chronologique. – Quand le récit est au passé, elle utilise le passé simple comme temps de référence. – Les noms et verbes désignant des actions sont nombreux, ainsi que les connecteurs temporels.	– Elle rapporte les événements de l'histoire, dit ce qui se passe. – Elle situe les événements dans le temps et se déroule dans le temps.
LA DESCRIPTION	
– Elle peut se réduire à quelques mots, ou se développer en quelques phrases et même en un paragraphe ou plus. – Dans un récit au passé, elle est souvent à l'imparfait. – Les noms, adjectifs, connecteurs qui se rapportent à l'espace sont nombreux (lieux, dimensions, formes, couleurs...).	– Elle permet de représenter les lieux, les choses, les personnages (portraits). – Elle crée un effet de réel : elle montre le monde réel ou veut faire croire à un monde réel. – Elle crée souvent un effet d'attente (suspense) : le passage de description retarde la narration.
L'EXPLICATION	
– Elle peut occuper plusieurs lignes, parfois un paragraphe. – Dans un récit au passé, les passages qui expliquent sont souvent à l'imparfait ou au présent de vérité générale. – Les connecteurs logiques de la cause et de la conséquence sont fréquents.	– Elle fait comprendre comment et pourquoi les événements se produisent. – Elle peut retarder la narration et participer à l'effet de suspense.
L'ARGUMENTATION	
– Elle peut s'exprimer par des mots (ils peuvent être péjoratifs ou mélioratifs) ou être développée par des phrases. _ Les connecteurs logiques (opposition, condition...) sont fréquents.	– Elle cherche à convaincre, à persuader. – Elle peut être le fait du narrateur ou des personnages : ceux-ci échangent notamment des arguments dans les dialogues.

ACTIVITÉ 1

La narration dans *Carmen* : étudiez la chronologie des événements d'après le récit de Don José, au chapitre 3 de la nouvelle. Pour cela, placez sur un axe chronologique les événements suivants :

a) Don José tue Garcia, le mari de Carmen,
b) Don José rencontre une première fois le narrateur, qui est un savant,
c) Don José se fait contrebandier,
d) Don José rencontre Carmen,
e) Don José, en prison, raconte sa vie au narrateur,
f) Don José rencontre le narrateur chez Carmen,
g) Don José tue un rival et doit abandonner sa vie de militaire,
h) Don José tue Carmen.

ACTIVITÉ 2

Lisez le texte et relevez un passage narratif, un passage descriptif, un passage explicatif.
Précisez ensuite pourquoi ce texte est un récit.

Tout en causant, nous étions entrés dans la neveria[1], et nous nous étions assis à une petite table éclairée par une bougie enfermée dans un globe de verre. J'eus alors tout le loisir d'examiner ma *gitana*, pendant que quelques honnêtes gens s'ébahissaient, en prenant leurs glaces, de me voir en si bonne compagnie.

Je doute fort que mademoiselle Carmen fût de race pure, du moins elle était infiniment plus jolie que toutes les femmes de sa nation que j'aie jamais rencontrées. Pour qu'une femme soit belle, disent les Espagnols, il faut qu'elle réunisse trente *si*, ou, si l'on veut, qu'on puisse la définir au moyen de dix adjectifs applicables chacun à trois parties de sa personne. Par exemple, elle doit avoir trois choses noires : les yeux, les paupières et les sourcils ; trois fines, les doigts, les lèvres, les cheveux, etc. Voyez Brantôme[2] pour le reste. Ma bohémienne ne pouvait prétendre à tant de perfection. Sa peau, d'ailleurs, parfaitement unie, approchait fort de la teinte du cuivre. Ses yeux étaient obliques, mais admirablement fendus ; ses lèvres un peu fortes, mais bien dessinées et laissant voir des dents plus blanches que des amandes sans leur peau. Ses cheveux, peut-être un peu gros, étaient noirs, à reflets bleus comme l'aile d'un corbeau, longs et luisants.

Prosper MÉRIMÉE, *Carmen*.

---
1. **une neveria :** un café où l'on peut déguster des glaces.
2. **Brantôme :** écrivain français du XVIe siècle.

ACTIVITÉ 3

Lisez une nouvelle de Prosper Mérimée, par exemple *Mateo Falcone* ou *La Vénus d'Ille*. Relevez un passage narratif, un passage descriptif et un passage explicatif.

ACTIVITÉ 4

Vous voulez raconter une histoire afin de montrer que la vie, pour les jeunes, est plus intéressante en ville qu'à la campagne (ou l'inverse) : votre récit aura donc une intention argumentative.

Le récit sera construit avec :
– des passages de narration : vous rapportez des événements vécus par des personnages dans une époque et un cadre précis que vous choisirez ;
– un passage de description : vous décrivez des lieux ou des personnages (portraits) afin de produire un effet de réel ;
– un passage d'explication : vous expliquez le sens de mots spécialisés, ou vous expliquez en quoi consistent certaines activités de jeunes (par exemple des loisirs) que tous les lecteurs ne connaissent pas forcément.

3. Pour lire une œuvre intégrale : Carmen de P. Mérimée

Chapitre 4.

L'Histoire, témoignages et romans

OBJECTIFS ▶ *Identifier les événements racontés*
Analyser les réflexions ou les émotions exprimées
à propos de ces événements

LECTURES

▷ **Préciser les objectifs du chapitre**
   Le Docteur Jivago de Boris PASTERNAK

▷ **Raconter une anecdote significative**
   Le Monde d'hier de Stefan ZWEIG

▷ **Insérer un événement historique dans un roman**
   L'Été 1914 de Roger MARTIN DU GARD

▷ **Témoigner et montrer l'émotion**
   Les Heures longues de COLETTE

▷ **Raconter pour témoigner**
   Argoval de Henri BARBUSSE

▷ **S'adresser à la sensibilité du lecteur**
   Ce jour-là de VERCORS (texte intégral)

LECTURE PERSONNELLE
Le Tigre dans la vitrine de Alki ZEI

LECTURE-ÉCRITURE
Raconter un événement et exprimer des réflexions

LECTURE DE L'IMAGE
Le photographe témoin de son temps

Roger DE LA FRESNAYE (1885-1925), *L'Artillerie*, 1911.
Coll. particulière, New York. © Artephot.

Le Docteur Jivago

Boris Pasternak (1890-1960) est un poète et un romancier russe. Il participe à la vie politique du régime stalinien, mais les faveurs officielles lui pesant, il se retranche de la vie publique. En 1955, il achève *Le Docteur Jivago,* une fresque historique « des années terribles » de la Russie. Ce roman paraît en 1957 en Italie et le prix Nobel est décerné à l'auteur en 1958. Mais, menacé d'expulsion, Boris Pasternak refuse ce prix.
Le Docteur Jivago est publié en Russie en 1987.

La scène se situe en octobre 1917, chez le docteur Jivago, Iouri Andréiévitch.

Ces caprices du poêle bouleversaient les projets dominicaux. La famille avait espéré en finir avec ces travaux avant qu'il fît nuit, se libérer pour la soirée, et tout cela tombait à l'eau. Le déjeuner était retardé et, entre autres petits malheurs, il n'était plus question de se laver la tête à l'eau chaude.

Le poêle se mit bientôt à fumer au point qu'on ne pouvait plus respirer. Un vent violent refoulait la fumée dans la pièce. Il y flottait un nuage de soie noire semblable au monstre qui hante la forêt profonde dans nos légendes.

Iouri Andréiévitch expédia tout le monde dans les pièces voisines, et il ouvrit le vasistas. Il ôta la moitié du bois et, parmi les bûches qui restaient à l'intérieur, il plaça les copeaux et les brindilles de bouleau.

Un vent frais s'engouffra dans la chambre par le vasistas. À la fenêtre, le rideau qui, jusque-là, s'agitait doucement, se tordit de bas en haut. Quelques papiers s'envolèrent du bureau. Le vent fit claquer une porte au loin, et, parcourant tous les coins comme un chat poursuivant une souris, mit en fuite ce qui restait de fumée.

Le bois s'embrasa et crépita. Les flammes firent haleter le poêle. Les parois de fer se colorèrent de cercles incandescents, rouges comme les taches sur le visage d'un poitrinaire. La fumée se fit rare, puis disparut.

La pièce s'éclaircit. Les fenêtres calfatées depuis peu par Iouri Andréiévitch, sur les conseils du préparateur, se mirent à suer. Comme une vague, l'odeur grasse et tiède du mastic envahit tout. On pouvait aussi distinguer l'odeur du bois scié menu et entassé près du poêle : la senteur amère, âcre à la gorge de l'écorce de sapin, celle du tremble vert, odorant comme une eau de toilette.

C'est alors que Nikolaï Nikolaïévitch[1] entra dans la pièce, aussi vivement que le vent par le vasistas.

« On se bat dans la rue. Des opérations sont engagées entre les junkers[2], partisans du Gouvernement provisoire, et les soldats de la garnison, qui marchent avec les bolcheviks. Il y a des engagements à tous les coins de rue, on ne compte plus les foyers d'insurrection. En venant, je me suis trouvé deux ou trois fois en pleine bagarre. Une fois sur la Grande Dmitrovka, une autre fois à la porte Saint-Nikita. On ne peut plus aller en ligne droite, il faut faire un grand détour. Vite, Ioura, habille-toi et sortons. Il faut avoir vu ça. C'est ça, l'histoire. Ça n'arrive qu'une fois dans la vie. »

---

1. **Nikolaï Nikolaïévitch** : l'oncle du docteur Jivago.

2. **junker** : en langue allemande, gentilhomme campagnard de petite noblesse.

Mais il resta à bavarder deux bonnes heures, puis on se mit à table et, comme il s'apprêtait à rentrer chez lui, entraînant le docteur par la main, on vit arriver Gordon. Il entra aussi brusquement que Nikolaï Nikolaïévitch, et porteur des mêmes nouvelles.

Mais pendant ce temps les événements avaient évolué. On connaissait des détails nouveaux. Gordon disait que la fusillade était plus forte, il parlait de passants tués par des balles perdues. À ce qu'il disait, toute circulation était arrêtée en ville. Il était arrivé par miracle jusqu'à leur rue, mais le chemin s'était fermé derrière lui.

Nikolaï Nikolaïévitch ne voulut rien entendre, il essaya de mettre le nez dehors, mais il revint au bout d'une minute. Il dit qu'on ne pouvait pas sortir de la rue, où les balles sifflaient et arrachaient aux coins des maisons des morceaux de brique et de crépi. Il n'y avait pas un chat dehors.

Boris PASTERNAK, Le Docteur Jivago,
© Gallimard, 1958.

La Révolution d'Octobre.
© Photo AKG Paris.

PRÉCISER LES OBJECTIFS

1. Utilisez votre manuel d'histoire pour préciser :
a) les événements qui se déroulèrent en Russie en 1917 ; **b)** le sens du nom « *bolcheviks* » (l. 31).

2. En vous aidant de la notice biographique, indiquez la date de première publication du *Docteur Jivago*. Que remarquez-vous ?

3. Dans quel décor la scène* se déroule-t-elle ?

4. Qui sont les personnages dans les lignes 1 à 46 ? Quelle difficulté doivent-ils résoudre ?

5. Quels personnages font connaître ce qui se passe dans la ville ? Relevez une phrase qui rapporte ces événements.

6. Quel jugement est porté sur ces événements ? Par qui ?

LECTURES

▶ *Raconter une anecdote significative*

Le Monde d'hier

Stefan Zweig est un écrivain autrichien. Il est né à Vienne en 1881. Après ses études, il a voyagé, en Europe notamment ; il s'est familiarisé avec la langue et la culture de plusieurs pays, dont la France. Il a traduit des poètes, tels Verhaeren, Verlaine, Rimbaud en allemand. Ses mémoires *Le Monde d'hier* (le sous-titre est *Souvenirs d'un Européen*) est la dernière œuvre de S. Zweig qui s'est suicidé en 1942 à Petrópolis (Brésil).

Au printemps de 1914, avec une amie, j'étais parti de Paris pour la Touraine afin de visiter le tombeau de Léonard de Vinci. Nous avions marché pendant des heures le long des rives amènes et ensoleillées de la Loire, et le soir nous étions très fatigués. Dans la ville un peu endormie
5 de Tours, où j'avais fait auparavant ma révérence à la maison natale de Balzac, nous décidâmes donc d'aller au cinéma.
C'était un petit cinéma de faubourg qui ne ressemblait en rien aux modernes palais de chrome et de verre étincelant : une salle adaptée tant bien que mal à son usage, et remplie de petites gens, des ouvriers,
10 des soldats, des vendeuses du marché, le vrai public, en un mot, qui bavardait gentiment et, malgré la défense de fumer, soufflait dans l'air étouffant des nuages bleus de scaferlati et de caporal. Tout d'abord, ce furent les « actualités du monde » qui défilèrent sur l'écran. Une course de bateaux en Angleterre : les gens bavardaient et riaient. Suivit une
15 parade militaire en France : ici encore les spectateurs témoignèrent peu d'intérêt. Troisième tableau : « L'empereur Guillaume rend visite à l'empereur François-Joseph. » Je vis soudain sur l'écran le quai qui m'était familier de l'affreuse gare de l'Ouest à Vienne, où quelques policiers attendaient l'arrivée du train. Puis un signal : le vieil empereur

Guillaume II, empereur allemand et François-Joseph Ier d'Autriche.
© AKG Paris.

François-Joseph s'avançait devant la garde d'honneur pour recevoir son hôte. Quand il parut, un peu voûté déjà, et, un peu branlant sur ses jambes, s'avança le long du front des troupes, les Tourangeaux se moquèrent gentiment du vieillard aux favoris blancs. Puis le train entra en gare, le premier, le deuxième, le troisième wagon. La porte du wagon-salon s'ouvrit, et Guillaume II en descendit, la moustache haut retroussée, en uniforme de général autrichien.

Au moment où l'empereur parut sur l'écran éclata tout à fait spontanément dans la salle obscure un vacarme de sifflets et de trépignements. Tout le monde criait et sifflait, femmes, hommes, enfants, tous huaient comme s'ils étaient personnellement offensés. J'en fus effrayé, effrayé du fond du cœur. Car je sentis combien il avait fallu que l'empoisonnement par la propagande de haine poursuivie des années durant gagnât de terrain, si même ici, dans une petite ville de province, les citoyens et les soldats sans malice avaient déjà été excités à ce point contre l'empereur, contre l'Allemagne, qu'une simple image fugitive sur l'écran pouvait mettre le feu aux poudres. Cela ne dura qu'une seconde, une seule seconde. Quand succédèrent d'autres tableaux, tout était oublié. Les gens riaient à pleine gorge au film comique qui se déroulait maintenant, ils se donnaient de grandes claques sur les cuisses. Cela n'avait duré qu'une seconde, mais une seconde qui me montra à quel point il pourrait être facile, au moment d'une crise sérieuse, de soulever les peuples de part et d'autre de la frontière, malgré tous les essais d'entente, malgré nos propres efforts.

Toute la soirée était gâtée pour moi. Je ne pus m'endormir. Si cela s'était passé à Paris, cela m'aurait inquiété, mais non pas bouleversé à ce point. Que la haine eût rongé jusqu'au fond de la province, jusque dans les profondeurs d'un peuple aimable et naïf, cela me faisait frissonner. Au cours des jours suivants je racontai cet épisode à mes amis ; la plupart ne le prirent pas au sérieux : « Nous nous sommes bien moqués aussi de la grosse reine Victoria, nous autres Français, et deux ans plus tard, nous avions conclu une alliance avec l'Angleterre. Tu ne connais pas les Français. Chez eux, la politique ne va pas bien profond. » Seul Rolland[1] voyait les choses autrement : « Plus un peuple est naïf, plus il est facile de le retourner. Les choses vont mal depuis que Poincaré a été nommé. Son voyage à Saint-Pétersbourg ne sera pas un voyage d'agrément. » Nous parlâmes encore longtemps du congrès socialiste international[2] convoqué à Vienne l'été suivant, mais ici encore Rolland se montrait plus sceptique que les autres. « Combien y en aura-t-il qui tiendront une fois que les ordres de mobilisation seront affichés, qui le sait ? Nous sommes entrés dans une époque de grands sentiments de masse, d'hystéries collectives[3], dont on ne peut encore absolument pas prévoir la puissance en cas de guerre. »

Mais, je l'ai déjà dit, de tels instants d'inquiétude s'envolaient comme des toiles d'araignée au vent. Certes nous pensions quelquefois à la guerre – comme à une chose possible, mais vraisemblablement bien éloignée.

Stefan ZWEIG, *Le Monde d'hier, Souvenirs d'un Européen*, 1942.
Traduit par S. Niémetz en 1993, © Belfond,

1. Rolland : Romain Rolland, écrivain français, ami de S. Zweig. Dans son ouvrage *Au-dessus de la mêlée*, il défendit les idées pacifistes.
2. Le congrès socialiste international : les socialistes militaient pour la paix.
3. Hystérie collective : manifestation intense, par une foule, de colère, de folie, de rage...

S'INFORMER

1. En vous aidant du paratexte*, précisez la date de première publication du *Monde d'hier*.
Que se passait-il alors en Europe ?

2. Quels sont le titre et le sous-titre de l'œuvre ?
Quelle supposition faites-vous sur le contenu de l'œuvre ?

LIRE LE TEXTE

L'anecdote*

3. Précisez la date et le lieu de l'anecdote rapportée.
a) En quoi cette date est-elle importante ?
b) Quels mots qualifient le lieu ?
Quelle impression suggèrent-ils ?

4. Établissez une liste des personnages historiques cités. Précisez leur nationalité et leurs fonctions, en vous aidant de votre manuel d'histoire.

5. Citez la phrase où est raconté le fait qui retient l'attention du narrateur.

L'analyse

6. a) Quels mots expriment les réactions* et sentiments* du narrateur ?
b) Quelles explications donne-t-il aux réactions du public ? à ses propres réactions ?

7. Donnez le sens du mot « *propagande* » (l. 32). À quoi le narrateur fait-il allusion ?

8. Pour quelles raisons le narrateur cite-t-il divers points* de vue dans les lignes 49 à 62 ?

ÉCRIRE

9. Donnez un titre à chaque paragraphe, puis proposez un titre qui convienne à l'ensemble du texte.

10. Résumez l'anecdote racontée, puis précisez l'analyse que l'auteur en fait.

S'EXPRIMER À L'ORAL

11. L'auteur est-il pacifiste ? Vous formulerez une réponse argumentée.

12. La supposition formulée pour la question **2** est-elle confirmée par la lecture de l'extrait ?

▶ Insérer un événement historique dans un roman

L'Été 1914

Roger Martin du Gard (1881-1958) est un romancier français. Son œuvre principale est un ensemble de huit romans : *Les Thibault*. Dans cette somme romanesque, il raconte la vie de deux familles bourgeoises, les Thibault et les Fontanin, et montre comment se tissent les événements historiques et le destin des individus. Le prix Nobel de littérature a été décerné à Roger Martin du Gard en 1937.

Le 31 juillet 1914, Jacques Thibault, un militant socialiste et pacifiste, emmène Jenny Fontanin au « Croissant », un café fréquenté par les socialistes, où il pourra lui montrer Jaurès.

Il était plus de neuf heures et demie. La plupart des habitués avaient quitté le restaurant. Jacques et Jenny s'installèrent sur la droite, où il y avait peu de monde.
   Jaurès et ses amis formaient, à gauche de l'entrée, parallèlement à la
5 rue Montmartre, une longue tablée, faite de plusieurs tables mises bout à bout.

— Le voyez-vous ? dit Jacques. Sur la banquette, là, au milieu, le dos à la fenêtre. Tenez, il se tourne pour parler à Albert, le gérant.

— Il n'a pas l'air tellement inquiet, murmura Jenny, sur un ton de surprise qui ravit Jacques ; il lui prit le coude, et le serra doucement.

— Les autres aussi, vous les connaissez ?

— Oui. Celui qui est à droite de Jaurès, c'est Philippe Landrieu. À sa gauche, le gros, c'est Renaudel. En face de Renaudel, c'est Dubreuilh. Et, à côté de Dubreuilh, c'est Jean Longuet.

— Et la femme ?

— Je crois que c'est Mme Poisson, la femme du type qui est en face de Landrieu. Et, à côté d'elle, c'est Amédée Dubois. Et en face d'elle, ce sont les deux frères Renoult. Et celui qui vient d'arriver, celui qui est debout près de la table, c'est un ami de Miguel Almereyda, un collaborateur du *Bonnet rouge*[1]... J'ai oublié son... »

Jean Jaurès, 1910. © AKG Photo.

Un claquement bref, un éclatement de pneu, l'interrompit net ; suivi, presque aussitôt, d'une deuxième détonation, et d'un fracas de vitres. Au mur du fond, une glace avait volé en éclats.

Une seconde de stupeur, puis un brouhaha assourdissant. Toute la salle, debout, s'était tournée vers la glace brisée : « On a tiré dans la glace ! » – « Qui ? » – « Où ? » – « De la rue ! » Deux garçons se ruèrent vers la porte et s'élancèrent dehors, d'où partaient des cris.

Instinctivement, Jacques s'était dressé, et, le bras tendu pour protéger Jenny, il cherchait Jaurès des yeux. Il l'aperçut une seconde : autour du Patron, ses amis s'étaient levés ; lui seul, très calme, était resté à sa place, assis. Jacques le vit s'incliner lentement pour chercher quelque chose à terre. Puis il cessa de le voir.

À ce moment, Mme Albert, la gérante, passa devant la table de Jacques, en courant. Elle criait :

— On a tiré sur M. Jaurès !

— Restez là, souffla Jacques, en appuyant sa main sur l'épaule de Jenny, et la forçant à se rasseoir.

Il se précipita vers la table du Patron, d'où s'élevaient des voix haletantes : « Un médecin, vite ! » – « La police ! » Un cercle de gens, debout, gesticulant, entourait les amis de Jaurès, et empêchait d'approcher. Il joua des coudes, fit le tour de la table, parvint à se glisser jusqu'à l'angle de la salle. À demi caché par le dos de Renaudel, qui se penchait, un corps était allongé sur la banquette de moleskine. Renaudel se releva pour jeter sur la table une serviette rouge de sang. Jacques aperçut alors le visage de Jaurès, le front, la barbe, la bouche entrouverte. Il devait être évanoui. Il était pâle, les yeux clos.

1. Le Bonnet rouge : journal révolutionnaire.

Un homme, un d^neur – un médecin, sans doute, – fendit le cercle. Avec autorité, il arracha la cravate, ouvrit le col, saisit la main qui pendait, et chercha le pouls.

Plusieurs voix dominèrent le vacarme : « Silence !... Chut !... » Les regards de tous étaient rivés à cet inconnu, qui tenait le poignet de Jaurès. Il ne disait rien. Il était courbé en deux, mais il levait vers la corniche un visage de voyant, dont les paupières battaient. Sans changer de pose, sans regarder personne, il hocha lentement la tête.

De la rue, des curieux, à flots, envahissaient le café.

La voix de M. Albert retentit :

« Fermez la porte ! Fermez les fenêtres ! Mettez les volets ! »

Un refoulement contraignit Jacques à reculer jusqu'au milieu de la salle. Des amis avaient soulevé le corps, l'emportaient avec précaution, pour le coucher sur deux tables, rapprochées en hâte. Jacques cherchait à voir. Mais autour du blessé, l'attroupement devenait de plus en plus compact. Il ne distingua qu'un coin de marbre blanc, et deux semelles dressées, poussiéreuses, énormes.

« Laissez passer le docteur ! »

André Renoult avait réussi à ramener un médecin. Les deux hommes foncèrent dans le rassemblement, dont la masse élastique se referma derrière eux. On chuchotait : « Le docteur... Le docteur... » Une longue minute s'écoula. Un silence angoissé s'était fait. Puis un frémissement parut courir sur toutes ces nuques ployées ; et Jacques vit ceux qui avaient conservé leur chapeau se découvrir. Trois mots, sourdement répétés, passèrent de bouche en bouche :

« Il est mort... Il est mort... »

Les yeux pleins de larmes, Jacques se retourna pour chercher Jenny du regard. Elle était debout, prête à bondir, n'attendant qu'un signal. Elle se faufila jusqu'à lui, s'accrocha à son bras, sans un mot.

Une escouade de sergents de ville venait de faire irruption dans le restaurant, et procédait à l'évacuation de la salle. Jacques et Jenny, serrés l'un contre l'autre, se trouvèrent pris dans le remous, poussés, bousculés, entra^nés vers la porte.

Au moment où ils allaient la franchir, un homme qui parlementait avec les agents réussit à pénétrer dans le café. Jacques reconnut un socialiste, un ami de Jaurès, Henri Fabre. Il était blême. Il balbutiait :

– Où est-il ? L'a-t-on transporté dans une clinique ?

Personne n'osa répondre. Une main timide fit un geste vers le fond de la salle. Alors, Fabre se retourna : au centre d'un espace vide, la lumière crue éclairait un paquet de vêtements noirs, allongé sur le marbre comme un cadavre de la Morgue.

Roger Martin du Gard,
« L'Été 1914 » dans *Les Thibault*,
© Gallimard, 1936.

Le Café du Croissant à Paris,
après la mort de Jaurès.
© L'Illustration/Sygma.

S'INFORMER

1. Recherchez, dans des ouvrages historiques que vous trouverez au C.D.I., des textes racontant l'assassinat de Jaurès.

LIRE LE TEXTE

Le roman

2. Quels mots des lignes 1 à 6 renvoient au lieu où se déroule la scène ?

3. Quels liens unissent Jacques et Jenny ?

4. Relevez, dans les lignes 37 à 55, les mots qui appartiennent au champ lexical de la vue ; que peut-on déduire de l'emploi de ces mots ?

L'Histoire dans le roman

5. Dans quelles lignes Jacques nomme-t-il les amis de Jaurès ? Pour quelle raison l'auteur les a-t-il cités dans le roman ?

6. Pour quelle raison Jenny s'attendait-elle à découvrir de l'inquiétude sur le visage de Jaurès ?

7. Quels sens donnez-vous aux points de suspension de la ligne 29 ?

8. a) Que désignent les expressions : « *Un claquement bref, un éclatement de pneu* » (l. 30) ?

b) Quel mot plus exact l'auteur emploie-t-il dans la ligne suivante ?

c) Pour quelle raison ces mots ont-ils été ordonnés ainsi ?

9. Relisez les lignes 37 à 81, puis précisez :
a) ce que pressent Jacques ;
b) les descriptions et les explications qui sont successivement données.

ÉCRIRE

10. Résumez en quelques lignes les faits racontés dans cet extrait.

11. Recopiez les affirmations qui vous semblent exactes et justifiez vos choix.
a) Le narrateur intervient dans l'histoire.
b) Le narrateur raconte ce qu'un témoin réel pourrait observer.
c) Le narrateur raconte la scène en adoptant le point de vue* de Jacques.

12. Le lendemain, Albert, le gérant du café, est interviewé par un journaliste. Il exprime ses réflexions personnelles. Imaginez cette interview.

S'EXPRIMER À L'ORAL

13. Quelles différences, quelles ressemblances les récits historiques trouvés pour la question **1** et le récit romanesque présentent-ils ?

4. L'Histoire, témoignages et romans

LECTURES

▶ *Témoigner et montrer l'émotion*

Les Heures longues

COLETTE (1873-1954) a écrit des nouvelles, des romans. Elle a été également journaliste. Les articles qu'elle a écrits durant la Première Guerre mondiale ont été réunis sous le titre *Les Heures longues*.

C'était la guerre. Dans Saint-Malo, où nous courions chercher des nouvelles, un coup de tonnerre entrait en même temps que nous : la mobilisation générale.
    Comment oublierais-je cette heure-là ? Quatre heures, un beau
5 jour voilé d'été marin, les remparts dorés de la vieille ville debout devant une mer verte sur la plage, bleue à l'horizon, – les enfants en maillots rouges quittent le sable pour le goûter et remontent les rues étranglées... Et du milieu de la cité tous les vacarmes jaillissent à la fois : le tocsin, le

Première Guerre mondiale. Guerre de position au Bois-le-Prêtre (Meurthe-et-Moselle), octobre 1914 à mai 1915. *Soldats français dans une tranchée.* Carte postale en couleurs (Librairie-journaux Rousselle). Paris, coll. particulière.
© AKG Paris.

tambour, les cris de la foule, les pleurs des enfants... On se presse autour de l'appariteur au tambour, qui lit ; on n'écoute pas ce qu'il lit parce qu'on le sait. Des femmes quittent les groupes en courant, s'arrêtent comme frappées, puis courent de nouveau, avec un air d'avoir dépassé une limite invisible et de s'élancer de l'autre côté de la vie. Certaines pleurent brusquement, et brusquement s'interrompent de pleurer pour réfléchir, la bouche stupide. Des adolescents pâlissent et regardent devant eux en somnambules. L'automobile qui nous porte s'arrête, étroitement insérée dans la foule qui se fige contre ses roues. Des gens l'escaladent, pour mieux voir et entendre, redescendent sans nous avoir même remarqués, comme s'ils avaient grimpé sur un mur ou sur un arbre ; – dans quelques jours, qui saura si ceci est tien ou mien ?... Les détails de cette heure me sont pénibles et nécessaires, comme ceux d'un rêve que je voudrais ensemble quitter et poursuivre avidement.

COLETTE, Les Heures longues
© Fayard.

LIRE LE TEXTE

Les faits

1. Relevez les indications de lieu et les expressions qui décrivent ce lieu. Quelle est l'impression suggérée ?

2. En vous aidant de votre manuel d'histoire, datez précisément l'événement évoqué par l'auteur.

3. Quelles phrases indiquent que l'auteur est présente au moment de l'événement ?

4. Établissez une liste des noms désignant des êtres humains. Que constatez-vous ?

Faire connaître l'émotion

5. a) Relevez, dans le premier paragraphe, les mots et expressions désignant l'événement évoqué.
b) Soulignez, parmi ces mots, une métaphore*.
c) Qu'exprime cette métaphore ?

6. Relevez, dans le second paragraphe,
a) le champ lexical du mouvement ;
b) le champ lexical de l'immobilité.

7. Quelles réactions, quels sentiments ces deux champs lexicaux expriment-ils ?

8. Relevez des expressions décrivant ce que voit et ce qu'entend l'auteur ; à quoi est-elle sensible ?

9. Expliquez la phrase : « *on n'écoute pas ce qu'il lit parce qu'on le sait.* » (l 10-11)

10. Quels mots de la dernière phrase s'opposent ? Qu'expriment ces antithèses* ?

LIRE L'IMAGE

11. Décrivez le lieu où se trouvent les personnages.

12. À quoi sont-ils occupés ?

13. Qu'est-ce qui, dans le texte, permet de comprendre que l'auteur a pressenti ce qui suivrait l'événement dont elle parle ?

ÉCRIRE

14. Établissez une liste des procédés d'écriture que l'auteur utilise pour traduire le choc émotionnel provoqué par la mobilisation générale.

15. Ce texte vous émeut-il ? En quelques phrases de commentaire vous direz pourquoi.

16. Racontez, pour le journal du collège, en un court paragraphe, un fait auquel vous avez assisté. Vous commencerez par la phrase : « Comment oublierais-je cette heure-là ? »

4. L'Histoire, témoignages et romans

Raconter pour témoigner

Argoval

Henri Barbusse
(1873-1935). Il a, dès sa jeunesse, écrit des vers, des articles pour des journaux, des romans. En 1914, il s'engage comme soldat. Il publie, en 1916, *Le Feu* où il raconte la vie des soldats, leurs combats. Le prix Goncourt a été décerné à ce roman en 1917.

Le crépuscule du soir arrivait du côté de la campagne. Une brise douce, douce comme des paroles, l'accompagnait.

Dans les maisons posées le long de cette voie villageoise – grande route habillée sur quelques pas en grande rue – les chambres, que leurs fenêtres blafardes n'alimentaient plus de la clarté de l'espace, s'éclairaient de lampes et de chandelles, de sorte que le soir en sortait pour aller dehors, et qu'on voyait l'ombre et la lumière changer graduellement de place.

Au bord du village, vers les champs, des soldats déséquipés erraient, le nez au vent. Nous finissions la journée en paix. Nous jouissions de cette oisiveté vague dont on éprouve la bonté quand on est vraiment las. Il faisait beau ; l'on était au commencement du repos, et on rêvait. Le soir semblait aggraver les figures avant de les assombrir, et les fronts réfléchissaient la sérénité des choses.

Le sergent Suilhard vint à moi et me prit par le bras. Il m'entraîna.

– Viens, me dit-il, je vais te montrer quelque chose.

Les abords du village abondaient en rangées de grands arbres calmes, qu'on longeait, et, de temps en temps, les vastes ramures, sous l'action de la brise, se décidaient à quelque lent geste majestueux.

Suilhard me précédait. Il me conduisit dans un chemin creux qui tournait, encaissé ; de chaque côté, poussait une bordure d'arbustes dont les faîtes se rejoignaient étroitement. Nous marchâmes quelques instants environnés de verdure tendre. Un dernier reflet de lumière, qui prenait ce chemin en écharpe, accumulait dans les feuillages des points jaunes clairs ronds comme des pièces d'or.

– C'est joli, fis-je.

Il ne disait rien. Il jetait les yeux de côté. Il s'arrêta.

– Ça doit être là.

Il me fit grimper par un petit bout de chemin dans un champ entouré d'un vaste carré de grands arbres, et bondé d'une odeur de foin coupé.

– Tiens ! remarquai-je en observant le sol, c'est tout piétiné par ici. Il y a eu une cérémonie.

– Viens, me dit Suilhard.

Il me conduisit dans le champ, non loin de l'entrée. Il y avait là un groupe de soldats qui parlaient à voix baissée. Mon compagnon tendit la main.

– C'est là, dit-il.

Un piquet très bas – un mètre à peine – était planté à quelques pas de la haie, faite à cet endroit de jeunes arbres.

– C'est là, dit-il, qu'on a fusillé le soldat du 204, ce matin.

« On a planté le poteau dans la nuit. On a amené le bonhomme à l'aube, et ce sont les types de son escouade qui l'ont tué. Il avait voulu couper aux tranchées ; pendant la relève, il était resté en arrière, puis était rentré en douce au cantonnement. Il n'a rien fait autre chose ; on a voulu, sans doute, faire un exemple.

Nous nous approchâmes de la conversation des autres.

– Mais non, pas du tout, disait l'un. C'était pas un bandit ; c'était pas un de ces durs cailloux comme tu en vois. Nous étions partis ensemble. C'était un bonhomme comme nous, ni plus, ni moins – un peu flemme, c'est tout. Il était en première ligne depuis le commencement, mon vieux, et j' l'ai jamais vu saoul, moi.

– Faut tout dire : malheureusement pour lui, qu'il avait de mauvais antécédents. Ils étaient deux, tu sais, à faire le coup. L'autre a pigé deux ans de prison. Mais Cajard[1], à cause d'une condamnation qu'il avait eue dans le civil, n'a pas bénéficié de circonstances atténuantes. Il avait, dans le civil, fait un coup de tête étant saoul.

1. J'ai changé le nom de ce soldat, ainsi que celui du village. (note de Henri Barbusse)

André DEVAMBEZ (1867-1944). *Triptyque : la pensée aux absents*.
Panneau droit : *Une tranchée*.
Saint-Quentin, Musée Antoine Lécuyer.
© Giraudon-Adagp 1999.

– On voit un peu d' sang par terre quand on r'garde, dit un homme penché.

60 – Y a tout eu, reprit un autre, la cérémonie depuis A jusqu'à Z, le colonel à cheval, la dégradation ; puis on l'a attaché, à c' petit poteau bas, c' poteau d' bestiaux. Il a dû être forcé de s' mettre à genoux ou de s'asseoir par terre avec un petit poteau pareil.

– Ça s' comprendrait pas, fit un troisième après un silence, s'il n'y 65 avait pas cette chose de l'exemple que disait le sergent.

Sur le poteau, il y avait, gribouillées par les soldats, des inscriptions et des protestations. Une croix de guerre grossière, découpée en bois, y était clouée et portait : « À Cajard, mobilisé depuis août 1914, la France reconnaissante. »

70 En rentrant au cantonnement, je vis Volpatte, entouré, qui parlait. Il racontait quelque nouvelle anecdote de son voyage chez les heureux.

Henri BARBUSSE « Argoval »
dans Le Feu, journal d'une escouade, 1916.
© Flammarion.

S'INFORMER

1. Effectuez des recherches au C.D.I. sur le sort réservé aux soldats qui se mutinaient, pendant la Première Guerre mondiale.

2. Donnez le sens du mot « *dégradation,* » lorsqu'il est utilisé dans le vocabulaire militaire.

LIRE LE TEXTE

Le cadre et les personnages

3. Où le narrateur se trouve-t-il ? Quelle impression se dégage de la description du lieu ?

4. Relevez une parole qui résume l'appréciation du narrateur sur le paysage.

5. Le narrateur parvient-il à communiquer tout d'abord avec le sergent Suilhard ? Qu'est-ce qui le montre ?

6. Le narrateur communique-t-il avec les autres soldats (l. 41 à 65) ? Pourquoi, selon vous ?

Les faits

7. a) Relevez la phrase qui dit ce qui s'est passé. Où est-elle placée ?
b) Par quels procédés est créé un effet d'attente ?

8. Relisez les lignes 42 à 69, puis établissez la liste des causes qui ont amené la condamnation de Cajard. Quelles sont celles que les soldats réfutent* ?

9. Quel intérêt la note de l'auteur présente-t-elle ?

10. Le narrateur exprime-t-il ses réflexions personnelles ? Pour quelles raisons, selon vous ?

ÉCRIRE

11. Rédigez deux courts paragraphes qui répondront aux questions suivantes :

– En quoi est-il important de témoigner ?

– En quoi est-il intéressant de lire un témoignage ?

Vous illustrerez votre argumentation par des exemples précis.

S'EXPRIMER À L'ORAL

12. Quel intérêt cet extrait du *Feu* de H. Barbusse présente-t-il pour un lecteur d'aujourd'hui ?
a) Constituez des groupes ; chaque groupe expose un avis argumenté.
b) Les groupes échangent, à l'oral, leurs avis et leurs arguments.

▶ **S'adresser à la sensibilité du lecteur**

Ce jour-là

Jean Bruller (1902-1991) a publié ses œuvres sous le pseudonyme de Vercors. Lors de la Seconde Guerre mondiale, il a participé très activement à la Résistance contre l'occupant. *Le Silence de la mer* a été publié clandestinement.

Le petit garçon mit sa petite main dans celle de son père sans s'étonner. Pourtant il y avait longtemps, pensait-il. On sortit du jardin. Maman avait mis un pot de géranium à la fenêtre de la cuisine, comme chaque fois que papa sortait. C'était un peu drôle.

5 Il faisait beau, – il y avait des nuages, mais informes, tout effilochés, on n'avait pas envie de les regarder. Alors le petit garçon regardait le bout de ses petits souliers qui chassaient devant eux les graviers de la route. Papa ne disait rien. D'habitude il se fâchait quand il entendait ce bruit-là. Il disait : « Lève tes pieds ! » et le petit garçon levait ses
10 pieds, un moment, et puis sournoisement il recommençait petit à petit à les traîner, un peu exprès, il ne savait pas pourquoi. Mais cette fois papa ne dit rien, et le petit garçon cessa de traîner ses semelles. Il continuait de regarder par terre : ça l'inquiétait que papa ne dît rien.

La route s'engageait sous les arbres. La plupart étaient encore sans
15 feuilles. Quelques-uns verdoyaient un peu, des petites feuilles d'un vert très propre et très clair. On se demandait même si elles n'étaient pas un peu sucrées. Plus loin la route tournait, on verrait la Grande Vue, sur le Grésivaudan, le grand rocher qui tombe à pic, là-dessous tout en bas les tout petits arbres, les toutes petites maisons, les routes comme des égra-
20 tignures, l'Isère qui serpente sous une brume légère, légère. On s'arrêterait et on regarderait. Papa dirait : « Regarde le petit train », ou bien : « Tu vois la petite tache noire, là, qui bouge sur la route ? C'est une auto. Il y a des gens dedans. Quatre personnes, une dame avec un petit chien, et un monsieur avec une grande barbe. » Le petit garçon dirait :
25 « Comment que tu les vois ? » – « Je me suis fait greffer une petite lunette dans l'œil gauche, tu sais bien, dirait papa. Regarde, dirait-il en écarquillant son œil, tu ne la vois pas ? » Et lui, comme il n'est pas très sûr que ce soit vrai ou pas vrai : « Ben... pas très bien... » Peut-être qu'à ce moment-là papa rirait et le prendrait sur ses épaules, une jambe
30 de chaque côté.

Mais papa regarda distraitement la Grande Vue et ne s'arrêta même pas. Il tenait la petite main de son petit garçon bien serrée dans la sienne. De sorte que quand un peu plus loin on passa près de l'endroit où le bord du fossé monte et descend, le petit garçon ne put pas lâcher
35 son père pour grimper la petite pente en disant : « Regarde, papa, je grandis... je grandis... je grandis... Regarde, je suis plus grand que toi... et maintenant je rapetisse... je rapetisse... je rapetisse... » Ça l'ennuya un peu, parce qu'il était très attaché aux rites. Ça faisait une promenade qui ne ressemblait pas tout à fait aux autres.

40 Un peu plus loin il y avait le rocher de pierre carrée. On s'y asseyait d'habitude. Il se demanda si cette fois-ci on s'assiérait. Le rocher de

4. L'Histoire, témoignages et romans

95

pierre s'approchait et le petit garçon se demandait si on s'assiérait. Il avait un peu peur qu'on ne s'assît pas. Un petit peu peur, vraiment, de la vraie peur. Il tira doucement sur la main de son père quand ils furent tout près.

Heureusement papa se laissa tirer et ils s'assirent. Ils ne dirent rien, mais souvent, assis sur cette pierre, papa ne disait rien. Quelquefois seulement (quand il faisait très chaud) : « Ouf ! ça fait du bien. » Aujourd'hui il ne faisait pas très chaud. La seule chose pas naturelle c'était que papa ne quittait toujours pas la petite main. D'habitude, ici, papa la lâchait, sa main, et le petit garçon, qui n'aimait pas rester assis bien longtemps, grimpait sous les arbres et cherchait des pommes de pin. Quelquefois des fraises, mais il n'y avait pas souvent des fraises.

Emil NOLDE (1867-1956). Sans titre.
Seebull, © Stiftung Ada und Emil Nolde.
Photo Giraudon.

Ils restaient assis et le petit garçon ne bougeait pas du tout. Il faisait même attention à ne pas balancer les jambes. Pourquoi ? Savait pas, c'était parce que papa lui tenait la main comme ça. Il ne pouvait même pas – il ne voulait même pas penser aux pommes de pins, aux fraises. D'ailleurs, il n'y avait sûrement pas de fraises et puis, les pommes de pin, ce n'est pas tellement amusant.

Mais, de ne pas bouger, il eut de nouveau un peu peur. Oh ! pas beaucoup, un peu seulement, un tout petit peu, comme quand on est couché et qu'on entend craquer des choses dans le noir, mais qu'on entend aussi papa et maman qui parlent dans leur chambre. Il était content que papa lui tînt la main, parce qu'ainsi on a moins peur, mais comme il avait peur justement parce que papa lui tenait la main... alors le petit garçon, pour la première fois pendant une de ces promenades, aurait bien voulu revenir à la maison.

Comme si son père l'avait entendu il se leva, le petit garçon se leva, se demandant si l'on rentrerait ou si l'on irait comme les autres fois jusqu'au petit pont sur la Grisonne. Il ne savait pas très bien ce qu'il préférait. On partit vers le petit pont, alors, tant mieux.

Sur le pont ils regardèrent le torrent (papa disait le ru) filer en gargouillant entre les pierres qui ressemblent à de grosses dragées. Un jour papa lui avait rapporté un petit sac rempli de toutes petites pierres comme ça et c'étaient des bonbons. Il y avait très longtemps, c'était même avant Noël, il ne se rappelait même plus très bien. En tout cas depuis ce temps-là il n'avait jamais eu de bonbons, et il aimait énormément regarder les pierres du torrent, on aurait dit que ça lui faisait plaisir aux yeux comme les bonbons à la langue.

Papa dit :
– Depuis le temps que cette eau coule...

Le petit garçon trouva ça drôle. Bien sûr qu'elle coulait depuis longtemps. Elle coulait déjà la première fois qu'ils étaient venus. D'ailleurs on n'aurait pas fait un pont s'il n'y avait pas eu d'eau.

— Et quand ton petit garçon à toi, dit papa, aura une grande barbe blanche, elle coulera encore. Elle ne s'arrêtera jamais de couler, dit papa en regardant l'eau. C'est une pensée reposante, dit encore papa, mais, ça se voyait, ce n'était pas pour son petit garçon, c'était pour lui-même.

95 Ils restèrent très, très longtemps à regarder l'eau, et puis enfin on s'en retourna. On prit le chemin du hérisson, le petit garçon l'appelait comme ça depuis qu'ils avaient trouvé un hérisson. Ça grimpait un peu. On passait devant la fontaine de bois, celle où, dans une auge faite d'une bille de chêne creusée, tombe le filet d'une eau si limpide, au chant d'un 100 cristal si pur, qu'elle donne soif rien qu'à la regarder. Mais il ne faisait pas très chaud.

Tout en haut le sentier tournait un peu, et redescendait de l'autre côté de la colline. De tout en haut on verrait la maison. On la voyait très bien. Ce qu'on voyait le mieux c'était la fenêtre de la cuisine, avec le pot 105 de géranium tout vert et orange dans le soleil, et maman était derrière mais on ne la voyait pas.

Mais papa devait être fatigué, parce qu'avant d'arriver en haut, il s'assit. D'ordinaire on ne s'asseyait jamais sur ce tronc d'arbre. Il s'assit et attira son petit garçon entre ses genoux. Il dit : « Tu n'es pas fati-110 gué ? » – « Non », dit le petit garçon. Papa souriait, mais c'était d'un seul côté de la bouche. Il lui caressait les cheveux, la joue. Il respira très fort et dit : « Il faut être très, très sage avec ta maman », et le petit garçon fit oui de la tête, mais il ne trouva rien à dire. « Un bon petit garçon », dit encore papa, et il se leva. Il prit son petit garçon sous les 115 aisselles et il le souleva jusqu'à son visage et l'embrassa deux fois sur les deux joues, et il le remit par terre et dit d'une voix ferme : « Allons ». Ils se remirent en route. Ils arrivèrent en haut et on vit le mur du jardin, les deux mélèzes, la maison, la fenêtre de la cuisine.

Le pot de géranium... il n'y était plus.

120 Le petit garçon vit tout de suite que le pot de géranium n'était plus à la fenêtre de la cuisine. Papa aussi, sûrement. Parce qu'il s'arrêta en serrant la petite main dans la sienne, plus fort que jamais, et il dit : « Ça y est, je m'en doutais. »

Il restait immobile, à regarder, regarder, en répétant : « Bons 125 dieux, comment ai-je pu... puisque je le savais, puisque je le savais... »

Le petit garçon aurait bien voulu demander quoi, mais il ne pouvait pas parce que papa lui serrait la main si fort. Et il commença d'avoir mal au cœur, comme le jour où il avait mangé trop de purée de marrons.

Alors papa dit : « Viens », et au lieu de descendre ils retournèrent 130 sur leurs pas, en marchant très vite. « Où est-ce qu'on va, papa ? Où est-ce qu'on va ? » disait le petit garçon, et il avait mal au cœur comme le jour de la purée de marrons.

— « Chez madame Bufferand », dit papa. Il avait une drôle de voix, une voix comme celle du facteur le jour où une auto l'avait poussé et 135 qu'il était tombé de bicyclette. « Elle est très gentille, dit papa, tu la connais, tu coucheras chez elle. »

Le petit garçon aurait bien voulu demander pourquoi, mais papa lui serrait la main trop fort, il n'arrivait pas à le demander. Était-ce à cause de ça, il avait de plus en plus mal au cœur. Tellement qu'il aurait

140 voulu se coucher par terre, comme le jour de la purée de marrons, mais papa lui serrait la main tellement fort, et pourtant on allait trop vite, et maintenant il avait mal au cœur pas seulement au cœur, mais mal au cœur partout, au ventre, dans les jambes, si ce n'était pas bête de dire qu'on a mal au cœur dans les jambes.

145 Quand madame Bufferand, qui était très vieille et toute ridée, les vit tous les deux, elle croisa ses mains sur la poitrine et dit : « Mon Dieu !... »

Papa dit : « Oui, voilà », et ils entrèrent. Et alors quand ils furent dans le petit salon qui sentait la cannelle le petit garçon ne résista plus 150 et il se coucha sur le tapis.

Il n'entendit plus très bien ce qu'on disait. Il faisait trop noir pour pouvoir écouter. Madame Bufferand parlait, parlait, d'une petite voix cassée, il l'entendait comme dans un rêve.

Papa souleva le petit garçon et le porta sur un lit. Il lui caressa les 155 cheveux, longtemps, et il l'embrassa très fort et longtemps, plus fort et plus longtemps que le soir d'habitude. Et puis madame Bufferand lui donna une valise, et il embrassa madame Bufferand, et il sortit. Et madame Bufferand vint s'occuper du petit garçon, elle lui mit un mouchoir mouillé sur la tête, elle lui prépara de la camomille. Il vit bien 160 qu'elle pleurait, elle essuyait ses larmes au fur et à mesure, mais ça se voyait quand même.

Le lendemain, il était en train de jouer avec les cubes, il entendit madame Bufferand qui parlait dans la salle à manger. Les cubes devaient représenter le portrait d'un monsieur avec une collerette et un chapeau à 165 plume. Il manquait encore l'œil et le chapeau. Le petit garçon se leva et mit son oreille contre le trou de la serrure, qui était juste à sa hauteur en se hissant sur la pointe des pieds. Il n'entendait pas très bien parce que les dames ne parlaient pas tout haut, elles chuchotaient. Madame Bufferand parlait de la gare. Oui, disait-elle, oui, lui aussi : il cherchait à 170 apercevoir sa femme dans un compartiment, ils l'ont reconnu. Grands dieux, dit l'autre dame, il n'avait donc pas pu s'empêcher... Non, dit madame Bufferand, il n'a pas pu, qui donc aurait pu ? Il disait tout le temps « c'est ma faute, c'est ma faute ! » Et puis on parla de lui, le petit garçon. Heureusement, disait la dame, heureusement que madame 175 Bufferand était là. Madame Bufferand répondit des mots, mais quelque chose mouillait son chuchotement et on ne pouvait pas comprendre.

Le petit garçon retourna vers son jeu de cubes. Il s'assit par terre et chercha celui avec un œil. Il pleurait silencieusement, les larmes coulaient, et il ne pouvait pas les retenir. Il trouva le cube avec l'œil et le mit 180 à sa place. Le chapeau c'était plus facile. Il reniflait en essayant de ne pas faire de bruit, une des larmes coula au coin de la bouche, il la cueillit d'un coup de langue, elle était salée. La plume, c'était le plus ennuyeux, on ne savait jamais si elle était à l'endroit ou à l'envers. Une larme, tombée sur la plume, glissa, hésita, y resta suspendue comme une goutte de 185 rosée.

Vercors, « Ce jour-là », (texte intégral), dans *Le Silence de la mer*, 1941.
© Albin Michel, 1951.

LIRE LE TEXTE

L'histoire

1. a) Par quels mots et expressions les deux personnages principaux de l'histoire sont-ils désignés ?
b) Quel est l'effet produit par cette manière de nommer les personnages ?

2. Citez des mots ou expressions appartenant au langage enfantin ou au registre familier et dites quel est l'effet produit.

3. Quels sont les points* de vue utilisés par le narrateur pour raconter cette histoire ?

4. Quels sentiments le petit garçon éprouve-t-il ? Par quoi ces sentiments sont-ils provoqués ? Précisez votre réponse en citant un exemple au début du texte et un autre à la fin du texte.

L'Histoire

5. a) Relisez le début de la nouvelle* et les lignes 119 à 125 : à quoi peut servir le pot de géranium ?
b) Que semble comprendre le père ? Justifiez votre réponse en citant le texte.

6. Qu'est-ce qui permet au lecteur de deviner le contexte de guerre et de résistance qui est implicite* ? Vous chercherez des éléments de réponse dans la notice biographique et dans le texte même.

Le récit

7. Délimitez, en indiquant le numéro des lignes, deux parties dans la nouvelle et donnez-leur un titre.

8. Signalez une ellipse* narrative. Quel effet cette ellipse produit-elle ?

9. Quel sentiment l'auteur veut-il susciter chez le lecteur ? Par quels procédés ?

LIRE L'IMAGE

10. Décrivez le couple représenté dans l'œuvre de E. Nolde. Quel effet produisent les couleurs choisies par le peintre ?

11. Vers qui le regard de l'homme et de la femme peut-il être dirigé ?

12. Selon vous, le choix de cette œuvre pour illustrer le texte accroît-il le caractère tragique de cette nouvelle ou l'adoucit-il ? Donnez vos raisons.

Emil NOLDE (1867-1956). *Jeune couple.*
Lugano, Coll. Thyssen-Bornemisza.
Photo Giraudon.
Seebull, © Stiftung Ada und Emil Nolde.

13. Recherchez, dans votre manuel d'histoire, un document photographique qui pourrait illustrer la dernière partie de la nouvelle.

ÉCRIRE

14. Ce texte narratif a une visée* argumentative. Cette affirmation vous paraît-elle juste ou fausse ? Rédigez un paragraphe de commentaire dans lequel vous donnerez une réponse argumentée.

S'EXPRIMER À L'ORAL

15. Relisez le texte pp. 84-85, puis dites si vous préférez lire un texte qui fait appel à votre réflexion ou un texte qui s'adresse à votre sensibilité. Donnez vos raisons.

Lecture personnelle

Le Tigre dans la vitrine

La scène se déroule en Grèce, en 1936.

Grand-père avait raison de dire que nous avions toujours congé ! Nous avions eu juste deux heures de classe, et, à la récréation, monsieur Karanassis nous a rassemblés dans la cour et nous a fait mettre en rangs.

– Vous n'allez pas rentrer dans vos classes, a-t-il dit, je vais vous conduire sur la place, et là, toute l'école assistera à une grande leçon.

– Est-ce que nous allons faire de l'instruction civique ? ai-je demandé à Alexis.

– Non, ce n'est pas ça, m'a-t-il répondu, puisque les grandes classes y vont et qu'elles ne font pas d'instruction civique.

En arrivant sur la place, nous avons été ahuris. Juste au milieu, à l'endroit où il y a un lion en marbre sur un pilier, brûlait un grand feu. Un peu plus loin, sur une estrade, se tenaient le préfet, Amstramgram-Pic-et-Pic-et-Colégram, le père de Pipitsa et l'évêque en tenue de cérémonie. Autour du feu, il y avait des gens, surtout des enfants, amenés par leurs écoles. Nous n'y comprenions rien.

Bientôt, il est arrivé deux hommes qui portaient de grands sacs sur leur dos. Ils ont fait s'écarter les gens en les poussant et, arrivés près du feu, ils y ont déversé leurs sacs. C'étaient des livres !

– Qu'est-ce qu'ils font ? a demandé Alexis à un garçon qui était à côté de moi.

– Ils brûlent les livres nocifs, a-t-il répondu.

Monsieur Karanassis est monté sur l'estrade et a commencé à faire un discours. Il parlait de livres terribles et nocifs qui corrompaient l'âme et faisaient de l'homme un criminel.

– Approchons-nous pour voir, a dit Alexis.

Nous nous sommes faufilés entre les gens et nous sommes arrivés tout près du feu. Les élèves des grandes classes étaient déjà en train de sauter par-dessus les flammes comme si c'était la Saint-Jean. Bizarre, comment brûlent les livres ! Au début, il n'y a que les feuilles qui prennent feu, le livre s'ouvre, comme si une main invisible le touchait, puis, à mesure qu'il brûle, il ressemble à une fleur qui ferme ses pétales. Le feu a baissé, et alors, même les élèves de l'école primaire pouvaient le sauter.

Mais les hommes aux sacs revenaient tout le temps les vider de nouveau. Le feu montait, montait, les enfants poussaient des cris, et allez ! c'était à qui sauterait le plus haut. À un moment, comme les hommes vidaient un sac, quelques livres sont tombés juste à nos pieds. J'allais donner un coup de pied pour en envoyer un dans le feu, mais je me suis arrêtée. Je l'avais déjà vu quelque part, ce livre-là... Relié en noir

Autodafé en Grèce.
© Keystone.

40 avec des lettres dorées... Du pied, j'ai soulevé la couverture et cette fois, j'en ai été sûre. C'était l'un des « anciens » de Grand-père. Sur tous les livres, Grand-père mettait sa signature à l'encre violette. Je l'ai reconnue immédiatement, écrite tout de son long sur la page de garde. Grand-père ne permet à personne de toucher à ses livres. Comment son « ancien »
45 pouvait-il se trouver là, prêt à être jeté au feu ? Je me suis baissée pour le ramasser. Je l'ai tenu un instant.

— Jette-le donc, m'a chuchoté Alexis, et il m'a arraché le livre des mains et l'a lancé dans le feu. Tu ne vois pas qu'on te regarde ?

Moi, je ne savais plus où j'en étais. Sur l'estrade, monsieur Karanas-
50 sis et Pic-et-Pic-et-Colégram regardaient dans ma direction et se disaient quelque chose. J'ai tourné les yeux et j'ai vu des enfants, et même des grandes personnes, qui criaient et sautaient par-dessus le feu, mais la plupart des gens restaient silencieux, les lèvres serrées. J'ai scruté les visages un à un, sûre que je trouverais un homme avec un chapeau à
55 bords rabattus cachant presque les yeux et une épaisse moustache comme une brosse !

Puis, sans savoir pourquoi, je me suis mise à pousser les enfants pour reculer et sortir du cercle qui n'arrêtait pas de se resserrer et de nous faire avancer, si bien qu'Alexis et moi, nous nous étions retrouvés
60 au premier rang et de plus en plus près du feu. Alexis m'a suivie. Nous nous sommes arrêtés un peu à l'écart des gens, pour reprendre haleine. Au-dessus de nos têtes, volaient, comme des chauves-souris, des morceaux de papier brûlé.

— Si tu avais vu comment monsieur Karanassis t'a regardée quand
65 tu t'es baissée pour ramasser le livre ! m'a dit Alexis.

Lorsque le feu s'est éteint et qu'il n'y a plus eu de livres à y jeter, les gens ont commencé à se disperser. Monsieur Karanassis a dit qu'il était trop tard pour retourner à l'école et il nous a laissés rentrer chez nous. Alexis et moi, nous avons pris le chemin de notre maison. Je ne sais pas
70 pourquoi, mais je ne lui avais pas encore dit que le livre que j'avais ramassé était un « ancien » de Grand-père.

Alki ZEI, *Le Tigre dans la vitrine*, 1963,
traduit du grec par G. Jeanperin en 1973, © Éditions Syros.

Raconter un événement et exprimer des réflexions

OBSERVATION

Pablo PICASSO (1881-1973), *Homme à la casquette*, 1895. Paris, Musée Picasso. Photo Giraudon. © Succession Picasso.

Hier, 22 février 1846, j'allais à la Chambre, il faisait froid, malgré le soleil et midi. Je vis venir rue de Tournon un homme que deux soldats emmenaient. Cet homme était blond, pâle, maigre, hagard ; trente ans à peu près, un pantalon de grosse toile, les pieds nus et
5 écorchés dans des sabots avec des linges sanglants roulés autour des chevilles pour tenir lieu de bas ; une blouse courte, souillée de boue derrière le dos, ce qui indiquait qu'il couchait habituellement sur le pavé ; la tête nue et hérissée. Il avait sous le bras un pain. Le peuple disait autour de lui qu'il avait volé ce pain et que c'était à
10 cause de cela qu'on l'emmenait. [...]

Une voiture était arrêtée devant la porte de la caserne. C'était une berline armoriée portant aux lanternes une couronne ducale, attelée de deux chevaux gris, deux laquais en guêtres derrière. Les glaces étaient levées, mais on distinguait l'intérieur tapissé de damas
15 bouton d'or. Le regard de l'homme fixé sur cette voiture attira le mien. Il y avait dans la voiture une femme en chapeau rose, en robe de velours noir, fraîche, blanche, belle, éblouissante, qui riait et jouait avec un charmant petit enfant de seize mois enfoui sous les rubans, les dentelles et les fourrures.

20 Cette femme ne voyait pas l'homme terrible qui la regardait.
Je demeurai pensif.

Cet homme n'était plus pour moi un homme, c'était le spectre de la misère, c'était l'apparition, difforme, lugubre, en plein jour, en plein soleil, d'une révolution encore plongée dans les ténèbres, mais
25 qui vient. Autrefois le pauvre coudoyait le riche, ce spectre rencontrait cette gloire ; mais on ne se regardait pas. On passait. Cela pouvait durer ainsi longtemps. Du moment où cet homme s'aperçoit que cette femme existe, tandis que cette femme ne s'aperçoit pas que cet homme est là, la catastrophe est inévitable.

Victor HUGO, *Choses vues*, 1846.

1. Délimitez, en indiquant le numéro des lignes : a) l'anecdote racontée ; b) les réflexions de l'auteur.
2. Par quelle phrase ces réflexions sont-elles annoncées ?

LEÇON

Raconter les faits

L'auteur raconte les faits et les actions ; il précise les circonstances. Il apparaît ainsi comme un témoin.

Hier, 22 février 1846, j'allais à la Chambre, il faisait froid, malgré le soleil et midi. Je vis venir rue de Tournon un homme que deux soldats emmenaient.

Décrire

La description permet de faire connaître la réalité évoquée, d'en montrer des aspects opposés, de suggérer ou d'exprimer des émotions, des jugements :

| *Cet homme était blond, pâle, maigre, hagard... les pieds nus et écorchés...* | *Il y avait dans la voiture une femme... fraîche, blanche, belle...* |

Exprimer des réflexions

Les réflexions transparaissent à la lecture du récit : les mots choisis, les comparaisons, les métaphores, les oppositions créées par l'auteur permettent au lecteur d'interpréter le récit et de lui donner un sens.

L'auteur peut compléter le récit en exprimant nettement ses réflexions : il analyse alors l'anecdote racontée, exprime des causes, des conséquences. Il peut placer les réflexions avant le récit, les intercaler dans le cours de la narration, ou, comme dans l'extrait de *Choses vues*, les exposer après le récit :

Du moment où cet homme s'aperçoit que cette femme existe, tandis que cette femme ne s'aperçoit pas que cet homme est là, la catastrophe est inévitable.

EXERCICES

1. Distinguez, dans l'extrait de presse suivant, l'époque et les faits évoqués ; les réflexions formulées.

Toutes les vieilles photos de classe se ressemblent. [...] Les regards fixent un même point. Ce devait être l'objectif. Avec le recul d'un demi-siècle, on découvre que ce point s'appelait l'avenir, pas moins. Le droit à un futur, un seul élève de la troisième A5 de Louis-le-Grand en sera privé, d'ordre d'Hitler. Arrêté en avril 1943, pour crime d'être né juif, Youra Riskine quittera Drancy le 23 juin vers une mort immédiate à Auschwitz. Il venait d'avoir quinze ans.

J'ai souvent évoqué ce crime contre l'humanité, accompli dans une relative indifférence des adultes. Je jure que, ce jour-là, les nazis n'ont pas seulement massacré un innocent : ils ont privé le siècle d'un génie, d'un cadeau, en tout cas des promesses d'une ironie souveraine.

Bertrand POIROT-DELPECH, « Des millions de Riskine » © *Le Monde*, 16 décembre 1998.

2. a) Lisez l'extrait suivant. Dites, à l'oral, ce qui, dans le récit, laisse prévoir les réflexions de l'auteur.
b) Écrivez en un court paragraphe, les réflexions que ce récit provoque en vous.

Il y a eu un an environ à la Saint-Martin qu'on commença chez nous à parler de bons sujets et de mauvais sujets. Ce qu'on entendait par là, je ne le sais pas bien ; et si je le savais, peut-être ne le dirais-je pas, de peur de me brouiller avec trop de gens. En ce temps, François Fouquet, allant au grand moulin, rencontra le curé qui conduisait un mort au cimetière de Luynes. Le passage était étroit ; le curé, voyant venir Fouquet sur son cheval, lui crie de s'arrêter ; il ne s'arrête point, d'ôter son chapeau, il le garde ; il passe ; il trotte ; il éclabousse le curé en surplis. Ce ne fut pas tout ; d'aucuns disent, et je n'ai pas peine à le croire, qu'en passant il jura et dit qu'il se moquait (vous m'entendez assez) du curé et de son mort. Voilà le fait, messieurs ; je n'y ajoute ni n'en ôte ; je ne prends point, Dieu m'en garde, le parti de Fouquet, ni ne cherche à diminuer ses torts. Il fit mal ; je le blâme, et le blâmai dès lors. Or écoutez ce qui en advint.

Trois jours après, quatre gendarmes entrent chez Fouquet, le saisissent, l'emmènent aux prisons de Langeais, lié, garrotté, pieds nus, les menottes aux mains et, pour surcroît d'ignominie, entre deux voleurs de grands chemins. Tous trois, on les jeta dans le même cachot.

Paul-Louis COURIER, *Pétition aux deux chambres*, 1816.

LECTURE DE L'IMAGE

LE PHOTOGRAPHE
TÉMOIN DE SON TEMPS

Photographie 1 : American depression years.
© Photo Dorothea Lange - Liaison Gamma.

Photographie 2 : Enfants avec contremaître, dans une usine textile aux États-Unis.
© Photo Lewis Hine-Explorer.

Photographie 1

1. Cette photographie a été prise aux États-Unis. En vous aidant de votre manuel d'histoire, dites quelle y était la situation économique, à partir de 1929.

2. Décrivez la photographie en vous intéressant :
– aux quatre personnages, à leur place dans la photographie et à leurs attitudes ;
– à la lumière et aux ombres ;
– aux expressions du visage de la mère.

3. Quels sentiments semblent éprouver ces personnages ?

Photographie 2

4. Cette photographie a été également prise aux États-Unis. Quelles informations donne-t-elle sur l'organisation du travail dans l'usine ?

5. Décrivez tout ce que vous voyez dans la photographie :
– les machines ;
– les personnages.

6. Quel personnage est mis en valeur selon vous ? par quel procédé ?

Sur les deux photographies

7. Quels sentiments et quelles réflexions personnelles ces deux photographies suscitent-elles en vous ?

8. Quel intérêt ces deux photographies présentent-elles de nos jours ?

2ᵉ partie

Le discours argumentatif

POUR COMMENCER...

- Un discours est **argumentatif** quand celui qui s'exprime veut **convaincre** un destinataire afin qu'il pense ou agisse d'une certaine manière.

- Pour convaincre son destinataire, celui qui s'exprime peut **exposer une opinion**, ou encore **raconter, décrire, expliquer**.

Ce texte est extrait d'un document distribué dans les collèges en novembre 1998.

Qu'est-ce que le racket ?
Que faire ?

Céder ne vous débarrassera pas de votre agresseur. <u>Vous n'obtiendrez de lui ou de sa bande aucune protection. Bien au contraire, le racket se développera</u> et vos racketteurs continueront à vous intimider en exigeant de nouveaux objets.

Il n'est pas question de tenir tête seul. Il est donc nécessaire <u>d'en parler à vos parents ou à un adulte de l'établissement en qui vous avez confiance</u>. La loi du silence doit être levée. C'est la seule façon de lutter contre le racket. Les adultes, ensemble, vous aideront à surmonter cette situation.

© Ministère de l'Éducation nationale, de la Recherche et de la Technologie, Direction de l'enseignement scolaire, septembre 1998.

le destinataire (l'élève)

une opinion

la manière d'agir que veut obtenir l'émetteur

l'émetteur

CHAPITRES

5. *L'information et le commentaire*
6. *Exprimer une opinion personnelle*
7. *Argumenter au théâtre :*
   Cyrano de Bergerac de Edmond Rostand
8. *Réunir les éléments de l'argumentation*
9. *Organiser l'argumentation*

Pablo PICASSO (1881-1973),
Affiche pour le mouvement de la Paix,
mai 1967. Paris, Bibl. Nat.
Photo Lauros. Giraudon.
© Succession Picasso, 1999.

Chapitre 5.

L'information et le commentaire

OBJECTIF ▶ *Distinguer l'information et le commentaire*

LECTURES

Textes documentaires

▷ **Préciser les objectifs du chapitre**
  Initiation par la NBA — *Le Monde*
  Indiana Jones et le temple maudit — *Télérama*
  Les grues — *Le Journal de la nature*
  Des étoiles plein les yeux — *Eurêka*

Textes littéraires

▷ **Informer et argumenter**
  Le Lièvre et les Grenouilles de Jean DE LA FONTAINE

▷ **Organiser l'information et le commentaire**
  Lettres de Madame DE SÉVIGNÉ

LECTURE-ÉCRITURE
Rédiger un paragraphe de commentaire

LECTURE DE L'IMAGE
Aller à l'essentiel : *Le Taureau* de PICASSO

L'ILLUSTRATION,
JOURNAL UNIVERSEL.

Ab. pour Paris, 3 mois, 8 fr. — 6 mois, 16 fr. — Un an, 30 fr.
Prix de chaque N°, 75 c. — La collection mensuelle, br., 2 fr. 75.

N° 265. Vol. XI. — SAMEDI 25 MARS 1848.
Bureaux : rue Richelieu, 60.

Ab. pour les dép. — 3 mois, 9 fr. — 6 mois, 17 fr. — Un an, 32 fr.
Ab. pour l'Étranger, — 10 — 20 — 40.

SOMMAIRE.

Histoire de la semaine. *Manifestation populaire du 17 mars 1848, à l'Hôtel-de-Ville.* — Principales mesures prises par le gouvernement provisoire. — Principales mesures prises par les ministres provisoires. — Billet de bal composé et gravé pour être offert à l'institution des Crèches. *Une Gravure.* — **Beaux-Arts.** Salon de 1848. Avant-propos. *Le bon Samaritain.* — **Courrier de Paris.** — Histoire de l'Hôtel-de-Ville depuis le 24 février. *Quatre Gravures.* — **Le Misogyne.** Troisième partie. Conte, par M. Albert Aubert. (Suite et fin.) — **La Réforme.** *Dix-huit Caricatures.* — Un peu de tout. — Chronique musicale. — Bulletin bibliographique. — Théâtres. *Une Gravure.* — Nouveau coin de la monnaie républicaine. *Une Gravure.* — Rébus.

Histoire de la Semaine.

Notre dernier numéro se distribuait, à la fin de la semaine dernière, au moment où Paris assistait à un des plus imposants spectacles, à un des grands événements qui aient agité la ville, où, depuis un mois, se succèdent l'imprévu, le merveilleux, le gigantesque. Une dé-

Manifestation populaire du 17 mars 1848, à l'Hôtel-de-Ville.

LECTURES

▶ *Préciser les objectifs du chapitre*

Initiation par la NBA

Dans la première partie de l'article, l'auteur a rapporté les réactions des élèves d'un collège de la région parisienne, après l'annonce du départ en retraite de Michael Jordan.

Les élèves de Mme Joffrain sont en tenue de sport dans le gymnase, face aux paniers de basket. Le professeur d'éducation physique tente d'initier sa classe – « *très difficile* » – au NBA 2 ball : un jeu distribué par la représentation de la NBA[1] en Europe, avec la bénédiction et
5 l'aide de la Fédération française de basket-ball, dans environ 2 500 des 6 711 collèges français, ainsi qu'en Allemagne et en Angleterre, « *pour développer la pratique du basket chez les jeunes et pour l'image de marque de la NBA* ».

De gros disques rouges, fournis avec un ballon, un sac et des
10 feuilles de marque par la NBA, ont été posés sur le terrain de basket, autour de la raquette. Deux par deux, au son de la musique crachée par un petit ampli noir, ils doivent shooter pendant une minute, chacun à leur tour, de l'une des positions matérialisées par les disques rouges. Un panier réussi et ils empochent le nombre de points inscrits en gros sur
15 chaque disque.

« *Ce jeu mélange rapidité et mixité*, se félicite le directeur adjoint de l'Union nationale du sport scolaire (UNSS) pour l'académie de Versailles. *Il n'y a pas de confrontations directes entre les joueurs. On peut donc faire jouer garçons et filles ensemble, petits et grands… C'est un grand
20 avantage au niveau scolaire…* » « *C'est mieux que le vrai basket*, apprécie Marie. *Il y a de la musique et on a plus souvent le ballon que dans les matchs en équipe mixte.* » Pour cette première, la classe a été séparée. Les filles jouent de leur côté, avec nonchalance, les garçons du leur, avec un peu de frime. Le logo de la NBA figure sur les disques, il y a de la
25 musique, c'est le « *show time* », le moment de faire son spectacle et de se prendre pour Michael Jordan, un « vieux » de trente-six ans.

Éric COLLIER, © *Le Monde*,
jeudi 14 janvier 1999.

1. la NBA : la *National Basket-ball Association,* principal organisme de basket-ball aux États-Unis.

Harrison Ford et Kate Capshaw dans *Indiana Jones et le temple maudit*.
© Interpress / Kipa.

© Télérama n° 2384, 20 septembre 1995.

TT

20.45 ● TF1 22.50 125 mn

Indiana Jones et le temple maudit

Film américain de Steven Spielberg (1984). Scénario : Williard Huyck et Gloria Katz, d'après George Lucas. Images : Douglas Slocombe. Musique : John Williams. Précédente diffusion : décembre 91. Chrétiens-Médias : adultes, adolescents. Sous-titrage codé. VF.
Harrison Ford Indiana Jones. **Kate Capshaw** : Willie Scott. **Ke Huy Quan** : *Demi-Lune*. **Amrish Puri** : Molag Ram.

Le genre. Aventures en guirlande.
L'histoire. Indiana Jones, aventurier de charme et archéologue hyper-compétent, s'intéresse à une pierre précieuse qu'il s'en va (d'abord) arracher à Shanghai dans un cabaret de style délicieusement rétro. Une bagarre éclate. Indiana trouve le salut dans la fuite, accompagné de deux charmants complices.
Ce que j'en pense. Le spectacle est étourdissant. La première séquence nous assaille à froid, nous cloue, ébahis, ravis, sur notre fauteuil. Et puis, le cinéaste ayant frappé très fort, c'est sans défense que nous nous laissons emporter dans une espèce de typhon. Inutile de chercher à savoir si cette histoire est vraisemblable (elle ne l'est pas), ni ce qu'elle signifie profondément (rien). C'est du plaisir simple, brut, gratuit, inutile. Non, pas inutile, puisque agréable. Pour être honnête, il faut ajouter que trop de visions (télévisions, plutôt) de ce film récréatif en révèlent les limites. Si la première séquence reste un modèle (enchaînement grisant de scènes qui laissent le spectateur en apnée), la suite est plus classique, plus appliquée, comme on dit d'un devoir d'élève satisfaisant, mais pas inspiré. **Gilbert Salachas**

5. L'information et le commentaire

111

Les grues

Grues cendrées.
© Photo Hellio J.F ./
Van Ingen N.

Les grues arrivent, les grues sont là ! Il y a vingt-cinq ans, aucune ne stationnait en France. À l'automne et au printemps, les oiseaux ne faisaient que survoler notre territoire.

Aujourd'hui, sur les bords du lac de Der ou dans les Landes, c'est un spectacle féerique. Par petits groupes, individuellement, en grandes bandes, les grues passent et repassent. Un spectacle étonnant. Et nouveau ! On ignore pourquoi ce grand oiseau a choisi l'est de la France pour y passer l'hiver. D'autant que les secteurs choisis sont totalement artificiels : en Champagne, lacs du Der-Chantecoq, d'Orient et d'Aumance ; dans les Landes, le camp militaire de Captieux. On peut toutefois penser que les oiseaux ont été sensibles à la modification des milieux. Dans les Landes, le développement de la maïsiculture, dont les déchets restent tout l'hiver sur les champs, leur assure de la nourriture pendant toute la mauvaise saison. Et le camp militaire garantit une certaine quiétude (une grue redoute moins l'approche d'un char que celle d'un homme à pied !). Dans l'Aube, et dans la Marne, la création de grands plans d'eau bordés de marais fournit un couvert grouillant de vie (la grue est très éclectique quant à son régime, et absorbe aussi bien graines et bulbes qu'insectes, vers, rongeurs…). Et les vastes plans d'eau permettent aux oiseaux d'établir leurs dortoirs isolés des routes.

A.R., © *Le Journal de la nature*, n° 3, décembre 1998.

Des étoiles plein les yeux

Voilà l'été, ses cieux cléments et ses nuits douces, ses étoiles filantes qui, chaque année, se donnent rendez-vous au mois d'août. À ceux que le vaste univers intimide, à ceux qui rêvent aux noms d'Aldébaran, Orion ou Cassiopée en désespérant de jamais les apercevoir, à ceux qui ne savent guère reconnaître qu'un petit bout de la Grande Ourse, l'étoile Polaire et la Voie lactée, voici quatre invitations à la découverte du ciel, nez au vent et livres en main.

Le ciel accessible à tous

Et d'abord *Connaître et découvrir l'Astronomie*, de Fabienne Casoli et Thérèse Encrenaz[1], qui nous expliquent comment la représentation de l'univers s'est modifiée au fil des siècles avant de nous expédier dans l'espace, du Soleil aux plus lointaines galaxies. Richement illustré, pédagogique, concis, ce beau livre rend le ciel accessible à tout le monde.

Plus austère dans sa présentation et son propos, mais très complet, *Le Guide du Ciel 1998-1999*, de Guillaume Cannat[2], s'adresse à tous les astronomes amateurs, débutants ou confirmés. Au sommaire : cartes et données détaillées pour chaque mois de l'année, conseils d'équipement (jumelles et télescopes) et programme des phénomènes astronomiques au jour le jour.

Chez le même éditeur, François Baruel accompagne les réfractaires au langage scientifique pour des premiers pas sous le ciel, un brin lyriques, mais pleins d'enseignements. De riches *Ballades sous les étoiles*[3], fort simplement, mais joliment illustrées.

Et si l'on veut pousser plus loin l'exploration, en attendant le grand événement céleste du 11 août 1999 (une éclipse totale du Soleil), on peut se lancer avec Daniel Kunth à la poursuite des *Quasars*[4], ces mystérieux « objets célestes déguisés en étoiles », les plus lumineux de la nature…

Irène BÉRÉLOWITCH, © Bayard Presse, *Eurêka*, n° 33, juillet 1998.

---

1. Minerva, 216 pages, 195 F.

2. Nathan, 302 pages, 129 F.

3. Nathan, 158 pages, 98 F.

4. Dominos Flammarion, 126 pages, 50 F.

PRÉCISER LES OBJECTIFS

1. Dans quelle catégorie d'ouvrages ont été pris ces quatre textes ?

2. Quel est le sujet de chaque texte ?

3. Dites quelle information principale est à l'origine de chacun de ces textes.

4. Quels textes séparent nettement d'une part les informations, d'autre part ce qu'ajoute l'auteur ? Quels textes ne le font pas ? Justifiez vos réponses par des exemples précis. Quels sont, à votre avis, les avantages de chacune de ces deux formules ?

5. Donnez un exemple de précision apportée par l'auteur de l'article lui-même, et deux exemples de déclarations émanant d'autres personnes. Par quels moyens ces déclarations apparaissent-elles nettement dans le texte ?

6. Relevez deux phrases ou expressions par lesquelles l'auteur exprime un avis personnel : un avis favorable, un avis défavorable.

7. L'information aurait-elle pu être donnée seule ? À quoi servent les commentaires ?

Informer et argumenter

Le Lièvre et les Grenouilles

> Jean DE LA FONTAINE (1621-1695) a écrit plus de deux cents fables, dont une vingtaine seulement sortent entièrement de son imagination. Il ne prétend pas être original et il ne cache pas ses sources. Il a pris ses sujets chez des conteurs orientaux et des auteurs de l'Antiquité, grecs et latins. Parmi ceux-ci, principalement, Ésope. La Fontaine se déclare humblement être l'imitateur, le continuateur d'Ésope.

Un lièvre en son gîte songeait
(Car que faire en un gîte, à moins que l'on ne songe ?)
Dans un profond ennui[1] ce lièvre se plongeait :
Cet animal est triste, et la crainte le ronge.
5   « Les gens de naturel peureux
    Sont, disait-il, bien malheureux.
Ils ne sauraient manger morceau qui leur profite,
Jamais un plaisir pur ; toujours assauts divers.
Voilà comme je vis : cette crainte maudite
10 M'empêche de dormir, sinon les yeux ouverts.
   – Corrigez-vous, dira quelque sage cervelle.
     – Et la peur se corrige-t-elle ?
    Je crois même qu'en bonne foi
    Les hommes ont peur comme moi. »
15   Ainsi raisonnait notre lièvre,
    Et cependant[2] faisait le guet.
    Il était douteux[3], inquiet :
Un souffle, une ombre, un rien, tout lui donnait la fièvre.
    Le mélancolique animal,
20   En rêvant[4] à cette matière,
Entend un léger bruit : ce lui fut un signal
    Pour s'enfuir devers[5] sa tanière.
Il s'en alla passer sur le bord d'un étang.
Grenouilles aussitôt de sauter dans les ondes ;
25 Grenouilles de rentrer dans leurs grottes profondes.
    « Oh ! dit-il, j'en fais faire autant
    Qu'on m'en fait faire ! Ma présence
Effraie aussi les gens ! Je mets l'alarme au camp !
    Et d'où me vient cette vaillance ?
30 Comment ? des animaux qui tremblent devant moi !
    Je suis donc un foudre de guerre[6] !
Il n'est, je le vois bien, si poltron sur la terre
Qui ne puisse trouver un plus poltron que soi. »

Jean DE LA FONTAINE,
Fables, II, 14.

---

1. **ennui** : tristesse profonde, tourment.
2. **cependant** : pendant ce temps.
3. **douteux** : méfiant, craintif (*douter* avait le sens de *redouter*).
4. **rêver** : méditer profondément.
5. **devers** : vers, du côté de.
6. **un foudre de guerre** : un grand capitaine.

LIRE LE TEXTE

Le récit

1. Retrouvez dans cette fable les étapes fondamentales du récit : situation initiale, élément perturbateur, péripéties, situation finale. Précisez la place occupée dans le texte par chaque étape, en indiquant le nombre de vers.

2. À quelle étape du récit le fabuliste accorde-t-il la plus large place ? Quel est l'effet produit ?

3. a) À quels temps est faite la narration entre les vers 15 et 25 ?
b) À quelle étape du récit correspond le changement de temps dans ce passage ?

4. Repérez les deux monologues du lièvre. Quels sentiments le lièvre exprime-t-il dans chacun de ses monologues ? Quel est l'effet produit sur le lecteur ?

Le commentaire

5. Relevez une intervention directe du narrateur dans les premiers vers. Quelle est l'utilité de ce court commentaire ?

6. À quels moments le lièvre fait-il :
a) un commentaire sur son état,
b) un commentaire sur l'expérience qu'il vient de vivre ?
Relevez un passage de commentaire et précisez s'il s'agit d'une explication ou de l'expression d'un jugement personnel.

La visée argumentative

7. a) Relevez les mots appartenant au champ lexical de la peur.
b) Pourquoi La Fontaine a-t-il choisi un lièvre comme personnage principal de cette fable ?

8. Relevez la morale (ou moralité) de cette fable. Est-elle exprimée par le narrateur ou par le lièvre ? Quel est l'effet produit ?

9. Relevez un vers qui montre que le problème de la peur est humain et universel.

10. De quoi La Fontaine cherche-t-il à convaincre ses lecteurs ? Justifiez votre réponse.

Illustration de Gustave DORÉ.
Photo © Artephot / Perrin.

ÉCRIRE

11. a) Comptez les syllabes dans les vers 18 et 19. Comment appelle-t-on ce type de vers ?
b) Écrivez à votre tour deux vers (un de chaque type) sur un sujet de votre choix.

12. Résumez l'histoire en quatre lignes, sans la morale.

S'EXPRIMER À L'ORAL

13. Lisez à haute voix les vers 17 à 25. Changez nettement de rythme pour montrer la fuite rapide des grenouilles.

14. Avez-vous souvent peur ? Arrivez-vous à maîtriser votre peur ? Quelles sont les situations où vous éprouvez de la peur ? Exprimez-vous clairement sur ce sujet, en donnant des exemples et des explications.

LECTURES

▶ *Organiser l'information et le commentaire*

Lettres

Madame DE SÉVIGNÉ (1626-1696) a été veuve à vingt-cinq ans. Elle s'est surtout consacrée à ses enfants et au plaisir de la correspondance. Elle a écrit plus de 1 500 lettres, adressées à des amis et surtout à sa famille : sa fille, son fils, son gendre M. de Grignan, son cousin Bussy-Rabutin, les Coulanges. Elle y traite aussi bien des grands événements de son temps que des menus faits de sa propre vie.

1. mander : ici, transmettre, communiquer.
2. un exemple : Mme de Sévigné fait peut-être allusion au mariage de Marie d'Angleterre avec le duc de Suffolk.
3. Mme de Rohan et Mme d'Hauterive : elles avaient épousé par amour des personnes de condition inférieure.
4. la berlue : maladie des yeux. *Avoir la berlue* signifie, au sens figuré, être victime d'illusions.
5. Mademoiselle : ce titre désignait la fille aînée du frère du Roi. Ici il s'agit de Mlle de Montpensier, qu'on surnommait La Grande Mademoiselle.
6. feu Monsieur : le titre de Monsieur était donné au frère aîné du Roi. Ici, il s'agit de Gaston d'Orléans. On fait précéder un titre du mot *feu* pour indiquer que la personne est décédée.
7. Monsieur : ici il s'agit de Philippe d'Orléans, frère de Louis XIV.

Monsieur de Lauzun (1633-1723) fut un gentilhomme courageux et un peu aventurier. Il connut de brillants succès à la Cour de Louis XIV, et obtint les titres de comte puis de duc. Mais il ne faisait pas partie de la haute noblesse ni de la famille royale.

Madame de Sévigné écrit à son cousin, qui se trouve à Lyon.

À Monsieur de Coulanges

À Paris, ce lundi 15 décembre 1670.

Je m'en vais vous mander[1] la chose la plus étonnante, la plus surprenante, la plus merveilleuse, la plus miraculeuse, la plus triomphante, la plus étourdissante, la plus inouïe, la plus singulière, la plus extraordinaire, la plus incroyable, la plus imprévue, la plus grande, la plus petite, 5 la plus rare, la plus commune, la plus secrète jusqu'aujourd'hui, la plus brillante, la plus digne d'envie : enfin une chose dont on ne trouve qu'un exemple dans nos siècles passés[2], encore cet exemple n'est-il pas juste ; une chose que l'on ne peut pas croire à Paris (comment la pourrait-on croire à Lyon ?) ; une chose qui fait crier miséricorde à tout le monde ; 10 une chose qui comble de joie Mme de Rohan et Mme d'Hauterive[3] ; une chose enfin qui se fera dimanche, où ceux qui la verront croiront avoir la berlue[4] ; une chose qui se fera dimanche, et qui ne sera peut-être pas faite lundi. Je ne puis me résoudre à la dire ; devinez-la : je vous le donne en trois. Jetez-vous votre langue aux chiens ? Eh bien ! il faut 15 donc vous la dire : M. de Lauzun épouse dimanche au Louvre, devinez qui, je vous le donne en quatre, je vous le donne en dix, je vous le donne en cent. Mme de Coulanges dit : « Voilà qui est bien difficile à deviner ; c'est Mme de la Vallière. – Point du tout, Madame. – C'est donc Mlle de Retz ? – Point du tout, vous êtes bien provinciale. – Vrai-20 ment nous sommes bien bêtes, dites-vous, c'est Mlle Colbert. – Encore moins. – C'est assurément Mlle de Créquy. – Vous n'y êtes pas. Il faut donc à la fin vous le dire : il épouse, dimanche, au Louvre, avec la permission du Roi, Mademoiselle de …, Mademoiselle …, devinez le nom : il épouse Mademoiselle, ma foi ! par ma foi ! ma foi jurée ! Mademoi-25 selle[5], la grande Mademoiselle ; Mademoiselle, fille de feu Monsieur[6] ; Mademoiselle, petite-fille de Henri IV ; Mlle d'Eu, Mlle de Dombes, Mlle de Montpensier, Mlle d'Orléans, Mademoiselle, cousine germaine du Roi ; Mademoiselle, destinée au trône ; Mademoiselle, le seul parti de France qui fût digne de Monsieur[7]. »

8. **fade à imaginer** : peu spirituel.
9. **cet ordinaire** : courrier ordinaire, c'est-à-dire partant à dates fixes.

30   Voilà un beau sujet de discourir. Si vous criez, si vous êtes hors de vous-même, si vous dites que nous avons menti, que cela est faux, qu'on se moque de vous, que voilà une belle raillerie, que cela est bien fade à imaginer[8] ; si enfin vous nous dites des injures : nous trouverons que vous avez raison ; nous en avons fait autant que vous.

35   Adieu : les lettres qui sont portées par cet ordinaire[9] vous feront voir si nous disons vrai ou non.

Madame DE SÉVIGNÉ, *Lettres*.

LIRE LE TEXTE

L'information

1. Quelle nouvelle Mme de Sévigné veut-elle apprendre à son cousin ?

2. L'événement qui est le sujet de cette lettre a-t-il eu lieu avant le moment où Mme de Sévigné écrit ou aura-t-il lieu après ? Relevez ce qui l'indique.

3. Quels sont les sentiments de Mme de Sévigné quand elle écrit ? Justifiez votre réponse avec des citations du texte.

4. a) Relevez et classez en deux groupes les expressions qui se rapportent à Mademoiselle : celles qui rappellent les titres officiels de cette personne, celles qui rappellent ses relations familiales.
b) Pourquoi l'énumération de ces titres et de ces relations est-elle importante ?

5. Pourquoi l'événement est-il incroyable pour les personnes de cette époque ? Le serait-il encore aujourd'hui ?

L'organisation de la lettre

6. Quel mot Mme de Sévigné emploie-t-elle pour désigner la nouvelle sans la préciser ? Combien de fois emploie-t-elle ce mot ?

7. a) Combien de superlatifs Mme de Sévigné utilise-t-elle au début de la lettre ?
b) Quel ton ces superlatifs donnent-ils au début de la lettre ?
c) Certains de ces superlatifs s'opposent deux à deux. Lesquels ?

8. En vous aidant de vos réponses aux questions **6** et **7**, dites quel est l'effet recherché par Mme de Sévigné.

9. a) Quelles sont les deux personnes engagées dans l'événement qui est le sujet de cette lettre ?
b) À quelle ligne le lecteur est-il informé du nom de la première ? À quelle ligne apprend-il le nom de la seconde ?
c) Quel est l'effet produit ?

10. a) Dans la deuxième moitié de la lettre, le dialogue est-il vrai ou imaginé ?
b) Ce dialogue accélère-t-il ou retarde-t-il l'information attendue ?

11. Qu'y a-t-il de commun entre cette lettre et une devinette ? Justifiez votre réponse.

ÉCRIRE

12. a) À la fin de la lettre, quelles personnes sont rappelées par les pronoms *nous* et *vous* ?
b) Comment qualifiez-vous le registre de langue de cette lettre ?

13. Dans un magazine renommé, vous êtes le (la) journaliste chargé(e) de relater la vie des personnes célèbres. Écrivez un article pour annoncer le mariage inattendu de deux personnages très connus dont rien ne laissait supposer la rencontre. Utilisez les procédés de Mme de Sévigné.

S'EXPRIMER À L'ORAL

14. Sur combien de lignes s'étend la première phrase ? Lisez oralement cette phrase en mettant en valeur le ton.

Henri de La Tour d'Auvergne, vicomte de Turenne (1611-1675), fut lieutenant général puis maréchal de France. Il remporte à la tête de ses armées de nombreuses victoires qui le rendent prestigieux dès son époque. Pendant la guerre de Hollande, il est chargé de protéger l'Alsace et bat l'armée adverse le 5 janvier 1675. Un jour qu'il s'apprête à livrer une nouvelle bataille, il observe le terrain du haut de son cheval. Soudain il est atteint par un boulet de canon qui le tue sur le coup.

Madame de Sévigné écrit à son gendre.

À Monsieur de Grignan

À Paris, mercredi 31 juillet 1675.

C'est à vous que je m'adresse, mon cher Comte, pour vous écrire une des plus fâcheuses pertes qui pût arriver en France : c'est la mort de M. de Turenne. Si c'est moi qui vous l'apprends, je suis assurée que vous serez aussi touché et aussi désolé que nous le sommes ici. Cette nouvelle
5 arriva lundi à Versailles : le Roi en a été affligé, comme on doit l'être de la perte du plus grand capitaine et du plus honnête homme du monde ; toute la cour fut en larmes, et Monsieur de Condom[1] pensa[2] s'évanouir. On[3] était prêt d'aller se divertir à Fontainebleau[4] : tout a été rompu. Jamais un homme n'a été regretté si sincèrement ; tout ce quartier où il a
10 logé et tout Paris, et tout le peuple était dans le trouble et dans l'émotion ; chacun parlait et s'attroupait pour regretter ce héros. Je vous envoie une très bonne relation[5] de ce qu'il a fait les derniers jours de sa vie. C'est après trois mois d'une conduite toute miraculeuse, et que les gens du métier ne se lassent point d'admirer, qu'arrive le dernier jour de
15 sa gloire et de sa vie. Il avait le plaisir de voir décamper l'armée ennemie devant lui ; et le 27, qui était samedi, il alla sur une petite hauteur pour observer leur marche ; il avait dessein de donner[6] sur l'arrière-garde, et mandait[7] au Roi à midi que dans cette pensée il avait envoyé dire à Brissac qu'on fît les prières de quarante heures[8]. Il mande la mort du jeune
20 d'Hocquincourt[9], et qu'il enverra un courrier apprendre au Roi la suite de cette entreprise : il cachette sa lettre et l'envoie à deux heures. Il va sur cette petite colline avec huit ou dix personnes : on tire de loin à l'aventure[10] un malheureux coup de canon, qui le coupe par le milieu du corps, et vous pouvez penser les cris et les pleurs de cette armée. Le
25 courrier part à l'instant ; il arriva lundi comme je vous ai dit ; de sorte qu'à une heure l'une de l'autre, le Roi eut une lettre de M. de Turenne, et la nouvelle de sa mort. […]

Madame DE SÉVIGNÉ, *Lettres*.

1. **Monsieur de Condom** : il s'agit de Bossuet, grand orateur religieux qui était alors le prédicateur de la Cour.
2. pensa : fut sur le point de.
3. on : le Roi et la Cour.
4. Fontainebleau : ville au sud de Paris, le Roi y possédait un château.
5. une relation : un récit des événements, un témoignage.
6. donner : ici, communiquer, faire savoir par lettre.
7. mander : ici, communiquer, faire savoir par lettre.
8. les prières de quarante heures : prières qu'on faisait pendant les grandes calamités.
9. le jeune d'Hocquincourt : ce jeune homme commandait les Dragons de la Reine. Il fut tué à trente-deux ans.
10. à l'aventure : au hasard, sans objectif précis.

LIRE LE TEXTE

L'information

1. Quelle nouvelle Mme de Sévigné veut-elle apprendre à son gendre ?

2. Faites correspondre à une date précise :
– le jour où s'est produit l'événement,
– le jour où l'événement a été connu par le Roi,
– le jour où Mme de Sévigné écrit sa lettre.

3. Replacez selon l'ordre chronologique les événements de la journée fatale :
– Turenne va sur une colline pour observer les ennemis.
– Turenne rédige une lettre pour le Roi.
– Turenne cachette et envoie la lettre au Roi.
– Turenne est atteint par un boulet de canon.

4. Pourquoi Mme de Sévigné donne-t-elle toutes ces informations ?

5. Quels sont les temps utilisés dans le passage narratif entre les lignes 19 et 24 ? Comment appelle-t-on un tel emploi du présent ?

6. En vous appuyant sur vos réponses aux questions 4 et 5, dites quel effet Mme de Sévigné cherche à produire sur le lecteur.

Le commentaire

7. Dites dans quel ordre Mme de Sévigné a placé les trois moments de sa lettre : le récit de l'événement, l'annonce de l'événement, les conséquences de cette annonce. Quel avantage présente son choix ?

8. Relevez les mots ou expressions qui désignent Turenne. Sont-ils péjoratifs ou laudatifs ?

9. La cause de l'événement est-elle présentée par Mme de Sévigné comme un fait de guerre ou un accident stupide ?

10. En vous appuyant sur vos réponses aux questions 8 et 9, dites ce qui rend cet événement particulièrement triste.

11. a) « le Roi en a été affligé » (l. 5). En vous aidant d'un dictionnaire, expliquez le verbe et donnez le nom de la même famille.
b) Relevez les termes qui désignent les sentiments que l'événement a fait naître.

ÉCRIRE

12. Écrivez une lettre à un de vos proches pour raconter un événement triste ou heureux. Vous organiserez votre lettre comme Mme de Sévigné (voir question 7).

GROUPER LES TEXTES

Relisez les deux lettres de Mme de Sévigné, puis répondez en justifiant vos réponses.

13. Les personnages concernés sont-ils peu connus ou célèbres ?

14. Les événements sont-ils importants ?

15. Les réactions à l'annonce de l'événement sont-elles de même nature dans l'une et l'autre lettre ?

16. L'information principale est-elle révélée de la même façon ?

17. Quelles sont les principales ressemblances et différences entre les deux lettres ?

18. Mme de Sévigné est-elle plus affectée par l'événement heureux ou l'événement malheureux ?

19. D'après ces deux lettres, qualifiez le style et la personnalité de Mme de Sévigné.

Charles LE BRUN (1610-1690), *Portrait d'Henri de la Tour d'Auvergne, vicomte de Turenne, maréchal de France en 1643.*
Châteaux de Versailles et de Trianon.
© Photo RMN – Gérard Blot.

Rédiger un paragraphe de commentaire

OBSERVATION

A

L'huître, de la grosseur d'un galet moyen, est d'une apparence plus rugueuse, d'une couleur moins unie, brillamment blanchâtre. C'est un monde opiniâtrement clos. Pourtant, on peut l'ouvrir : il faut alors la tenir au creux d'un torchon, se servir d'un
5 couteau ébréché et peu franc, s'y reprendre à plusieurs fois. Les doigts curieux s'y coupent, s'y cassent les ongles : c'est un travail grossier. Les coups qu'on lui porte marquent son enveloppe de ronds blancs, d'une sorte de halos. [...]

Francis PONGE, « L'Huître » in *Le Parti pris des choses*,
© Gallimard, 1942.

B

[...] Comment se fait-il que, dans ce texte, et il y a d'autres mots du même ordre plus loin, il y ait autant de mots qui se terminent par « âtre », c'est-à-dire par a (accent circonflexe), t, r, e.

– Eh bien ! ce n'est pas tout à fait un hasard, bien sûr, mais j'ai
5 été amené à laisser passer, à accepter des mots de ce genre. Pourquoi ? Eh bien ! parce que l'huître aussi, l'huître elle-même est un mot qui comporte une voyelle, ou plutôt une diphtongue si on veut : enfin, uî - t - r - e. Il est évident que si, dans mon texte, se trouvent des mots comme « blanchâtre », « opiniâtre », « verdâtre », ou dieu
10 sait quoi, c'est aussi parce que je suis déterminé par le mot « huître », par le fait qu'il y a là un accent circonflexe, sur voyelle (ou diphtongue), t, r, e. Voilà.

[...] J'ai bien expliqué que si j'avais mis « opiniâtre », c'était à cause de l'accent circonflexe et du t - r - e. C'est en grande partie
15 pour cela. Le fait que, par ailleurs, l'huître est difficile à ouvrir, il me paraît difficile de l'exprimer autrement qu'en prononçant le mot « opiniâtre ». [...]

D'après Philippe SOLLERS, *Entretiens avec Francis PONGE*,
© Éditions du Seuil, 1970.

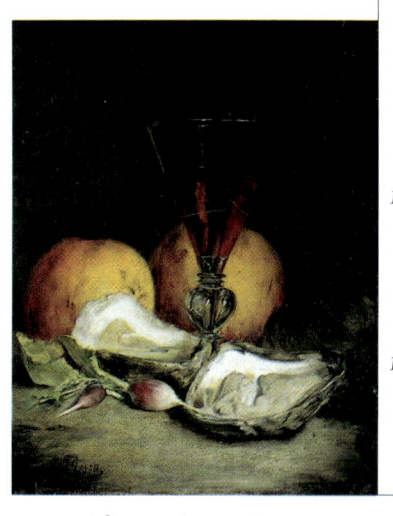

Sebastian GESSA Y ARIAS (1840-1915), *Nature morte : verre, pomme, huîtres*, 1868. Paris, Musée d'Orsay.
© Photo RMN – Hervé Lewandowski.

1. Lequel des deux textes a été écrit avant l'autre ? Justifiez votre réponse.

2. Sur quel point précis Francis Ponge apporte-t-il des explications ?

3. Relevez dans le second texte une phrase ou une expression dans laquelle Francis Ponge donne une explication.

4. Relevez dans le second texte une phrase ou une expression dans laquelle Francis Ponge donne son avis.

LEÇON

A. Les faits et le commentaire

L'**information** est un fait, qu'on porte à la connaissance des autres.
Le **commentaire** consiste en une remarque, un ensemble de remarques qu'on ajoute pour aider à comprendre.

→ Il y a dans le poème de Francis Ponge de nombreux mots comportant un accent circonflexe et le suffixe -âtre.   **information : un fait**

→ C'est « parce que je suis déterminé par le mot "huître", par le fait qu'il y a là un accent circonflexe… »   **commentaire du poète :**
il apporte ici une explication à ce fait

B. Les éléments du commentaire

Les éléments du commentaire sont surtout **explicatifs** et **argumentatifs** :
→ **Pourquoi** ? Eh bien ! **parce que** l'huître aussi, l'huître elle-même est un mot qui comporte une voyelle… :   explication (le poète révèle une cause)
→ … **il me paraît difficile** de l'exprimer autrement qu'en prononçant le mot « opiniâtre »… :   argumentation (le poète exprime un avis personnel)

C. L'organisation du commentaire

Il serait maladroit de commenter une information qu'on n'aurait pas d'abord présentée. L'ordre habituel et logique est donc : **les faits**, **puis les commentaires** sur ces faits.
→ Comment se fait-il que, dans ce texte,… il y ait autant de mots qui se terminent par âtre… :   information
→ … Eh bien ! parce que l'huître aussi, l'huître elle-même est un mot qui comporte une voyelle… :   commentaire

Mais, pour produire un effet, celui qui s'exprime peut donner son avis personnel sur le fait, puis révéler en quoi celui-ci consiste précisément. En ce cas on laisse un moment le lecteur dans l'incertitude ou l'étonnement.

EXERCICES

1. Dans la page sportive d'un quotidien, recopiez le compte rendu d'un match de votre choix. Surlignez en jaune l'information (le récit de l'événement), et en bleu ce qui est le commentaire. Si le journaliste laisse deviner ses sentiments personnels, surlignez-les en rose.

2. Au cinéma ou à la télévision, vous avez vu un film à propos duquel vous avez envie de réagir. Faites un compte rendu précis :
– dans un premier paragraphe, vous donnez toutes les informations nécessaires (titre du film, acteurs principaux, résumé de l'action…),
– dans un second paragraphe, vous ajoutez votre commentaire : vous donnez des explications, vous exprimez votre avis personnel.

3. À l'aide des questions suivantes (que vous traiterez dans l'ordre qui vous paraît le meilleur), et en vous inspirant de la leçon, écrivez un paragraphe de commentaire sur le poème de Jacques Prévert, *Les Oiseaux du souci* :
– à quelle occasion le poème est-il écrit,
– quels sentiments exprime-t-il,
– quelle particularité de ponctuation comporte-t-il,
– quelles répétitions contient-il,
– quelles allitérations* comporte-t-il ?

Les Oiseaux du souci

Pluie de plumes plumes de pluie
Celle qui vous aimait n'est plus
Que me voulez-vous oiseaux
Plumes de pluie pluie de plumes
5   Depuis que tu n'es plus je ne sais plus
Je ne sais plus où j'en suis
Pluie de plumes plumes de pluie
Je ne sais plus que faire
Suaire de pluie pluie de suie
10   Est-ce possible que jamais plus
Plumes de suie… Allez ouste dehors hirondelles
Quittez vos nids… Hein ? Quoi ? Ce n'est pas la saison des voyages ?…
Je m'en moque sortez de cette chambre hirondelles du matin
15   Hirondelles du soir partez… Où ? Hein ? Alors restez c'est moi qui m'en irai…
Plumes de suie suie de plumes je m'en irai nulle part et puis un peu partout
20   Restez ici oiseaux du désespoir
Restez ici… Faites comme chez vous.

Jacques Prévert,
« Les Oiseaux du souci », dans *Paroles*,
© Gallimard, 1949.

LECTURE DE L'IMAGE

ALLER À L'ESSENTIEL :

Pablo PICASSO (1881-1973) est d'origine espagnole mais a longtemps vécu en France. Il a été peintre, dessinateur, graveur, sculpteur et céramiste. Dans tous ces domaines il a constamment cherché de nouvelles techniques et de nouvelles formes. Il a laissé une œuvre considérable, qui a marqué l'art du XXe siècle.

Pablo PICASSO, *Le Taureau*, (11 états). Paris, Musée Picasso. Photo RMN – Coursaget. © Succession Picasso 1999.

1er état, 5 décembre 1945.

2e état, 12 décembre 1945.

3e état, 18 décembre 1945.

122

LE TAUREAU DE PICASSO

4ᵉ état, 22 décembre 1945.

5ᵉ état,
24 décembre 1945.

6ᵉ état,
26 décembre 1945.

5. L'information et le commentaire

LECTURE DE L'IMAGE

7ᵉ état, 28 décembre 1945.

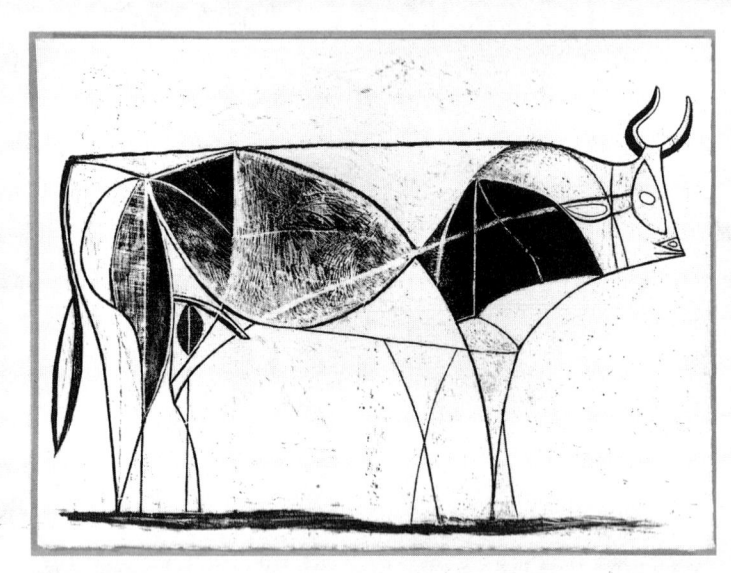

8ᵉ état, 2 janvier 1946.

9ᵉ état, 5 janvier 1946.

10ᵉ état, 10 janvier 1946.

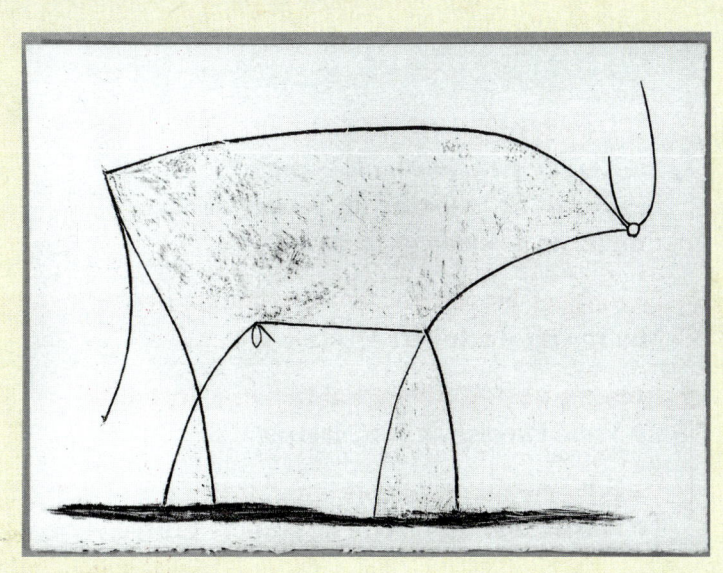

11ᵉ état, 17 janvier 1946.

1. Sur combien de temps, au total, s'est déroulé le travail de l'artiste ?

2. Sur quoi porte surtout sa recherche : volume, taille, proportions, attitude, lignes, teintes, surfaces ?

3. Dites quelles sont les principales transformations entre le 5ᵉ et le 6ᵉ état, puis entre le 6ᵉ et le 7ᵉ. D'après ces transformations, quelles sont pour l'artiste les informations essentielles et les informations secondaires ?

4. L'animal est-il toujours représenté de profil ?

5. Observez la position de la tête de l'animal au fil des dessins. Que remarquez-vous ? Quelle explication pouvez-vous donner ?

6. Quel mot proposez-vous pour résumer le travail réalisé ici par Picasso ?

7. Écrivez un court commentaire : exprimez en quelques phrases ce que vous pensez de ce travail et de son résultat.

Chapitre 6. Exprimer une opinion personnelle

OBJECTIFS ▶ Apprendre à exprimer précisément une opinion
Identifier des procédés pour exprimer une opinion

LECTURES

▷ **Préciser les objectifs du chapitre**
  La Nuit de Guy DE MAUPASSANT
  Les Vertus de la foudre de Michel ONFRAY
  Propos sur le bonheur de ALAIN

▷ **Distinguer les thèmes, les sentiments, les réflexions**
  Madrapour de Robert MERLE

▷ **Illustrer une opinion à l'aide d'une anecdote**
  La Vraie Paresse de J. K. JEROME

▷ **Prendre en compte l'opinion d'autrui**
  Le Poissonnier du Louvre de Hubert COMTE

▷ **Des procédés pour exprimer son opinion**
  Voyages de ALAIN

LECTURE PERSONNELLE
Inventaire paradoxal de petits plaisirs et de grandes haines
de Charlélie COUTURE

LECTURE-ÉCRITURE
Comment préciser son opinion ?

PROLONGEMENTS
Le vocabulaire de l'opinion

LECTURE DE L'IMAGE
Le dessin humoristique

Bernard RANCILLAC (né en 1931), *L'Interview*, 1967. Coll. particulière.
Photo Giraudon. © Adagp, 1999.

LECTURES

▶ *Préciser les objectifs du chapitre*

La Nuit

Guy de Maupassant (1850-1893) a écrit de très nombreuses nouvelles qui ont été rassemblées dans des recueils : ainsi la nouvelle « La Nuit » est publiée dans le recueil titré *Clair de lune*. Ici, Maupassant choisit de faire raconter l'histoire par un narrateur intérieur à l'histoire.

J'aime la nuit avec passion. Je l'aime comme on aime son pays ou sa maîtresse, d'un amour instinctif, profond, invincible. Je l'aime avec tous mes sens, avec mes yeux qui la voient, avec mon odorat qui la respire, avec mes oreilles qui en écoutent le silence, avec toute ma chair
5 que les ténèbres caressent. Les alouettes chantent dans le soleil, dans l'air bleu, dans l'air chaud, dans l'air léger des matinées claires. Un hibou fuit dans la nuit, tache noire qui passe à travers l'espace noir, et, réjoui, grisé par la noire immensité, il pousse son cri vibrant, et sinistre.

Le jour me fatigue et m'ennuie. Il est brutal et bruyant. Je me lève
10 avec peine, je m'habille avec lassitude, je sors avec regret, et chaque pas, chaque mouvement, chaque geste, chaque parole, chaque pensée me fatigue comme si je soulevais un écrasant fardeau.

Mais quand le soleil baisse, une joie confuse, une joie de tout mon corps
15 m'envahit. Je m'éveille, je m'anime. À mesure que mon ombre grandit, je me sens tout autre, plus jeune, plus fort, plus alerte, plus heureux. Je la regarde s'épaissir, la grande ombre douce tombée du
20 ciel : elle noie la ville, comme une onde insaisissable et impénétrable, elle cache, efface, détruit les couleurs, les formes, étreint les maisons, les êtres, les monuments de son imperceptible toucher.

25 Alors j'ai envie de crier de plaisir comme les chouettes, de courir sur les toits comme les chats ; et un impétueux, un invincible désir d'aimer s'allume dans mes veines.

Guy de Maupassant,
« La Nuit », dans *Clair de lune*.

W. Degouve de Nuncques (1867-1935), *Nocturne au Parc royal de Bruxelles,* 1897. Paris, Musée d'Orsay. © Photo Josse.

Les Vertus de la foudre

Michel ONFRAY est professeur de philosophie.

1. **sa forme éthique :** sa forme morale.

La lenteur m'énerve. Autant que la prudence, sa forme éthique[1]. Elle m'ennuie, écorche ma patience et trouble mes rythmes. J'aime la vitesse – celle de la foudre et des éclairs, des éruptions volcaniques et des raz-de-marée, celle des fulgurances et des ravissements. J'aime le temps accéléré jusqu'aux extrémités productrices de durées magnifiques. Le temps qui tend, resserre et comprime, densifie, raccourcit et sculpte l'espace pour générer des densités extraordinaires. La vitesse, c'est du temps qui concentre l'espace.

Michel ONFRAY, *Les Vertus de la foudre*, © Éditions Grasset et Fasquelle, 1998.

Propos sur le bonheur

Émile-Auguste Chartier (dit ALAIN) (1868-1951) est un philosophe français.

Voici une petite pluie ; vous êtes dans la rue, vous ouvrez votre parapluie ; c'est assez. À quoi bon dire : « Encore cette sale pluie ! » ; cela ne leur fait rien du tout aux gouttes d'eau ni au nuage, ni au vent. Pourquoi ne dites-vous pas aussi bien – « Oh ! la bonne petite pluie ! » Je vous entends, cela ne fera rien du tout aux gouttes d'eau ; c'est vrai ; mais cela vous sera bon à vous ; tout votre corps se secouera et véritablement s'échauffera, car tel est l'effet du plus petit mouvement de joie ; et vous voilà comme il faut être pour recevoir la pluie sans prendre un rhume.

Et prenez aussi les hommes comme la pluie. Cela n'est pas facile, dites-vous. Mais si ; c'est bien plus facile que pour la pluie. Car votre sourire ne fait rien à la pluie, mais il fait beaucoup aux hommes, et, simplement par imitation, il les rend déjà moins tristes et moins ennuyeux.

ALAIN, *Propos sur le bonheur*. 4 novembre 1907. © Gallimard.

PRÉCISER LES OBJECTIFS

1. Quels sont, dans chaque texte, les indices de la présence de l'énonciateur* ?

2. Dans quel texte l'énonciateur s'adresse-t-il de façon explicite* à ses destinataires ? Justifiez votre réponse.

3. Quel est le thème* traité dans chacun de ces textes ?

4. Quels textes présentent aussi un thème opposé ?

5. Relevez, dans le texte de G. de Maupassant et dans celui de M. Onfray, une courte phrase qui exprime une opinion* de l'énonciateur.

6. Reformulez, en une courte phrase, l'opinion exprimée dans le texte d'Alain.

7. Quel texte préférez-vous ? Donnez vos raisons.

▸ *Distinguer les thèmes, les sentiments, les réflexions*

Madrapour

Le narrateur voyage vers Madrapour dans un avion étrange : les fauteuils sont disposés en cercle.

Robert Merle est un écrivain contemporain. Il a écrit des romans de science-fiction, comme *Madrapour*.

Je suis le point de mire de ce cercle et, comme chaque fois qu'on me regarde avec insistance, j'éprouve un sentiment de gêne.

Je ne sais si on se rend compte combien c'est une chose affreuse que d'être laid. De la minute où je me lève et me rase devant ma glace à
5 la minute où je me couche et me lave les dents, je n'oublie pas une seconde que tout le bas de mon visage, à partir du nez, me donne une ressemblance fâcheuse avec un singe. Si je l'oubliais, d'ailleurs, les regards de mes contemporains se chargeraient à chaque instant de me le rappeler. Oh, ce n'est même pas la peine qu'ils ouvrent la bouche ! Où
10 que je sois, dès que j'entre dans une pièce, il suffit que les gens tournent les yeux vers moi : *j'entends* aussitôt ce qu'ils pensent.

Je voudrais arracher mon physique comme une vieille peau et le rejeter loin de moi. Il me donne un sentiment intolérable d'injustice. Tout ce que je suis, tout ce que je fais, tout ce que j'ai accompli – dans le
15 domaine du sport, de la réussite sociale et de l'étude des langues –, rien de tout cela ne compte. Un seul coup d'œil à ma bouche et à mon menton, et je suis dévalorisé. Peu importe aux gens qui me regardent si le caractère bestial et lubrique de ma physionomie est démenti, en fait, par l'humanité qu'on peut lire dans mes yeux. Ils ne s'attachent qu'à la dif-
20 formité du bas de mon visage et portent sur moi une condamnation sans appel.

J'entends leur pensée, je l'ai dit. Dès que je parais, je les entends s'exclamer en eux-mêmes : « Mais c'est un orang-outan ! » Et je me sens devenir aussitôt un objet de dérision.

25 L'ironie c'est qu'étant si laid, je sois en même temps si sensible à la beauté humaine. Une jolie fille, un enfant gracieux me ravissent. Mais, de peur de les effrayer, je n'ose approcher les enfants. Et très peu souvent les femmes. Je note pourtant que les animaux, dont je raffole, n'ont aucunement peur de moi et qu'ils s'apprivoisent très vite. De mon côté,
30 je me sens à l'aise avec eux. Je ne lis rien d'humiliant dans leurs yeux. Uniquement de l'affection – demandée, reçue, rendue. Ah, quel beau monde ce serait, et combien je m'y sentirais heureux, si les hommes pouvaient avoir le regard des chevaux !

Je fais sur moi-même un violent effort, je relève les paupières, je
35 regarde à mon tour mes regardeurs. Aussitôt, avec cette hypocrisie des gens que vous surprenez à vous fixer, ils détournent les yeux et pren-

1. **hure** : tête de sanglier.

nent un air indifférent – et d'autant plus vite que ma hure[1] leur fait peur. Ce n'est pas que mes yeux soient féroces, bien au contraire. C'est le contexte qui les contamine et leur donne un air menaçant.

Robert MERLE, *Madrapour*, © Éditions du Seuil, 1976.

LIRE LE TEXTE

Les thèmes

1. Relevez les mots qui appartiennent aux champs lexicaux
– de la laideur ;
– du regard.

2. Le narrateur communique-t-il verbalement avec les autres passagers ? Justifiez votre réponse.

3. Que comprend-il des pensées des êtres qu'il rencontre ? Par quel moyen ?

4. Nommez les trois thèmes abordés dans cet extrait. Quel est, selon vous, le plus important ? Donnez vos raisons.

Les sentiments

5. Relevez les mots qui appartiennent au champ lexical du sentiment et rangez-les en deux catégories :
a) sentiments négatifs ;
b) sentiments positifs.

6. Par quoi les sentiments négatifs sont-ils provoqués ?

7. Quel sentiment, selon vous, le narrateur ressent-il le plus vivement ?

Les réflexions

8. Relevez une phrase formulant une idée générale. Comment le narrateur développe-t-il cette idée générale ?

9. Relevez ce qui prépare la réflexion « *Ah, quel beau monde ce serait ... si les hommes pouvaient avoir le regard des chevaux.* » (l. 31 à 33)

LIRE L'IMAGE

10. Décrivez le personnage représenté dans le tableau de F. Bacon.
Quelles sont vos réactions face à ce personnage ?

ÉCRIRE

11. Écrivez une lettre à celui qui s'exprime dans le texte. Vous choisirez l'un des thèmes identifiés à la question **4**, et vous lui exposerez une opinion personnelle à propos de ce thème.

S'EXPRIMER À L'ORAL

12. Associez-vous avec un(e) camarade. Imaginez qu'une conversation s'engage entre le narrateur et un passager (ou une passagère).
Préparez cette conversation au brouillon, puis jouez-la à l'oral.

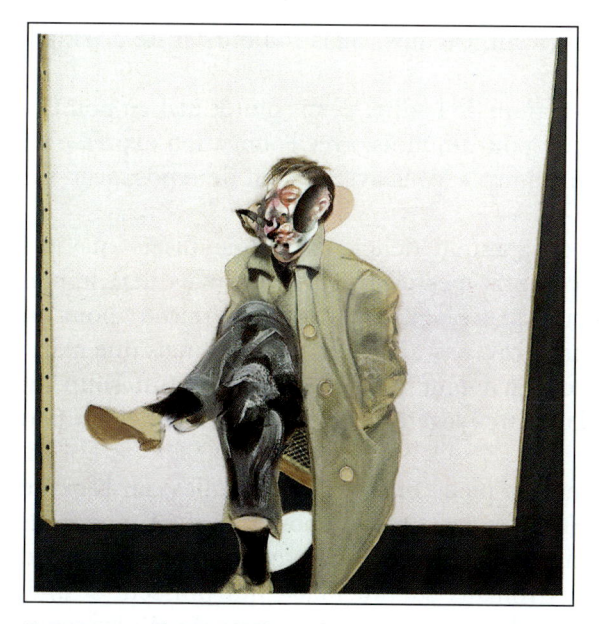

Francis BACON (1909-1992),
Autoportrait assis, 1970.
Londres, Coll. particulière.
Photo GF – Giraudon. © Adagp 1999.

6. Exprimer une opinion personnelle

> Illustrer une opinion à l'aide d'une anecdote

La Vraie Paresse

Jerome K. Jerome (1859-1927) est un écrivain anglais. Il a écrit aussi *Trois hommes dans un bateau sans compter le chien*, dont l'humour a été apprécié.

La paresse a toujours été mon point fort. Je n'en tire aucune gloire, c'est un don. Et c'est un don rare. Certes il y a beaucoup de fainéants et de lambins, mais un authentique paresseux est une exception. Ça n'a rien à voir avec quelqu'un qui se laisse aller les mains dans les poches. Au contraire, ce qui caractérise le mieux un vrai paresseux, c'est qu'il est toujours intensément occupé.

D'abord, il est impossible d'apprécier sa paresse si l'on n'a pas une masse de travail devant soi. Ce n'est pas drôle de ne rien faire quand on n'a rien à faire ! En revanche, perdre son temps est une véritable occupation, et une des plus fatigantes. La paresse, comme un baiser, pour être agréable, doit être volée. Il y a bien longtemps, quand j'étais un jeune homme, j'ai été très malade. On ne savait pas ce que j'avais exactement, une sorte de sale rhume. Je soupçonne que c'était quelque chose de sérieux car le docteur avait dit que j'aurais dû le consulter un mois plus tôt et qu'alors ce truc aurait disparu en moins d'une semaine sans laisser la moindre séquelle. (C'est extraordinaire, mais aucun médecin ne peut s'empêcher de vous dire de n'importe quel bobo : « Un jour de plus et c'était trop tard ! » Nos médecins, philosophes et amis, sont comme les héros de mélodrame, ils arrivent à temps, mais toujours juste à temps. Comme la Providence.)

Bien. Comme j'étais en train de le dire, j'étais plutôt mal en point et l'on m'avait envoyé à Buxton pour un mois, avec l'obligation expresse de ne rien faire pendant mon séjour. « Vous avez besoin de repos, avait dit le docteur ; de repos ab-so-lu. »

Ça avait l'air d'un programme délicieux. Je me disais que cet homme avait tout à fait compris mes désirs, et j'imaginais déjà le bon temps que j'allais me payer : quatre semaines de *dolce farniente*[1] pour un bobo de rien du tout. En tout cas, pas une vraie maladie, mais une maladie quand même. Juste ce qu'il faut pour vous donner un soupçon d'inquiétude ; le plaisir d'une très légère pointe douloureuse et un peu poétique.

Je me lèverais tard et, les pieds dans mes pantoufles, en robe de chambre, je siroterais mon chocolat. On m'apporterait alors mon petit déjeuner et je me rendrais dans le jardin où je m'installerais dans un hamac pour lire un de ces romans sentimentaux qui finissent si mal, jusqu'à ce que le livre tombe de mes mains paresseuses. Je me laisserais aller à rêver, les yeux fixés sur le bleu profond du ciel, suivant les nuages cotonneux qui flottent comme de grands navires aux voiles blanches. J'écouterais les chants mélodieux des oiseaux dans le doux frissonnement des arbres. S'il arrivait que je fusse trop faible pour passer

---

1. En italien dans le texte (N.d.T.).

la porte, je resterais dans ma chambre, bien calé dans mes oreillers, devant la fenêtre ouverte où je ferais mon intéressant en singeant une dolente lassitude pour que les jeunes promeneuses me plaignent en passant.

45   La réalité fut tout autre.

Jerome K. JEROME, « La Vraie Paresse »,
dans Pensées paresseuses d'un paresseux,
traduit par E. Pierrat et C. Pinganaud, © Arléa, 1996.

Christian RENONCIAT,
Plume et coton.
Paris, Galerie Alain Blondel.
© Adagp 1999.

LIRE LE TEXTE

Les formes de discours

1. À quelle forme de discours* ce texte se rattache-t-il ?

2. Délimitez, en indiquant le numéro des lignes, un passage narratif.
Qu'est-ce qui est raconté ?

L'opinion exprimée

3. Reformulez l'opinion exprimée dans le premier paragraphe.

4. Quels mots présentent la paresse de manière positive ?

5. Relevez et classez en deux colonnes les expressions qui permettent à l'énonciateur de différencier le paresseux du fainéant. En quoi cette distinction est-elle surprenante ?

6. Quelles précisions l'énonciateur apporte-t-il pour faire admettre ce paradoxe* ?

L'anecdote*

7. Dans quel but l'énonciateur fait-il le récit d'un épisode de sa vie ?

8. Dans quel paragraphe l'énonciateur imagine-t-il son avenir, par rapport au moment où il entend les recommandations du médecin ? Utilisez votre réponse pour formuler une remarque grammaticale.

La tonalité* du texte

9. Dans quel registre de langue le texte est-il écrit ? Vous donnerez deux exemples pour justifier votre réponse.

10. Quel est, selon vous, l'effet produit par l'emploi de ce registre de langue ?

11. Relevez la phrase qui vous semble la plus humoristique.

ÉCRIRE

12. Rédigez une suite à ce texte ; vous organiserez deux paragraphes :
a) le récit de ce qui se passa réellement ;
b) l'expression d'une opinion.

13. Recopiez la phrase « La (ou le) … a toujours été mon point fort. » en la complétant à l'aide d'un nom de votre choix, puis rédigez un paragraphe pour préciser votre opinion.

14. Donnez un synonyme de l'adverbe « *certes* » (l. 2). Qu'indique l'emploi de cet adverbe ? Rédigez, sur le thème de votre choix, un court paragraphe dans lequel vous utiliserez cet adverbe.

▸ *Prendre en compte l'opinion d'autrui*

Le Poissonnier du Louvre

Hubert COMTE a écrit notamment un essai sur la nature morte et plusieurs ouvrages dans lesquels il fait découvrir l'Art aux enfants et à la jeunesse.

Un jour, par le plus grand des hasards, j'ai fait la connaissance d'un homme d'affaires. Très vite, j'ai vu qu'il aimait tout ce qu'il entreprenait. Sa curiosité était infatigable. Il questionnait le maçon sur la pierre. Écoutait. Le jardinier lui enseignait la taille des rosiers. Je vois les
5 éclairs de ses yeux si on lui avait expliqué les principes de l'écriture cunéiforme. Naturellement, nous avons sympathisé. Il n'a pas tardé à découvrir que mon plus récent livre avait pour sujet la peinture…

Ce diable d'homme devait avoir du vif-argent dans le sang : huit jours plus tard, il me rendait visite, le livre à la main, en me demandant
10 une dédicace. Bien sûr, les mots les plus chaleureux surgirent au bout de ma plume à l'intention de ce bouillant converti. (Il n'avait jamais de sa vie croisé le chemin de l'Art.) Se sentant en confiance, il me demanda si j'accepterais de passer un moment au Louvre avec lui. Je répondis que ce serait un plaisir. Je le pensais : j'ai remarqué que l'on visite mieux en fai-
15 sant visiter.

« Quelques personnes de sa famille pourraient-elles l'accompagner ? »

Deuxième « bien sûr. »

Son fils de dix-sept ans était, lui aussi, un passionné. Une passion
20 unique, depuis l'enfance, le dévorait : l'amour des poissons. Il aurait pu opter pour les musées océanographiques, la plongée, les films, la vente des poissons décoratifs tropicaux… non, lui, ce qu'il voulait, c'est être poissonnier. Rien d'autre.

Il sursauta quand je lui dis, en montant à ses côtés le grand escalier, que cela me paraissait passionnant et que j'aimerais bien, un jour, aller le voir officier. Un pacte tranquille avait été scellé : aujourd'hui je montrais ce que je connaissais, une autre fois ce serait son tour.

À cet instant même, le dieu du hasard organisait l'avenir. Tout peut arriver dans un musée. Ainsi, après avoir tourné autour du donjon, goûté la fraîcheur des arbres près de Puget, contemplé la gloire du Roi-Soleil, nous étions maintenant chez Chardin. Le mot n'est pas trop fort : ses proches étaient là, comme de paisibles apparitions, son autoportrait semblait me sourire, nous souhaiter la bienvenue, m'encourager à expliquer le monde calme, fraternel des natures mortes, ces peintures de la vie silencieuse. Les objets familiers étaient ceux-là mêmes qu'il avait eus en main. Je montrais un couteau posé en diagonale, dépassant du bord de la table de pierre quand le garçon, d'un pas décidé, quitta notre petit groupe.

Il avait vu la raie.

J.-B. Siméon CHARDIN (1699-1779), *La Raie*, 1727. Paris, Musée du Louvre.
© Photo Josse.

Dans ce lieu inconnu, dans ce palais immense, solennel, parmi ces objets nouveaux, ces statues, ces images incompréhensibles, ces tableaux, voici qu'il était chez lui. Avec une totale maîtrise, il détaillait le poisson à voix haute, comme s'il avait voulu nous la vendre, cette raie. Elle était fraîche, elle pesait certainement ses deux kilos, elle avait été ouverte en application des meilleurs principes, c'était une femelle dont on voyait les œufs... Du coup, on aurait pu déduire la saison en laquelle cette toile avait été peinte.

Les questions se mirent à pleuvoir. « Comment le peintre avait-il pu faire ? Assurément, il avait disposé chez lui de cette belle raie, achetée pour sa table, par son épouse ou leur servante. Il l'avait exposée face à lui afin qu'elle prenne une place d'honneur dans la peinture à venir. Offerte à une certaine lumière. Observée avec la plus grande attention. Représentée avec la plus scrupuleuse, la plus modeste exactitude, bien que...

– Bien que...

– Si vous regardez de près, vous voyez que l'artiste n'a pas décalqué le poisson, il n'a pas serti sa forme et son contour, il a seulement posé, bien à leur place, des touches de lumière et de couleur. De tout près, cela ressemble à un chaos, quand vous reculez, à une certaine distance, la magie opère : l'image du poisson réapparaît. C'est cela aussi la peinture.

– J'ai compris » dit sérieusement le jeune homme.

Ah ! Si j'avais été magicien, j'aurais, d'un coup de baguette, réuni pour lui tous les poissons de la création peints et sculptés. Les hôtes du Nil des fresques égyptiennes, les dauphins joyeux des peintures de Santorin, les rougets minutieux des mosaïstes romains, la baleine de Jonas d'un miniaturiste italien, la carpe dans un baquet de Stottskopf, la truite colossale peinte par Courbet en prison... Et aussi, parce qu'il faut savoir sortir de chez soi, sourire un peu, j'aurais ajouté à ce vivier les si beaux poissons en bois de l'aéroport de Bangkok, la modeste carpe en chocolat de nos pâtissiers et les poissons peints sur des tubes de tissu offerts au vent pour la fête des garçons dans le ciel du Japon...

À la suite des ondulantes créatures marines, notre visiteur affectionnait peut-être les peintures de bateaux, les vues de marchés, les scènes de banquets ou encore, qui sait ? les paysages de bords de mer, les victuailles en général. Dans le grand musée, la prochaine fois, je le conduirais vers eux.

Son enthousiasme, son naturel m'avaient donné une bonne leçon : pourquoi tout compliquer, pourquoi chercher une autre porte alors que le Louvre en comporte cent et que celle-ci est grande ouverte ? Pourquoi affirmer que tout est dans la façon de peindre, que le sujet est sans importance alors que, la première fois, il s'agit surtout de ne pas rebuter ? Entrons au Louvre par la porte des poissonniers, la poterne des fleuristes ou le porche des athlètes. Selon la passion du visiteur, son amour transformera le chemin escarpé, cahoteux, en une voie lisse, pavée de cristal et d'or.

Hubert COMTE, « Le Poissonnier du Louvre »,
dans *L'Art et la manière... de le regarder,*
© Éditions Volets verts, 1996.

LIRE LE TEXTE

Combiner des formes de discours

1. Délimitez, en indiquant le numéro des lignes, le passage narratif de ce texte. Sur quels indices fondez-vous votre réponse ?

2. À quelle forme de discours les autres paragraphes se rattachent-ils ?

3. Dans quel but l'énonciateur a-t-il choisi de raconter une anecdote ?

Comprendre l'opinion d'autrui

4. Nommez les deux personnages rencontrés par l'énonciateur ; quels jugements formule-t-il à leur propos ?

5. « *Il sursauta...* » (l. 24) Quel sentiment ce mouvement peut-il traduire ?

6. Comment la phrase « *Il avait vu la raie.* » (l. 39) est-elle mise en valeur ? Pour quelle raison ?

7. Distinguez, dans les lignes 40 à 61, des paroles rapportées. Précisez, dans chaque cas, qui parle.

8. À quel aspect du tableau le jeune homme est-il sensible ?

Accepter l'opinion d'autrui

9. À quel autre aspect du tableau l'énonciateur accorde-t-il plus d'importance ?

10. Quelle expression du dernier paragraphe indique que l'énonciateur accepte le point de vue du jeune homme ? Par quelles images ce point de vue est-il mis en valeur ?

LIRE L'IMAGE

11. Observez la reproduction de *La Raie,* puis choisissez, dans le texte, la phrase ou l'expression qui, selon vous, décrit le mieux cette œuvre.

ÉCRIRE

12. De nombreuses années plus tard, le jeune homme écrit ses mémoires. Il raconte comment il a découvert *La Raie* de Chardin et il expose quelle est maintenant son opinion : est-il attiré par le sujet d'un tableau ou par la manière de peindre de l'artiste ?
Vous utiliserez, pour composer votre récit, tous les indices fournis par le texte ainsi que la reproduction du tableau.

S'EXPRIMER À L'ORAL

13. Feuilletez votre manuel, choisissez l'un des tableaux que vous préférez, puis dites, à l'oral, si vous êtes sensible au sujet du tableau ou à la façon de peindre de l'artiste.

14. a) Choisissez dans le chapitre 4 un autre texte dans lequel des réflexions sont exposées grâce à un récit.
b) Appréciez-vous cette manière d'exposer des réflexions ? Donnez vos raisons.

> Des procédés pour exprimer son opinion

Voyages

> **Émile-Auguste Chartier (dit ALAIN).**
> Il a écrit, pour un quotidien, des *Propos*, de petits articles dans lesquels il expose ses idées morales et philosophiques et s'adresse à ses contemporains.

En ce temps de vacances, le monde est plein de gens qui courent d'un spectacle à l'autre, évidemment avec le désir de voir beaucoup de choses en peu de temps. Si c'est pour en parler, rien de mieux ; car il vaut mieux avoir plusieurs noms de lieux à citer ; cela remplit le temps.
5 Mais si c'est pour eux, et pour réellement voir, je ne les comprends pas bien. Quand on voit les choses en courant elles se ressemblent beaucoup. Un torrent c'est toujours un torrent. Ainsi celui qui parcourt le monde à toute vitesse n'est guère plus riche de souvenirs à la fin qu'au commencement.
10 La vraie richesse des spectacles est dans le détail. Voir, c'est parcourir les détails, s'arrêter un peu à chacun, et, de nouveau saisir l'ensemble d'un coup d'œil. Je ne sais si les autres peuvent faire cela vite, et courir à autre chose, et recommencer. Pour moi, je ne le saurais. Heureux ceux de Rouen qui, chaque jour, peuvent donner un regard à une belle chose
15 et profiter de Saint-Ouen, par exemple, comme d'un tableau que l'on a chez soi.

Tandis que si l'on passe dans un musée une seule fois, ou dans un pays à touristes, il est presque inévitable que les souvenirs se brouillent et forment enfin une espèce d'image grise aux lignes brouillées.
20 Pour mon goût, voyager c'est faire à la fois un mètre ou deux, s'arrêter et regarder de nouveau un nouvel aspect des mêmes choses. Souvent, aller s'asseoir un peu à droite ou à gauche, cela change tout, et bien mieux que si je fais cent kilomètres.

Si je vais de torrent à torrent, je trouve toujours le même torrent.
25 Mais si je vais de rocher en rocher, le même torrent devient autre à chaque pas. Et si je reviens à une chose déjà vue, en vérité elle me saisit plus que si elle était nouvelle, et réellement elle est nouvelle. Il ne s'agit que de choisir un spectacle varié et riche, afin de ne pas s'endormir dans la coutume. Encore faut-il dire qu'à mesure que l'on sait mieux voir, un
30 spectacle quelconque enferme des joies inépuisables. Et puis, de partout, on peut voir le ciel étoilé ; voilà un beau précipice.

ALAIN, *Propos sur le bonheur*,
29 août 1906
© Gallimard.

LIRE LE TEXTE

La situation d'énonciation

1. Qui est l'énonciateur ?

2. Justifiez, en utilisant une indication placée à la suite du texte, l'emploi du déterminant « ce » (l. 1).

3. a) L'énonciateur s'adresse-t-il à un ou à des destinataires précis ? Justifiez votre réponse.
b) Pourquoi, selon vous, l'énonciateur procède-t-il ainsi ?

Exposer des choix différents

4. L'énonciateur envisage deux manières de voyager ; relevez deux expressions qui résument chacune d'elles.

Des procédés pour faire comprendre son opinion

5. a) Quelle est la manière de voyager que l'auteur rejette ? Quelle est celle qu'il apprécie ?
b) Quels indices du texte permettent de connaître avec certitude l'opinion de l'auteur ?

6. Quels mots s'opposent au pronom indéfini « les autres » (l. 12) ?

7. Combien de lignes sont consacrées à chacune des deux manières de voyager ? Quelle est la raison de ce choix de l'auteur ?

8. Relevez l'idée qui est placée au début du deuxième paragraphe ; par quelle autre phrase est-elle reformulée ? par quel exemple est-elle illustrée ?

9. Trouvez, dans le premier paragraphe, un autre enchaînement de phrases présentant une idée, une reformulation de cette idée et un exemple.

10. Quel est le paragraphe qui présente d'abord un exemple, puis l'analyse que l'auteur en fait ?

LIRE L'IMAGE

11. Où cette photographie a-t-elle été prise ?

12. Décrivez ce que vous voyez.

13. Citez une phrase ou une expression du texte qui pourrait servir de légende à cette photographie.

14. Selon vous, cette photographie a été choisie :
– pour illustrer un aspect du texte;
– pour s'opposer à un aspect du texte.
Donnez vos raisons.

Photographie de Lucien Clergue,
Point Lobos, Carmel Californie, 1983.
Arles, archives Lucien Clergue.

ÉCRIRE

15. Écrivez à l'auteur pour lui exprimer :
– soit votre désir de parcourir le vaste monde ;
– soit votre plaisir à bien connaître la région où vous vivez.
Vous préciserez votre opinion et vous l'illustrerez par des exemples.

16. Rédigez, pour le journal du collège, un article dans lequel vous exposerez quelle sorte de musique vous préférez. Pour bien faire comprendre votre goût, vous évoquerez une opinion différente de la vôtre et vous donnerez des exemples.

6. Exprimer une opinion personnelle

Lecture personnelle

Inventaire paradoxal de petits plaisirs et de grandes haines

J'aime les voyages,
je ne suis pas un touriste vagabond, un nomade intellectuel ou un athlète inventif, il me faut une raison pour partir, mais si l'embryon d'un prétexte germe près de moi, je file.
5 Le voyage est un déséquilibre nécessaire.

À l'étranger, on devient un « invité ».
Il y a toujours ce petit stress pour passer la frontière. Montrer papiers et formulaires, et toujours trois questions :
– Tourisme, affaires ?
10 On répond qu'on est en vacances, sinon c'est trop de problèmes.
– Vous restez longtemps ?
– Trois semaines.
– Vous logez où ?
– À l'hôtel du Port.
15 Ça y est c'est déjà fini. Le douanier regarde son computeur ou un gros livre, puis il prend un tampon, l'écrase sur le passeport, et voilà : un de plus sur le territoire de l'autre.
Ailleurs.
Cet endroit magnifique dans un paysage immense qui brillait sur les
20 photos que vous avez si souvent regardées. L'inaccessible. L'Eldorado. Ce pays de paradis, qui vous faisait rêver quand vous étiez loin, loin d'imaginer qu'un jour…
– Eh ben voilà, on y est…

Une fois sur place, fini le délire. Il faut réinventer le quotidien. La
25 douche, le déjeuner et les nécessités.
On déchiffre. On compare :
– Oui mais les magasins qui ferment tôt…
– La bouffe, tu vois, c'est mieux chez moi…
– C'est pas cher ici, avec le change.
30 – Mince, les prises sont différentes…

Les sens en émoi, l'esprit en alerte comme un aiguilleur attentif devant ses radars captant des informations codées.

Ils payent d'autres impôts, ils rient à d'autres blagues ou s'aiment en faisant d'autres gestes.

35 Déstabilisé par la langue, par les lois ou les goûts, on cherche ses repères, et tous les détails prennent de l'importance au milieu de peuples vivant avec des rites et des habitudes différentes de celles qu'on pratique chez soi. Le voyage oblige à changer d'échelle. Changement des valeurs et des forces, changement de climat et de l'usage du temps.

40 Les voyages permettent de mieux comprendre ce qui se passe de l'autre côté de la montagne.

Je déteste les gens qui se plaignent du temps qu'il fait, si encore on pouvait influencer la météo en envoyant des pétitions ou des circulaires quelque part, ça ferait du boulot et de belles plaidoiries
45 d'avocat…
Mais non, il faut faire avec les aléas du temps.
Aujourd'hui, il fait moche. D'accord.
Sous le ciel gris, une pluie fine crachote depuis une semaine, mais je n'y peux rien.
50 Quand ma vieille concierge ou quelqu'un de passage franchit le seuil avec les sourcils tombant et les épaules basses, en me disant :
– Ah la la, quel temps il fait ce matin… les temps ont changé, et les saisons, blablabla…

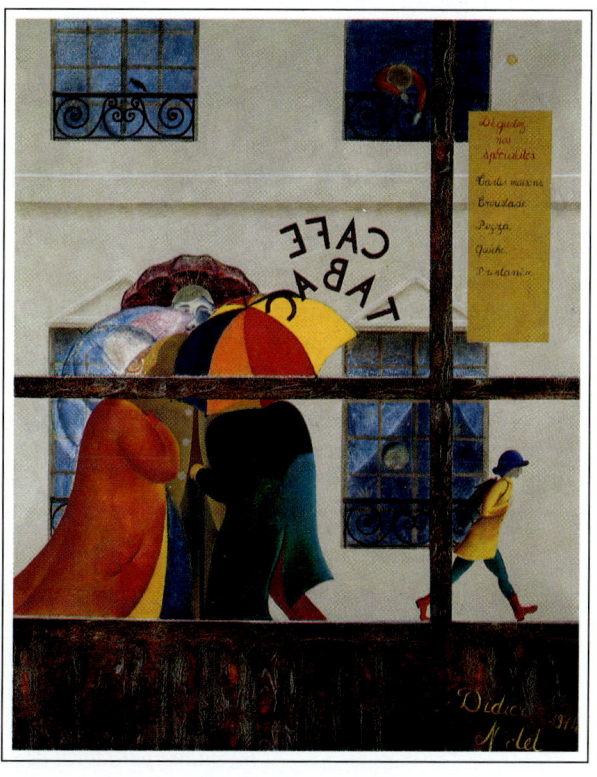

Didier NOLET (né en 1953), *La Surprise*, 1974.
Pau, Musée des Beaux-Arts. © GF – Giraudon.

Ça m'énerve plus sûrement que ça ne me soulage de constater que d'autres ressentent la même chose que moi. Évidemment on a le cœur en joie quand le ciel est bleu depuis cinq heures du matin,
quand un petit vent calme vient nous chatouiller la nuque, mais qu'il fasse beau ou triste, il faut faire preuve d'abnégation et d'humilité devant les éléments de la fatalité météo.

Si on pouvait intervenir là-dessus, ce serait une cause de guerre mondiale
– Moi, j'ai besoin de la pluie
– Moi, je vends du soleil
– Par contre, il me faudrait de la neige pendant les vacances...

J'aime l'odeur de la terre après un orage d'été,
quand l'orage du soir a rééquilibré les ions, que la terre respire et les oiseaux chantent à nouveau,
quand il monte une odeur de commencement du monde, douce et naturelle qu'aucun désodorisant ne saura imiter n'en déplaise aux chimistes qui s'évertuent à reconstituer sous l'appellation « *Fraîcheur des bois, Senteur nature* » ou « *Chlorophylle verte* ».
Non rien ne peut être comparable au plaisir de respirer ces quartiers de fraîcheur après la pluie,
quand on se promène en vélo sur une petite route cantonale qui sillonne sans trop de pente à travers les champs ou à l'orée d'un sous-bois.

Je déteste les grandes bourrasques de vents froids dans la nuit en hiver,
celles qui font tant de bruit au mois de février, celles qui chahutent la toiture et cassent les arbres.

Dans la nuit les tempêtes sont effrayantes. On se retrouve pieds nus dans la rue, ou sur la terre mouillée, une torche à la main en train de se demander si le toit va tenir.
Il pleut dru et des vagues d'eau froides nous fouettent le visage, le vent a transformé l'air en un mur.
Je dis :
– Non, ça a l'air d'aller...
mais je n'arrive pas à dormir.
Toute la nuit, le ventre serré, je regarde la télé. À l'aube, ça se calme un peu et je dors quelques heures.
Le lendemain on constate l'étendue des dégâts, les arbres déracinés, les branches arrachées et les champs inondés dans le bas de la vallée.

Charlélie COUTURE,
Inventaire paradoxal de petits plaisirs et de grandes haines,
© Éditions Stock, 1995.

Comment préciser son opinion ?

OBSERVATION

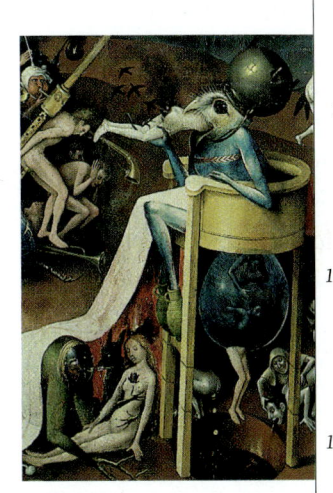

Des ouvrages du XVIe siècle consacrés à la zoologie sont souvent illustrés de superbes gravures représentant les animaux qui peuplent la terre. Dans certains de ces livres, on trouve une description minutieuse de chiens à tête de poisson, d'hommes à pattes de poulet ou de femmes à plusieurs têtes de serpent. La notion de monstres où se réassortissent les caractères d'espèces différentes n'est pas, en elle-même, particulièrement surprenante : chacun a imaginé ou dessiné de tels hybrides. Ce qui nous déconcerte dans ces ouvrages, c'est qu'au XVIe siècle ces créatures appartenaient, non au monde de l'imaginaire, mais à la réalité. Nombre de gens les avaient rencontrées et pouvaient en fournir un portrait détaillé. Ces monstres côtoyaient les animaux familiers de la vie de tous les jours. Ils restaient, pour ainsi dire, dans les limites du possible.

Mais ne rions pas : nous faisons la même chose, avec nos livres de science-fiction par exemple. Les abominables créatures qui chassent le pauvre astronaute perdu sur quelque planète lointaine sont toujours les produits d'une recombinaison entre organismes terrestres. Les êtres venus du fond de l'espace pour explorer notre planète ont toujours un aspect humain. On les voit le plus souvent représentés au sortir de leurs soucoupes volantes : ce sont clairement des vertébrés, des mammifères sans le moindre doute, marchant debout sur leurs pattes de derrière. Les seules variantes concernent la taille du corps et le nombre des yeux. Bien souvent, ces créatures sont dotées d'un crâne plus volumineux que le nôtre pour suggérer un plus gros cerveau ; elles sont parfois munies d'antennes radio sur la tête pour évoquer des organes sensoriels particulièrement raffinés. L'étonnant, là encore, c'est ce qui est considéré comme possible.

François JACOB, *Le Jeu des possibles*, © Éditions Fayard, 1981.

Jérôme BOSCH (v. 1450-1516),
Le Jardin des délices, v. 1500,
« L'Enfer » (détail).
Madrid, Musée du Prado.
© Giraudon.

1. De quoi est-il question dans le premier paragraphe ? dans le second ?

2. Étudiez, dans les deux premières phrases, la progression de l'information : quel est le thème*? quel est le propos ?

3. Relevez, dans le second paragraphe, les mots et groupes de mots utilisés pour désigner « *les abominables créatures.* **»**

4. Quelle autre phrase du premier paragraphe a presque le même sens que la phrase « *Nombre de gens les avaient rencontrées et pouvaient en fournir un portrait détaillé.* **» (l. 10-11) ?**

5. Relevez une énumération.

6. À quoi sert l'expression « *par exemple* **» (l. 15) ?**

LEÇON

Lorsqu'on veut exposer précisément son opinion, on peut utiliser quelques techniques de rédaction.

Ordonner les phrases

• Dans la phrase, une information de départ (appelée le **thème**) est suivie d'une information nouvelle (appelée le **propos**) :

→ *Les ouvrages du XVIe siècle consacrés à la zoologie / sont souvent illustrés de superbes gravures représentant les animaux qui peuplent la terre.*
  de quoi parle-t-on ? = le thème   qu'en dit-on ? = le propos

• Les phrases peuvent s'enchaîner, comme dans les premières lignes du texte de l'observation, par reprise du même thème : c'est ce que l'on appelle la **progression à thème constant**. Cette manière de rédiger les phrases permet de garder une certaine cohérence.

→ *Les ouvrages du XVIe siècle consacrés à la zoologie … /
Dans certains de ces livres, …*

Les mots de reprise

• Certains mots de reprise remplacent simplement un mot que l'on ne veut pas répéter, sans apporter d'information nouvelle : ce sont les pronoms et déterminants :

→ *ces créatures…* (l. 24)   *elles* (l. 25)

• En revanche les **périphrases***, les **synonymes** permettent d'apporter un complément d'information :

→ *Les abominables créatures…* (l. 15)

• Souvent, un **nom générique** permet de reprendre et de résumer une **énumération** ; il guide également la pensée vers une notion plus abstraite :

→ *de chiens à tête de poisson, d'hommes à pattes de poulet ou de femmes à plusieurs têtes de serpent* = énumération d'éléments concrets, d'exemples

→ *monstres* = nom générique permettant la formulation d'une idée abstraite

La reformulation

• Une idée peut être exprimée une deuxième fois, avec des mots de sens légèrement différent de manière à faire comprendre des nuances :

→ *Nombre de gens les avaient rencontrées et pouvaient en fournir un portrait détaillé.* (1re formulation de l'idée) *Ces monstres côtoyaient les animaux familiers de la vie de tous les jours.* (reformulation de l'idée précédente)

• Une idée reformulée peut être introduite par *c'est-à-dire, ou pour mieux dire, autrement dit, ou pour parler plus précisément*, etc.

L'insertion d'exemples

• Un exemple est un cas concret, précis qui aide le lecteur à comprendre ce dont on lui parle :

→ *nous faisons la même chose, avec nos livres de science-fiction par exemple.*

• Les mots qui signalent les exemples sont très nombreux : *ainsi, notamment, tel, comme, par exemple, c'est le cas de,* etc.

EXERCICES

1. a) De quoi l'énonciateur parle-t-il ? Quelle opinion formule-t-il ?
b) Par quels moyens parvient-il à préciser sa pensée :
– Utilise-t-il une progression à thème constant ? à thèmes dérivés ? une énumération ?
– Reformule-t-il une idée ? donne-t-il des exemples ?
Justifiez vos réponses en citant le texte.

 Je ne suis pas sûr d'aimer vraiment la *nature*. J'aime vivre loin des villes quand j'ai longtemps vécu des villes. C'est autre chose. Mais des cinq éléments, quatre sont très peu mon fort. Je sais gré à la terre de donner tout ce vert et ce vif. Mais j'y ai peu de part. Labourage ni pâturage, non pas même jardinage, ne furent jamais mes joies intimes. La patience des germinations, la confiance des semailles, et toute cette grosse cuisine à levain, cette pâte épaisse qu'on creuse, roule, triture, écrase, cette boue révérée, cette chose grasse ou friable qui se met entre les ongles des mains, les noircit, et alourdit le pas, je laisse ça à d'autres. Honteux, si on veut. Pas tellement. Le second élément, le vert, le foisonnement végétal, j'aime bien sentir qu'il est là, m'en faire fête, sans pourtant y mettre beaucoup du mien : on peut aimer le moelleux d'une moquette sous les pieds, sans rêver d'être tapissier. L'air et le feu, j'y consens, il le faut : mais en amateur. Peu porté, tout compte fait, sur l'aile et la rémige, sur le vol et l'essor. Les nuages ont pour moi le mérite premier de me faire penser à la fuite de l'eau. Le feu aussi, quand il clapote, revenu de ses grands airs, ses élans furieux retombés : j'apprécie cette distraction vague qui est son meilleur côté. *L'eau est une flamme mouillée,* dit Novalis. Mais précisément ce que j'aime dans le feu c'est sa fluidité, sa confusion d'eau. Non : des cinq éléments, avec un seul vraiment je suis à mon affaire : à l'aise dans l'eau comme un poisson dans l'eau, *l'eau qui va nue comme sa promenade.*

       Claude Roy, *Moi je,* © Gallimard, 1969.

2. Aimez-vous la montagne ou la mer ? Exposez votre avis en une quinzaine de lignes. Vous veillerez à utiliser, pour quelques phrases, la progression à thème constant. De plus, vous énumérerez des éléments et vous emploierez des mots de reprise qui apportent des informations.

3. Écrivez une reformulation de l'idée soulignée ; vous pouvez l'introduire par l'une des expressions citées dans la leçon.

1. Je dois le reconnaître : je ne suis pas à la mode. Je vis dans un siècle où les activités sportives sont médiatisées à outrance et n'en pratique aucune. La plupart des sports m'ennuient. – **2.** Seule la marche me plaît. La découverte de paysages nouveaux, petits torrents ou vastes plages m'intéresse assez peu. En revanche, travailler le souffle, trouver des points d'appui, sentir la tension des muscles, tout cela m'amuse.

4. Associez une idée de la liste a) et l'exemple de la liste b) qui lui correspond le mieux.

Liste a) I. Apprendre à utiliser un ordinateur et un traitement de textes a été pour moi un jeu amusant ; en effet, lorsqu'on n'y connaît rien certaines commandes recèlent des pièges. – II. Le traitement de texte permet d'obtenir une présentation très soignée. – III. Il est possible de corriger un texte sans tout recopier et d'éviter de longues heures de travail fastidieux. – IV. La commande copier/déplacer/coller permet de faire des essais de mise en page et d'organisation des paragraphes. – V. Le correcteur orthographique n'est pas très efficace.

Liste b) 1. Un paragraphe peut être plus pertinent, lorsqu'il est placé avant un autre. – 2. Les terminaisons des verbes ne sont pas distinguées. – 3. J'ai repris trois fois ma copie d'anglais, mais je n'ai passé que vingt minutes à ces corrections. – 4. Ma dernière copie ne présentait aucune rature. – 5. L'insertion des numéros de pages est un véritable casse-tête.

5. Choisissez l'un des thèmes proposés et, à l'oral, formulez à son sujet trois idées ; chacune sera illustrée par un exemple.

Les jeux vidéo – la musique – le cinéma – l'apprentissage anticipé de la conduite.

6. Échangez le travail effectué pour l'exercice n° 5 avec un(e) camarade. Il s'agit maintenant de rédiger un court paragraphe. Vous utiliserez des mots-outils pour associer l'idée et l'exemple, lorsque cela vous paraîtra nécessaire.

7. Formez des équipes de deux :
a) Relisez les textes des pp. 128-129.
b) Inventez des sujets qui amènent à exprimer une opinion.
c) Choisissez l'un de ces sujets et proposez trois idées qui permettent de le traiter ainsi que trois exemples.

8. Échangez vos travaux avec une autre équipe. Rédigez un texte qui traite le sujet choisi par l'autre équipe.

6. Exprimer une opinion personnelle

PROLONGEMENTS

Le vocabulaire de l'opinion

MISE AU POINT

- Exprimer une opinion, c'est formuler ce que l'on pense. La solution la plus facile consiste à utiliser le verbe *penser*. Mais sa répétition serait lassante.
- De plus, connaître des tournures variées permet de mieux faire accepter ses idées par le lecteur :
  – en les présentant avec précaution pour qu'elles soient plus facilement admises ;
  – en prenant une certaine distance pour donner une impression d'objectivité ;
  – en utilisant des mots qui montrent que l'on prend en compte une opinion contraire.

MOTS CLÉS

LES VERBES ET LOCUTIONS VERBALES EXPRIMANT	
• une constatation	*constater, remarquer, observer, voir…*
• une opinion, une réflexion, un sentiment…	*penser, croire, être d'avis, se réjouir…*
• une formulation générale	Les verbes impersonnels permettent une formulation générale et nuancée : *Il semble que…, il est à noter que…, il convient de remarquer…* Les locutions verbales impersonnelles présentent ce qui est dit comme : - certain : *il est certain que…, il est vrai que…, il est évident que…, il est juste que…* - acceptable ou inacceptable : *Il est heureux que…, Il est regrettable…, Il est dommage…* - possible ou non : *Il est possible…, Il est impossible…*

LES ADVERBES ET LOCUTIONS ADVERBIALES INDIQUANT	
• une certitude	*assurément, certainement, bien sûr…*
• une incertitude	*peut-être…*
• que l'on tient compte d'une opinion opposée	*certes, sans doute.*

LES ADJECTIFS QUALIFICATIFS	
• Ils qualifient la réalité en présentant :	- une caractéristique objective : *une pluie **automnale**, une pluie **tropicale**…* - une évaluation : *une pluie **fraîche**, une pluie **froide**, une pluie **fine**…* - un jugement ou un sentiment : *une pluie **triste**, une pluie **agréable**, une pluie **vivifiante**…*

ACTIVITÉ 1 — Lisez le texte suivant et relevez le vocabulaire de l'opinion.

À M. l'abbé Trubblet

Au château de Ferney, ce 27 avril 1761.

Votre lettre et votre procédé généreux[1], monsieur, sont des preuves que vous n'êtes pas mon ennemi, et votre livre vous faisait soupçonner de l'être. J'aime bien mieux en croire votre lettre que votre livre : vous aviez imprimé que je vous faisais bâiller, et moi j'ai laissé imprimer que je me mettais à rire. Il résulte de tout cela que vous êtes difficile à amuser, et que je suis mauvais plaisant ; mais enfin en bâillant et en riant, vous voilà mon confrère, et il faut tout oublier en bons chrétiens et en bons académiciens.

Je suis fort content, monsieur, de votre harangue et très reconnaissant de la bonté que vous avez de me l'envoyer. […] Je suis obligé en conscience de vous dire que je ne suis pas né plus malin que vous, et que dans le fond je suis bonhomme. Il est vrai qu'ayant fait réflexion depuis quelques années qu'on ne gagnait rien à l'être, je me suis mis à être un peu gai parce qu'on m'a dit que cela est bon pour la santé…

VOLTAIRE.

1. **votre procédé généreux** : l'envoi d'une œuvre récemment écrite.

ACTIVITÉ 2 — Reproduisez le tableau suivant et complétez-le à l'aide d'exemples.

	La Vraie Paresse p. 132	Le Poissonnier du Louvre p. 134	Voyages p. 138
Verbes et locutions verbales exprimant une opinion			
Adverbes exprimant une opinion			
Adjectifs qualificatifs exprimant un jugement, un sentiment			

ACTIVITÉ 3 — Lisez l'extrait suivant, puis dites si vous appartenez à la catégorie des *gardeurs* ou à celle des *jeteurs*. Exprimez votre avis en une dizaine de lignes. Vous veillerez à utiliser un vocabulaire varié.

Je supporte mal qu'on jette, qu'on détruise. Si bien qu'en plus des trésors arrachés aux décharges, ou chinés aux puces, nous vivons parmi tous les objets dont je refuse de me défaire. Je déteste que l'on jette mes vêtements usagés, mes bouts de crayon, leurs entaillures, les papiers, les bouteilles vides. Quant aux chaussures, pour les mettre au panier, il faudrait me les faucher quasiment aux pieds ou pendant mon sommeil. J'ai peu de paires neuves utilisables à la fois ; les autres, les vieilles chaussures, sont dans des sacs. Elles attendent. […]

L'humanité se divise en deux catégories : les jeteurs et les gardeurs. C'est de famille. Mes parents étaient gardeurs ; on mettait tout à la remise, on y élevait des lapins qui bouffaient tout. Ils ont même bouffé les pneus de la voiture. C'était la guerre, et, pendant la guerre, les gardeurs se sont trouvés avantagés. J'ai connu une vieille dame qui conservait tout et mettait ses trésors dans des boîtes à chaussures. Elle avait notamment accumulé sa vie entière des morceaux de ficelle inutilisables et avait écrit sur le couvercle : *Petits bouts de ficelle ne pouvant plus servir à rien.*

Henri CUECO, *Le Collectionneur de collections.*
© Éditions du Seuil, 1995.

LECTURE DE L'IMAGE

LE DESSIN HUMORISTIQUE

L'humour permet de montrer des aspects drôles, parfois cruels, de la réalité. Il établit une certaine distance entre le thème traité et le spectateur : c'est pour cette raison que des sujets graves peuvent être abordés de manière à faire rire ou sourire.

SEMPÉ *Rien n'est simple*.
© Éditions Denoël, 1962

1. Quels éléments du décor se modifient ou s'ajoutent au fil des dessins ?

2. Qu'indiquent ces ajouts et ces modifications ?

3. Décrivez les deux personnages dans chaque dessin.
Qu'est-ce qui les différencie ?

4. Qui a une bicyclette dans le dernier dessin ? Pour quelle raison ?

5. Le dessin reste-t-il drôle si la lecture s'arrête à la quatrième vignette ?
Donnez vos raisons.

6. Exprimez, en quelques phrases, ce que disent ces dessins.

6. Exprimer une opinion personnelle

149

Chapitre 7. Argumenter au théâtre

OBJECTIFS ▶ Reconnaître la situation de communication
Lire une suite d'images d'un film

> **Cyrano de Bergerac de Edmond Rostand**
> Edmond Rostand (1868-1918) écrivit surtout des pièces de théâtre. Cyrano de Bergerac est la plus célèbre.
> La pièce a été représentée, pour la première fois, en 1897. Elle a obtenu aussitôt un très grand succès. Elle met en scène un personnage qui a réellement existé : Cyrano de Bergerac (1619-1655), poète, auteur dramatique et escrimeur redoutable. L'action se déroule donc au XVIIe siècle.

LECTURE DU TEXTE ET DE L'IMAGE

▶ **Reconnaître le rôle d'un portrait dans un texte de théâtre**
Extrait 1 : Acte I, scène 2

▶ **Donner ses raisons**
Extrait 2 : Acte I, scène 4

▶ **Exprimer ses sentiments**
Extrait 3 : Acte I, scène 5

▶ **S'affirmer par le refus**
Extrait 4 : Acte II, scène 8

▶ **Convaincre**
Extrait 5 : Acte II, scène 10

▶ **Cyrano a-t-il convaincu Christian ?**
Lire une séquence du film DE J.-P. RAPPENEAU

▶ **Se laisser convaincre**
Extrait 6 : Acte III, scène 1

PROLONGEMENTS
Communiquer et argumenter

Photo Benoît Barbier / Conception Serge Fichard, Bruno Le Moult.
© 1990 Hachette Première – Caméra One.
Toutes les photos de plateau sont de B. Barbier/Sygma.

Le film a été réalisé par Jean-Paul Rappeneau en 1989. Il a, avec Jean-Claude Carrière, retravaillé le texte de théâtre en effectuant des coupes et en lui donnant un rythme compatible avec les techniques cinématographiques. Les acteurs principaux sont Gérard Depardieu, Jacques Weber, Anne Brochet, Vincent Perez et Roland Bertin. Les illustrations sont extraites de ce film.

Reconnaître le rôle d'un portrait dans un texte de théâtre

Cyrano de Bergerac

Extrait 1 : Acte I, scène 2.

Dans l'acte I, l'action se déroule à l'Hôtel de Bourgogne, un lieu où l'on donne des représentations théâtrales : on doit y jouer la Clorise de Balthazar Baro, avec l'acteur Montfleury. Dans la salle, les spectateurs bavardent, en attendant le début de la représentation, et s'inquiètent : Cyrano a interdit à Montfleury de se produire sur scène.

1. **colichemarde** : épée à lame large.

2. **Sublunaire** : qui vit sous la lune, c'est-à-dire sur terre. Le mot *sublunaire* est une allusion au véritable Cyrano de Bergerac qui publia, en 1649, une *Histoire comique des États et Empires de la Lune*.

3. **Bretteur** : qui est prompt à se battre à l'épée.

Premier Marquis

1   Quel est ce Cyrano ?

Cuigy

C'est un garçon versé dans les colichemardes[1].

Deuxième Marquis

Noble ?

Cuigy

Suffisamment. Il est cadet aux gardes.
Montrant un gentilhomme qui va et vient dans la salle comme s'il cherchait quelqu'un.
Mais son ami Le Bret peut vous dire…
Il appelle.   Le Bret !
Le Bret descend vers eux.

5   Vous cherchez Bergerac ?

Le Bret

Oui, je suis inquiet !…

Cuigy

6   N'est-ce pas que cet homme est des moins ordinaires ?

Le Bret, *avec tendresse.*

7   Ah ! c'est le plus exquis des êtres sublunaires[2] !

Ragueneau

8   Rimeur !

Cuigy

Bretteur[3] !

Brissaille

Physicien !

Le Bret

Musicien !

LIGNIÈRE

9   Et quel aspect hétéroclite que le sien !

RAGUENEAU

10 Certes, je ne crois pas que jamais nous le peigne
    Le solennel monsieur Philippe de Champaigne[4] ;
    Mais bizarre, excessif, extravagant, falot,
    Il eût fourni, je pense, à feu Jacques Callot[5]
    Le plus fol spadassin à mettre entre ses masques
15 Feutre à panache triple et pourpoint à six basques,
    Cape que par-derrière, avec pompe, l'estoc[6]
    Lève, comme une queue insolente de coq,
    Plus fier que tous les Artabans dont la Gascogne
    Fut et sera toujours l'alme Mère Gigogne[7],
20 Il promène en sa fraise à la Pulcinella[8],
    Un nez !… Ah ! messeigneurs, quel nez que ce nez-là !…
    On ne peut voir passer un pareil nasigère[9]
    Sans s'écrier : « Oh ! non, vraiment, il exagère ! »
    Puis on sourit, on dit : « Il va l'enlever… » Mais
25 Monsieur de Bergerac ne l'enlève jamais.

LE BRET, *hochant la tête.*

Il le porte, – et pourfend quiconque le remarque !

RAGUENEAU, *fièrement.*

Son glaive est la moitié des ciseaux de la Parque !

---

4. Philippe de Champaigne : peintre du XVIIe siècle qui réalisa des portraits.
5. Jacques Callot : célèbre graveur et dessinateur ; il a représenté des personnages de comédie ou « masques ».
6. l'estoc : longue épée.
7. l'alme Mère Gigogne : personnage de théâtre populaire qui enfante de très nombreux enfants.
8. fraise à la Pulcinella : col plissé et amidonné, comme en portait Polichinelle.
9. nasigère : porteur de nez.

LECTURE

Reconnaître un texte de théâtre

1. Observez la mise en page du texte et dites comment sont présentés les noms des personnages, leurs paroles, les didascalies*.

2. Par quelle phrase le portrait de Cyrano est-il amené ?

3. Par qui les paroles du vers 8 sont-elles prononcées ? Quel est l'effet produit ?

Étudier le portrait

4. Distinguez les éléments du portrait, en citant un exemple pour chaque cas : le rang social de Cyrano, son métier, son aspect physique, son costume, son caractère.

5. Quelle particularité physique de Cyrano est soulignée ? Par quels procédés ?

6. À quoi Cyrano s'intéresse-t-il selon les personnages qui parlent de lui ?

7. Ce portrait vous semble-t-il élogieux ? critique ? Justifiez votre réponse.

Le rôle du portrait

8. Par qui Cyrano est-il présenté ? Quelles relations ces personnages entretiennent-ils avec celui dont ils parlent ? Vous chercherez des éléments de réponse dans les paroles des personnages et les didascalies.

9. Quel effet produit la présentation d'un personnage absent sur la scène ?

▶ *Donner ses raisons*

> **Extrait 2 : Acte I, scène 4.**
>
> *Cyrano est arrivé : il chasse aussitôt Montfleury ; des spectateurs protestent.*

UN JEUNE HOMME, *à Cyrano.*
Mais à la fin, Monsieur, quelle raison
Avez-vous de haïr Montfleury ?

CYRANO, *gracieux, toujours assis.*
Jeune oison,
J'ai deux raisons, dont chaque est suffisante seule.
Primo : c'est un acteur déplorable qui gueule,
5 Et qui soulève, avec des « han ! » de porteur d'eau,
Le vers qu'il faut laisser s'envoler ! – *Secundo* :
Est mon secret...

LE VIEUX BOURGEOIS, *derrière lui.*
Mais vous nous privez sans scrupule
De *la Clorise* ! Je m'entête…

CYRANO, *tournant sa chaise vers le bourgeois, respectueusement.*
Vieille mule,
Les vers du vieux Baro valant moins que zéro,
10 J'interromps sans remords !

LES PRÉCIEUSES[1], *dans les loges.*
Ha ! – ho ! – Notre Baro !
Ma chère ! – Peut-on dire ?… Ah ! Dieu !…

CYRANO, *tournant sa chaise vers les loges, galant.*
Belles personnes,
Rayonnez, fleurissez, soyez des échansonnes[2]
De rêve, d'un sourire enchantez un trépas,
Inspirez-nous des vers... mais ne les jugez pas !

BELLEROSE
15 Et l'argent qu'il va falloir rendre !

CYRANO, *tournant sa chaise vers la scène.*
Bellerose,
Vous avez dit la seule intelligente chose !
Au manteau de Thespis[3] je ne fais pas de trous :
Il se lève et lançant un sac sur la scène.
Attrapez cette bourse au vol, et taisez-vous !

LA SALLE, *éblouie.*
Ah !… Oh !…

JODELET, *ramassant prestement la bourse et la soupesant.*
À ce prix-là, Monsieur, je t'autorise
20 À venir chaque jour empêcher *la Clorise* !…

[…]

---

1. les précieuses : la préciosité était, au XVIIᵉ siècle, un mouvement littéraire et mondain. Les précieuses s'attachaient à l'élégance de la tenue et des manières et cultivaient le beau langage, les lettres et les arts.

2. échansonne : un échanson est un officier chargé de servir à boire au roi ou à un grand personnage ; le féminin est humoristique.

3. Thespis : poète de l'Antiquité grecque, créateur de la tragédie.

1. Décrivez le costume du vicomte et celui de Cyrano. Quelles différences remarquez-vous ? Comment s'expliquent-elles ?

2. Qu'exprime le face à face des deux personnages ? Pour quelle raison sont-ils filmés en gros plan ?

---

4. bouffette : petite houppe, nœud bouffant utilisé comme ornement.
5. ganse : nœud de ruban.

LE VICOMTE, *suffoqué.*
　　Ces grands airs arrogants !
Un hobereau qui... qui... n'a même pas de gants !
Et qui sort sans rubans, sans bouffettes[4], sans ganses[5] !

CYRANO
Moi, c'est moralement que j'ai mes élégances.
25　Je ne m'attife pas ainsi qu'un freluquet,
Mais je suis plus soigné si je suis moins coquet ;
Je ne sortirais pas avec, par négligence,
Un affront pas très bien lavé, la conscience
Jaune encor de sommeil dans le coin de son œil,
30　Un honneur chiffonné, des scrupules en deuil.
Mais je marche sans rien sur moi qui ne reluise,
Empanaché d'indépendance et de franchise ;
Ce n'est pas une taille avantageuse, c'est
Mon âme que je cambre ainsi qu'en un corset,
35　Et tout couvert d'exploits qu'en rubans je m'attache,
Retroussant mon esprit ainsi qu'une moustache,
Je fais, en traversant les groupes et les ronds,
Sonner les vérités comme des éperons.

LE VICOMTE
Mais, monsieur...

CYRANO
　　Je n'ai pas de gants ?... la belle affaire !
40　Il m'en restait un seul... d'une très vieille paire !
– Lequel m'était d'ailleurs encor fort importun :
Je l'ai laissé dans la figure de quelqu'un.

LE VICOMTE
Maraud, faquin, butor de pied plat ridicule !

CYRANO,
ôtant son chapeau et saluant comme si le vicomte venait de se présenter.
Ah ?... Et moi, Cyrano Savinien-Hercule[6]
45　De Bergerac. *Rires.*

6. Cyrano Savinien-Hercule : prénoms du véritable Cyrano de Bergerac.

LECTURE

La situation de communication

1. Établissez la liste des interlocuteurs* de Cyrano.

2. a) Quels sont ceux qui amènent Cyrano à justifier l'interdiction qu'il a formulée ?

b) Quelles justifications celui-ci donne-t-il ?

3. Par quel moyen Cyrano parvient-il à faire accepter cette interdiction ?

Les valeurs morales de Cyrano

4. À quelles qualités Cyrano accorde-t-il de l'importance ?

5. a) Par quelles images* l'élégance physique et l'élégance morale sont-elles opposées ?

b) Précisez ce qu'est l'élégance pour Cyrano, puis pour le vicomte.

6. Quelles caractéristiques indiquées dans le portrait initial (pp. 152-153) se trouvent confirmées par les paroles du personnage ?

La tonalité*

7. Relisez les didascalies qui accompagnent la première et la deuxième répliques de Cyrano. En quoi s'opposent-elles à ses paroles ? Quel est l'effet produit ?

8. Selon vous, la bourse lancée à Bellerose est-elle un argument ? un procédé comique ? Donnez vos raisons.

9. Relisez la dernière didascalie : qui rit ? par quoi ces rires sont-ils provoqués ?

10. Utilisez vos réponses aux questions **7** à **9** pour préciser la tonalité de cette scène. Quel personnage cette tonalité contribue-t-elle à mettre en valeur ?

▶ *Exprimer ses sentiments*

Extrait 3 : Acte I, scène 5.

LE BRET
Mais où te mènera la façon dont tu vis ?
Quel système est le tien ?

CYRANO
J'errais dans un méandre ;
J'avais trop de partis, trop compliqués, à prendre ;
J'ai pris...

LE BRET
Lequel ?

CYRANO
Mais le plus simple, de beaucoup.
5 J'ai décidé d'être admirable, en tout, pour tout !

LE BRET, *haussant les épaules.*
Soit ! – Mais enfin, à moi, le motif de ta haine
Pour Montfleury, le vrai, dis-le-moi !

1. **Silène** : père nourricier de Dionysos, réputé pour sa grosseur.

CYRANO, *se levant.*

Ce Silène[1],
Si ventru que son doigt n'atteint pas son nombril,
Pour les femmes encor se croit un doux péril,
10 Et leur fait, cependant qu'en jouant il bredouille,
Des yeux de carpe avec ses gros yeux de grenouille !
Et je le hais depuis qu'il se permit, un soir,
De poser son regard sur celle... Oh ! j'ai cru voir
Glisser sur une fleur une longue limace !

LE BRET, *stupéfait.*

15 Hein ? Comment ? Serait-il possible ?...

CYRANO, *avec son rire amer.*

Que j'aimasse ?

Changeant de ton et gravement.

J'aime.

LE BRET

Et peut-on savoir ? tu ne m'as jamais dit ?...

CYRANO

Qui j'aime ?... Réfléchis, voyons. Il m'interdit
Le rêve d'être aimé même par une laide,
Ce nez qui d'un quart d'heure en tous lieux me précède ;
20 Alors, moi, j'aime qui ?... Mais cela va de soi !
J'aime – mais c'est forcé ! – la plus belle qui soit !

[...]

---

1. Dans quel décor se trouvent Cyrano et Le Bret ? Qu'est-ce qui, dans l'image, vous permet de répondre ?

2. Pour quelle raison, selon vous, le réalisateur du film a-t-il choisi ce décor plutôt que le théâtre de l'hôtel de Bourgogne, comme dans la pièce ?

LE BRET
Sapristi ! je comprends. C'est clair !

CYRANO
C'est diaphane.

LE BRET
Magdeleine Robin, ta cousine ?

CYRANO
Oui, – Roxane.

LE BRET
Eh bien ! mais c'est au mieux ! Tu l'aimes ? Dis-le lui !
25 Tu t'es couvert de gloire à ses yeux aujourd'hui !

CYRANO
Regarde-moi, mon cher, et dis quelle espérance
Pourrait bien me laisser cette protubérance[2] !
Oh ! je ne me fais pas d'illusion ! – Parbleu,
Oui, quelquefois, je m'attendris, dans le soir bleu ;
30 J'entre en quelque jardin où l'heure se parfume ;
Avec mon pauvre grand diable de nez je hume
L'avril ; je suis des yeux, sous un rayon d'argent,
Au bras d'un cavalier, quelque femme, en songeant
Que pour marcher, à petits pas dans de la lune,
35 Aussi moi j'aimerais au bras en avoir une,
Je m'exalte, j'oublie… et j'aperçois soudain
L'ombre de mon profil sur le mur du jardin.

LE BRET, *ému.*
Mon ami !…

CYRANO
Mon ami, j'ai de mauvaises heures !
De me sentir si laid, parfois, tout seul…

2. protubérance : bosse, excroissance. Par ce mot, Cyrano désigne son nez.

LECTURE

La situation de communication

1. Relisez le texte pp. 154-155 ; par quel vers cette scène est-elle annoncée ?

2. a) Qui est Le Bret ? Justifiez votre réponse en citant un passage de l'une des scènes précédentes.
b) Quelle est son utilité dans cette scène ?

Les thèmes*

3. Quel sens donnez-vous aux points de suspension du vers 15 ?

4. Quels sont les thèmes de cet extrait ?

L'opinion de Cyrano

5. Quels vers expriment ce que pense Cyrano à propos des thèmes que vous avez formulés dans la question 4 ? Comment justifie-t-il son opinion ?

Les sentiments*

6. Relevez les mots qui appartiennent au champ lexical du sentiment, puis dites quelle est la tonalité de cet extrait.

7. Quel aspect du personnage le spectateur découvre-t-il ?

> **S'affirmer par le refus**

Extrait 4 : Acte II, scène 8.

Un personnage puissant, le comte de Guiche, a proposé à Cyrano d'entrer au service de son oncle, Richelieu, et de lui faire lire la pièce qu'il a écrite. Le cardinal de Richelieu « corrigera seulement quelques vers ». Indigné, Cyrano a refusé en des termes excessifs. Son ami Le Bret le sermonne.

1. Reconnaissez le comte de Guiche.
2. Qu'exprime l'attitude de Cyrano ?

LE BRET
Si tu laissais un peu ton âme mousquetaire,
La fortune et la gloire…
        CYRANO
            Et que faudrait-il faire ?
Chercher un protecteur puissant, prendre un patron,
Et comme un lierre obscur qui circonvient un tronc
5 Et s'en fait un tuteur en lui léchant l'écorce,
Grimper par ruse au lieu de s'élever par force ?
Non, merci. Dédier, comme tous ils le font,
Des vers aux financiers ? se changer en bouffon
Dans l'espoir vil de voir, aux lèvres d'un ministre,
10 Naître un sourire, enfin, qui ne soit pas sinistre ?
Non, merci. Déjeuner, chaque jour, d'un crapaud ?
Avoir un ventre usé par la marche ? une peau
Qui plus vite, à l'endroit des genoux, devient sale ?
Exécuter des tours de souplesse dorsale ?
15 Non, merci. D'une main flatter la chèvre au cou
Cependant que, de l'autre, on arrose le chou,
Et, donneur de séné[1] par désir de rhubarbe,
Avoir son encensoir, toujours, dans quelque barbe ?
Non, merci ! Se pousser de giron en giron,
20 Devenir un petit grand homme dans un rond[2],
Et naviguer, avec des madrigaux pour rames,
Et dans ses voiles des soupirs de vieilles dames ?
Non, merci ! Chez le bon éditeur de Sercy
Faire éditer ses vers en payant ? Non, merci.
25 S'aller faire nommer pape par les conciles[3]
Que dans des cabarets tiennent des imbéciles ?
Non, merci ! Travailler à se construire un nom

1. séné : végétal dont on extrayait un laxatif. Le proverbe « Je vous passe la rhubarbe, passez-moi le séné. » signifiait « Faisons-nous des concessions mutuelles ».
2. rond : cercle, cénacle littéraire où sont critiquées ou applaudies les œuvres littéraires.
3. concile : ici, cercle littéraire.

7. Argumenter au théâtre

4. **mazette** : personne de peu d'importance.

5. **le *Mercure François*** : revue littéraire fondée en 1611.

6. **placet** : texte adressé au roi ou à un personnage puissant pour lui demander une faveur.

Sur un sonnet, au lieu d'en faire d'autres ? Non,
Merci ! Ne découvrir du talent qu'aux mazettes⁴ ?
30 Être terrorisé par de vagues gazettes,
Et se dire sans cesse : « Oh ! pourvu que je sois
Dans les petits papiers du *Mercure François*⁵ ? »
Non, merci ! Calculer, avoir peur, être blême,
Aimer mieux faire une visite qu'un poème,
35 Rédiger des placets⁶, se faire présenter ?
Non, merci ! non, merci ! non, merci ! Mais… chanter,
Rêver, rire, passer, être seul, être libre,
Avoir l'œil qui regarde bien, la voix qui vibre,
Mettre, quand il vous plaît, son feutre de travers,
40 Pour un oui, pour un non, se battre, – ou faire un vers !
Travailler sans souci de gloire ou de fortune,
À tel voyage, auquel on pense, dans la lune !
N'écrire jamais rien qui de soi ne sortît,
Et, modeste d'ailleurs, se dire : mon petit,
45 Sois satisfait des fleurs, des fruits, même des feuilles,
Si c'est dans ton jardin à toi que tu les cueilles !
Puis, s'il advient d'un peu triompher, par hasard,
Ne pas être obligé d'en rien rendre à César,
Vis-à-vis de soi-même en garder le mérite,
50 Bref, dédaignant d'être le lierre parasite,
Lors même qu'on n'est pas le chêne ou le tilleul,
Ne pas monter bien haut, peut-être, mais tout seul !

LECTURE

Qui parle ?

1. Cyrano parle-t-il en tant que sujet du roi ? écrivain ? homme d'armes ? Justifiez votre réponse.

Ce qui est rejeté

2. À l'oral, terminez la phrase de Le Bret interrompue par Cyrano.

3. Relevez l'image placée au début et à la fin de la tirade, puis reformulez en une phrase le comportement qu'elle décrit.

Des procédés pour rejeter une proposition

4. a) Quel est le type de phrase le plus employé dans la première partie de la tirade (vers 3 à 36) ?
b) Ce type de phrase correspond-il à une recherche d'information ? Quel est l'effet produit ?

5. Par quelle expression les refus successifs de Cyrano sont-ils exprimés ?

6. a) Constituez des équipes et partagez-vous l'étude des vers 3 à 36. Vous rechercherez :
– le vocabulaire péjoratif* ;
– les métaphores* ;
– les antithèses*.
b) À l'oral, échangez vos travaux, puis dites quel point commun présentent les énumérations de Cyrano.

Ce qui est apprécié

7. Quelle conjonction de coordination relie la deuxième partie (vers 36 à 52) à la première ?

8. À quoi Cyrano accorde-t-il de l'importance ? Quels exemples donne-t-il ?

Les valeurs morales du personnage

9. Quelles règles morales Cyrano se donne-t-il ?

10. Relisez le texte p. 155. Quel point commun observez-vous ?

> **Convaincre**

Extrait 5 : Acte II, scène 10.

Cyrano aime Magdeleine Robin, sa cousine, surnommée Roxane. Celle-ci aime Christian, nouvellement admis parmi les cadets de Bourgogne. Christian a provoqué Cyrano en lui parlant de son nez, mais Cyrano, loin de le « pourfendre », le protège, comme il l'a promis à Roxane.

1. Dans quelle scène a-t-il déjà été question de Roxane ? Qui en parlait ?

2. Décrivez le personnage représenté dans l'image.

3. Choisissez le vers qui, selon vous, correspond le mieux à ce personnage.

CYRANO
Roxane attend ce soir une lettre.

CHRISTIAN
Hélas !

CYRANO
Quoi ?

CHRISTIAN
C'est me perdre que de cesser de rester coi[1] !

CYRANO
Comment ?

CHRISTIAN
Las ! je suis sot à m'en tuer de honte.

1. **coi** : silencieux.

CYRANO
Mais non, tu ne l'es pas, puisque tu t'en rends compte.
5 D'ailleurs, tu ne m'as pas attaqué comme un sot.

CHRISTIAN
Bah ! on trouve des mots quand on monte à l'assaut !
Oui, j'ai certain esprit facile et militaire,
Mais je ne sais, devant les femmes, que me taire.
Oh ! leurs yeux, quand je passe, ont pour moi des bontés…

CYRANO
10 Leurs cœurs n'en ont-ils plus quand vous vous arrêtez ?

CHRISTIAN
Non ! car je suis de ceux, – je le sais… et je tremble ! –
Qui ne savent parler d'amour…

CYRANO
                        Tiens !… Il me semble
Que si l'on eût pris soin de me mieux modeler,
J'aurais été de ceux qui savent en parler.

CHRISTIAN
15 Oh ! pouvoir exprimer les choses avec grâce !

CYRANO
Être un joli petit mousquetaire qui passe !

CHRISTIAN
Roxane est précieuse et sûrement je vais
Désillusionner Roxane !

CYRANO, *regardant Christian.*
                        Si j'avais
Pour exprimer mon âme un pareil interprète !

CHRISTIAN, *avec désespoir.*
20 Il me faudrait de l'éloquence !

CYRANO, *brusquement.*
                        Je t'en prête !
Toi, du charme physique et vainqueur, prête-m'en :
Et faisons à nous deux un héros de roman !

CHRISTIAN
Quoi ?

CYRANO
       Te sens-tu de force à répéter les choses
Que chaque jour je t'apprendrai ?…

CHRISTIAN
                        Tu me proposes…

CYRANO
25 Roxane n'aura pas de désillusions !
Dis, veux-tu qu'à nous deux nous la séduisions ?
Veux-tu sentir passer, de mon pourpoint de buffle
Dans ton pourpoint brodé, l'âme que je t'insuffle !

CHRISTIAN
Mais, Cyrano !…

CYRANO
Christian, veux-tu ?

CHRISTIAN
Tu me fais peur !

CYRANO
30 Puisque tu crains, tout seul, de refroidir son cœur,
Veux-tu que nous fassions – et bientôt tu l'embrases ! –
Collaborer un peu tes lèvres et mes phrases ?

CHRISTIAN
Tes yeux brillent !…

CYRANO
Veux-tu ?…

CHRISTIAN
Quoi ! cela te ferait
Tant de plaisir ?

CYRANO, *avec enivrement.*
Cela…

Se reprenant, et en artiste.

Cela m'amuserait !
35 C'est une expérience à tenter un poète.
Veux-tu me compléter et que je te complète ?
Tu marcheras, j'irai dans l'ombre à ton côté :
Je serai ton esprit, tu seras ma beauté.

LECTURE

Les interlocuteurs

1. Chacun des deux interlocuteurs souffre d'un manque. Relevez les deux vers dans lesquels chaque personnage exprime ce manque.

2. Les deux personnages vous semblent-ils complémentaires ou opposés ? Donnez vos raisons.

L'argumentation

3. Des deux interlocuteurs, quel est celui qui argumente ? Justifiez votre réponse.

4. Que propose-t-il ? Quels arguments* avance-t-il pour faire accepter sa proposition ?

5. L'autre personnage lui oppose-t-il des réflexions ? des sentiments ? Justifiez votre réponse en citant le texte.

Ce que sait le spectateur

6. Relisez le texte pp. 156 à 158 et précisez quelles sont les véritables raisons de Cyrano.

7. Lisez les deux didascalies qui accompagnent la dernière réplique de Cyrano. Pourquoi Cyrano agit-il ainsi ?

8. Comparez cette scène et le vers 32, p. 155. Que remarquez-vous ?

9. Ce que sait le spectateur produit-il un effet comique ? fait-il naître l'émotion ? Donnez vos raisons.

Prévoir la suite de l'action

10. Selon vous, Christian acceptera-t-il le pacte que lui propose Cyrano ? Donnez les raisons de votre réponse.

▶ Cyrano a-t-il convaincu Christian ?

> Le film contient des scènes qui ne se trouvent pas dans la pièce : le réalisateur a interprété la vie des personnages et il la montre telle qu'il l'imagine.
> La séquence dont vous trouvez les images ci-dessous ne contient aucune parole. La scène se déroule près de la maison de Roxane.

LECTURE

La construction de la séquence

1. Observez la première image et reconnaissez Cyrano et Christian.

2. Décrivez le costume de chacun des deux personnages. Quelle différence remarquez-vous ? Quelle est la raison de cette différence ?

3. Comparez la première image et la dernière. Quel point commun et quelle différence remarquez-vous ? Qu'indique cette différence ?

La réalisation du pacte

4. Quel est le personnage qui marche dans la vignette 4 ? Où va-t-il ?

5. Où Cyrano est-il placé dans les images 3 et 13 ? Qui regarde-t-il ? Que font comprendre ces images au spectateur ?

6. Quel objet est mis en valeur ? Par quel procédé ?

7. Quelles images montrent Roxane et Christian ? Que comprend le spectateur qui regarde ces images ?

8. Précisez ce qui, dans cette suite d'images, permet d'affirmer que Cyrano a convaincu Christian.

Reconstituer la vie au XVIIe siècle

9. Quels éléments du décor situent la scène au XVIIe siècle ?

10. Quels personnages autres que Cyrano, Roxane ou Christian voit-on ? Pour quelle raison apparaissent-ils dans l'image ?

Un récit en images

11. Racontez, à l'oral, les actions que montrent ces images.

▶ Se laisser convaincre

> **Extrait 6 : Acte III, scène 1.**
> *Cyrano écrit les lettres que Christian envoie à Roxane. Cyrano arrive chez Roxane au moment où celle-ci sort. La scène se déroule dans la rue.*

ROXANE, *sortant de la maison.*
Ah ! qu'il est beau, qu'il a d'esprit et que je l'aime !

CYRANO, *souriant.*
Christian a tant d'esprit ?

ROXANE
Mon cher, plus que vous-même !

CYRANO
J'y consens.

ROXANE
Il ne peut exister à mon goût
Plus fin diseur de ces jolis riens qui sont tout.
5 Parfois il est distrait, ses Muses sont absentes ;
Puis, tout à coup, il dit des choses ravissantes !

CYRANO, *incrédule.*
Non ?

ROXANE
C'est trop fort ! Voilà comme les hommes sont :
Il n'aura pas d'esprit puisqu'il est beau garçon !

CYRANO
Il sait parler du cœur d'une façon experte ?

ROXANE
10 Mais il n'en parle pas, Monsieur, il en disserte !

CYRANO
Il écrit ?

ROXANE
Mieux encore ! Écoutez donc un peu :
Déclamant.
« Plus tu me prends de cœur, plus j'en ai !... »
Triomphante, à Cyrano.
Eh ! bien !

CYRANO
Peuh !

ROXANE
Et ceci : « Pour souffrir, puisqu'il m'en faut un autre,
Si vous gardez mon cœur, envoyez-moi le vôtre ! »

CYRANO
15 Tantôt il en a trop et tantôt pas assez.
Qu'est-ce au juste qu'il veut, de cœur ?...

ROXANE, *frappant du pied.*
Vous m'agacez !
C'est la jalousie...

CYRANO, *tressaillant.*
Hein !

ROXANE
... d'auteur qui vous dévore !
— Et ceci, n'est-il pas du dernier tendre encore ?
« Croyez que devers[1] vous mon cœur ne fait qu'un cri,
20 Et que si les baisers s'envoyaient par écrit,
Madame, vous liriez ma lettre avec les lèvres !... »

CYRANO, *souriant malgré lui de satisfaction.*
Ha ! ha ! ces lignes-là sont... hé ! hé !
Se reprenant et avec dédain.
Mais bien mièvres !

ROXANE
Et ceci...

CYRANO, *ravi.*
Vous savez donc ses lettres par cœur ?

1. **devers** : envers.

ROXANE

Toutes !

CYRANO, *frisant sa moustache.*
Il n'y a pas à dire : c'est flatteur.

ROXANE

25 C'est un maître !

CYRANO, *modeste.*
Oh !... un maître !...

ROXANE, *péremptoire.*
Un maître !...

CYRANO, *saluant.*
Soit !... un maître !

1. Décrivez le décor : où le personnage se trouve-t-il ?

2. Quelle est l'attitude de ce personnage ? Qu'exprime cette attitude ?

3. Selon vous, cette scène se situe-t-elle avant ou après le dialogue de Roxane et Cyrano ?

LECTURE

Les interlocuteurs

1. Quel est le personnage qui argumente ? Quel est celui qui écoute l'argumentation ?

2. Quel est le signe de ponctuation le plus utilisé dans les répliques du personnage qui argumente ? Qu'indique ce signe de ponctuation ?

L'argumentation

3. a) Quelle opinion est soutenue ? À l'aide de quels arguments ?
b) Par quelles affirmations cette opinion est-elle repoussée ? Dans quel but ?

4. a) Quel vers montre que celui qui écoute l'argumentation accepte de se laisser convaincre ?
b) Quelles sont ses véritables raisons ?

Ce que sait le spectateur

5. De qui Roxane croit-elle parler ? De qui parle-t-elle en réalité ?

6. Relisez les didascalies à partir du vers 17. Quel effet produisent-elles ?

7. La tonalité de cette scène est-elle comique ? dramatique ? Donnez vos raisons.

Interpréter un personnage

8. Associez-vous par deux ; lisez ou jouez les vers 22 à 25. Pensez à utiliser votre réponse à la question 6.

PROLONGEMENTS

Communiquer et argumenter

MISE AU POINT

• Argumenter est un **acte** qui s'accomplit chaque fois que deux ou plusieurs personnes examinent une question, en débattent, expriment des réflexions, parfois sous forme de sentiments et qu'apparaît le **désir de faire valoir un point de vue et d'en rejeter d'autres**. Argumenter est donc un **acte de communication**.

MOTS CLÉS

LA SITUATION DE COMMUNICATION	
• Qui parle ?	Un énonciateur : ce mot peut désigner une personne de la vie réelle ou un personnage d'une œuvre théâtrale ou d'un roman. Il est également possible d'utiliser le mot *émetteur* pour désigner celui qui est à l'origine du message.
• À qui ?	À un destinataire ou à plusieurs. Le mot *interlocuteur* peut aussi être employé.
• Où ?	C'est la situation concrète qui détermine les rôles de chacun : il peut s'agir de la classe, de la maison familiale, d'une réunion d'amis ou d'un journal, de la chambre des députés, etc.
• Dans quel but ?	Pour convaincre le destinataire, c'est-à-dire influencer son opinion, emporter sa conviction ou le conduire à agir.

LE CONTENU DE L'ARGUMENTATION	
• Le thème	C'est le sujet général abordé par l'énonciateur. On le trouve en se demandant : *De quoi parle-t-on ?* ou *De quoi est-il question ?*
• La thèse	C'est le point de vue, la proposition, l'affirmation, l'opinion que soutient l'énonciateur. La thèse est en rapport avec le thème. Elle se trouve en cherchant ce que l'énonciateur veut montrer, démontrer, prouver ou faire admettre, accepter.

LES MOYENS DE L'ARGUMENTATION	
• Les arguments	Ce sont des idées que l'énonciateur expose pour soutenir sa thèse. Les arguments s'organisent en un raisonnement.
• Les exemples	Ce sont des cas concrets, précis, qui aident le destinataire à comprendre les arguments et à admettre qu'ils sont justes.

ACTIVITÉ 1 Les éléments d'une situation de communication sont indiqués ci-dessous. Proposez, à l'oral, un argument et un exemple que peut formuler l'énonciateur indiqué.

Énonciateur	Le conseiller ou la conseillère d'orientation.
Destinataires	Les filles.
Lieu	Votre salle de classe.
But	Convaincre les filles de diversifier leurs choix d'étude.
Thème	L'orientation.
Thèse	Les métiers traditionnellement exercés par des hommes peuvent être choisis par des femmes.

ACTIVITÉ 2 La situation de communication ci-dessous est donnée de façon incomplète. Associez-vous avec un camarade ou plusieurs. Ajoutez ce qui n'est pas indiqué, puis jouez, à l'oral, cette argumentation.

Énonciateur	Vous-même.
Destinataires	
Lieu	L'habitation familiale.
But	Obtenir l'autorisation d'organiser une fête à la maison.
Thème	
Thèse	
Arguments et exemples	

ACTIVITÉ 3 Même exercice. Vous choisirez, parmi les deux thèses proposées, celle qui vous convient le mieux.

Énonciateur	Vous-même.
Destinataires	
Lieu	
But	
Thème	La beauté.
Thèse 1 Thèse 2	• La beauté physique est essentielle pour séduire. • La beauté n'est qu'un aspect superficiel de la personnalité d'un être humain.

ACTIVITÉ 4 Relisez les vers 24 à 38, p. 155 et présentez, sous forme d'un tableau semblable à ceux des activités 1 à 3, l'analyse de l'argumentation de Cyrano.

7. Argumenter au théâtre

169

Chapitre

8. Réunir les éléments de l'argumentation

OBJECTIFS ▶ *Formuler des arguments pour convaincre*
Choisir des exemples pour illustrer des arguments

LECTURES

▷ **Préciser les objectifs du chapitre**
   L'appel de la mer (presse)
   Ascendant business (presse)
   Aveux et anathèmes de E.-M. CIORAN

▷ **Justifier ses choix**
   Tous les matins du monde de Pascal QUIGNARD

▷ **Illustrer ses arguments par des exemples**
   Les Yeux ouverts, Marguerite YOURCENAR,
   entretiens avec Matthieu Galey

▷ **Généraliser pour argumenter**
   Conseils à un jeune homme de André MAUROIS

▷ **Réfuter une idée fausse**
   L'image, elle, ne ment pas de Pierre VIANSSON-PONTÉ

LECTURE PERSONNELLE
Sur les contes de fées de P.-J. STAHL

LECTURE-ÉCRITURE
Les éléments de l'argumentation

LECTURE DE L'IMAGE
La photographie de presse

Pablo Picasso (1881-1973), *Études*.
Paris, Musée Picasso.
Photo RMN – R. G. Ojeda.
© Succession Picasso, 1999.

LECTURES

▶ *Préciser les objectifs du chapitre*

L'appel de la mer

Le bateau symbolise à merveille l'invitation au voyage, même pour celui qui ne s'éloigne que de quelques milles de la côte. Il incarne cette soif de liberté, cette possibilité de s'isoler, et d'aller, originalité suprême, là où l'on veut, voire là où personne ne va. Ce que ni l'avion ni
5 l'automobile ne permettent vraiment.

Phénomène de société aussi, celle des « voileux », avec ses codes, ses règles, ses rendez-vous. Un petit monde où l'on navigue entre amis ou en famille, au rythme de repas conviviaux en pleine mer et de nuits au mouillage[1] bercées par le battement des haubans[2].
10 L'image idyllique de la plaisance ne doit cependant pas masquer les dangers qui rôdent. La mer ne se dompte pas, tout au plus s'apprivoise-t-elle. De la même manière que ses victimes émargent aussi bien au rang des plus grands marins qu'à celui des néophytes inexpérimentés, imprudents, ou même inconscients.

Pierre FLIECX, « L'appel de la mer »,
© *Le Figaro Magazine*, n° 16785, 1er août 1998.

1. mouillage : endroit où un bateau jette l'ancre.
2. haubans : câbles du mât d'un navire.

Ascendant business

Si le business de l'astrologie se développe, il n'est pas sûr que ses clients y trouvent leur compte. Ou du moins pas leur compte de prévisions. Car, une fois n'est pas coutume, astrologues sérieux et rationalistes[1] sont d'accord : les horoscopes ne valent pas un clou. « *Ils pren-*
5 *nent des caractéristiques générales – les positions de quelques planètes par rapport à un signe donné – et en tirent des prédictions individuelles,* constate Michèle Raulin, médecin et astrologue à Lyon. *Cela ne s'appuie sur aucun fondement théorique. S'ils tombent juste, c'est par pur hasard.* » De toute façon, n'en déplaise à ceux qui en font leurs choux gras, l'astro-
10 logie n'a pas pour vocation de prédire l'avenir. « *Nous ne pouvons pas voir les événements qui vont arriver dans la vie d'une personne,* renchérit Emmanuelle Chatelain, astrologue à Paris. *Si l'on observe un changement, il nous est impossible de savoir s'il va se produire à un niveau spirituel, psychologique ou matériel. À moins de connaître parfaitement cette personne.*
15 *Mais dans ce cas, cela relève pour une bonne part de l'intuition.* »

1. rationaliste : qui se fonde sur la raison humaine.

Si l'astrologie ne donne pas des prévisions, on peut légitimement se demander à quoi elle sert. À mieux se connaître et se comprendre, répondent beaucoup d'astrologues. [...]

Explication que les scientifiques récusent totalement. Pour plu-
20 sieurs raisons. « *Pour dire que quelque chose existe, il faut le prouver,* estime Jean-Paul Krivine, secrétaire de L'Union rationaliste. *Or cette corrélation entre les astres et les caractères n'a jamais été démontrée. Deuxième critique : le ciel et les étoiles sur lesquels les astrologues travaillent ne correspondent plus à la réalité. Ils ont conservé des cartes établies par nos*
25 *ancêtres grecs et romains.* »

Marie-Aude PANOSSIAN, « Ascendant business »,
© *Quo*, n° 20, juin 1998.

Aveux et anathèmes

Au printemps de 1937, comme je me promenais dans le parc de l'hôpital psychiatrique de Sibiu, en Transylvanie, un « pensionnaire » m'aborda. Nous échangeâmes quelques paroles, puis je lui dis : « On est bien ici. – Je comprends. Ça vaut la peine d'être fou », me répondit-
5 il. « Mais vous êtes quand même dans une espèce de prison. – Si vous voulez, mais on y vit sans le moindre souci. Au surplus, la guerre approche, vous le savez comme moi. Cet endroit-ci est sûr. On ne mobilise pas et puis on ne bombarde pas un asile d'aliénés. À votre place, je me ferais interner tout de suite. »
10 Troublé, émerveillé, je le quittai, et tâchai d'en savoir plus long sur lui. On m'assura qu'il était réellement fou. Fou ou non, jamais personne ne m'aura donné conseil plus raisonnable.

E.-M. CIORAN, *Aveux et anathèmes*,
© Gallimard, 1987.

> **Émile-Michel CIORAN** (1911-1995) est un philosophe roumain. Il a écrit en français une œuvre qui nie tout aspect positif de l'homme et de la société. *Aveux et anathèmes* réunit des réflexions de l'auteur.

PRÉCISER LES OBJECTIFS

1. Faites la liste de tous les énonciateurs* repérables dans l'ensemble des textes.

2. Parmi toutes les personnes identifiées dans la question **1**, quelles sont celles qui argumentent ?

3. Quelle argumentation est produite pour un destinataire* clairement identifié ? Qui sont les destinataires des deux autres argumentations ?

4. Quel comportement chacun des trois énonciateurs d'une argumentation cherche-t-il à obtenir de son ou ses destinataire(s) ?

5. Reformulez d'une phrase l'idée générale de chaque argumentation.

6. Dans chaque extrait, relevez au moins deux arguments*.

LECTURES

> Justifier ses choix

Tous les matins du monde

Monsieur de Sainte Colombe est musicien. Bien qu'il vive et travaille loin de la cour avec ses deux filles, sa réputation est arrivée jusqu'à Louis XIV. Le roi envoie Monsieur Caignet, musicien de la Cour, chez Monsieur de Sainte Colombe.

• **Pascal Quignard** est né en 1948, et vit à Paris. *Tous les matins du monde* est un roman qui se situe au XVIIe siècle. C'est également un film du cinéaste Alain Corneau.

« Monsieur, reprit Monsieur Caignet, parce que vous êtes maître dans l'art de la viole, j'ai reçu l'ordre de vous inviter à vous produire à la cour. Sa majesté a marqué le désir de vous entendre et, dans le cas où elle serait satisfaite, elle vous accueillerait parmi les musiciens de la
5 chambre. Dans cette circonstance j'aurais l'honneur de me trouver à vos côtés. »

Monsieur de Sainte Colombe répondit qu'il était un homme âgé et veuf ; qu'il avait la charge de deux filles, ce qui l'obligeait à demeurer dans une façon de vivre plus privée qu'un autre homme ; qu'il ressentait
10 du dégoût pour le monde.

« Monsieur, dit-il, j'ai confié ma vie à des planches de bois grises qui sont dans un mûrier ; au son des sept cordes d'une viole ; à mes deux filles. Mes amis sont les souvenirs. Ma cour, ce sont les saules qui sont là, l'eau qui court, les chevesnes, les goujons et les fleurs de sureau.
15 Vous direz à sa majesté que son palais n'a rien à faire d'un sauvage qui fut présenté au feu roi son père il y a trente-cinq ans de cela.

– Monsieur, répondit Monsieur Caignet, vous n'entendez pas ma requête. J'appartiens à la chambre du roi. Le souhait que marque sa majesté est un ordre. »
20 Le visage de Monsieur de Sainte Colombe s'empourpra. Ses yeux luisirent de colère. Il s'avança à le toucher.

« Je suis si sauvage, Monsieur, que je pense que je n'appartiens qu'à moi-même. Vous direz à sa majesté qu'elle s'est montrée trop généreuse quand elle a posé son regard sur moi. »
25 Monsieur de Sainte Colombe poussait Monsieur Caignet vers la maison tout en parlant. Ils se saluèrent. Monsieur de Sainte Colombe regagna la vorde[1] tandis que Toinette allait au poulailler, qui se trouvait à l'angle du mur clos et de la Bièvre.

Pendant ce temps-là, Monsieur Caignet revint avec son chapeau et
30 son épée, s'approcha de la cabane, écarta avec sa botte un dindon et des petits poussins jaunes qui picoraient, se glissa sous le plancher de la cabane, s'assit dans l'herbe, dans l'ombre et les racines, et écouta. Puis il repartit sans qu'on le vît et regagna le Louvre. Il parla au roi, rapporta les raisons que le musicien avait avancées et lui fit part de l'impression mer-
35 veilleuse et difficile que lui avait faite la musique qu'il avait entendue à la dérobée.

Pascal Quignard, *Tous les matins du monde*, © Gallimard, 1991.

1. la vorde : Monsieur de Sainte Colombe compose et joue sa musique dans une cabane de planches – la vorde – bâtie dans un mûrier.

Michel BOYER (1668-1724),
Basse, cahier de musique et épée.
Paris, Musée du Louvre.
© Photo RMN – R. G. Ojeda.

LIRE LE TEXTE

La situation de communication

1. Quelle est la profession de Monsieur Caignet ?

2. De quelle mission Monsieur Caignet est-il chargé ? Par qui ?

3. S'agit-il réellement d'une demande ? Justifiez votre réponse en relevant des mots du texte.

4. Quelle réponse Monsieur de Sainte Colombe apporte-t-il ?

5. À qui la justification de Monsieur de Sainte-Colombe est-elle destinée ?

L'argumentation

6. Délimitez, en indiquant le numéro des lignes, le passage dans lequel Monsieur de Sainte-Colombe justifie son choix.

7. Dans ce passage, les paroles de Monsieur de Sainte Colombe sont rapportées de deux manières différentes : lesquelles ? De quelle manière ces paroles vous semblent-elles plus convaincantes ?

8. Faites la liste des arguments utilisés par Monsieur de Sainte Colombe pour justifier son attitude. Distinguez les arguments destinés à Monsieur Caignet et les arguments destinés au roi.

9. Dans quelle forme de discours* cette argumentation est-elle placée ?

ÉCRIRE

10. Vous vous êtes opposé à vos parents au sujet d'une autorisation de sortie. Racontez l'événement, en y incluant l'argumentation qu'ils vous ont présentée pour justifier leur choix, sous forme de paroles rapportées et de dialogue.

11. Pensez-vous que Monsieur de Sainte Colombe ait tort ou raison de répondre comme il le fait ? Trouvez trois arguments que vous adresseriez à Monsieur de Sainte Colombe dans une lettre pour lui faire part de votre opinion ou de vos conseils.

S'EXPRIMER À L'ORAL

12. Échangez votre opinion et vos arguments avec un de vos camarades qui a soutenu l'opinion opposée à la vôtre dans la question **11**.

13. Monsieur Caignet commet une indiscrétion à la fin du texte (l. 29 à 32). Préparez une intervention orale devant la classe sur le sujet suivant : a-t-on le droit de se montrer indiscret quand on pense que cette attitude peut aider quelqu'un ?

▶ *Illustrer ses arguments par des exemples*

Les Yeux ouverts

Marguerite YOURCENAR (1903-1987) est un écrivain belge de langue française. Elle a publié *Mémoires d'Hadrien* en 1951, et un ensemble de volumes, *Archives du Nord*, consacrés à l'histoire de sa famille. Elle est interrogée dans cet extrait par le critique littéraire Matthieu Galey.

1. Une coupure : un billet de banque.

MATTHIEU GALEY. – Même s'il est constamment accompagné dans la vie par ses personnages, l'écrivain est par nature un solitaire, en principe. L'êtes-vous ?

MARGUERITE YOURCENAR. – Nous sommes tous solitaires devant la naissance (comme l'enfant qui naît doit se sentir seul !) ; solitaires devant la mort ; solitaires dans la maladie, même si nous sommes convenablement soignés ; solitaires au travail, car même au milieu d'un groupe, même à la chaîne, comme les forçats ou l'ouvrier moderne, chacun travaille seul. Mais je ne vois pas que l'écrivain soit plus seul qu'un autre. Considérez cette petite maison : il s'y fait presque continuellement un va-et-vient d'êtres : c'est comme une respiration. Ce n'est qu'à de très rares périodes de ma vie que je me suis sentie seule, et encore jamais tout à fait. Je suis seule au travail, si c'est être seule que d'être entourée d'idées ou d'êtres nés de son esprit ; je suis seule, le matin de très bonne heure, quand je regarde l'aube de ma fenêtre ou de ma terrasse ; seule le soir quand je ferme la porte de la maison en regardant les étoiles. Ce qui veut dire qu'au fond je ne suis pas seule.

Mais dans la vie courante, de nouveau nous dépendons des êtres et ils dépendent de nous. J'ai beaucoup d'amis dans le village ; les personnes que j'emploie, et sans lesquelles j'aurais du mal à me maintenir dans cette maison après tout assez isolée, et manquant du temps et des forces nécessaires pour faire tout le travail ménager et celui du jardin, sont des amies, sans quoi elles ne seraient pas là. Je ne conçois pas qu'on se croie quitte envers un être parce qu'on lui a donné (ou qu'on en a reçu) un salaire ; ou, comme dans les villes, qu'on ait obtenu de lui un objet (un journal mettons) contre quelques sous, ou des aliments contre une coupure[1] [...] Et c'est ce qui me fait aimer la vie dans les très petites villes ou au village. Le marchand de comestibles, quand il vient livrer sa marchandise, prend un verre de vin ou de cidre avec moi, quand il en a le temps. Une maladie dans la famille de ma secrétaire m'inquiète comme si cette personne malade, que je n'ai jamais vue, était ma parente ; j'ai pour

Marguerite Yourcenar en 1978 dans sa maison « Petite Plaisance », Maine, États-Unis. © Saporito – Rapho.

ma femme de ménage autant d'estime et de respect qu'on pourrait en **avoir pour une sœur. L'été, les enfants de la maternelle viennent de temps en** temps jouer dans le jardin ; le jardinier de la propriété d'**en**
45 **face est un ami qui me rend visite quand il fait froid pour boire une tasse de café ou de thé.** Il y a aussi bien entendu, hors du village, des **amitiés fondées sur des goûts en commun** (telle musique, telle peinture, **tels livres**), sur des opinions ou des sentiments en commun, mais l'amitié, quelles qu'en soient les raisons, me paraît surtout née de la sympathie
50 spontanée, ou parfois lentement acquise, envers un être humain **comme** nous, et de l'habitude de se rendre service les uns aux autres. Quand on accueille beaucoup les êtres, on n'est jamais ce qui s'appelle seul.

Marguerite YOURCENAR,
Les Yeux ouverts, entretiens avec Matthieu Galey,
© Éditions du Centurion, 1980.

LIRE LE TEXTE

Les thèmes* de l'entretien

1. Nommez le thème qui est au centre de la question posée par Matthieu Galey.

2. Nommez le thème qui s'y trouve associé dans la réponse de Marguerite Yourcenar.

3. Quelle phrase du texte résume la réponse de Marguerite Yourcenar en associant les deux thèmes ?

Les arguments

4. Repérez, en indiquant le numéro des lignes, les phrases du texte qui répondent **en général** à la question de Matthieu Galey.

5. Observez ces phrases et dites si :
– elles ne concernent que Marguerite Yourcenar ;
– elles concernent tout le monde.
Justifiez votre réponse.

Les exemples

6. Nommez les personnages précis que Marguerite Yourcenar prend comme exemples dans sa réponse.

7. Les exemples choisis se rattachent-ils à un domaine concret* ou à un domaine abstrait* ?

8. À quoi servent les exemples choisis par l'écrivain ?

LIRE L'IMAGE

9. Selon vous, le photographe montre-t-il la solitude de l'écrivain, ou sa relation avec d'autres personnes ? Justifiez votre réponse.

ÉCRIRE

10. Écrivez une phrase qui dira ce qu'est pour vous l'amitié en général, puis donnez deux exemples de situations précises que vous pouvez rattacher à votre première phrase.

11. Constituez deux groupes : ceux qui aiment la solitude, et ceux qui la détestent. Dans ces groupes, chaque élève écrira trois exemples de situations dans lesquelles il (ou elle) a pu apprécier ou redouter la solitude.

12. À propos des thèmes relevés aux questions **2** et **3** : **a)** formulez une idée de façon générale ;
b) formulez une idée de façon personnelle ;
c) dites comment on les distingue.

S'EXPRIMER À L'ORAL

13. À partir du travail effectué pour la question **12**, organisez un débat dans la classe. Vous aurez soin de présenter à la fois des idées générales et des exemples.

▶ *Généraliser pour argumenter*

Conseils à un jeune homme

André Maurois propose deux règles de vie.

André Maurois (1885-1967) a écrit des romans (*Climats*, en 1928 par exemple), mais c'est surtout son œuvre de biographe qui l'a rendu célèbre. Il a notamment retracé la vie de Marcel Proust, George Sand, et Victor Hugo.

La première, c'est qu'*il faut vivre pour autre chose que pour soi*. L'homme qui médite sur lui-même trouvera toujours mille raisons d'être malheureux. Jamais il n'a fait tout ce qu'il aurait voulu et dû faire ; jamais il n'a obtenu tout ce que, pense-t-il, il méritait d'obtenir ; rare-
5 ment il a été aimé comme il aurait rêvé de l'être. S'il remâche son passé, il éprouvera des regrets ou des remords, ce qui est vain. Nos fautes sont vouées à l'oubli et c'est ce qu'elles méritent. Au lieu de raturer un passé que rien ne peut abolir, essayez de construire un présent dont vous serez ensuite fier. Le désaccord avec soi-même est le pire des maux. Tout être
10 qui vit pour les autres, pour son pays, pour une femme, pour une œuvre, pour les affamés, pour les persécutés, oublie merveilleusement ses angoisses et ses médiocres soucis. Le véritable monde extérieur est le véritable monde intérieur.

La seconde règle, c'est qu'*il faut agir*. Au lieu de nous lamenter sur
15 l'absurdité du monde, essayons de transformer le petit canton où nous fûmes jetés. Nous ne pouvons changer tout l'univers, mais qui souhaite changer tout l'univers ? Nos objectifs sont plus proches et plus simples : faire notre métier, le bien choisir, le bien connaître, y devenir maîtres. Chacun a son rayon d'action : j'écris des livres, le menuisier
20 assemble les planches de ma bibliothèque, l'agent dirige la circulation, l'ingénieur construit, le maire administre la commune. Tous, s'ils sont surchargés de travaux qu'ils savent bien faire, sont heureux au moment où ils agissent. Cela est si vrai que, dans leurs temps de loisir, ils s'imposent des actions, en apparence inutiles, qui sont les jeux et les sports. Ce
25 joueur de rugby qu'un adversaire plaque dans la boue est heureux.

André MAUROIS, *Conseils à un jeune homme*,
© Grasset.

LIRE LE TEXTE

Deux règles de vie

1. Quelle particularité typographique permet de repérer facilement les deux règles de vie conseillées par André Maurois ?

2. Où, dans le texte, ces deux règles sont-elles énoncées ?

3. Relevez les mots qui signalent l'ordre dans lequel elles sont énoncées.

Roger DE LA FRESNAYE (1885-1925), *L'Homme assis ou L'architecte*, 1914. Paris, Musée national d'Art moderne. © GF – Giraudon.

Énonciateur et destinataire

4. Relevez des mots ou expressions qui montrent que l'auteur :
– évoque d'abord l'homme en général ;
– s'inclut dans son raisonnement ;
– inclut un destinataire dans son raisonnement.

5. À quel endroit du texte l'auteur s'exprime-t-il personnellement ?

6. Observez le titre de l'œuvre dont le texte est extrait : qui en est le destinataire ?

7. À votre avis, ce destinataire est-il unique ou non ? Expliquez votre réponse.

Les conseils

8. Pourquoi, selon l'auteur, les regrets et les remords sont-ils vains ?

9. Donnez des exemples précis qui permettront de mieux comprendre les expressions « *une œuvre* », « *les affamés* », « *les persécutés* » (l. 10-11).

10. Selon André Maurois, dans quel domaine doit-on *agir* ?

11. Selon André Maurois, de quoi le bonheur est-il fait ?

ÉCRIRE

12. À partir de chacune des phrases suivantes, qui expriment des réalités concrètes, écrivez une phrase qui présentera une idée plus générale.
→ *Je pratique assidûment plusieurs sports.* → *Le sport est bon pour la santé.*

– Je déteste les gens qui mentent.
– Depuis mon enfance, j'ai déjà eu de nombreux « meilleurs amis » successifs.
– Plusieurs de mes amis dépensent tout leur argent de poche du mois en trois jours.

S'EXPRIMER À L'ORAL

13. Selon vous, pourquoi « *Le désaccord avec soi-même est [il] le pire des maux* » (l. 9) ?

14. Expliquez pourquoi, selon vous, les conseils des adultes peuvent être utiles aux jeunes, ou, au contraire, pourquoi vous pensez qu'ils sont inutiles. Illustrez vos arguments par des exemples.

LECTURES

▶ *Réfuter une idée fausse*

L'image, elle, ne ment pas

La décomposition d'une photo charge par AVELOT, fin XIXᵉ siècle.
Paris, Bibl. Nationale de France.
© J.-L. Charmet.

•─────────────
Pierre VIANSSON-PONTÉ
a été journaliste au quotidien *Le Monde*.
─────────────

    Voir : tout est là. Le journal peut mentir. La radio peut mentir. L'image, elle, ne ment pas ; elle est la réalité, elle est la vérité. Plus même : elle gagne en crédit ce que la parole et l'écrit ont perdu. Quiconque a, dans sa vie, pris une photographie ou a été photographié le
5 sait bien. Cette conviction, cette confiance absolue dans ce que les yeux ont vu, sont si ancrées dans l'esprit de chacun de nous qu'il doit faire un effort pour garder l'esprit critique.

180

Sur l'écran, un homme court. Derrière lui quelques agents courent aussi, plus vite, ils gagnent du terrain. Le fuyard, un malfaiteur sans doute, va être rattrapé. Mais le champ s'élargit et livre l'objet de la poursuite : tous courent pour prendre l'autobus. Nous avions vu une arrestation imminente, imaginé déjà toute une histoire. C'est l'exemple le plus classique et le plus simple d'images vraies qui imposent une idée fausse.

Au-delà, il y a la jeune mère qu'on complimente pour la beauté de son enfant et qui s'exclame : « Et encore, ce n'est rien ; si vous aviez vu le film que mon mari a pris dimanche ! » L'image, cette fois, est plus vraie que le vrai. Au-delà encore : le cameraman qui, filmant une cérémonie ou un voyage officiel, montre une foule immense et enthousiaste en braquant soigneusement son objectif sur la brigade des acclamations ; ou qui, au contraire, s'attarde sur les vides d'une assistance qui paraît ainsi dérisoire, ou donne la vedette à des contre-manifestants qui ne sont qu'une poignée. C'est le mensonge délibéré qui utilise le cadrage, le jeu du gros plan et du plan éloigné pour inverser les proportions, mille astuces techniques : le spectateur voit un lieu, une scène et pourtant il est trompé, il se trompe.

Pierre VIANSSON-PONTÉ, « L'image, elle, ne ment pas »,
© *Le Monde*, 25 juin 1972.

S'INFORMER

1. Qu'est-ce qu'un quotidien ? Quelle sorte de journal est *Le Monde* ?

2. Au C.D.I., consultez un ouvrage sur le cinéma : qu'est-ce qu'un gros plan ? un plan éloigné ?

LIRE LE TEXTE

Les média

3. Pourquoi peut-on croire que l'image, à l'inverse du journal ou de la radio, ne ment pas ?

4. Cherchez dans le texte la preuve que l'image peut mentir.

Le destinataire

5. Relevez la phrase du texte qui associe le lecteur à la réflexion.

6. À votre avis, quel est l'effet, pour l'argumentation, de cette association ?

L'esprit critique

7. Que signifie l'expression « *esprit critique* » (l. 7) ?

8. En quoi le deuxième paragraphe du texte s'oppose-t-il au premier ?

9. Relevez des exemples qui montrent que l'image peut mentir délibérément.

10. Relevez les différents procédés qui permettent de mentir grâce à l'image.

LIRE L'IMAGE

11. Dans l'illustration ci-contre, quels sont les petits tableaux qui vous semblent « mentir » le plus ? Par quel procédé mentent-ils ?

ÉCRIRE

12. Écrivez la scène suggérée aux lignes 11 et 12.

13. Écrivez un paragraphe pour dire si vous aimez ou non voir des photographies de vous-même. Expliquez pourquoi.

Lecture personnelle

Sur les contes de fées

    Qu'on me permette, à propos de contes, de raconter ici une petite histoire.

    Mon ami Jacques entra un jour chez un boulanger pour y acheter un tout petit pain qui lui avait fait envie en passant. Il destinait ce pain à un enfant qui avait perdu l'appétit et qu'on ne parvenait à faire manger un peu qu'en l'amusant. Il lui avait paru qu'un pain si joli devait tenter même un malade.

    Pendant qu'il attendait sa monnaie, un petit garçon de six ou huit ans, pauvrement mais proprement vêtu, entra dans la boutique du boulanger.

    « Madame, dit-il à la boulangère, maman m'envoie chercher un pain... »

    La boulangère monta sur son comptoir (ceci se passait dans une ville de province), tira de la case aux miches de quatre livres le plus beau pain qu'elle y put trouver, et le mit dans les bras du petit garçon.

    Mon ami Jacques remarqua alors la figure amaigrie et comme pensive du petit acheteur. Elle faisait contraste avec la mine ouverte et rebondie du gros pain dont il semblait avoir toute sa charge.

    « As-tu de l'argent ? » dit la boulangère à l'enfant.

    Les yeux du petit garçon s'attristèrent.

    « Non, madame, répondit-il en serrant plus fort sa miche contre sa blouse, mais maman m'a dit qu'elle viendrait vous parler demain.

    – Allons, dit la bonne boulangère, emporte ton pain, mon enfant.

    – Merci, madame », dit le pauvret.

    Mon ami Jacques venait de recevoir sa monnaie. Il avait mis son emplette dans sa poche et s'apprêtait à sortir, quand il retrouva immobile derrière lui l'enfant au gros pain qu'il croyait déjà bien loin.

    « Qu'est-ce que tu fais donc là ? dit la boulangère au petit garçon qu'elle avait aussi cru parti. Est-ce que tu n'es pas content de ton pain ?

    – Oh ! si, madame, dit le petit.

    – Eh bien ! alors, va le porter à ta maman, mon ami. Si tu tardes, elle croira que tu t'es amusé en route, et tu seras grondé. »

    L'enfant ne parut pas avoir entendu. Quelque chose semblait attirer ailleurs toute son attention. La boulangère s'approcha de lui, et lui donnant amicalement une tape sur la joue :

    « À quoi penses-tu, au lieu de te dépêcher ? lui dit-elle.

    – Madame, dit le petit garçon, qu'est-ce qui chante donc ici ?

    – On ne chante pas, répondit la boulangère.

    – Si, dit le petit. Entendez-vous : « Cuic, cuic, cuic, cuic ? »

La boulangère et mon ami Jacques prêtèrent l'oreille, et ils n'entendirent rien, si ce n'est le refrain de quelques grillons, hôtes ordinaires des maisons où il y a des boulangers.

« C'est-il un petit oiseau, dit le petit bonhomme, ou bien le pain qui chante en cuisant, comme les pommes ?

— Mais non, petit nigaud, lui dit la boulangère, ce sont les grillons. Ils chantent dans le fournil, parce qu'on vient d'allumer le four et que la vue de la flamme les réjouit.

— Les grillons ! dit le petit garçon ; c'est-il ça qu'on appelle aussi des cri-cris ?

— Oui », lui répondit complaisamment la boulangère.

Le visage du petit garçon s'anima.

« Madame, dit-il en rougissant de la hardiesse de sa demande, je serais bien content si vous vouliez me donner un cri-cri...

— Un cri-cri ! dit la boulangère en riant ; qu'est-ce que tu veux faire d'un cri-cri, mon cher petit ? Va, si je pouvais te donner tous ceux qui courent dans la maison, ce serait bientôt fait.

— Oh ! madame, donnez-m'en un, rien qu'un seul, si vous voulez ! dit l'enfant en joignant ses petites mains pâles par-dessus son gros pain. On m'a dit que les cri-cris, ça portait bonheur aux maisons ; et peut-être que s'il y en avait un chez nous, maman, qui a tant de chagrin, ne pleurerait plus jamais. »

Mon ami Jacques regarda la boulangère. C'était une belle femme, aux joues fraîches. Elle s'essuyait les yeux avec le revers de son tablier. Si mon ami Jacques avait eu un tablier, il en aurait bien fait autant.

« Et pourquoi pleure-t-elle, ta pauvre maman ? dit mon ami Jacques, qui ne put se retenir davantage de se mêler à la conversation.

— À cause des notes, monsieur, dit le petit. Mon papa est mort, et maman a beau travailler, nous ne pouvons pas toutes les payer. »

Mon ami Jacques prit l'enfant, et avec l'enfant le pain, dans ses bras ; et je crois qu'il les embrassa tous les deux.

Cependant la boulangère, qui n'osait pas toucher elle-même les grillons, était descendue dans son fournil. Elle en fit attraper quatre par son mari, qui les mit dans une boîte avec des trous sur le couvercle, pour qu'ils pussent respirer ; puis elle donna la boîte au petit garçon, qui s'en alla tout joyeux.

Quand il fut parti, la boulangère et mon ami Jacques se donnèrent une bonne poignée de main.

« Pauvre bon petit ! » dirent-ils ensemble.

La boulangère prit alors son livre de compte ; elle l'ouvrit à la page où était celui de la maman du petit garçon, fit une grande barre sur cette page, parce que le compte était long, et écrivit au bas : *payé*.

Pendant ce temps-là mon ami Jacques, pour ne pas perdre son temps, avait mis dans un papier tout l'argent de ses poches, où heureusement il s'en trouvait beaucoup ce jour-là, et avait prié la boulangère de l'envoyer bien vite à la maman de l'enfant aux cri-cris, avec sa note acquittée et un billet où on lui disait qu'elle avait un enfant qui ferait un jour sa joie et sa consolation. On donna le tout à un garçon boulanger, qui avait de grandes jambes, en lui recommandant d'aller vite. L'enfant

Lecture personnelle

avec son gros pain, ses quatre grillons et ses petites jambes, n'alla pas si vite que le garçon boulanger ; de façon que quand il rentra, il trouva sa maman, les yeux, pour la première fois depuis bien longtemps, levés de dessus son ouvrage et un sourire de joie et de repos sur les lèvres.

Il crut que c'était l'arrivée de ses quatre petites bêtes noires qui avait fait ce miracle, et mon avis est qu'il n'eut pas tort. Est-ce que sans les cri-cris et son bon cœur cet heureux changement serait **survenu** dans l'humble fortune de **sa mère** ?

Anonyme, XIXe siècle.
Intérieur d'une pâtisserie, 1866.
Copenhague, City Museum.
© Photo Josse.

Pourquoi cette historiette en tête d'une préface aux contes de Perrault ? me dira-t-on, à quoi peut-elle servir ?

À répondre par un fait, si menu qu'il soit, à cette catégorie d'esprits trop positifs, qui prétendent aujourd'hui, au nom de la raison, bannir le merveilleux du répertoire de l'enfance.

Dans cette histoire, il n'y a pas ombre de fée ni d'enchanteur ; c'est une histoire vraie jusque dans ses détails, et si, dans sa vérité, elle a réussi à prouver que pour l'enfance l'illusion, grâce à Dieu, est partout, et que pour elle le merveilleux se trouve jusque dans les réalités de la vie commune, elle est ici à sa place.

Cette innocente superstition aux êtres et aux choses qui portent bonheur, aux insectes, aux animaux, aux oiseaux de bon présage, cri-cris, hirondelles et autres, vous la trouverez en tous lieux et en tous pays. Vingt chefs-d'œuvre, écrits dans toutes les langues, l'ont consacrée. Niera-t-on que ce ne soit de la féerie dans son genre ? Non sans doute. Le grillon de ma boulangère, le grillon du foyer, ce cri-cri protecteur et mystérieux, ce cri-cri génie, je le tiens pour fée. Faut-il pour cela le détruire, faut-il le tuer, faut-il l'écraser dans le cœur des simples et des enfants ? Mais quand cet aimable mensonge, l'ami de leur maison, n'y

184

sera plus, qu'y aura gagné la maison, je vous prie ? Si le grillon est de trop, que d'illusions enfantines ou populaires, c'est tout un, il faudrait bannir de ce monde, depuis la foi au bonhomme Noël, descendant obligeamment tous les hivers, et à la même heure, par les tuyaux de toutes les cheminées, pour remplir de jouets les souliers et les sabots des enfants endormis, jusqu'à l'échange pieux ou naïf des gages de tendresse !

Vous êtes positif : avez-vous une bague au doigt ? Pourquoi cachez-vous dans votre poitrine ce médaillon qui renferme... quoi ? un chiffre, une initiale, une date, une mèche de cheveux, une fleur, un brin d'herbe, un symbole, une relique, un talisman, une superstition aussi ? Si vous voulez être conséquent avec vous-même, laissez cela à d'autres.

Mais où s'arrêter alors ? En vérité, les gens qui ont peur du merveilleux doivent être dans un grand embarras ; car, enfin, du merveilleux la vie et les choses en sont pleines. Est-ce que tout ce qui est bon en ce monde ne tient pas du miracle par un côté, et de la superstition par un autre ? Est-ce qu'il faut les cacher aussi les prodiges de l'amour, de tous les beaux et nobles amours, qui tous ont leurs héros, leurs martyrs, et par suite leurs légendes, légendes vraies, et pourtant par leur héroïsme même fabuleuses ?

Vous voulez supprimer les fées, cette première poésie du premier âge. Ce n'est pas assez : supprimez la poésie tout entière, supprimez la philosophie, supprimez jusqu'à la religion, jusqu'à l'histoire ; jusqu'à la science ; car en vérité le merveilleux est autour, sinon au fond de tout cela. Perrault est de trop aussi ! Mais alors Homère est de trop aussi ! Virgile, Dante, l'Arioste, le Tasse, Milton, Goethe et cent autres, les livres profanes et les livres saints eux-mêmes, sont de trop ! Avec quoi, s'il vous plaît, les élèverez-vous donc, vos malheureux enfants ? Vous ne leur apprendrez ni le grec, ni le latin, ni l'allemand, ni l'anglais ; vous leur interdirez aussi les fables, car enfin dans Ésope, dans Phèdre, dans La Fontaine, dans Lessing, dans Florian, cet autre classique du jeune âge, on voit que les bêtes parlent ; et cela aussi peut paraître contre nature à des gens qui cependant ne devraient guère s'en étonner.

Rien, vous ne pourrez rien découvrir aux enfants, si vous prétendez leur cacher le merveilleux, l'inexpliqué, l'inexplicable, l'impossible qui se trouvent dans le vrai tout aussi bien que dans l'imaginaire. L'histoire est pleine d'invraisemblances, la science, de prodiges ; la réalité abonde en miracles et ses miracles ne sont pas tous de choix, hélas ! Le réel est un abîme tout rempli d'inconnu ; demandez-le aux vrais savants. La science explique l'horloge, elle n'est pas parvenue encore à expliquer l'horloger. L'échec de la raison est au bout, au sommet de tous les savoirs, et vous-même, homme positif, vous êtes un mystère.

Ah ! revenez, revenons aux contes des fées pour les enfants, si, plus difficiles que La Fontaine, nous ne sommes pas assez bons pour y revenir pour nous-mêmes.

Si ces contes-là ne font pas de bien, ils ne font de mal à personne, du moins. Or c'est une qualité jusqu'à présent incontestée que l'innocence.

P.-J. STAHL ; « Préface » aux *Contes* de Perrault, 1861.
© Éditions Jean-Claude Lattès, Paris.

Les éléments de l'argumentation

OBSERVATION

Un jour, un homme a découvert que la plupart des maladies dont souffraient ses semblables venaient des infiniment petits.
Ce jour-là sont nées la microbiologie et la bactériologie.
Ce jour-là est né un immense espoir.
5 Mais c'est aussi ce jour-là qu'est né ce qui allait nous conduire à une immense peur : la guerre bactériologique.
Et nous pourrions dire la même chose de la chimie. Et nous pourrions dire la même chose de la physique nucléaire qui devait faire pleuvoir sur nous des richesses incommensurables. De la libération
10 de l'atome, l'homme pouvait tout attendre qui lui permît de faire de cette terre un paradis.
Sa première utilisation de cette découverte a coûté la vie à des milliers d'innocents.
Comment voudrais-tu qu'après tout cela, nous puissions encore
15 nous bercer d'illusions ?
Le silence de l'espace ouvre à l'homme la porte d'un nouvel espoir. Mais derrière cette porte, le corridor se partage. Deux chemins sont offerts, celui du bien, et celui du mal.

Bernard CLAVEL, *Le Massacre des innocents*,
© Éditions Robert Laffont, 1970.

Albert EDELFELT (1854-1905),
Pasteur dans son laboratoire,
1885, détail.
Paris, Musée d'Orsay.
© Photo Josse.

1. Quel est l'intérêt de la narration placée au début du texte ?

2. Consultez un manuel d'histoire, et dites à quel événement les lignes 12 et 13 font allusion.

3. D'après le texte, les affirmations suivantes sont-elles vraies ou fausses ?
– L'homme ne sait pas bien découvrir les secrets de la science,
– la science rend les hommes riches,
– l'homme peut utiliser la science pour faire le mal.

4. Formulez l'opinion défendue par Bernard Clavel dans ce texte.

LEÇON

A. La thèse

■ 1. L'énonciateur d'un discours argumentatif a pour but de convaincre. Il peut :
– **proposer une opinion** qu'il soutient. Cette opinion s'appelle la **thèse**,
– combattre **une opinion qu'il rejette**. Dans ce cas, on dit que l'opinion est **réfutée**.

■ **2.** La thèse proposée peut être **explicite** (c'est-à-dire qu'une phrase exprime clairement l'opinion proposée) ou **implicite** (c'est-à-dire que le lecteur doit la deviner à partir des arguments et des exemples employés).

→ *Quand on accueille beaucoup les êtres, on n'est jamais ce qui s'appelle seul.*
thèse explicite, formulée par Marguerite Yourcenar (page 177)

→ *La science est dangereuse.* thèse implicite, qui se déduit à la lecture du texte de B. Clavel.

B. Les arguments

Les **arguments** sont les **idées** développées pour défendre ou réfuter la thèse. C'est par des arguments bien **choisis**, **développés** et **organisés** en un raisonnement construit que le discours argumentatif atteint son but.

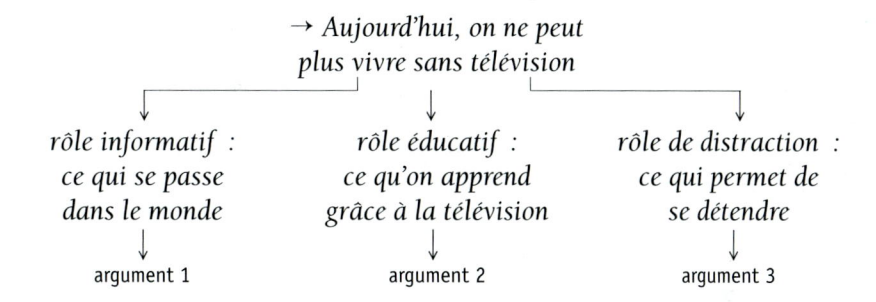

→ *Aujourd'hui, on ne peut plus vivre sans télévision*

rôle informatif : ce qui se passe dans le monde	rôle éducatif : ce qu'on apprend grâce à la télévision	rôle de distraction : ce qui permet de se détendre
↓	↓	↓
argument 1	argument 2	argument 3

C. Les exemples

Les exemples sont des faits ou des événements **concrets** cités pour **illustrer** les arguments, et les rendre plus compréhensibles.

On peut choisir des exemples dans l'actualité, dans la littérature ou le cinéma, ou dans son expérience personnelle.

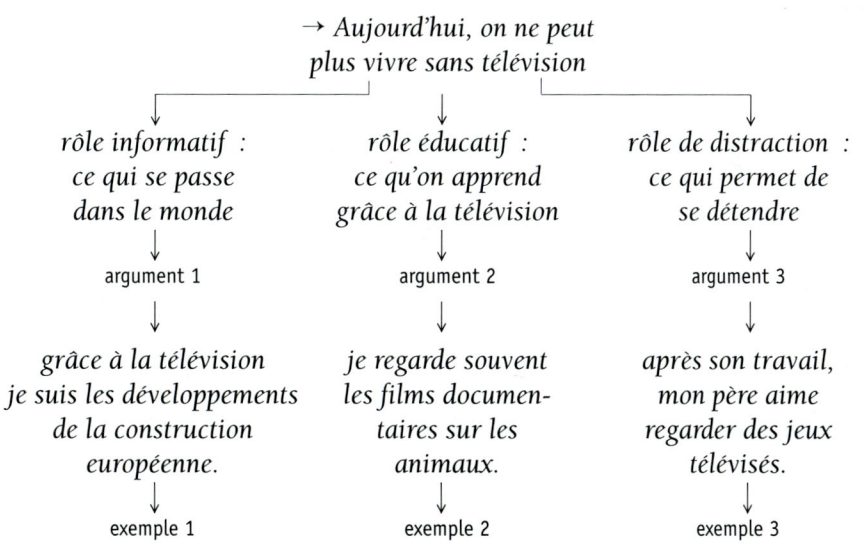

→ *Aujourd'hui, on ne peut plus vivre sans télévision*

rôle informatif : ce qui se passe dans le monde	rôle éducatif : ce qu'on apprend grâce à la télévision	rôle de distraction : ce qui permet de se détendre
↓	↓	↓
argument 1	argument 2	argument 3
↓	↓	↓
grâce à la télévision je suis les développements de la construction européenne.	je regarde souvent les films documentaires sur les animaux.	après son travail, mon père aime regarder des jeux télévisés.
↓	↓	↓
exemple 1	exemple 2	exemple 3

D. La visée argumentative

Certains articles de journaux, les discours politiques et les textes publicitaires ont une **visée argumentative**, puisqu'ils cherchent à convaincre.

Un texte **narratif**, **descriptif** ou **explicatif** peut être écrit dans le but de défendre ou de réfuter une thèse. Dans ce cas, l'histoire racontée, la réalité décrite, le phénomène expliqué servent la **visée argumentative**.

EXERCICES

1. Lisez les textes suivants, et dites s'ils sont ou non argumentatifs.

A

L'oreille n'est pas un simple et banal pavillon acoustique, c'est un organe plus complexe, une véritable « usine à entendre » [...]... qui comprend deux bâtiments. L'un est ouvert sur la rue, c'est l'oreille, l'autre est en nous : du nerf auditif jusqu'à notre conscience, il est fait de neurones, c'est-à-dire de cellules nerveuses bien plus nombreuses et bien plus enchevêtrées que dans le plus immense standard téléphonique, parcourues de signaux électriques un peu comme un ordinateur.

« La surdité », © *Bien-être et santé*, n° 147, décembre 1997-janvier 1998.

B

Que dire de ces plats journaux hebdomadaires, ornés d'images, où tous les arts et toutes les sciences sont mis à la portée du regard le plus distrait ? Voyages, politique, économie, médecine, biologie, on y cueille tout ; et les auteurs ont enlevé toutes les épines. Ce maigre plaisir ennuie ; il donne le dégoût des choses de l'esprit, qui sont sévères d'abord mais délicieuses.

ALAIN, *Propos sur l'éducation*. © P.U.F.

C

Arturo avait invité ses amis de Warszawa. Ils étaient forts et richement vêtus. Leurs pourpoints étaient de couleurs folles. Quand il fut minuit, ils chantèrent en polonais, et leurs voix couvrirent le brouhaha de la fête.

Puis le duc s'approcha des mariés et offrit un coffret de bois au Grand, qui l'ouvrit sans un mot.

Christophe BATAILLE, *Le Maître des heures*, © Éditions Grasset et Fasquelle, 1997.

2. Associez chaque argument de la liste A. à l'exemple de la liste B. qui lui correspond.

A

1. On choisit ses amis, on ne choisit pas sa famille.
2. Les découvertes de l'enfance restent importantes pour toute notre vie.
3. Il ne faut pas confondre amis et relations.
4. Les fêtes sont des moments difficiles pour les personnes seules.

B

a. Noël est la fête de famille par excellence : cette année, des chômeurs et des sans-abri se sont réunis pour échapper à la solitude.
b. Je sais exactement pourquoi j'aime Luc et Coralie : ils sont gais et serviables ; alors que mes cousins et cousines m'ennuient.
c. Parvenu à l'âge adulte, Marcel Pagnol était encore émerveillé par le souvenir de la partie de chasse qu'il raconte dans *La Gloire de mon père*.
d. Les personnes avec lesquelles je travaille sont agréables, mais ce n'est pas avec elles que je partage les moments importants de ma vie.

3. Lisez les textes suivants, relevez les arguments et les exemples, et recopiez la phrase qui exprime explicitement la thèse soutenue.

A

Je ne vais plus au Louvre depuis qu'il a un tel succès. J'aime la pyramide et tous les aménagements qui ont été effectués, mais la foule me fait peur. Pour moi, la peinture, c'est aussi le silence. J'adore les musées de New York, le MoMA (Museum of Modern Art), le Metropolitan Museum of Art, le Whitney Museum, à cause de cette tranquillité qu'on y trouve – les Américains n'aiment-ils donc pas la peinture, que leurs musées soient toujours aussi déserts ?... Bref, seuls m'attirent les musées devant lesquels il n'y a pas de cars de touristes.

Le Louvre... J'y allais pourtant souvent autrefois. Avant qu'il ne connaisse cet engouement étonnant. Je passais des heures devant les tableaux de l'école italienne : *Le Concert champêtre*, notamment. Chaque visite me procurait un plaisir renouvelé : un détail en arrière-plan, un indice que je n'avais pas encore repéré. C'était comme un voyage dans l'infini.

Les livres d'art ont-ils remplacé les musées ? Pour moi, c'est le cas. Ils sont bien plus beaux et plus précis qu'autrefois. Alors au lieu de me rendre à tel ou tel endroit, je me plonge avec délice dans la bibliothèque. Je m'absorbe dans une œuvre. Personne ne vient me troubler.

Alain RESNAIS, « Un monde de silence », propos recueillis par Marie-Élisabeth Rouchy, © *Télérama*, numéro spécial « Le Louvre ».

B

Comme le disait Rilke, « le futur entre en nous bien avant qu'il n'arrive ». Certains disent que la technologie va devenir notre destin. Je ne crois pas à ce nouveau déterminisme et je doute que toutes ces prothèses technologiques puissent faciliter l'accès au bonheur. La technologie ne saurait résoudre tous les problèmes de l'humanité, même si elle peut favoriser un meilleur développement de chacun. Faut-il être optimiste ou pessimiste ? La question n'est pas là. Face à un anticyclone ou à un ouragan, doit-on être optimiste ou pessimiste ? Il me semble qu'il faut d'abord avoir de bons instruments de mesure. Nous allons traverser des zones de turbulences et de paradoxes. Par exemple, nous allons vivre de plus en plus vieux, et en même temps, jamais on n'a tant valorisé la jeunesse. Cela risque d'être difficile à vivre, particulièrement pour les femmes.

Jérôme BINDÉ, directeur de l'office
d'analyse et de prévision de l'Unesco,
propos recueillis par Catherine Wrobel,
© Atmosphères, n° 24, décembre 1998 – janvier 1999.

C

J'estime que le boycott des produits fabriqués par les enfants n'est pas une solution. Le travail des enfants est souvent une contribution essentielle au revenu minimum de survie de la famille. Si l'on donne une réponse morale, qui est celle du boycott, à une situation qui a un fondement essentiellement économique, on est en décalage : on se donne surtout bonne conscience. Plusieurs témoignages prouvent que le boycott n'est pas la solution adaptée. Ainsi, quand les États-Unis ont décidé d'interdire l'importation de produits fabriqués par des enfants, près de cinquante mille enfants du secteur de l'habillement ont été jetés à la rue du jour au lendemain au Bangladesh.

Paul ÉRARD, « Faut-il boycotter
les produits fabriqués par des enfants ? »
© Ça m'intéresse, n° 208, juin 1998.

4. Recopiez le schéma suivant, en le complétant par les éléments de l'argumentation qui manquent.

```
                    L'informatique isole
                         les êtres
            ┌────────────────┼────────────────┐
            ↓                ↓                ↓
        solitude            ...          suppression
      de chacun                         des occasions
      devant son                         de rencontre
      ordinateur...                      à cause des
            ↓                             services offerts
                                          par la télématique
                                                ↓
        argument 1       argument 2        argument 3
            ↓                ↓                ↓
           ...         les personnes         ...
                        très âgées
                      n'accéderont jamais
                        au monde de
                       l'informatique
        exemple 1       exemple 2         exemple 3
```

5. Relisez le texte C. de l'exercice 3, et trouvez deux arguments et deux exemples pour réfuter la thèse défendue par Pascal Érard dans son article.

6. À propos du tableau suivant – dont vous observerez le titre – vous écrirez un paragraphe argumentatif qui contiendra une opinion appuyée sur deux arguments. Vous illustrerez ces arguments par deux exemples tirés de votre expérience personnelle ou de l'actualité.

Angelo MORBELLI
(1853-1919),
Jour de fête à l'hospice Trivulzio à Milan, 1892.
Paris, Musée d'Orsay.
© Photo Josse.

LECTURE DE L'IMAGE

LA PHOTOGRAPHIE DE PRESSE

© Dennis STOCK, *Soudan*, 1991. Magnum Photos.

1. À l'aide d'un atlas et d'un dictionnaire, situez le Soudan.

2. Qu'est-ce qui montre la pauvreté des personnes photographiées ?

3. Comment appelle-t-on les récipients africains visibles sur la photographie ?

4. À votre avis, que vont chercher ces personnes ?

5. Pour quelle raison, selon vous, le photographe a-t-il choisi ce cadrage de l'image ?

Le 11 mai 1968 au matin, rue Gay-Lussac, © Bruno BARBEY/Magnum.

1. À l'aide d'un dictionnaire ou d'une encyclopédie, renseignez-vous sur les événements de mai 1968 en France.

2. Quels sont les éléments de la photographie qui montrent ce qui s'est passé ?

3. À quel moment la photographie a-t-elle été prise ?

4. À quel moment les événements se sont-ils produits ?

5. Observez l'attitude des personnes présentes : quelles différences remarquez-vous ?

6. Selon vous, de quel endroit la photographie a-t-elle été prise ? pour quelle raison ?

8. Réunir les éléments de l'argumentation

Chapitre 9. Organiser l'argumentation

OBJECTIFS ▶ *Construire un texte argumentatif*
Présenter les arguments de façon efficace

LECTURES

▷ **Préciser les objectifs du chapitre**
   Environnement et santé, entretien avec Jean-Marie Pelt

▷ **Ordonner les arguments**
   Une lecture inoubliable de Serge Carrère

▷ **Argumenter pour agir : l'engagement**
   Lettres de Voltaire

▷ **Le dialogue argumentatif**
   Eugénie Grandet de Honoré de Balzac

▷ **La présentation des arguments**
   Lettres d'Espagne de Prosper Mérimée

LECTURE PERSONNELLE
L'Équation du nénuphar de Albert Jacquard

LECTURE-ÉCRITURE
Rédiger un paragraphe argumentatif

PROLONGEMENTS
Introduire et conclure une argumentation

LECTURE DE L'IMAGE
Publicité : l'argumentation en images

Marcel DUCHAMP (1887-1968), *Boîte en valise,* 1938. Paris M.N.A.M.
Doc. photo du M.N.A.M. © Succession Marcel Duchamp / Adapg, Paris, 1999.

LECTURES

▶ *Préciser les objectifs du chapitre*

Miniature, Italie XVe s.
Art médiéval gothique
« Pline Codex :
« Histoire naturelle ».
Livre 1. Lettre A ornée :
les soins aux arbres.
Venise, Bibliothèque Marciana.
© GF – Giraudon.

Environnement et santé

Le magazine *Bien-être et santé* est offert par les pharmaciens à leurs clients, qui peuvent y trouver des informations sur la nutrition, l'hygiène, les maladies, les traitements et les questions du monde actuel.

Jean-Marie Pelt est pharmacien. Il est le créateur de l'Institut européen d'écologie.

BIEN-ÊTRE ET SANTÉ. – L'énergie nucléaire vous inquiète-t-elle également ?

JEAN-MARIE PELT. – La pollution radioactive a de quoi inquiéter. L'accident de Tchernobyl a été la plus grande catastrophe technologique
5 et écologique de l'histoire de l'humanité. Et en dehors des accidents, je pense que le nucléaire ne sera pas une source d'avenir dans sa forme actuelle, car nous n'avons toujours pas trouvé de solution satisfaisante concernant les déchets. Nous savons par ailleurs que le parc actuel des centrales arrivera à obsolescence dans 15 à 20 ans et que le démontage
10 de ces centrales entraînera une quantité colossale de déchets dont on ne saura pas quoi faire. La solution de les enterrer n'est pas du tout satisfaisante sous l'angle écologique. Encore une fois, il faudra s'orienter vers des énergies moins polluantes et surtout explorer toutes les possibilités des énergies renouvelables : l'énergie solaire, l'énergie des végétaux dits
15 « bio-carburants » et l'énergie des vents et marées.

[...]

B.S. – Dernière en date, ce que vous appelez la pollution génétique. En quoi la génétique est-elle préoccupante pour vous ?

J.-M. P. – Depuis le néolithique on a modifié les végétaux et les ani-
20 maux par croisement, par hybridation en sélectionnant les meilleurs sujets. Par ce processus proche de la nature, on ne croisait que ce qui voulait bien se croiser. Maintenant on peut prendre un gène d'une espèce quelconque et l'introduire dans une autre espèce. On peut mélanger les gènes dans tous les sens, dans tous les règnes, en passant des
25 micro-organismes aux animaux, aux végétaux et à l'Homme. Le champ des possibles s'est brusquement étendu. C'est une situation tout à fait nouvelle, tout va très vite et très loin. Ne devons-nous pas poser la question : jusqu'où aller pour ne pas avoir de retombées fâcheuses ?

[...]

30 B.S. – Dans l'état actuel des choses, que proposez-vous ?

J.-M. P. – Dans tous ces domaines que nous évoquons, il faut des stratégies planétaires. C'est d'ailleurs pour cela que l'écologie a émergé sous le thème « la planète est malade ». Les réunions internationales comme à Rio ou à Kyoto sont importantes parce qu'elles entraînent une
35 nouvelle forme d'action politique dans le sens le plus noble du terme. [...] Car on peut regretter que les scientifiques aient tendance à vivre dans leur tour d'ivoire, chacun dans le monde fermé de sa discipline. C'est pourquoi dans notre Institut, nous organisons des colloques réunissant des participants de tous horizons, tous publics, pour réfléchir à ces différentes
40 questions. Les enjeux sont de plus en plus forts et par conséquent la nécessité de lier science avec conscience est de plus en plus grande. Le formidable bond en avant de la génétique ne serait-il pas un saut à risque vers l'inconnu ? Pour que la recherche soit poussée plus avant dans ce thème, ne mériterait-elle pas que l'on y réfléchisse et, en fonction du
45 « principe de précaution », que l'on respecte un moratoire, une pause pour y voir plus clair et mieux connaître l'écologie du gène.

Jean-Marie PELT, interrogé dans le magazine
Bien-être et santé, n° 155, octobre 1998.

PRÉCISER LES OBJECTIFS

1. Résumez en une phrase les préoccupations générales exprimées par J.-M. Pelt.

2. Donnez un titre à chaque réponse de J.-M. Pelt.

3. Relevez deux exemples de rappels historiques : selon vous, quelle est leur utilité ?

4. Relevez des expressions qui prouvent que J.-M. Pelt s'interroge sur l'avenir de l'humanité.

5. Dans la première réponse de J.-M. Pelt, relevez l'expression qui sert à apporter un argument* supplémentaire.

6. Dans la deuxième réponse, quelles sont les expressions qui permettent d'ordonner la réflexion selon la chronologie* ?

7. Dans la troisième réponse, relevez les mots-outils qui indiquent la cause, la conséquence, et le but.

Italie XVᵉ s. « Dioscoride : Herbarium ».
Récolte de térébenthine (résine), plante.
Modène, Bibl. Estense
© GF-Giraudon.

▶ *Ordonner les arguments*

Une lecture inoubliable

Serge Carrère est illustrateur. Ce texte dont il est l'auteur se trouve dans le recueil *Une lecture inoubliable* : des écrivains, des éditeurs, des professeurs, des illustrateurs et des élèves d'un collège ont présenté le livre qu'ils n'oublieront jamais, à la demande de Jean-Paul Nozière, écrivain et documentaliste, qui anime la revue *Fortissimots*.

« Une lecture restée inoubliable ? »

Comment interpréter cette phrase ? Comment isoler une lecture de tant d'autres ? Faut-il, dans le cadre de la revue *Fortissimots*, parler d'un texte pour la jeunesse ou bien d'une œuvre en général ?

Pour ma part, j'ai choisi de puiser dans mes souvenirs d'enfance et un livre s'est imposé à ma mémoire : *Les Aventures de Tom Sawyer* de Mark Twain.

Pourquoi celui-là et pas un autre ? Je ne saurais l'expliquer. Sinon par le fait que lorsque je le lisais, je n'étais plus un simple lecteur, j'étais Tom Sawyer ! C'est une faculté que nous avons, enfants, de nous projeter entièrement, corps et âme, dans tel ou tel univers, dans tel ou tel personnage, jusqu'à ne faire qu'un avec lui. Contrairement à l'adulte, qui intellectualise tant la forme que le fond d'un ouvrage, l'enfant, lui, a une relation plus instinctive avec celui-ci. Et pour moi, ce roman de Mark Twain était devenu un compagnon.

Pourquoi celui-là et pas un autre ? peut-être parce qu'il possède en lui tous les mythes de la jeunesse.

– Le mythe de l'Amérique : celle des pionniers, des cow-boys et des Indiens tels qu'on pouvait se les imaginer.

– Le mythe de l'enfant sauvage : ici personnifié à travers Huckleberry Finn, le garçon avec qui Tom Sawyer, et par là-même le lecteur, veut partager sa vie et son amitié.

– Le mythe de la mort et de la résurrection : où Tom Sawyer assiste, en cachette, à son enterrement, et devant le chagrin de ses proches décide de réapparaître.

Enfin le mythe de l'aventure : les grands espaces, les rives du Mississippi, la fuite en avant avec la peur au ventre quand un meurtrier, se nommant Joe l'indien, vous pourchasse pour vous faire la peau, la découverte d'un trésor...

Ajoutez à tout cela une écriture fluide, une pointe d'humour et une bonne dose de suspense.

Saupoudrez le tout d'une grosse bouffée de nostalgie, et vous obtiendrez ce qui pour moi reste une lecture inoubliable.

Serge Carrère,
dans *Une lecture inoubliable*, Dir. J. P. Nozière.
© Seuil, 1997.

Illustration pour un livre d'enfant.
Allemagne, fin XIXᵉ s.
Paris, Bibl. des Arts décoratifs.
© J.-L. Charmet.

LIRE LE TEXTE

L'argumentation

1. Quelle est la visée* de ce texte ?

2. Quelles lignes du texte sont consacrées à l'exposé de la question ? Quelles lignes du texte développent l'argumentation ?

3. Relevez la phrase qui introduit l'argumentation.

4. Relevez une phrase qui sera contredite par l'argumentation.

L'organisation

5. Quel détail de mise en page prouve que l'auteur a eu le souci d'ordonner et de structurer son argumentation ?

6. Relevez les arguments utilisés par l'auteur.

7. Lequel de ces arguments se trouve subdivisé en plusieurs parties ?

8. Après avoir vérifié le sens de « *mythe* * » dans le lexique, dites pourquoi les mythes évoqués par l'auteur lui semblent les « mythes de la jeunesse ».

9. Relevez les trois mots qui ordonnent la fin de l'argumentation.

LIRE L'IMAGE

10. L'illustration choisie pour le texte vous semble-t-elle se rattacher précisément à l'un des mythes évoqués par Serge Carrère ? Justifiez votre réponse.

ÉCRIRE

11. Utilisez les trois mots relevés dans la question **9** pour terminer un paragraphe argumentatif qui commencerait par : « Les adolescents aiment se retrouver entre eux parce qu'il est plus facile de parler à ceux dont on partage les intérêts. De plus, ils ont les mêmes soucis, et rient des mêmes choses... »

S'EXPRIMER À L'ORAL

12. À l'oral, essayez de convaincre vos camarades de classe qu'ils doivent lire le livre que vous préférez, écouter le disque que vous aimez, ou pratiquer le sport qui vous amuse le plus. Vous pouvez préparer vos arguments par écrit, sans toutefois les rédiger entièrement, pour que votre expression soit plus vivante et plus naturelle.

9. Organiser l'argumentation

LECTURES

▶ *Argumenter pour agir : l'engagement*

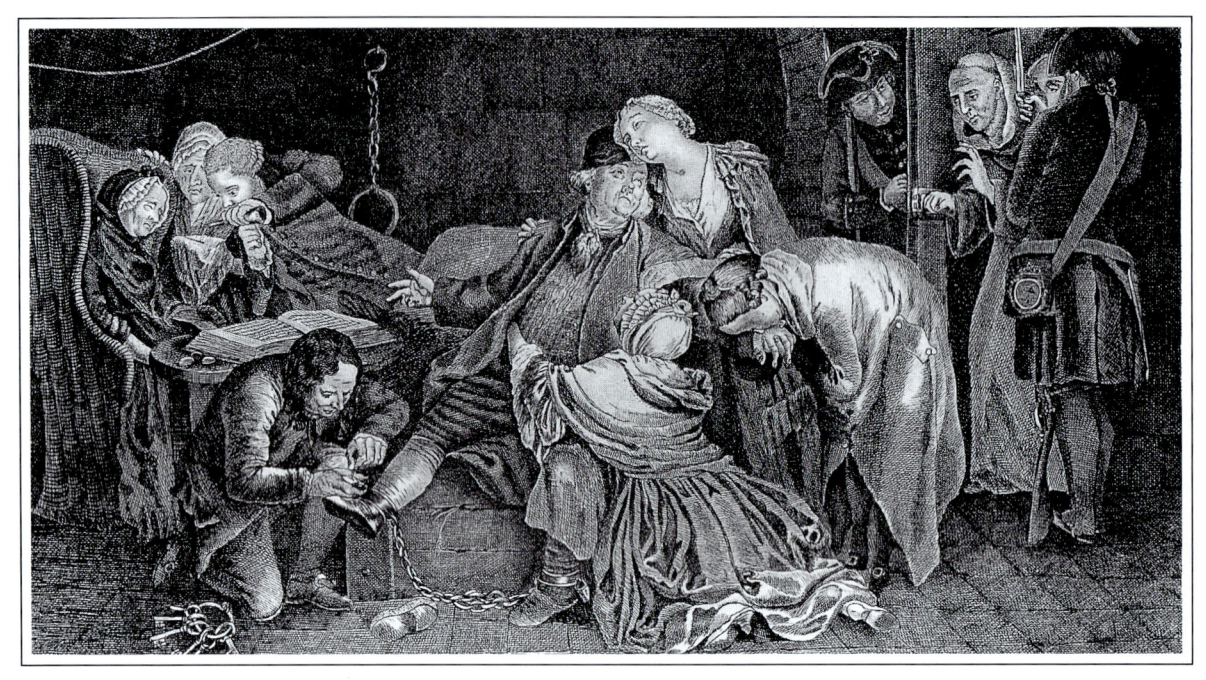

Les Adieux de Calas à sa famille. Gravure du XVIIIᵉ s. Paris, Bibl. Nationale. © Photo Jean-Loup Charmet.

Lettres

Calas, fils d'un marchand protestant toulousain, fut trouvé pendu la veille du jour où il devait se convertir au catholicisme. On accusa son père de l'avoir assassiné pour l'empêcher de changer de religion. Le père fut exécuté le 9 mars 1762. Voltaire obtint sa réhabilitation en 1765.

À Monsieur le Comte d'Argental

À Ferney, 27 mars 1762.

Vous me demanderez peut-être, mes divins anges, pourquoi je m'intéresse si fort à ce Calas qu'on a roué ; c'est que je suis homme, c'est que je vois tous les étrangers indignés, c'est que tous vos officiers suisses protestants disent qu'ils ne combattront pas de grand cœur pour
5 une nation qui fait rouer leurs frères sans aucune preuve.
　Je me suis trompé sur le nombre des juges, dans ma lettre à M. de la Marche. Ils étaient treize ; cinq ont constamment déclaré Calas innocent. S'il avait eu une voix de plus en sa faveur, il était absous. À quoi tient donc la vie des hommes ? à quoi tiennent les plus horribles sup-
10 plices ? Quoi ! parce qu'il ne s'est pas trouvé un sixième juge raisonnable, on aura fait rouer un père de famille ! on l'aura accusé d'avoir pendu son propre fils, tandis que ses quatre autres enfants crient qu'il était le meilleur des pères !…

• **VOLTAIRE** (1694-1778) s'appelait en réalité Jean-Marie Arouet. Il a écrit des contes, des pièces de théâtre et des essais philosophiques. Il a pris position à propos des événements de son temps, et notamment à propos de l'affaire Calas.

Ce pauvre homme criait sur la roue qu'il était innocent ; il pardonnait à ses juges ; il pleurait son fils auquel on prétendait qu'il avait donné la mort. Un dominicain, qui l'assistait d'office sur l'échafaud, dit qu'il voudrait mourir aussi saintement qu'il est mort. Il ne m'appartient pas de condamner le parlement de Toulouse ; mais enfin il n'y a eu aucun témoin oculaire ; le fanatisme du peuple a pu passer jusqu'à des juges prévenus. Plusieurs d'entre eux peuvent s'être trompés. N'est-il pas de la justice du roi et de sa prudence de faire au moins représenter les motifs de l'arrêt[1] ? Cette seule démarche consolerait tous les protestants de l'Europe et apaiserait les clameurs. Avons-nous besoin de nous rendre odieux ? Ne pourriez-vous pas engager M. le comte de Choiseul à s'informer de cette horrible aventure qui déshonore la nature humaine, soit que Calas soit coupable, soit qu'il soit innocent ? Il est utile d'approfondir la vérité. Mille tendresses à mes anges.

VOLTAIRE, *Lettres*.

1. représenter les motifs de l'arrêt : dire clairement sur quelles raisons se fonde le jugement qui a condamné Calas.

S'INFORMER

1. À l'aide d'un dictionnaire des noms propres, renseignez-vous sur M. le comte de Choiseul.

LIRE LE TEXTE

Énonciateur* et destinataire*

2. Quels éléments du texte permettent de dire qu'il s'agit d'une lettre ?

3. Quelle expression du texte conduit à penser que le destinataire connaît le ministre Choiseul ?

4. À votre avis, qui sont les « anges » évoqués aux lignes 1 et 27 ?

L'affaire Calas

5. Relisez le deuxième paragraphe du texte, et déduisez les règles de fonctionnement appliquées par le tribunal qui a jugé Calas.

6. Relevez les arguments employés par Voltaire pour affirmer que Calas est un honnête homme.

7. Quels éléments de la lettre et du paratexte* montrent que Voltaire a poussé son argumentation jusqu'à l'action concrète ?

La présentation des arguments

8. La question évoquée dès les premiers mots du texte est une question rhétorique, c'est-à-dire qu'elle n'est qu'un procédé de style pour rendre l'argumentation plus efficace. Elle n'attend pas de réponse. Formulez directement la question posée. Indiquez l'effet de la question rhétorique.

9. Relevez d'autres questions rhétoriques dans le texte.

10. Relevez l'anaphore* utilisée par Voltaire dans le premier paragraphe. Pourquoi l'auteur a-t-il utilisé ce procédé d'écriture ?

11. Quels signes de l'indignation de Voltaire peut-on relever dans le deuxième paragraphe ?

ÉCRIRE

12. Qu'est-ce qui, dans le monde actuel, vous révolte le plus ? Écrivez une lettre destinée au courrier des lecteurs d'un journal, et défendez votre point de vue à l'aide d'arguments présentés sur le ton de l'indignation.

13. Lisez *Le Déserteur* de Boris Vian, page 245, et, à partir de cette chanson et de la lettre de Voltaire, expliquez par écrit à un camarade ce qu'est un auteur engagé.

S'EXPRIMER À L'ORAL

14. Racontez un cas d'injustice que vous avez trouvé révoltant, et organisez un débat à ce sujet dans la classe. Un meneur de jeu sera chargé de distribuer équitablement les temps de parole, et de faire respecter l'expression de chacun.

9. Organiser l'argumentation

Le dialogue argumentatif

Eugénie Grandet

Honoré de Balzac (1799-1850) a écrit *Eugénie Grandet*, un roman dans lequel il dépeint Monsieur Grandet, le type même de l'avare.

Eugénie est tombée amoureuse de Charles, un cousin de passage, ruiné et sans scrupules. Elle lui a prêté les pièces d'or que son père lui offre chaque année. Monsieur Grandet, qui vient de lui donner encore une pièce d'or, demande à voir ses écus.

— Ma fille, lui dit Grandet, vous allez me dire où est votre trésor.
— Mon père, si vous me faites des présents dont je ne sois pas entièrement maîtresse, reprenez-les, répondit froidement Eugénie en cherchant le napoléon sur la cheminée et le lui présentant.
5   Grandet saisit vivement le napoléon et le coula dans son gousset.
— Je crois bien que je ne te donnerai plus rien. Pas seulement ça ! dit-il en faisant claquer l'ongle de son pouce sous sa maîtresse dent. Vous méprisez donc votre père, vous n'avez donc pas confiance en lui, vous ne savez donc pas ce qu'est un père. S'il n'est pas tout pour vous, il
10 n'est rien. Où est votre or ?
— Mon père, je vous aime et vous respecte, malgré votre colère ; mais je vous ferai humblement observer que j'ai vingt-deux ans. Vous m'avez assez souvent dit que je suis majeure, pour que je le sache. J'ai fait de mon argent ce qu'il m'a plu d'en faire, et soyez sûr qu'il est bien
15 placé...
— Où ?
— C'est un secret inviolable, dit-elle. N'avez-vous pas vos secrets ?
— Ne suis-je pas le chef de ma famille, ne puis-je avoir mes affaires ?
— C'est aussi mon affaire.
20 — Cette affaire doit être mauvaise, si vous ne pouvez pas la dire à votre père, mademoiselle Grandet.
— Elle est excellente, et je ne puis pas la dire à mon père.
— Au moins quand avez-vous donné votre or ? Eugénie fit un signe de tête négatif. — Vous l'aviez encore le jour de votre fête, hein ? Eugé-
25 nie, devenue aussi rusée par amour que son père l'était par avarice, réitéra le même signe de tête. — Mais l'on n'a jamais vu pareil entêtement, ni vol pareil, dit Grandet d'une voix qui alla *crescendo* et qui fit graduellement retentir la maison. Comment ! ici, dans ma propre maison, chez moi, quelqu'un aura pris ton or ! Le seul or qu'il y avait ! et
30 je ne saurai pas qui ? L'or est une chose chère. Les plus honnêtes filles peuvent faire des fautes, donner je ne sais quoi, cela se voit chez les

grands seigneurs et même chez les bourgeois, mais donner de l'or, car vous l'avez donné à quelqu'un, hein ? Eugénie fut impassible. A-t-on vu pareille fille ! Est-ce moi qui suis votre père ? Si vous l'avez placé, vous
35 en avez un reçu...

– Étais-je libre, oui ou non, d'en faire ce que bon me semblait ? Était-ce à moi ?

– Mais tu es une enfant.

– Majeure.

40 Abasourdi par la logique de sa fille, Grandet pâlit, trépigna, jura ; puis trouvant enfin des paroles, il cria : « Maudit serpent de fille ! ah ! mauvaise graine, tu sais bien que je t'aime, et tu en abuses. Elle égorge son père ! Pardieu, tu auras jeté notre fortune aux pieds de ce va-nu-pieds, qui a des bottes de maroquin. Par la serpette de mon père, je ne
45 peux pas te déshériter, nom d'un tonneau ! mais je te maudis, toi, ton cousin, et tes enfants ! Tu ne verras rien arriver de bon de tout cela, entends-tu ? Si c'était à Charles, que ... Mais non, ce n'est pas possible. Quoi ! ce méchant mirliflor m'aurait dévalisé... »

Honoré DE BALZAC, *Eugénie Grandet*.

S'INFORMER

1. Renseignez-vous au C.D.I. : à quel genre* littéraire *Eugénie Grandet* appartient-il ?

LIRE LE TEXTE

Des arguments

2. Relevez les différents arguments développés par Grandet pour convaincre sa fille de lui obéir.

3. Relevez les arguments avancés par Eugénie pour justifier son refus.

4. Quel argument est présenté deux fois, avec deux formulations différentes ?

Des comportements

5. Relevez les signes de ponctuation qui montrent la colère de Grandet.

6. D'après le texte, quel a été jusqu'ici le comportement d'Eugénie envers son père ?

7. Grandet a-t-il deviné ce qu'a fait Eugénie de son or ? Qu'est-ce qui le prouve ?

La progression de l'argumentation

8. Quel personnage parle beaucoup ? quel personnage parle peu ? pourquoi ?

9. Observez les arguments employés par Eugénie ; sur quoi s'appuient-ils ? Observez les arguments de Grandet ; sur quoi s'appuient-ils ?

10. Après certaines réponses d'Eugénie, Grandet a différentes réactions. Nommez trois de ces réactions.

ÉCRIRE

11. Écrivez une scène qui pourrait être filmée : un père gronde son fils qui refuse de venir en aide à un camarade. Les arguments de l'un et de l'autre seront développés dans un dialogue au style direct.

S'EXPRIMER À L'ORAL

12. Organisez un débat dans la classe : Sommes-nous ou non libres de faire ce que nous voulons des cadeaux que nous offrent nos parents ? Soutenez votre opinion par des arguments illustrés d'exemples.

LECTURES

▶ *La présentation des arguments*

Lettres d'Espagne

Madrid, 25 octobre 1830

Monsieur,

Les courses de taureaux sont encore très en vogue en Espagne ; mais parmi les Espagnols de la classe élevée il en est peu qui n'éprouvent une espèce de honte à avouer leur goût pour un genre de spectacle certainement fort cruel ; aussi cherchent-ils plusieurs graves raisons
5 pour le justifier. D'abord c'est un amusement national. Ce mot *national* suffirait seul, car le patriotisme d'antichambre[1] est aussi fort en Espagne qu'en France. Ensuite, disent-ils, les Romains étaient encore plus barbares que nous, puisqu'ils faisaient combattre des hommes contre des hommes. Enfin, ajoutent les économistes, l'agriculture profite de cet
10 usage, car le haut prix des taureaux de combat engage les propriétaires à élever de nombreux troupeaux. Il faut savoir que tous les taureaux n'ont point le mérite de courir sus[2] aux hommes et aux chevaux, et que sur vingt il s'en trouve à peine un assez brave pour figurer dans un cirque[3] : les dix-neuf autres servent à l'agriculture. Le seul argument que l'on
15 n'ose présenter, et qui serait pourtant sans réplique, c'est que, cruel ou non, ce spectacle est si intéressant, si attachant, produit des émotions si puissantes, qu'on ne peut y renoncer lorsqu'on a résisté à l'effet de la première séance. Les étrangers, qui n'entrent dans le cirque la première fois qu'avec une certaine horreur, et seulement afin de s'acquitter en
20 conscience des devoirs de voyageur[4], les étrangers, dis-je, se passionnent bientôt pour les courses de taureaux autant que les Espagnols eux-mêmes. Il faut en convenir à la honte de l'humanité, la guerre avec toutes ses horreurs a des charmes extraordinaires, surtout pour ceux qui la contemplent à l'abri.
25 [...] La première fois que j'entrai dans le cirque de Madrid, je craignis de ne pouvoir supporter la vue du sang que l'on y fait délibérément couler ; je craignais surtout que ma sensibilité, dont je me défiais, ne me rendît ridicule devant les amateurs endurcis qui m'avaient donné une place dans leur loge. Il n'en fut rien. Le premier taureau qui parut
30 fut tué ; je ne pensais plus à sortir. Deux heures s'écoulèrent sans le moindre entracte, et je n'étais pas encore fatigué. Aucune tragédie au monde ne m'avait intéressé à ce point. Pendant mon séjour en Espagne, je n'ai pas manqué un seul combat, et, je l'avoue en rougissant, je préfère les combats à mort à ceux où l'on se contente de harceler les taureaux
35 qui portent des boules à l'extrémité de leurs cornes.

Prosper MÉRIMÉE, *Lettres d'Espagne*.

• **Prosper MÉRIMÉE** (1803-1870) était un grand voyageur. En 1830, il visite l'Espagne, pays alors peu fréquenté, et considéré comme exotique. Ce voyage est à l'origine de *Carmen*, un roman paru en 1845. Les *Lettres d'Espagne*, elles, sont adressées au directeur de *La Revue de Paris* dans laquelle elles ont été publiées.

1. **le patriotisme d'antichambre** : le patriotisme excessif, le chauvinisme.
2. **courir sus** : attaquer.
3. **un cirque** : une arène.
4. **les devoirs de voyageur** : les visites et expériences que doit faire tout voyageur en pays étranger.

Pablo P<small>ICASSO</small> (1881-1973),
Corrida : la mort du torero, 1933.
Paris, Musée Picasso.
Photo Josse.
© Succession Picasso, 1999.

LIRE LE TEXTE

La progression de l'argumentation

1. Relevez, au début du texte, la proposition indépendante qui indique qu'une argumentation va suivre.

2. Reformulez les trois arguments annoncés par les mots « *D'abord* » (l. 5), « *Ensuite* » (l. 7), et « *Enfin* » (l. 9).

3. L'argument annoncé par le mot « *Enfin* » est développé l. 9 à 14. Ces lignes sont-elles argumentatives ? narratives à visée argumentative ? explicatives à visée argumentative ?

La prise en compte du destinataire

4. Relevez le mot du texte qui désigne le destinataire.

5. Formulez la thèse* de Mérimée sur les courses de taureaux.

6. Quelle thèse adverse envisage-t-il ? qui, selon lui, soutient cette thèse adverse ?

Des procédés rhétoriques

7. Relevez dans le texte les expressions qui montrent la gêne qu'éprouve Mérimée à avouer son goût pour les courses de taureaux.

LIRE L'IMAGE

8. Quel aspect des courses de taureaux Picasso montre-t-il dans ce tableau ? Par quels procédés ?

ÉCRIRE

9. Vous souhaitez convaincre vos parents de vous autoriser à suivre des cours de conduite accompagnée dès l'âge de seize ans. Préparez par écrit votre argumentation :
– prévoyez d'abord trois arguments qu'ils pourraient vous opposer,
– écrivez ensuite trois arguments que vous utiliserez pour les convaincre.

S'EXPRIMER À L'ORAL

10. Effectuez un sondage dans la classe : pour ou contre les courses de taureaux ? Échangez ensuite oralement des arguments que vous aurez préparés au brouillon, et rangés par ordre croissant d'importance.

Lecture personnelle
L'équation du nénuphar

Représentation artistique du big-bang. © Chris Butler / Science Photo Library / Cosmos.

    J'ai rappelé au début de ce livre cette question, à laquelle il n'était pas si facile de donner une réponse sincère : « Monsieur, peut-on devenir généticien si l'on a un casier judiciaire ? » Elle a été formulée par un garçon qui devait avoir quatorze ans, lors d'une rencontre au Val-
5 Fourré, un quartier proche de Mantes-la-Jolie dont il est souvent question dans la rubrique des faits divers à propos de voitures incendiées ou de batailles entre les policiers et les bandes de jeunes.
    J'ai été présenté comme généticien, les quelques indications que j'ai données à propos de mes activités ont éveillé son intérêt, avoir plus tard
10 le même métier que moi lui semble un parcours envisageable et même souhaitable. Quant au casier judiciaire, certes, il n'en a pas encore ;

mais j'imagine facilement que, dans sa famille, autour de lui, il en est souvent question. Totalement inattendue pour moi, cette interrogation a semblé naturelle à l'ensemble des jeunes qui m'écoutaient, la réponse les intéressait. Décontenancé, j'ai proposé : « Oui, pourquoi pas ? »

Mais il faut aller plus loin, utiliser les réflexions non dites qui ont abouti à cette question ; je dois m'efforcer d'une part de confirmer l'intérêt de la recherche en génétique, d'autre part de relativiser le drame qu'est l'existence d'un casier judiciaire. Tâche délicate, car je ne veux pas faire l'apologie de la délinquance et considérer une condamnation comme un incident mineur. Je ne peux pour autant présenter un passage devant la justice comme une catastrophe ruinant définitivement une vie. « Il est préférable de l'éviter, mais si un jour tu fais une sottise qui aboutit à un casier judiciaire, une fois payée ta dette à la société, tu repars d'un bon pied et, si tu en as envie, tu deviens généticien. » Le conseil est bon, facilement donné. Mais j'imagine, moi qui ne les ai pas rencontrés, les obstacles qui se dressent devant les ambitions de ce garçon.

La qualité de l'attention le plus souvent m'émeut. Ce que je dis est entendu, le contact avec l'auditoire opère comme une magie. J'ai l'impression que ceux qui m'écoutent sont provisoirement désarmés ; cette sensation m'incite à une grande prudence : surtout ne pas profiter de cette position dominante pour présenter comme fondées des idées qui ne sont que des opinions personnelles.

Il m'est arrivé cependant, une seule fois, de faire face à un auditoire non pas hostile, mais, ce qui est pire, totalement indifférent. C'était avec une classe de quatrième. Il pouvait s'agir dans mon discours de spermatozoïdes ou de galaxies, de racisme ou de quotient intellectuel, je n'avais devant moi, du moins chez certains, que des regards éteints. De toute évidence, ils attendaient poliment la fin. Rien ne semblait pouvoir les sortir d'une torpeur que je sentais délibérée. Pour échapper à ce marasme, je m'adresse à un garçon du premier rang :

– Les sujets dont je parle, est-ce qu'ils t'intéressent ? Réponds franchement.

– Non, monsieur.

– Qu'est-ce qui t'intéresse ?

– Mais, rien.

– Quoi ? Pas même les filles ?

– Non.

À la longue, il a convenu qu'il pouvait être intéressé par une seule chose, les vacances, mais il ne pouvait dire pourquoi. Le seul moment où je l'ai senti un peu présent à ce dialogue a été lorsqu'il m'a pris en flagrant délit de stupidité, posant une question dont la réponse lui semblait évidente pour tout être normalement constitué :

– Pourquoi viens-tu à l'école ?

– Mais parce que c'est obligatoire !

L'idée qu'il pouvait y avoir une autre raison à ce déplacement quotidien ne lui était jamais venue. Comment, arrivé à mon âge, pouvais-je ne pas déjà connaître la réponse ?

Je ne croyais guère jusque-là à la « bof génération », à ces jeunes totalement dépourvus de questionnement que nous présentent volontiers les médias. Hélas, elle existe, je l'ai rencontrée. Mais elle est très minoritaire, je peux aussi en témoigner.

Quelle peut être la cause d'une telle attitude, que je ressens comme non humaine ? Il est facile d'accuser la télévision qui les gave d'informations non coordonnées et supprime l'appétit de questionnement. L'origine de cet enlisement dans le brouillard est sans doute plus profond. Ils vivent dans une société qui serine à tous la nécessité de la compétition ; or ils savent fort bien que, dans cette compétition, ils partent avec de tels handicaps, sociaux, économiques, culturels, qu'ils seront nécessairement les perdants ; et ils en prennent leur parti.

En luttant, comme je le fais devant eux, contre l'attitude compétitive, je ne conforte nullement leur position de soumission passive. Tout au contraire je les appelle à réagir, à se battre, non pas *contre* les autres mais *avec* les autres, pour un objectif commun. Finalement, ce refus assez désespérant manifesté par certains jeunes de jouer le jeu que leur propose l'école renforce l'évidence d'une nécessaire transformation de l'objectif de l'enseignement.

J'ai, cependant, compris ce jour-là le poids de la déprime qui abat parfois certains enseignants. Comment surmonter leur déception lorsqu'ils cherchent tous les moyens de faire réfléchir leurs élèves, de les amener à se questionner, et se heurtent au mur de l'absence absolue d'intérêt ? Comment se battre contre le néant ?

Tout autre a été la rencontre avec une classe de troisième de La Courneuve, dont la professeur de français avait cherché à provoquer des réactions chez ses élèves en leur faisant rencontrer un poète. Elle a longuement exploré la liste des poètes français vivants sans parvenir à découvrir l'homme ou la femme répondant à ses désirs. En désespoir de cause, elle s'est rabattue sur un scientifique et, par l'entremise du Salon du livre pour enfants de Montreuil, a appris qu'un généticien accepterait sans doute de participer à l'expérience. J'ai saisi cette chance avec enthousiasme. Les rencontres, un après-midi par mois durant l'hiver 95-96, se déroulaient dans une médiathèque, au pied des longues barres de la Cité des 4000.

Face à moi, vingt-cinq jeunes, avec lesquels le jeu est de réaliser un travail d'écriture sur le thème des origines : origine de l'univers, origine de la Terre, origine de la vie, origine de l'homme, origine de la personne. Un beau programme qui a, dès le départ, passionné ces garçons et ces filles de toutes origines. Car ils ont aussitôt compris qu'au-delà des modèles scientifiques décrivant les processus à l'œuvre dans l'univers, c'était de la réalité et du sort de chacun d'eux qu'il s'agissait. Parler du big-bang est une occasion de s'émerveiller de la possibilité pour les hommes de reconstituer des événements passés qu'aucun animal ne peut imaginer, de regarder le monde non avec nos sens, mais avec notre intelligence, une occasion d'évoquer la prodigieuse capacité du cerveau humain à s'interroger, à imaginer des réponses, à échafauder des modèles explicatifs. Les cerveaux de ceux qui ont été capables de ces exploits, que ce soit celui d'Einstein écrivant les équations de la relativité générale, ou celui de Hubble constatant la fuite des galaxies, n'étaient pas fondamentalement différents du leur.

Illustration montrant l'explosion d'un météore dans l'espace.
© Sally Bensusen (1982) / Science Photo Library / Cosmos.

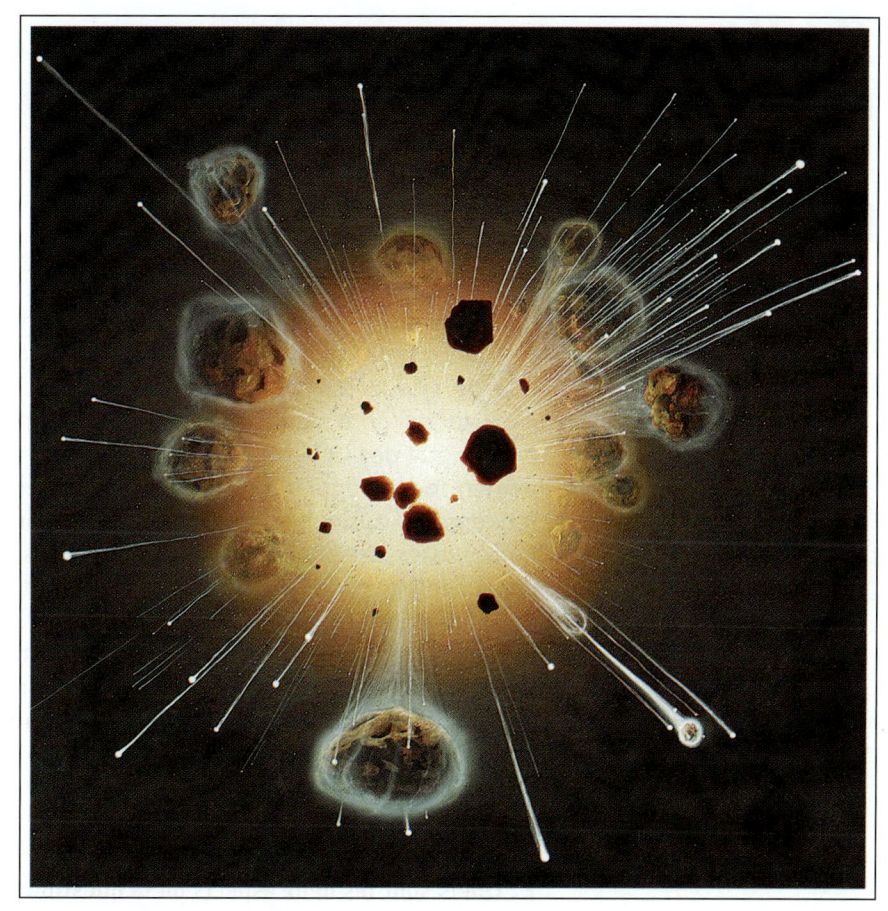

Mon rôle essentiel était de leur faire constater leur propre capacité de questionnement, de mettre en évidence les possibilités de leur propre imagination créatrice. Le résultat les a surpris, et leur a redonné confiance en leur outil intellectuel ; ils ont repris de l'audace au point que l'une des jeunes filles a osé, comme exercice d'écriture, ré-écrire la Genèse à sa façon, sans doute moins rigoureuse, mais plus jolie, selon elle, que celle de la Bible ou celle des scientifiques.

Le moment le plus émouvant a été provoqué par un garçon proposant de lire le texte qu'il avait écrit à propos de l'origine du cosmos ; il arrive à la phrase : « Le big-bang a été une révolution dans le néant. » Je l'arrête « Magnifique ! Dans quel livre as-tu trouvé cette formule ? – Mais, monsieur, je l'ai trouvée tout seul. » Et toute l'assistance – ses camarades de classe, le personnel de la médiathèque, moi – a applaudi avec vigueur. La fierté qu'il ressentait le transformait ; il était admiré, il était heureux. Je n'ai pas eu à faire preuve de beaucoup d'imagination pour inclure dans le livre que j'écrivais alors : « Être heureux, c'est se savoir beau dans le regard des autres » ; cette phrase, que je suis si satisfait d'avoir écrite, m'a en réalité été dictée par cet élève. Nous vivions un moment de ferveur, qui a marqué dans leur esprit la valeur scientifique de cette hypothèse du big-bang, plutôt qu'il ne l'a masquée.

Albert JACQUARD, *L'Équation du nénuphar*, © Calmann-Lévy, 1998.

Rédiger un paragraphe argumentatif

OBSERVATION

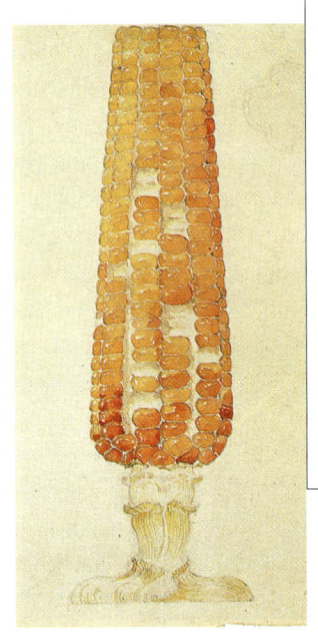

Les organismes génétiquement modifiés, ou O.G.M., bactéries, plantes et animaux transgéniques sont apparus en fanfare il y a quelques mois. Ils ont d'ores et déjà envahi l'agriculture, et ils arrivent dans notre alimentation quotidienne. Mais nous savons encore
5 peu de choses sur ces nouveaux produits. Certes, l'homme a toujours tendance à s'enthousiasmer pour le progrès scientifique, et la découverte des O.G.M. offre d'importantes perspectives de développement pour l'agriculture. Ils permettent notamment d'accroître les rendements agricoles, et peut-être de nourrir plus facilement de
10 nombreuses personnes. Mais ne serait-il pas raisonnable de s'interroger sur les réactions en chaîne que pourrait produire la transmission des gènes d'un organisme à un autre ? On se demande, entre autres questions, si l'insertion d'antibiotiques destinés à rendre les plantes plus résistantes n'aura pas pour effet de supprimer l'action de ces
15 antibiotiques sur les microbes qui s'attaquent à notre organisme.

Émile GALLÉ (1846-1904).
*Modèle de vase en cristal
en forme d'épi de maïs.*
Paris, Musée d'Orsay.
© Photo R.M.N. – P. Schmidt.

1. De quoi est-il question dans cet article ?
2. Quels sont les deux aspects de la question qui sont envisagés ?
3. Relevez dans le texte :
– un mot qui indique qu'on prend en compte une opinion,
– un mot qui annonce une idée s'opposant à ce qui a été dit,
– un mot qui introduit un exemple.

LEÇON

Rédiger un paragraphe argumentatif, c'est soutenir une **opinion** de façon logique et concrète, montrer qu'on sait prendre en compte **des opinions différentes** des siennes, et **articuler les idées** entre elles pour faire progresser l'argumentation de façon satisfaisante.

Les idées

■ 1. Avant de commencer à écrire, il faut s'interroger sur la question posée, et dégager **un avis** sur cette question. Cet avis deviendra **la thèse** soutenue par l'argumentation.

→ *Il faut être prudent dans le maniement des O.G.M.*

■ 2. Une thèse doit être soutenue par des **arguments** qui montrent les raisons pour lesquelles on a choisi de présenter cette thèse.

→ *La découverte des O.G.M. offre d'importantes perspectives de développement pour l'agriculture.*
                                                                argument

■ **3.** En outre, afin de rendre le raisonnement plus facilement compréhensible, quelques **exemples** doivent venir illustrer les arguments.

→ *Ils permettent notamment d'accroître les rendements agricoles.*
exemple

■ **4.** Envisager la thèse adverse permet de montrer qu'on sait prendre en compte une question de façon globale.

→ *Certes, l'homme a toujours tendance à s'enthousiasmer pour le progrès scientifique.*

Des mots-outils

Des **mots organisateurs** permettent d'articuler les arguments entre eux, et les arguments avec les exemples. Ce sont :

des connecteurs temporels	*d'abord, ensuite, enfin, premièrement, pour commencer...*
des mots exprimant la cause ou la conséquence :	*parce que, car, sous prétexte que... c'est pourquoi, si bien que, donc...*
des mots qui ajoutent ou qui annoncent une différence :	*de plus, en outre, également... mais, contrairement à, en revanche...*
des mots qui annoncent un exemple :	*comme, notamment, c'est le cas de, entre autres...*
des mots qui prennent en compte une opinion différente :	*certes, bien sûr, bien entendu...*

EXERCICES

1. Dans le texte suivant, relevez les mots qui permettent d'organiser l'argumentation, puis écrivez une phrase qui présentera une opinion opposée. Choisissez bien le mot qui introduira cette phrase.

La plupart des adolescents aiment faire partie d'un groupe où ils retrouvent leurs semblables. Cela signifie peut-être qu'ils ne se sentent compris que par des personnes de leur âge. Bien sûr, les adultes ont leur rôle à jouer auprès des jeunes, mais c'est entre adolescents qu'on peut partager facilement émotions et enthousiasmes ou révoltes, et notamment les désaccords avec les parents.

2. Rédigez à partir des quatre idées suivantes un paragraphe argumentatif. Vous insérerez deux exemples dans votre paragraphe, et vous utiliserez les mots organisateurs nécessaires.

Connaître des langues étrangères, c'est pouvoir découvrir des littératures dans leur langue d'origine.

Il est nécessaire de parler des langues étrangères pour naviguer sur Internet.

Parler des langues étrangères permet de se donner plus de chances de trouver un bon métier.

Parler des langues étrangères permet de mieux découvrir les habitants des pays étrangers dans lesquels on voyage.

3. Trouvez au brouillon quelques arguments qui pourraient traiter le sujet de réflexion suivant : *Pensez-vous que le seul but d'un métier soit de gagner de l'argent ?* Écrivez ensuite un paragraphe argumentatif illustré par quelques exemples, structuré par des mots organisateurs, et qui prendra au moins une fois en compte une opinion adverse.

Introduire et conclure une argumentation

MISE AU POINT

- Une argumentation complète comporte une introduction, un développement construit et une conclusion.
- L'introduction sert à amener une question au sujet de laquelle on va réfléchir.
- La conclusion résume la réflexion et permet de synthétiser ce qui a été dit.

MOTS CLÉS

L'INTRODUCTION A TROIS OBJECTIFS	
• **Amener le sujet**	Présenter un fait général lié au sujet de réflexion permet de montrer l'intérêt du sujet.
• **Préciser le sujet**	Présenter la question posée par le sujet à l'aide d'autres mots permet de définir ce dont on va parler. C'est poser la problématique.
• **Annoncer l'organisation**	Annoncer les grandes lignes de la réflexion donne un aperçu de la manière dont le sujet sera traité.

LA CONCLUSION A DEUX OBJECTIFS	
• **Faire le bilan**	La conclusion reprend en une ou deux phrases la thèse défendue dans l'argumentation.
• **Piste de réflexion**	Dans sa dernière phrase, la conclusion ouvre la réflexion par une autre question liée au sujet.

ACTIVITÉ 1

Lisez les sujets suivants, et trouvez pour chacun d'eux un fait général qui permettra de montrer l'intérêt de la question qui se pose.
1. Est-il nécessaire d'avoir une passion pour bien vivre ?
2. Approuvez-vous les conseils municipaux de jeunes ou d'enfants mis en place par certaines mairies ?
3. Aimeriez-vous vivre sur une île déserte ?

ACTIVITÉ 2

Voici le début d'un article de presse. À partir de cette introduction rédigez la suite de l'argumentation ainsi que la conclusion.

C'est bientôt Noël, allez-vous céder à votre enfant qui tente, par tous les moyens, de vous convaincre de lui acheter l'animal de ses rêves ? Est-ce encore un caprice ? Pas forcément ! prenez le temps de l'écouter, d'en parler avec lui, expliquez-lui qu'à l'inverse des peluches, un animal n'est pas un jouet dont on se débarrasse quand il ne plaît plus. Ce n'est pas un cadeau anodin, il grandit avec la famille et il faut s'en occuper.

Rachel Frély, « L'animal et l'enfant »,
© *Bien-être et santé*, n° 147, décembre 1997.

ACTIVITÉ 3 Pour chacune des phrases suivantes, deux reformulations sont proposées. Ne recopiez que celle qui vous paraît exacte.

1. Les adolescents ont besoin de parler entre eux.
– La plupart des jeunes perdent beaucoup de temps en bavardages inutiles.
– Les jeunes ressentent le besoin de partager leurs idées avec leurs semblables.

2. Il subsiste beaucoup d'injustices dans le monde actuel.
– Il y a plus d'injustices aujourd'hui qu'il y en avait autrefois.
– Toutes les questions d'équité ne sont pas encore réglées dans le monde.

3. L'imagination est un puissant moteur de l'existence.
– Imaginer, c'est mieux vivre.
– On se réfugie dans ses rêves quand on va mal.

4. Nous avons parfois beaucoup de difficultés à accepter les personnes différentes de nous.
– Nous détestons tous ceux qui ne nous ressemblent pas.
– Il n'est pas facile d'être tolérant.

ACTIVITÉ 4 Lisez l'introduction et la conclusion suivantes, puis formulez le sujet de réflexion qui pourrait avoir été proposé, et faites apparaître l'organisation de l'argumentation.

Introduction : Les agences de voyages voient s'accroître les demandes de découvertes des pays lointains. Peut-on en conclure que le dépaysement devient de plus en plus nécessaire aux hommes d'aujourd'hui ? Il est vrai qu'on peut parfaitement se distraire et s'intéresser au monde sans sortir de chez soi. Cependant, la rencontre d'autres paysages, d'autres peuples, d'autres modes de vie apporte une richesse qui permet de mieux percevoir les intérêts multiples de notre planète.

Conclusion : Notre environnement immédiat est certes rassurant, mais c'est en partant au loin qu'on peut enrichir son expérience et son esprit. Du reste, les nouvelles techniques de communication n'ont-elles pas déjà repoussé les limites de l'espace dans lequel on vit ?

ACTIVITÉ 5 Dans le texte suivant, relevez deux arguments, et deux exemples qui illustrent ces arguments.

La discrimination contre les femmes est, encore aujourd'hui, un aspect de la vie de nombreuses sociétés. Dans certains pays, tel l'Afghanistan, la situation des femmes s'est même fortement dégradée ces dernières années. Ailleurs, des violences s'exercent contre les femmes pour ce qui est de l'accès à l'éducation, à la santé. [...] Même dans les pays industrialisés, la discrimination est multiforme : sur le marché du travail, dans la politique salariale et dans la représentation politique. Ce qu'il convient de faire ? Tout d'abord changer les mentalités. Il faut continuer à sensibiliser les sociétés à l'importance de ces problèmes.

« Les droits de l'homme, une affaire de femme »,
Mary ROBINSON, Haut commissaire aux droits de l'homme,
interrogée par Gauth Touati.
© *Avantages,* n° 124, janvier 1999.

LECTURE DE L'IMAGE

Publicité :

l'argumentation en images

CLIENT-CLIENT   CLIENT CHAMPION

Un client Champion est un client content. Voici pourquoi :
- Vous êtes sûrs de bénéficier des prix les plus bas.
- Vous profitez des produits frais livrés chaque jour.
- Vous êtes sûrs de vos achats : produits retirés avant la date limite.
- Vous bénéficiez sur nos produits frais de 400 contrôles par an.
- Vous changez d'avis. Nous vous remboursons.
- Vos suggestions sont prises en compte au travers de 25 000 questionnaires distribués chaque année.
- Vous disposez de chariots toujours bien entretenus.

Champion
Difficile de battre un Champion.

Client Champion, © Publicité Champion.

---

1. Regardez le logo de la marque, en bas et à droite : où et comment est-il en partie reproduit ?

2. Combien de fois le mot « *Champion* » apparaît-il dans cette image ?

3. Observez les deux silhouettes représentées dans l'image : quelles différences remarquez-vous ? Quel est le sens de ces différences ?

4. Quels sont les deux sens possibles de l'expression « Client Champion » ?

5. Quelle relation pouvez-vous établir entre l'un de ces sens et la silhouette qui est située à droite dans l'image ?

6. Combien d'arguments relevez-vous dans cette image publicitaire ?

Fritz REHM, Affiche pour les cycles VICTORIA, 1899.
Berlin, Staatliche Museen zu Berlin Preussischer Kulturbesitz Kunstbibliothek.
Photo © D. Katz-BPK.

---

1. Éventuellement avec l'aide de vos camarades germanistes, traduisez les deux premières lignes du texte.

2. De quelle époque datez-vous approximativement cette affiche ? Justifiez votre réponse.

3. Nommez précisément l'animal placé au premier plan de l'image. Quelle est la qualité principale de cet animal ?

4. Pourquoi l'artiste a-t-il choisi cette position pour l'animal ?

5. Formulez le message implicite présent dans cette publicité en utilisant vos réponses aux questions **3** et **4**.

Sur les deux images

6. Quelle image vous semble artistique ? quelle image ne l'est pas ? Justifiez votre réponse.

9. Organiser l'argumentation

3ᵉ partie
Discours, genres et sous-genres

POUR COMMENCER...

- Des œuvres qui présentent des **caractéristiques communes** du point de vue de l'écriture et du point de vue de leur forme appartiennent au même **genre littéraire** ; le roman, le théâtre, la poésie, par exemple, sont des genres.

- À l'intérieur des genres, on peut encore regrouper les œuvres dans des **sous-genres** : le roman policier, le récit fantastique, le roman d'aventures sont des sous-genres du roman.

---

dialogue qui prend place dans un roman

« C'est vous Adam ? [...] je vous serais reconnaissant de jeter un coup d'œil en face. La clinique Stean, numéro 31. Vous connaissez l'endroit. Ne s'occupe que des névroses de la haute société. Il paraît que leur secrétaire ou leur directrice administrative ou je ne sais quoi a été assassinée. Assommée au sous-sol puis le cœur adroitement transpercé. Nos hommes sont en route. Je vous ai envoyé Martin, bien entendu. Il aura votre attirail avec lui.
— Merci, monsieur. Quand l'a-t-on signalé ?
— Il y a trois minutes. Le directeur médical a appelé. Il m'a fait un résumé précis des alibis de pratiquement tout le monde au moment supposé de la mort et m'a expliqué pour quelles raisons il ne pouvait s'agir de l'un de ses patients. »

sous-genre : roman policier

titre du roman policier

P.D. JAMES, *Une folie meurtrière,* 1963, traduction F. Brodsky, © Librairie Arthème Fayard, 1988.

CHAPITRES

10. Théâtre
11. Poésie
12. Le récit fantastique
13. Les écrits autobiographiques

Pablo PICASSO (1881-1973),
Projet pour le rideau de scène de « Parade ».
Paris, Musée Picasso. Photo R.M.N. – C. Jean.
© Succession Picasso 1999.

Chapitre 10. Théâtre

OBJECTIFS ▷

*Reconnaître l'argumentation dans le texte théâtral
Comprendre le lien entre le verbal et le visuel au théâtre*

LECTURES

▷ **Préciser les objectifs du chapitre**
La Médée de Saint-Médard de Anca VISDEI

▷ **Comprendre le déroulement d'un dialogue argumentatif**
Roméo et Juliette de William SHAKESPEARE

▷ **Repérer l'absence ou la présence d'arguments**
Antigone de Jean ANOUILH

▷ **Échanger des arguments**
Le Voyage de Monsieur Perrichon de Eugène LABICHE

▷ **Exposer des arguments**
Hernani de Victor HUGO

LECTURE DE L'IMAGE
La mise en scène au théâtre

LECTURE-ÉCRITURE
La description dans le texte théâtral

PROLONGEMENTS
Le dialogue de théâtre

Ludmila Mikael et Didier Sandre dans *Célimène et le Cardinal* de J. Rampal.
Mise en scène de B. Murat. Théâtre Montparnasse le 8-12-1993.
© Marc Enguerand.

La Médée de Saint-Médard

Anca VISDEI a écrit des nouvelles, un roman, des scénarios. Elle est surtout l'auteur de nombreuses pièces de théâtre, parmi lesquelles *Dona Juana* (1987), *Toujours ensemble* (1994) et *La Médée de Saint-Médard* (1996).

Personnages :
Annie LEMERCIER, jeune femme de quarante ans
Dominique LEMERCIER, son mari, de quelques années son aîné
FÉLIX

Situation :
Annie Lemercier partage sa vie entre rêve et réalité. La réalité, c'est son mari et ses deux enfants. Le rêve, c'est le théâtre : elle aurait aimé être comédienne. Un inconnu qui est venu la voir un jour, Félix, va devenir son ami.

Décor :
Une cuisine moderne, presque transparente, ce qui nous permettra de voir comment, toujours souriante genre « j'ai la situation bien en main », Annie mettra, dans ses moments de fatigue, les chaussures à cirer dans le frigo, la salade verte dans le four et le plat à décongeler dans la poubelle...

5   Le centre de la pièce est très convivial : grande table modèle « douze enfants autour du patriarche » et deux longs bancs assortis.
À jardin fond[1] : la porte d'entrée de la maison.
Côté cour, une vaste fenêtre par laquelle on peut rentrer dans la pièce en enjambant le parapet. Côté jardin : un décrochement où se trouvent le
10 fauteuil et la télé de Dominique, le mari d'Annie.
Un escalier conduit vers le premier étage que l'on devinera réservé aux chambres. Si la construction de cet escalier est trop difficile, on peut figurer le reste de l'appartement par l'enfilade des pièces supposées exister derrière le coin télé du mari. [...]

15 ANNIE. – [...] Comment vous appelez-vous ?
FÉLIX (*les larmes aux yeux, les essuyant discrètement*). – Félix...
ANNIE. – Le bienheureux ! « Félix Marcellus » ! D'où sort cette citation ?
FÉLIX. – De l'*Énéide*...
20 ANNIE. – Vous êtes cultivé...
FÉLIX. – Juste professeur de latin... Vous auriez dû faire du théâtre... Vous êtes si émouvante... et incroyablement vivante...
ANNIE. – Vous aimez les photos ? Oh pardon...
FÉLIX. – Ça ne me peine plus.

---

1. **À jardin fond :** On distingue au théâtre le côté jardin (partie de la scène située à gauche des spectateurs) et le côté cour (partie de la scène à droite des spectateurs).

2. Ann Bancroft, Mel Brooks : célèbres acteurs américains.

3. *ce n'est pas du bronze* : ce n'est pas absolu. On peut ne pas en tenir compte.

25 ANNIE. – Je vais vous montrer mon album. *(Elle le sort du tiroir de la table, montre une photo.)* Moi, juste avant le bac. J'ai les cheveux longs et des couettes. *(Elle tortille une serviette de table en papier et s'en fait des rubans pour les couettes.)* C'est mon anniversaire… Le dix-huitième. Pendant deux heures j'ai hésité pour la coiffure : je les ai relevés en chignon,
30 puis je les ai laissés libres, puis je les ai remis en couettes mais ça, j'aimais pas : ça me rendait trop gamine et je ne voulais plus être gamine… Mon père est entré quand je les avais à nouveau relevés en chignon.

À partir de cet instant, pour l'histoire de la jeunesse d'Annie on a le choix :
35 *soit elle joue aussi le rôle du père et de la mère, avec des accessoires, soit on utilise des voix préenregistrées ou carrément la présence du mari en père d'Annie. La préférence de l'auteur va, évidemment, à la première solution. Savez-vous qu'Ann Bancroft a séduit Mel Brooks[2] en lui jouant, lors de leur première soirée, toute une pièce improvisée pour lui dont elle interprétait*
40 *tous les personnages ?… À part cela, si l'on met les didascalies entre parenthèses c'est que, justement, « ce n'est pas du bronze[3] ». Dont acte.*

VOIX DU PÈRE. – Je n'aime pas ça ! Laisse le chignon aux vieilles… aux vieilles demoiselles des postes.
ANNIE *(dénouant ses cheveux)*. – Qu'est-ce que je n'aurais pas fait pour
45 faire plaisir à papa : il était si drôle ! et si charmeur. Sur ce, maman entra. Faut dire que maman est restée jeune et belle… longtemps…
VOIX DE LA MÈRE. – Je n'aime pas ce style négligé qui se dit jeune. Les cheveux d'une jeune fille sont attachés, pas des mèches qui traînent partout, tu as l'air d'une sorcière. Les cuisiniers ont des toques pour que les
50 cheveux ne tombent pas dans la soupe. Et une jeune fille est tenue, soignée, pourquoi pas des couettes ?
ANNIE *(laissant ses cheveux moitié noués moitié dénoués)*. – J'aurais tout fait pour faire plaisir à maman : elle était si malheureuse… et si fragile… je devais prendre sur moi… C'est bon la bière ! Mais je préfère le cham-
55 pagne, ça fait tourner la tête.
MÈRE. – Les hommes n'aiment pas les femmes qui boivent.
PÈRE. – Ça, il faudrait le demander aux hommes.

Annie et le père rient.

MÈRE. – Et toi, mademoiselle, cela te fait rire, on verra si cela te fera tou-
60 jours rire quand tu te retrouveras seule avec des enfants de Dieu-sait-qui à charge…
PÈRE *(désormais, Félix rentrant dans le jeu, il joue le rôle du père)*. – Tu as toujours tout vu en noir.
MÈRE. – Tu as toujours nié les dangers… Comme profession, on fait quoi
65 quand on ne sait que boire du champagne ?
PÈRE. – Entraîneuse de bar…
MÈRE. – Bravo : voilà le résultat de ton éducation ! Dieu sait ce qu'elle va devenir…
ANNIE *(un peu pompette)*. – Justement, il ne faut pas que vous vous
70 inquiétiez : je sais ce que je ferai. J'ai la vocation, mon prof me l'a dit : je ferai du théâtre.

La Médée de Saint-Médard. Photo Alain Bérard.

La mère s'étrangle avec sa boisson, le père, soudain dégrisé, reste interdit puis se reprend...

MÈRE (*vipérine*[4]). – Comédienne ?
ANNIE. – Comédienne.
MÈRE (*triomphante*). – Voilà le résultat de ton éducation !
PÈRE. – Mais non : ce sont des caprices de petite fille. Elle fera du théâtre à côté de son métier, les dimanches après-midi...
ANNIE. – Mais non : je veux en faire un métier.
PÈRE. – Mais ce n'est pas un métier.
MÈRE. – D'abord, un métier ça s'apprend !
ANNIE. – Mais ça s'apprend : il y a le Conservatoire à Paris.
MÈRE. – De mieux en mieux !
PÈRE. – Tu ne vas pas aller à Paris, ma petite fille... Nous n'avons qu'une fille. Qui héritera de l'hôtel, du restaurant et de la vigne ?
ANNIE. – Mais j'aime le théâtre : je ne veux pas m'occuper de l'hôtel ni de votre... cave.
PÈRE (*comme Géronte dans* Scapin[5]). – Tu le feras ou je te déshériterai !
ANNIE. – Tu ne me déshériteras point.
PÈRE. – Je ne te déshériterai point ?
ANNIE. – Non.
PÈRE. – Non ?
ANNIE. – Non.

4. vipérine : qui s'exprime sur un ton de médisance.

5. Dans les dix répliques qui suivent, les personnages reproduisent le dialogue entre Scapin et Argante dans *Les Fourberies de Scapin* de Molière (Acte I, scène 4).

PÈRE. – Ouais ? Voilà qui est plaisant ! Je ne déshériterais point ma fille.
95 ANNIE. – Vous n'aurez pas ce cœur-là.
PÈRE. – Je l'aurai.
ANNIE. – La tendresse paternelle fera son office.
PÈRE. – Elle ne fera rien ! Tu vas épouser un gentil garçon. Tiens, comme Dominique qui saura diriger l'affaire dès que j'aurai passé la
100 main. Ça ne se rencontre pas tous les jours, une héritière pareille...
ANNIE. – Mais venez me voir au moins : je joue *Antigone* au lycée, dans un mois...
MÈRE. – *Antigone* : toujours anti quelque chose, ah, je t'avais dit qu'elle ne devait pas aller au lycée. Maintenant elle se croit au-dessus de nous...
105 ANNIE. – Maman, il y a de grandes comédiennes : tu les regardes à la télé.
MÈRE. – Je ne suis pas leur mère.
PÈRE. – La discussion est terminée... Le théâtre après ton mariage et uniquement si ton mari le veut.
110 ANNIE. – Et *Antigone* ? *(Pleurant)*. J'ai répété toute l'année, j'ai même le rôle principal.
PÈRE. – C'est une pièce de qui ?
ANNIE. – De Jean Anouilh, papa.
PÈRE. – Connais pas...
115 ANNIE *(désespérée)*. – Il est Bordelais, papa... Je peux y aller ?
MÈRE. – Non !
ANNIE *(suppliante)*. – Papa... Ce soir-là j'avais répétition d'*Antigone* avec Florian. Toute la troupe m'attendait avec le champagne au frais. Pour mes dix-huit ans, j'ai dû pleurer en paix... Dans mes amours comme au
120 théâtre, mes débuts furent aussi mes adieux...
FÉLIX. – C'est toujours un peu triste les photos de famille...

Anca VISDEI, *La Médée de Saint-Médard*,
© L'Avant-Scène, n° 1033, 1998.

PRÉCISER LES OBJECTIFS

1. Quel objet déclenche, chez Annie, le souvenir du jour de ses dix-huit ans ?

2. Délimitez le moment du souvenir : quels sont les personnages qui dialoguent à ce moment-là ?

3. Repérez la didascalie dans laquelle l'auteur donne des conseils au metteur en scène. Propose-t-il une interprétation ou laisse-t-il un choix ?

4. Observez l'illustration : quelle solution le metteur en scène a-t-il choisie pour jouer le moment du souvenir, c'est-à-dire pour passer à ce moment-là du verbal au visuel ?

5. Observez la position et les gestes de l'actrice : est-elle en train de dire une réplique d'Annie ou de sa mère ? Justifiez votre réponse.

6. a) Dans le dialogue entre Annie et ses parents, sur quoi porte la discussion ?
b) Quel est l'avis de chaque personnage sur la question débattue ? Relevez un argument donné par chacun.

7. Comment qualifieriez-vous le dialogue entre Annie et ses parents : essentiellement descriptif, narratif ou argumentatif ?

> **Comprendre le déroulement d'un dialogue argumentatif**

Roméo et Juliette

William Shakespeare (1564-1616) est un écrivain anglais. Il a composé des poèmes et surtout de nombreuses pièces de théâtre, d'inspiration variée : comédies (*Le Marchand de Venise*, 1596), drames (*Roméo et Juliette*, 1594), tragédies (*Hamlet*, 1600). Ses personnages appartiennent à toutes les couches sociales et incarnent toutes les passions humaines.

L'action se situe à Vérone, ville d'Italie, au XVIe siècle. Juliette est une Capulet, Roméo est un Montaigu. Les deux familles se haïssent. Or les deux jeunes gens (Juliette n'a que quinze ans) se sont rencontrés lors d'un bal costumé et se sont sentis attirés par un « prodigieux amour ». Ils se sont revus. Roméo a pris contact avec Père Laurence pour organiser un mariage secret. Juliette, elle, a envoyé sa nourrice chez Père Laurence pour connaître les décisions de Roméo. Elle attend le retour de celle-ci.

L'appartement de Juliette.

Juliette. – Elle est partie depuis neuf heures. Elle m'avait promis d'être de retour au bout d'une demi-heure à peine. Elle ne l'aura peut-être pas trouvé ? Non, ce n'est pas cela. Elle traîne la jambe, alors que les messagers de l'amour devraient courir comme la pensée, dix fois plus rapides
5 que les rayons qui chassent l'ombre des collines et dissipent la brume. C'est pour cela qu'on prête des ailes à l'Amour, et que le char de Vénus est tiré par des colombes. Déjà le soleil est au plus haut point de sa course. De neuf heures à midi, cela fait trois longues heures. Que n'at-elle le sang chaud et les passions de la jeunesse ? Elle courrait plus vite
10 que la balle dans sa course, et nous nous la renverrions l'un à l'autre, comme au jeu de la paume. Mais ces vieilles gens sont toujours mourants. Pour les remuer, c'est du plomb… Oh, Dieu, la voilà qui revient. Bonne nourrice, quelles nouvelles ? L'as-tu vu ? Lui as-tu parlé ?
La Nourrice. – Petro[1], attends-moi à la porte.
15 Juliette. – Remets-toi, là, là : pourquoi fais-tu cette tête ? As-tu de mauvaises nouvelles ?
La Nourrice. – Je n'en peux plus ! Laisse-moi reprendre haleine. Tous les os me font mal. Ah, quelle course !
Juliette. – Je troquerais ma santé contre les nouvelles. Je t'en prie, parle,
20 ne me fais pas languir.
La Nourrice. – Jésus, vous êtes bien pressée ! Ne pouvez-vous attendre ! Vous voyez bien que je suis essoufflée.
Juliette. – Alors pourquoi t'essouffler davantage à me bailler ces belles excuses ? Sont-elles bonnes ou mauvaises ? Réponds-moi d'un mot, je
25 ne t'en demande pas plus. Tu me diras le reste après. Mais parle, parle. Fais-moi ce plaisir.
La Nourrice. – Ah, vous vous y entendez bien à choisir un galant ! Roméo n'est point l'homme qu'il vous faut. Je ne dis pas que sa figure… Je ne connais pas d'homme mieux fait : la jambe, la main, le pied, la
30 taille. Il n'en faut pas parler. On ne fait pas mieux. On ne peut pas dire

1. **Petro** : valet de la nourrice.

Ariane Lagneau et Ariane Lacquement dans *Roméo et Juliette* de William SHAKESPEARE. Théâtre Lucien Paye. © Bernand.

non plus que ses manières laissent à désirer. Il a l'air doux comme un agneau... Va ton chemin, ma fille, et songe à servir le Bon Dieu. Au fait, a-t-on dîné, à la maison ?

JULIETTE. – Non, pas encore. Mais de grâce, achève. Je sais déjà par cœur tout ce que tu me dis. A-t-il parlé de notre mariage ? Que t'a-t-il dit à ce sujet ?

LA NOURRICE. – Eh, que ma tête me fait mal ! Ma tête, ma pauvre tête. Il me semble à tout moment qu'elle va éclater. Et mon dos, mon dos ! N'as-tu pas de pitié de m'envoyer attraper la mort à faire tes commissions ?

JULIETTE. – Tu m'en vois marrie[2], mais je t'en prie, réponds-moi, qu'a-t-il dit ?

LA NOURRICE. – Il a parlé en gentilhomme et en homme de cœur. Il est bien poli, bien aimable, et pas fier, et je mettrais ma main au feu qu'il est aussi rangé qu'honnête. Où est Madame votre Mère ?

JULIETTE. – Où est Madame votre Mère ? Eh bien, ma mère est au logis. Où veux-tu qu'elle soit ? Tu me fais bouillir d'impatience. Quelle étrange manière de parler : « aussi rangé qu'honnête. Où est Madame votre Mère ? »

LA NOURRICE. – Par la Sainte Vierge, as-tu le feu aux trousses ? Fort bien, ma belle. Si c'est là tout le baume que tu trouves à mes douleurs, la prochaine fois, tu feras tes commissions toi-même.

JULIETTE. – On n'en sortira pas. Je t'en prie, que t'a dit Roméo ?

LA NOURRICE. – Avez-vous la permission de vous rendre à confesse[3] ?

JULIETTE. – Oui, bien sûr.

2. **marri** (mot vieilli) : fâché, contrarié.

3. **se rendre à confesse** : aller se confesser, c'est-à-dire, dans la religion catholique, déclarer ses fautes à un prêtre pour être pardonné.

4. un ermitage : maison à l'écart des autres, lieu solitaire.

LA NOURRICE. – Alors, rendez-vous tout à l'heure chez le Père Laurence. Vous y trouverez l'homme qui fera de vous une femme. Allons, ne rougis pas, polissonne. Tes joues vont te trahir. File vite à l'ermitage[4]. Moi, j'ai affaire ailleurs. Une échelle... Quel métier, mes agneaux, quel métier !
60 Va, moi je vais dîner.
JULIETTE. – Je vole où le bonheur m'appelle. À bientôt. Merci, bonne nourrice.

William SHAKESPEARE, *Roméo et Juliette*, Acte II, scène 5, traduction de M.-A. Béra, © Hatier, 1963.

LIRE LE TEXTE

Le monologue de Juliette

1. Repérez le monologue de Juliette. Quelle phrase signale la fin de ce monologue ?

2. Dans quel état d'esprit apparaît Juliette pendant son monologue : inquiète ? détendue ? impatiente ? confiante ? Justifiez votre réponse.

3. Cet état d'esprit se confirme-t-il ou non par la suite ? Relevez des mots et expressions à l'appui de votre réponse.

Le dialogue

4. Quelle est la seule préoccupation de Juliette ?

5. Observez les neuf répliques de la nourrice. Répondent-elles aux questions de Juliette ?

6. Les questions que pose la nourrice (l. 32-33/39-40/45) sont-elles en rapport avec la préoccupation de Juliette ? Quel est le but de l'auteur ?

7. Expliquez la remarque de Juliette (l. 47 à 49) : *Quelle étrange manière de parler : « aussi rangé qu'honnête, où est Madame votre Mère ? »*

8. a) De quoi la nourrice se plaint-elle dans ses trois premières répliques ?
b) Pourquoi se plaint-elle ?

9. À quel moment la nourrice répond-elle à la préoccupation de Juliette ?

10. Quels sont les sentiments de Juliette à la fin de la scène ?

11. Dans cette scène, quel personnage impose le rythme et le contenu du dialogue ?

Le jeu des arguments

12. Quel argument la nourrice donne-t-elle pour, éventuellement, ne plus « *faire les commissions* » de Juliette ?

13. a) Est-ce que la nourrice pense que Roméo serait un bon mari pour Juliette ? Relevez la phrase qui exprime son avis.
b) Donne-t-elle des arguments pour justifier cet avis ? Si oui, relevez-les.

14. Que pense la nourrice de la personne même de Roméo ? Relevez ses arguments et classez-les en deux groupes selon un critère que vous déterminerez vous-même.

LIRE L'IMAGE

15. Observez les personnages p. 223 : position, attitude, direction du regard. Qu'est-ce que le metteur en scène a voulu montrer quant aux relations entre Juliette et la nourrice, entre la nourrice et Juliette ?

ÉCRIRE

16. Écrivez une page de mise en scène pour cet extrait :
– le choix des acteurs : quel physique ? quel vêtement ?
– le choix du décor : que représenter ? quels accessoires retenir ? quelles lumières ? silences, bruitages, musique ?
– les jeux de scène : position et déplacements des personnages sur scène, regards.

17. Donnez un titre à cette scène et justifiez votre choix.

S'EXPRIMER À L'ORAL

18. Lisez ce dialogue à deux, de la troisième réplique (*Remets-toi...*, l. 15) à la quatorzième (*... tes commissions toi-même,* l. 52). Tenez compte de vos réponses aux précédentes questions pour choisir un ton adapté.

▶ *Repérer l'absence ou la présence d'arguments*

Antigone

Jean ANOUILH (1910-1987) s'est essentiellement consacré au théâtre. Il a écrit des pièces de tonalités variées, humoristiques ou satiriques. Certaines s'inspirent de la mythologie (*Eurydice*, 1941 ; *Antigone*, 1942 ; *Médée*, 1946).

Les deux frères d'Antigone, Étéocle et Polynice, se sont entretués en se disputant le royaume de Thèbes. Après leur mort, leur tuteur Créon s'empare du trône. Il décide qu'on fera de magnifiques funérailles à Étéocle, mais qu'on ne fera rien pour Polynice qui est considéré comme fautif : son cadavre sera « la proie des corbeaux et des chacals ».

Voici le début de la pièce, après la présentation des personnages.

L'éclairage s'est modifié sur la scène. C'est maintenant une aube grise et livide dans une maison qui dort.

Antigone entrouve la porte et rentre de l'extérieur sur la pointe de ses pieds nus, ses souliers à la main. Elle reste un instant immobile à
5 *écouter. La nourrice surgit.*

LA NOURRICE. – D'où viens-tu ?
ANTIGONE. – De me promener, nourrice. C'était beau. Tout était gris. Maintenant, tu ne peux pas savoir, tout est déjà rose, jaune, vert. C'est devenu une carte postale. Il faut te lever plus tôt, nourrice, si tu veux
10 voir un monde sans couleurs.

Elle va passer.

LA NOURRICE. – Je me lève quand il fait encore noir, je vais à ta chambre pour voir si tu n'es pas découverte en dormant et je ne te trouve plus dans ton lit !
15 ANTIGONE. – Le jardin dormait encore. Je l'ai surpris, nourrice. Je l'ai vu sans qu'il s'en doute. C'est beau un jardin qui ne pense pas encore aux hommes.
LA NOURRICE. – Tu es sortie. J'ai été à la porte du fond, tu l'avais laissée entrebâillée.
ANTIGONE. – Dans les champs, c'était tout mouillé et cela attendait. Tout
20 attendait. Je faisais un bruit énorme toute seule sur la route et j'étais gênée parce que je savais bien que ce n'était pas moi qu'on attendait. Alors j'ai enlevé mes sandales et je me suis glissée dans la campagne sans qu'elle s'en aperçoive...
LA NOURRICE. – Il va falloir te laver les pieds avant de te remettre au lit.
25 ANTIGONE. – Je ne me recoucherai pas ce matin.
LA NOURRICE. – À quatre heures ! Il n'était pas encore quatre heures ! Je me lève pour voir si elle n'était pas encore découverte. Je trouve son lit froid et personne dedans.
ANTIGONE. – Tu crois que, si on se levait comme cela tous les matins, ce
30 serait tous les matins aussi beau, nourrice, d'être la première fille dehors ?
LA NOURRICE. – La nuit ! C'était la nuit ! Et tu veux me faire croire que tu as été te promener, menteuse ! D'où viens-tu ?

ANTIGONE *a un étrange sourire.* – C'est vrai, c'était encore la nuit. Et il n'y avait que moi dans toute la campagne à penser que c'était le matin. C'est merveilleux, nourrice. J'ai cru au jour la première aujourd'hui.

LA NOURRICE. – Fais la folle ! Fais la folle ! Je la connais, la chanson. J'ai été fille avant toi. Et pas commode non plus, mais dure tête comme toi, non. D'où viens-tu, mauvaise ?

ANTIGONE, *soudain grave.* – Non. Pas mauvaise.

LA NOURRICE. – Tu avais un rendez-vous, hein ? Dis non, peut-être.

ANTIGONE, *doucement.* – Oui. J'avais un rendez-vous.

LA NOURRICE. – Tu as un amoureux ?

ANTIGONE, *étrangement, après un silence.* – Oui, nourrice, oui, le pauvre. J'ai un amoureux.

LA NOURRICE *éclate.* – Ah ! c'est du joli ! c'est du propre ! Toi, la fille d'un roi ! Donnez-vous du mal ; donnez-vous du mal pour les élever ! Elles sont toutes les mêmes. Tu n'étais pourtant pas comme les autres, toi, à t'attifer toujours devant la glace, à te mettre du rouge aux lèvres, à chercher à ce qu'on te remarque. Combien de fois je me suis dit : « Mon Dieu, cette petite, elle n'est pas assez coquette ! Toujours avec la même robe et mal peignée. Les garçons ne verront qu'Ismène[1] avec ses bouclettes et ses rubans et ils me la laisseront sur les bras. » Eh bien, tu vois, tu étais comme ta sœur, et pire encore, hypocrite ! Qui est-ce ? Un voyou, hein, peut-être ? Un garçon que tu ne peux pas dire à ta famille : « Voilà, c'est lui que j'aime, je veux l'épouser. » C'est ça, hein, c'est ça ? Réponds donc, fanfaronne !

ANTIGONE *a encore un sourire imperceptible.* – Oui, nourrice.

LA NOURRICE. – Et elle dit oui ! Miséricorde ! Je l'ai eue toute gamine ; j'ai promis à sa pauvre mère que j'en ferais une honnête fille, et voilà ! Mais ça ne va pas se passer comme ça, ma petite. Je ne suis que ta nourrice, et tu me traites comme une vieille bête, bon ! mais ton oncle, ton oncle Créon[2] saura. Je te le promets !

ANTIGONE, *soudain un peu lasse.* – Oui, nourrice, mon oncle Créon saura. Laisse-moi maintenant.

Jean ANOUILH, *Antigone,* © La Table ronde, 1947.

1. Ismène est la sœur d'Antigone.

2. Créon est le roi de Thèbes.

On apprendra par la suite qu'Antigone sort en secret chaque nuit pour aller recouvrir d'un peu de terre le cadavre de Polynice, afin que l'âme de celui-ci trouve le repos. Elle risque ainsi d'être condamnée à mort. En effet, le roi Créon a fait savoir au sujet de Polynice que « quiconque osera lui rendre les devoirs funèbres sera impitoyablement puni de mort ».

S'INFORMER

1. Qui est Œdipe ?
Documentez-vous sur le mythe dont il est l'objet. Quel est le lien entre Œdipe et Antigone ?

LIRE LE TEXTE

L'affrontement par le dialogue

2. a) Combien de fois la première question de la nourrice est-elle répétée ?

b) Dans la première moitié de la scène, la nourrice obtient-elle les réponses qu'elle attend ? Pourquoi ?

3. Observez le début des répliques d'Antigone.
a) Dans quelle partie de la scène ces répliques commencent-elles par des adverbes de négation ou d'affirmation ? Quels sont les plus fréquents ?
b) Comment peut-on qualifier alors l'attitude d'Antigone par rapport à la nourrice ?

4. Relisez les répliques 6 (*Dans les champs* …) et 7 (*Il va falloir* …).
a) D'après ces répliques, Antigone et la nourrice ont-elles ou non les mêmes préoccupations ?
b) Comment peut-on qualifier ces deux personnages d'après ces deux répliques ?

Présence ou absence d'arguments

5. « *Je ne me recoucherai pas ce matin* » (l. 25). Antigone donne-t-elle un argument pour justifier cette décision ? Pourquoi, selon vous ?

6. Qui prononce la plus longue réplique ? Quel mot la déclenche ? Quel est le ton de cette réplique ?

7. La nourrice aimerait qu'Antigone se conduise mieux.
a) Quels arguments donne-t-elle pour justifier ce souhait ?
b) Quelles autres raisons peut-on supposer ?

LIRE L'IMAGE

8. Identifiez et nommez les deux personnages. Décrivez leur position respective, leur attitude, la direction de leur regard. Quelles relations entre ces deux personnages le metteur en scène a-t-il cherché à montrer ? Comparez avec l'illustration précédente, p. 223.

ÉCRIRE

9. Un jour, vous êtes rentré(e) plus tard que prévu. Vous vous défendez face à un de vos proches qui demande des explications. Rédigez le dialogue.

S'EXPRIMER À L'ORAL

10. Proposez un titre pour cette scène et justifiez votre choix.

11. a) Qui prononce les répliques où abondent les points d'interrogation et les points d'exclamation ?
b) Lisez cette scène à deux, en accentuant bien la différence entre les personnages. Par quels moyens oraux pouvez-vous accentuer cette différence ?

Antigone de Jean ANOUILH,
mise en scène d'Éric Civanyan.
T. B. B. Janvier 1987.
© Marc Enguerand.

GROUPER LES TEXTES

12. Comparez les extraits de *Roméo et Juliette* et de *Antigone* : montrez que les deux scènes reposent sur des situations inverses.

13. a) D'après ces deux extraits, qu'est-ce qu'une nourrice ?
b) Pourquoi ce personnage peut-il jouer au théâtre un rôle important ?

14. Comparez les comportements des deux nourrices par rapport aux jeunes filles : les nourrices ont-elles les mêmes intentions ? Précisez.

15. Laquelle des deux nourrices attire davantage la sympathie du spectateur ? Pourquoi ?

> Échanger des arguments

Le Voyage de Monsieur Perrichon

Eugène LABICHE, né et mort à Paris (1815-1888), est l'auteur de très nombreuses comédies (*Un chapeau de paille d'Italie*, 1851 ; *Le Voyage de Monsieur Perrichon*, 1860). Dans ces pièces, l'intrigue repose sur le mouvement, les quiproquos et les rebondissements de situation.

1. **prendre un parti** : choisir une solution, se décider.
2. **deux prétendus** : en fait, Madame Perrichon veut dire *deux prétendants*, c'est-à-dire deux jeunes hommes qui souhaitent se marier avec une jeune fille.

3. **une position** : ici, une situation sociale, un emploi.

Monsieur Perrichon a offert un voyage en Suisse à sa femme et à sa fille Henriette. Ils ont été suivis par deux jeunes hommes, Daniel et Armand, amoureux d'Henriette. Au cours d'une promenade dans les Alpes, Armand sauve la vie de Monsieur Perrichon. Peu après, c'est Monsieur Perrichon qui sauve la vie de Daniel. Quelque temps après, tout le monde est rentré à Paris. Les deux jeunes gens ont déposé officiellement leur demande en mariage.

La scène se passe chez les Perrichon.

SCÈNE 3 : PERRICHON, MADAME PERRICHON

MADAME PERRICHON. – Maintenant que nous voilà de retour, j'espère que tu vas prendre un parti[1]... Nous ne pouvons tarder plus longtemps à rendre réponse à ces deux jeunes gens... deux prétendus[2] dans la maison... c'est trop !

5 PERRICHON. – Moi, je n'ai pas changé d'avis... j'aime mieux Daniel !

MADAME PERRICHON. – Pourquoi ?

PERRICHON. – Je ne sais pas... je le trouve plus... enfin, il me plaît, ce jeune homme !

MADAME PERRICHON. – Mais l'autre... l'autre t'a sauvé !

10 PERRICHON. – Il m'a sauvé ! Toujours le même refrain !

MADAME PERRICHON. – Qu'as-tu à lui reprocher ? Sa famille est honorable, sa position[3] excellente...

PERRICHON. – Mon Dieu, je ne lui reproche rien... je ne lui en veux pas, à ce garçon !

15 MADAME PERRICHON. – Il ne manquerait plus que ça !

PERRICHON. – Mais je lui trouve un petit air pincé.

MADAME PERRICHON. – Lui ?

PERRICHON. – Oui, il a un ton protecteur... des manières... il semble toujours se prévaloir du petit service qu'il m'a rendu...

20 MADAME PERRICHON. – Il ne t'en parle jamais !

PERRICHON. – Je le sais bien ! mais c'est son air ! son air me dit : « Hein ! sans moi ?... » C'est agaçant à la longue : tandis que l'autre...

MADAME PERRICHON. – L'autre te répète sans cesse : « Hein ! sans vous... hein ! sans vous ? » Cela flatte ta vanité... et voilà... et voilà pourquoi tu 25 le préfères.

PERRICHON. – Moi, de la vanité ? J'aurais peut-être le droit d'en avoir !

MADAME PERRICHON. – Oh !

PERRICHON. – Oui, madame !... l'homme qui a risqué sa vie pour sauver son semblable peut être fier de lui-même... mais j'aime mieux me renfer30 mer dans un silence modeste... signe caractéristique du vrai courage !

MADAME PERRICHON. – Mais tout cela n'empêche pas que monsieur Armand...

PERRICHON. – Henriette n'aime pas... ne peut pas aimer M. Armand !
MADAME PERRICHON. – Qu'en sais-tu ?
35 PERRICHON. – Dame, je suppose...
MADAME PERRICHON. – Il y a un moyen de le savoir : c'est de l'interroger... et nous choisirons celui qu'elle préférera.
PERRICHON. – Soit !... mais ne l'influence pas !
MADAME PERRICHON. – La voici.

Scène 4 : Perrichon, Madame Perrichon, Henriette

40 MADAME PERRICHON, *à sa fille qui entre*. – Henriette... ma chère enfant... ton père et moi, nous avons à te parler sérieusement.
HENRIETTE. – À moi ?
PERRICHON. – Oui.
MADAME PERRICHON. – Te voilà bientôt en âge d'être mariée... deux 45 jeunes gens se présentent pour obtenir ta main... tous deux nous conviennent... mais nous ne voulons pas contrarier ta volonté, et nous avons résolu de te laisser liberté du choix.
HENRIETTE. – Comment ?
PERRICHON. – Pleine et entière...
50 MADAME PERRICHON. – L'un de ces jeunes gens est M. Armand Desroches.
HENRIETTE. – Ah !
PERRICHON, *vivement*. – N'influence pas !...
MADAME PERRICHON. – L'autre est M. Daniel Savary...
PERRICHON. – Un jeune homme charmant, distingué, spirituel, et qui, je 55 ne le cache pas, a toutes mes sympathies...
MADAME PERRICHON. – Mais tu influences...
PERRICHON. – Du tout ! je constate un fait !... (*À sa fille.*) Maintenant te 60 voilà éclairée... choisis...
HENRIETTE. – Mon Dieu !... vous m'embarrassez beaucoup... et je suis prête à accepter celui que vous me désignerez...
65 PERRICHON. – Non ! non ! décide toi-même !
MADAME PERRICHON. – Parle, mon enfant !
HENRIETTE. – Eh bien, puisqu'il faut 70 absolument faire un choix, je choisis... M. Armand.
MADAME PERRICHON. – Là !
PERRICHON. – Armand ! Pourquoi pas Daniel ?
75 HENRIETTE. – Mais M. Armand t'a sauvé, papa.

Yvonne Gaudeau, Marcelline Collard et Jean Le Poulain, dans *Le Voyage de Monsieur Perrichon* d'Eugène LABICHE. Comédie-Française, 1987.
© Bernand.

PERRICHON. – Allons, bien ! encore ! c'est fatigant, ma parole d'honneur !
MADAME PERRICHON. – Eh bien, tu vois... il n'y a pas à hésiter...
PERRICHON. – Ah ! mais permets, chère amie, un père ne peut pas abdiquer... Je réfléchirai, je prendrai mes renseignements.
MADAME PERRICHON, *bas*. – Monsieur Perrichon, c'est de la mauvaise foi !

Eugène LABICHE, *Le Voyage de Monsieur Perrichon*,
Acte III, scènes 3 et 4.

LIRE LE TEXTE

La caractérisation des personnages

1. Pourquoi y a-t-il changement de scène entre les lignes 39 et 40 ?

2. a) Qui engage le dialogue dans les deux scènes ?
b) Que peut-on en déduire sur le rôle que joue ce personnage dans le ménage Perrichon ?

3. Au début de la scène 4, Madame Perrichon expose-t-elle la situation de manière objective ou subjective face à sa fille ?

4. a) Quelle condition au dialogue est fixée par M. Perrichon à la fin de la scène 3 ? Respecte-t-il lui-même cette condition au cours de la scène 4 ? Relevez un passage à l'appui de votre réponse.
b) Que peut-on en déduire concernant le caractère de ce personnage et quel est l'effet produit sur les spectateurs ?

5. a) Concernant la décision de leur fille, à quoi s'engagent M. et Mme Perrichon à la fin de la scène 3 ?
b) Observez la fin de la scène 4 : M. Perrichon a-t-il tenu cet engagement ? Par quel adjectif pouvez-vous caractériser son attitude ?

L'argumentation par le dialogue

6. Sur quel sujet porte le dialogue dans les deux scènes ?

7. a) Précisez la position de Monsieur et de Madame Perrichon sur ce sujet.
b) Quels sont les arguments utilisés par chacun pour défendre sa position ? Relevez des passages du texte à l'appui de votre réponse.

8. Comparez le début de la scène 3 et la fin de la scène 4. A-t-on avancé sur le sujet en question ? Justifiez votre réponse.

9. Henriette a-t-elle utilisé un bon argument en disant : « *Mais M. Armand t'a sauvé, papa* » (l. 75-76) ? Justifiez votre réponse.

LIRE L'IMAGE

10. Identifiez et nommez les personnages, p. 229. Qui fait face à qui ? Expliquez ce choix du metteur en scène en tenant compte de vos réponses aux questions précédentes.

ÉCRIRE

11. Monsieur et Madame Perrichon s'opposent au sujet de l'achat d'un objet que vous choisirez (par exemple un tableau pour orner leur salon : Monsieur Perrichon désire acquérir une peinture représentant un paysage de montagne, Madame Perrichon avoue sa préférence pour un tableau reproduisant un bouquet de fleurs).
À partir de cette situation, rédigez un dialogue argumentatif en respectant le caractère des personnages. Cette scène de comédie comprendra une vingtaine de répliques.

S'EXPRIMER À L'ORAL

12. Jouez la scène 4 après avoir préparé sa mise en scène :
a) Observez les didascalies. Sur une feuille de préparation, ajoutez des indications de mise en scène (positions, attitudes et déplacements des personnages, éléments de décor).
b) Observez les paroles des personnages : la longueur et le type des phrases, les signes de ponctuation. Lisez les différentes répliques avec un ton adapté.
c) Répartissez les rôles, apprenez le texte par étapes puis jouez-le.

▶ Exposer des arguments

Hernani

Victor Hugo (1802-1885) a commencé par publier des poèmes puis s'est tourné vers le théâtre. Il a composé sa pièce *Hernani* selon des principes tout à fait nouveaux pour l'époque, si bien que la première représentation de cette œuvre (25 février 1830) a été très agitée. Elle a consacré l'auteur comme chef des Romantiques. Victor Hugo a écrit ensuite d'autres pièces (*Ruy Blas*, 1838) et des œuvres poétiques et romanesques.

L'action se situe à Saragosse, en Espagne, en 1519. Doña Sol, une jeune noble, est aimée par trois hommes : le roi (Don Carlos), un bandit (Hernani), et son vieil oncle qu'elle doit épouser (Don Ruy Gomez de Silva). Une nuit, Hernani s'introduit dans la chambre à coucher de la jeune fille et lui explique pourquoi il s'est mis hors-la-loi : c'est pour venger son père qu'il s'est révolté contre le roi. Il rappelle d'abord à Doña Sol les avantages qu'elle aurait à se marier avec Don Ruy Gomez de Silva. Il lui rappelle, aussi, qu'il est pauvre et que son avenir est incertain.

Geneviève Casile et François Beaulieu dans *Hernani* de Victor Hugo.
Comédie-Française, 1974.
© Roger Viollet.

Notes en marge :

1. **une dot** : au sens propre, biens qu'une femme apporte en se mariant.

2. **un proscrit** : une personne qui n'a pas le droit de séjourner dans son pays, suite à une condamnation.
3. **le fer** : ici, les armes.
4. **un bandit** : ici, sens premier : un homme vivant dans une bande de hors-la-loi.

5. **un mousquet** : arme à feu très utilisée au XVIe siècle.

HERNANI

En attendant, je n'ai reçu du ciel jaloux
Que l'air, le jour et l'eau, la dot¹ qu'il donne à tous.
Or du duc ou de moi souffrez qu'on vous délivre.
Il faut choisir des deux, l'épouser, ou me suivre.

DOÑA SOL

5 Je vous suivrai.

HERNANI

                Parmi mes rudes compagnons ?
Proscrits² dont le bourreau sait d'avance les noms,
Gens dont jamais le fer³ ni le cœur ne s'émousse,
Ayant tous quelque sang à venger qui les pousse ?
Vous viendrez commander ma bande, comme on dit ?
10 Car, vous ne savez pas, moi, je suis un bandit⁴ !
Quand tout me poursuivait dans toutes les Espagnes,
Seule, dans ses forêts, dans ses hautes montagnes,
Dans ses rocs où l'on n'est que de l'aigle aperçu,
La vieille Catalogne en mère m'a reçu.
15 Parmi ses montagnards, libres, pauvres, et graves,
Je grandis, et demain trois mille de ces braves,
Si ma voix dans leurs monts fait résonner ce cor,
Viendront... Vous frissonnez. Réfléchissez encor.
Me suivre dans les bois, dans les monts, sur les grèves,
20 Chez des hommes pareils aux démons de vos rêves,
Soupçonner tout, les yeux, les voix, les pas, le bruit,
Dormir sur l'herbe, boire au torrent, et la nuit
Entendre, en allaitant quelque enfant qui s'éveille,
Les balles des mousquets⁵ siffler à votre oreille,
25 Être errante avec moi, proscrite, et, s'il le faut,
Me suivre où je suivrai mon père, – à l'échafaud.

DOÑA SOL

Je vous suivrai.

HERNANI

                Le duc est riche, grand, prospère.
Le duc n'a pas de tache au vieux nom de son père.
Le duc peut tout. Le duc vous offre avec sa main
30 Trésors, titres, bonheur...

DOÑA SOL

                    Nous partirons demain.
Hernani, n'allez pas sur mon audace étrange
Me blâmer. Êtes-vous mon démon ou mon ange ?
Je ne sais, mais je suis votre esclave. Écoutez,
Allez où vous voudrez, j'irai. Restez, partez,
35 Je suis à vous. Pourquoi fais-je ainsi ? Je l'ignore.

J'ai besoin de vous voir et de vous voir encore
Et de vous voir toujours. Quand le bruit de vos pas
S'efface, alors je crois que mon cœur ne bat pas,
Vous me manquez, je suis absente de moi-même ;
40 Mais dès qu'enfin ce pas que j'attends et que j'aime
Vient frapper mon oreille, alors il me souvient
Que je vis, et je sens mon âme qui revient !

Victor HUGO, *Hernani*,
Acte I, scène 2.

LIRE LE TEXTE

Des personnages héroïques

1. a) En un seul vers Hernani rappelle à Doña Sol le choix devant lequel elle se trouve : relevez ce vers.
b) La jeune fille hésite-t-elle avant de répondre ?

2. a) Dans la deuxième réplique d'Hernani, relevez :
– les noms qui désignent les camarades d'Hernani,
– les adjectifs qui les qualifient.
b) Relevez un vers qui les présente comme héroïques.

3. Relevez dans la dernière réplique, et classez en deux colonnes, les mots et expressions qui montrent que Doña Sol est à la fois soumise et décidée.

4. Dans cette scène, qui fait passer la raison avant la passion, et qui fait l'inverse ? Justifiez votre réponse.

Décrire pour argumenter

5. Quel personnage a besoin d'exposer des arguments ? Justifiez votre réponse.

6. Dans la deuxième réplique d'Hernani, relevez les groupes verbaux à l'infinitif qui décrivent la vie quotidienne d'un bandit.

7. a) De quoi Hernani cherche-t-il à convaincre Doña Sol, du moins en apparence ?
b) L'a-t-il convaincue ?

LIRE L'IMAGE

8. Après avoir relu l'extrait d'*Hernani* et sa présentation, expliquez deux choix du metteur en scène dont témoigne la photographie, p.231 : les costumes des personnages, l'absence de décor visible.

ÉCRIRE

9. Préféreriez-vous être riche et mener une vie sûre, ou être pauvre et connaître une vie remplie d'aventures ? Répondez en donnant au moins trois arguments pour justifier votre opinion.

S'EXPRIMER À L'ORAL

10. a) Étudiez les vers 11 à 18 : nombre de syllabes, ponctuation, différences de rythme dues aux différences de coupes, qualité des rimes.
b) Lisez oralement ces vers d'une voix sûre ; marquez bien les ralentissements dans le dernier vers.

11. Même exercice, sur les vers 31 à 37. Après l'étude des vers, lisez le passage de plusieurs manières (lente, rapide). Choisissez celle que vous préférez et justifiez votre choix.

GROUPER LES TEXTES

12. Relisez les extraits du *Voyage de Monsieur Perrichon* et de *Hernani*.
a) Qu'y a-t-il de semblable dans la situation des deux jeunes filles ?
b) Dans les deux scènes, à quelles classes sociales appartiennent les prétendants ?
c) Laquelle des deux jeunes filles hésite à faire part de sa décision ? Laquelle a, selon vous, le choix le plus facile ? Justifiez votre réponse.

13. À partir de vos réponses aux questions précédentes, formulez quelques remarques pour caractériser les deux genres théâtraux concernés : la *comédie légère* et le *drame romantique*.

LECTURE DE L'IMAGE

LA MISE EN SCÈNE AU THÉÂTRE

Marine Martin et
Yann Bonny
dans *Hernani*
de Victor HUGO.
Espace Acteur.
© Bernand.

Les personnages

1. Lisez l'extrait de *Hernani* (pp. 231 à 233), puis identifiez et nommez les personnages présents sur ces deux photographies de mises en scène.

2. Observez la position, l'attitude, le regard des personnages.
Quelle mise en scène montre l'entente entre les personnages à ce moment-là, laquelle privilégie leur affrontement ?
Quels sont les choix des metteurs en scène pour montrer cette entente et cet affrontement ?

La couleur et la lumière

3. Comparez la couleur des costumes : quelles sont les connotations* liées aux couleurs dominantes dans ces costumes ? Ces couleurs sont-elles reprises par des éléments du décor ? Précisez.

4. Quelle mise en scène oppose les personnages par la couleur de leur costume ?

5. Par rapport aux personnages, où sont situées les principales sources de lumière ? Quelle mise en scène donne de la profondeur à l'espace ?

Jean-Michel Vanson et Françoise Devillers dans *Hernani* de Victor HUGO. Théâtre du Ranelagh, Paris, 1990. © Rubinel/Enguerand.

L'espace scénique

6. Comparez la place des personnages sur la scène, et dans la photographie.
Quelle mise en scène met en valeur la relation entre les personnages ?
Laquelle met en valeur l'opposition entre les jeunes gens et d'autres personnages ? Justifiez votre réponse.

7. Quelle mise en scène montre la fragilité des personnages par rapport à la puissance et au pouvoir (la royauté, la noblesse) ?

Quels moyens ont été utilisés par le metteur en scène dans cette intention ?

8. Rappelez l'époque et le lieu de l'action.
Quels éléments situent la scène dans une époque et un lieu précis ?
Sont-ils nombreux ?
Que peut-on alors en déduire sur l'intention des metteurs en scène ?

9. Quelle mise en scène préférez-vous ? Répondez en un court paragraphe argumenté.

La description dans le texte théâtral

OBSERVATION

Deux sœurs, Claire et Solange, sont employées comme domestiques dans la même maison. Un jour, en l'absence de leur maîtresse, elles décident de se déguiser et de jouer : Solange sera la bonne, Claire la maîtresse.

La chambre de Madame. Meubles Louis XV. Au fond, une fenêtre ouverte sur la façade de l'immeuble en face. À droite, le lit. À gauche, une porte et une commode. Des fleurs à profusion. C'est le soir. L'actrice qui joue Solange est vêtue d'une petite robe noire de domestique. Sur une
5 chaise, une autre petite robe noire, des bas de fil noirs, une paire de souliers noirs à talons plats.

CLAIRE, *debout, en combinaison, tournant le dos à la coiffeuse[1]. Son geste – le bras tendu – et le ton seront d'un tragique désespéré.*
– Et ces gants ! Ces éternels gants ! Je t'ai dit souvent de les laisser à
10 la cuisine. C'est avec ça, sans doute, que tu espères séduire le laitier. Non, non, ne mens pas, c'est inutile. Pends-les au-dessus de l'évier. Quand comprendras-tu que cette chambre ne doit pas être souillée ? Tout, mais tout ! ce qui vient de la cuisine est crachat. Sors. Et remporte tes crachats ! Mais cesse ! *(Pendant cette tirade, Solange jouait*
15 *avec une paire de gants de caoutchouc, observant ses mains gantées, tantôt en bouquet, tantôt en éventail.)* Ne te gêne pas, fais ta biche. Et surtout ne te presse pas, nous avons le temps. Sors ! *(Solange change soudain d'attitude et sort humblement, tenant du bout des doigts les gants de caoutchouc. Claire s'assied à la coif-*
20 *feuse. Elle respire les fleurs, caresse les objets de toilette, brosse ses cheveux, arrange son visage.)* Préparez ma robe. Vite le temps presse. Vous n'êtes pas là ? *(Elle se retourne.)* Claire ! Claire !

Entre Solange.

SOLANGE. – Que Madame m'excuse, je préparais le tilleul *(Elle pro-*
25 *nonce* tillol) de Madame.

CLAIRE. – Disposez mes toilettes. La robe blanche pailletée. L'éventail, les émeraudes.

SOLANGE. – Tous les bijoux de Madame ?

CLAIRE. – Sortez-les. Je veux choisir. *(Avec beaucoup d'hypocrisie.)* Et
30 naturellement les souliers vernis. Ceux que vous convoitez depuis des années. *(Solange prend dans l'armoire quelques écrins qu'elle ouvre et dispose sur le lit.)* Pour votre noce sans doute.

Jean GENET, *Les Bonnes*, © Gallimard.

---
1. la coiffeuse : ici, petite table de toilette devant laquelle les femmes se coiffent ou se maquillent.

1. a) Relevez une phrase décrivant le décor, une phrase décrivant le geste ou l'attitude d'un personnage, une phrase décrivant le ton d'une parole.
b) Avez-vous effectué ces relevés dans les didascalies ou dans les paroles des personnages ?

2. a) Relevez une expression par laquelle un personnage décrit un objet.
b) Avez-vous effectué ce relevé dans une réplique ou dans une didascalie ?

LEÇON

A. La description dans les didascalies

Les didascalies ont pour destinataires les lecteurs de la pièce ou le metteur en scène, à qui elles apportent des informations. L'auteur cherche à montrer les lieux, les choses et les personnages tels qu'il les imagine et les souhaite, si bien que les phrases descriptives y sont fréquentes :
→ *debout, en combinaison, tournant le dos à la coiffeuse.*

Il ne s'agit pas de décrire l'ensemble d'un décor, d'un costume. La description retient avant tout des éléments qui suffisent à créer un univers particulier sur scène :
→ *Sur une chaise, une autre petite robe noire, des bas de fil noirs, une paire de souliers noirs à talons plats.*

B. La description dans les paroles

Quand un personnage décrit, c'est pour montrer ou évoquer un lieu, un objet, un personnage :
→ *La robe blanche pailletée.*

Ici le personnage désigne un objet précis qui prend une valeur symbolique (la richesse).

EXERCICE

Lisez l'extrait et répondez aux questions.

Antony et Madame d'Hervey s'aiment passionnément et font des envieux, par exemple la vicomtesse de Lacy... Elle reproche à Eugène, son amant, un jeune poète, de ne pas l'aimer avec suffisamment d'ardeur.

Un boudoir chez la vicomtesse de Lacy ; au fond, une porte ouverte donnant sur un salon élégant préparé pour un bal ; à gauche, une porte dans un coin.

[...]

EUGÈNE. – Écoutez... Moi aussi, madame, j'ai cherché partout cet amour délirant dont vous parlez ;... moi aussi, je l'ai demandé à toutes les femmes... Dix fois j'ai été sur le point de l'obtenir d'elles ;... mais, pour les unes, je ne faisais pas assez bien le nœud de ma cravate ; pour les autres, je sautais trop en dansant et pas assez en valsant... Une dernière allait m'aimer à l'adoration, lorsqu'elle s'est aperçue que je ne dansais pas le galop... Bref, il m'a toujours échappé au moment où je croyais être sûr de l'avoir inspiré. C'est le rêve de l'âme tant qu'elle est jeune et naïve... Tout le monde a fait ce rêve... pour le voir s'évanouir lentement ; j'ai commencé ainsi que les autres, et fini comme eux ; j'ai accepté de la vie ce qu'elle donne, et l'ai tenue quitte de ce qu'elle promet ; j'ai usé cinq ou six ans à chercher cet amour idéal au milieu de notre société élégante et rieuse, et j'ai terminé ma recherche par le mot *impossible*.

LA VICOMTESSE. – Impossible !... Voyez comme aime Antony... Voilà comme j'aurais voulu être aimée...

EUGÈNE. – Oh ! c'est autre chose ; prenez-y garde, madame : un amour comme celui d'Antony vous tuerait, du moment que vous ne le trouveriez pas ridicule ; vous n'êtes pas, comme Madame d'Hervey, une femme au teint pâle, aux yeux tristes, à la bouche sévère... Votre teint est rosé, vos yeux sont pétillants, votre bouche est rieuse... De violentes passions détruiraient tout cela, et ce serait dommage ; vous, bâtie de fleurs et de gaze[1], vous voulez aimer et être aimée d'amour ? Ah ! prenez-y garde, madame !

LA VICOMTESSE. – Mais vous m'effrayez !... Au fait, peut-être cela vaut-il mieux comme cela est.

Alexandre DUMAS, *Antony*, 1831.

---

1. la gaze : tissu léger, de soie, de lin ou de laine.

a) Relevez, dans la seconde réplique d'Eugène, un passage descriptif.
– De quoi Eugène veut-il convaincre la vicomtesse ?
– Le passage descriptif sert-il cette intention ?

b) Imaginez pour chaque réplique une didascalie afin de décrire le ton, l'attitude ou les gestes des personnages. Rédigez ces didascalies et précisez où vous les placeriez dans le texte.

PROLONGEMENTS

Le dialogue de théâtre

MISE AU POINT

- Au théâtre comme dans la vie, le dialogue est un échange de paroles qui met en relation directe des interlocuteurs.
- Mais, en plus, le dialogue au théâtre est *représenté* : il est conçu pour être entendu et suivi par des spectateurs, il est dit par des êtres fictifs (les personnages) incarnés par des acteurs.

MOTS CLÉS

DIALOGUE ET TEXTE THÉÂTRAL	
• Parole et silence	Le texte de théâtre est surtout constitué de dialogues. Il y a place, aussi, pour des silences, qui mettent les paroles en valeur, accompagnent des actions et peuvent traduire des sentiments.
• Déroulement du dialogue	– Le dialogue dépend de qui veut ou peut parler. – Le début d'une scène ne correspond pas toujours au début d'une conversation.
• Rythme du dialogue	Les longues répliques (les tirades) ralentissent les échanges entre personnages. Une succession de courtes répliques (une stichomythie) donne de la vivacité à une scène.
• Ruptures du dialogue	Il se peut qu'un personnage ne dialogue pas et parle pour lui seul : il *monologue*. Il peut parler au contraire pour tous les personnages à la fois : il *parle à la cantonade*. Il peut s'adresser directement aux spectateurs : *il fait un aparté*.

FONCTIONS DU DIALOGUE : DE PERSONNAGE À PERSONNAGE	
• Raconter	Un personnage rapporte des faits ou des événements.
• Décrire	Un personnage montre et caractérise objets, lieux ou personnages.
• Expliquer	Un personnage expose des faits et en donne les causes.
• Argumenter	Un personnage expose et défend ses idées.

FONCTIONS DU DIALOGUE : DES PERSONNAGES AUX SPECTATEURS	
• Caractériser	Les personnages se distinguent les uns des autres par leur rôle, mais aussi par leur façon de participer au dialogue et de parler.
• Produire des effets	Certains effets sont dus à la prononciation (ex. : les bafouillements : effet comique) ou aux mots (ex. : les jeux de mots : effet comique) ou aux silences (effet de suspense, par exemple).

ACTIVITÉ — Lisez le texte, puis répondez aux questions. La situation est la suivante :

Arnolphe élève chez lui une jeune fille, Agnès, dans l'intention de l'épouser. Mais, pendant qu'il était parti à la campagne, Agnès aurait fait la connaissance d'un agréable jeune homme… Arnolphe désire connaître la vérité.

ARNOLPHE
La promenade est belle.

AGNÈS
Fort belle.

ARNOLPHE
Le beau jour !

AGNÈS
Fort beau.

ARNOLPHE
Quelle nouvelle ?

AGNÈS
Le petit chat est mort.

ARNOLPHE
C'est dommage ; mais quoi,
Nous sommes tous mortels, et chacun est pour soi[1].
5 Lorsque j'étais aux champs, n'a-t-il point fait de pluie ?

AGNÈS
Non.

ARNOLPHE
Vous ennuyait-il[2] ?

AGNÈS
Jamais je ne m'ennuie.

ARNOLPHE
Qu'avez-vous fait encor ces neuf ou dix jours-ci ?

AGNÈS
Six chemises, je pense, et six coiffes aussi.

ARNOLPHE, *ayant un peu rêvé.*
Le monde, chère Agnès, est une étrange chose.
10 Voyez la médisance, et comme chacun cause !
Quelques voisins m'ont dit qu'un jeune homme inconnu
Était en mon absence à la maison venu,
Que vous aviez souffert[3] sa vue et ses harangues[4],
Mais je n'ai point pris foi[5] sur ces méchantes langues,
15 Et j'ai voulu gager[6] que c'était faussement…

AGNÈS
Mon Dieu, ne gagez pas, vous perdriez vraiment.

MOLIÈRE, *L'École des femmes*, Acte II, scène 5, début.

1. chacun est pour soi : chaque individu vit pour lui-même.
2. vous ennuyait-il : vous ennuyiez-vous ?
3. souffrir : ici, accepter.
4. des harangues : des discours.
5. je n'ai point pris foi sur : je n'ai pas cru.
6. gager : parier.

a) Qui a envie de parler ? Qui n'en a pas vraiment envie ? Justifiez votre réponse.
b) Quelle est la préoccupation d'Arnolphe ? Combien de répliques, et de lignes, sont consacrées à ce souci ? Où sont-elles placées ? À quoi servent les répliques précédentes ?
c) Où y a-t-il un silence entre deux répliques ? Quelle indication le montre ?
d) Lisez oralement le texte, à deux, en proposant deux interprétations : Agnès peut être naïve ou rusée, Arnolphe peut être embarrassé ou réellement très inquiet.

Chapitre 11.
Poésie

OBJECTIFS ▶ *Reconnaître les caractéristiques de la poésie lyrique*
Reconnaître les caractéristiques de la poésie engagée

LECTURES

▷ **Préciser les objectifs du chapitre**
  Printemps de Paul ÉLUARD
  La Maline d'Arthur RIMBAUD
  Plus belle que les larmes de Louis ARAGON
  Le Déserteur de Boris VIAN

▷ **Suggérer des sentiments**
  Chanson de Marie NOËL

▷ **Exprimer sa peine**
  Gaspar Hauser chante de Paul VERLAINE

▷ **L'élégie**
  Jardin d'hiver de Jean LORRAIN

▷ **L'engagement du poète**
  Les connaître tous de Pablo NERUDA

▷ **Prendre position pour une cause**
  L'Enfant de Victor HUGO

▷ **Symbole et poésie**
  Le Galant Tireur de Charles BAUDELAIRE

LECTURE PERSONNELLE

LECTURE-ÉCRITURE
L'expression de soi

PROLONGEMENTS
Figures de style

LECTURE DE L'IMAGE
Peinture et sentiments

Max ERNST (1891-1976), *Sanctuaire*, 1965. Collage bois. Coll. particulière. Photo Artephot / Roland.
© Adagp 1999.

> Préciser les objectifs du chapitre

Printemps

Paul ÉLUARD (1895-1952) est un poète français. Ses œuvres (*Capitale de la douleur, Les Yeux fertiles, Poésie et Vérité, Poèmes politiques*) font de Paul ÉLUARD le chef de file du mouvement surréaliste aussi bien que la voix d'une jeunesse qui luttait contre l'occupant allemand.

Il y a sur la plage quelques flaques d'eau
Il y a dans les bois des arbres fous d'oiseaux
La neige fond dans la montagne
Les branches des pommiers brillent de tant de fleurs
5 Que le pâle soleil recule

C'est par un soir d'hiver dans un monde très dur
Que je vis ce printemps près de toi l'innocente
Il n'y a pas de nuit pour nous
Rien de ce qui périt n'a de prise sur toi
10 Et tu ne veux pas avoir froid

Notre printemps est un printemps qui a raison.

Paul ÉLUARD, « Printemps », dans *Le Phénix*,
© Pierre Seghers.

La Maline

Arthur RIMBAUD (1854-1891) a écrit des poèmes de seize à vingt ans, après quoi il a définitivement cessé d'écrire pour mener une vie d'aventures.

Dans la salle à manger brune, que parfumait
Une odeur de vernis et de fruits, à mon aise
Je ramassais un plat de je ne sais quel met
Belge, et je m'épatais dans mon immense chaise.

5 En mangeant, j'écoutais l'horloge, – heureux et coi.
La cuisine s'ouvrit avec une bouffée,
– Et la servante vint, je ne sais pas pourquoi,
Fichu moitié défait, malinement coiffée

Et, tout en promenant son petit doigt tremblant
10 Sur sa joue, un velours de pêche rose et blanc,
En faisant, de sa lèvre enfantine, une moue,

Elle arrangeait les plats, près de moi, pour m'aiser ;
– Puis, comme ça, – bien sûr, pour avoir un baiser, –
Tout bas : « Sens donc, j'ai pris *une* froid sur la joue... »

Charleroi, octobre 1870.
Arthur RIMBAUD, « La Maline », dans *Poésies*.

Henri MANGUIN (1874-1949), *Femme dans un bois,* 1900. Avignon, Coll. particulière. Erich Lessing / Magnum Photos.
© Adagp 1999.

Plus belle que les larmes

à nos frères canadiens, 1945.

Louis ARAGON (1897-1982) a écrit des poèmes pour sa compagne Elsa Triolet, qui était aussi écrivain. Il est également connu pour ses poèmes consacrés à la guerre et à son engagement politique.

J'empêche en respirant certaines gens de vivre
Je trouble leur sommeil d'on ne sait quel remords
Il paraît qu'en rimant je débouche les cuivres
Et que ça fait un bruit à réveiller les morts

5 Ah si l'écho des chars dans mes vers vous dérange
S'il grince dans mes cieux d'étranges cris d'essieu
C'est qu'à l'orgue l'orage a détruit la voix d'ange
Et que je me souviens de Dunkerque Messieurs

1. **Le faro** est une bière du Nord.

C'est de très mauvais goût j'en conviens Mais qu'y faire
10 Nous sommes quelques-uns de ce mauvais goût-là
Qui gardons un reflet des flammes de l'enfer
Que le faro[1] du Nord à tout jamais saoula

Quand je parle d'amour mon amour vous irrite
Si je crois qu'il fait beau vous me criez qu'il pleut
15 Vous dites que mes prés ont trop de marguerites
Trop d'étoiles ma nuit trop de bleu mon ciel bleu

Comme le carabin scrute le cœur qu'il ouvre
Vous cherchez dans mes mots la paille de l'émoi
N'ai-je pas tout perdu le Pont-Neuf et le Louvre
20 Et ce n'est pas assez pour vous venger de moi

Vous pouvez condamner un poète au silence
Et faire d'un oiseau du ciel un galérien
Mais pour lui refuser le droit d'aimer la France
Il vous faudrait savoir que vous n'y pouvez rien
[…]

Louis ARAGON, « Plus belle que les larmes »,
dans *Les Yeux d'Elsa,* © Seghers, 1945.

Félix VALLOTON (1865-1925), *Verdun, tableau de guerre interprète,* 1917.
Paris, Musée de l'Armée. © AKG Paris.

Le Déserteur

Boris Vian (1920-1959) a été ingénieur, mais c'est dans le domaine artistique qu'il s'est rendu célèbre. En effet, il était trompettiste de jazz, auteur de chansons, de poèmes, de pièces de théâtre et de romans, dont le plus connu est *L'Écume des jours*. La chanson *Le Déserteur* a été écrite en 1954, au moment des guerres d'Indochine et d'Algérie, et a d'abord été interdite.

Monsieur le Président
Je vous fais une lettre
Que vous lirez peut-être
Si vous avez le temps

5 Je viens de recevoir
Mes papiers militaires
Pour partir à la guerre
Avant mercredi soir

Monsieur le Président
10 Je ne veux pas la faire
Je ne suis pas sur terre
Pour tuer des pauvres gens

C'est pas pour vous fâcher
Il faut que je vous dise
15 Ma décision est prise
Je m'en vais déserter

Depuis que je suis né
J'ai vu mourir mon père
J'ai vu partir mes frères
20 Et pleurer mes enfants

Ma mère a tant souffert
Qu'elle est dedans sa tombe
Et se moque des bombes
Et se moque des vers

25 Quand j'étais prisonnier
On m'a volé ma femme
On m'a volé mon âme
Et tout mon cher passé

Demain de bon matin
30 Je fermerai ma porte
Au nez des années mortes
J'irai sur les chemins

Je mendierai ma vie
Sur les routes de France
35 De Bretagne en Provence
Et je dirai aux gens

Refusez d'obéir
Refusez de la faire
N'allez pas à la guerre
40 Refusez de partir

S'il faut donner son sang
Allez donner le vôtre
Vous êtes bon apôtre
Monsieur le Président

45 Si vous me poursuivez
Prévenez vos gendarmes
Que je n'aurai pas d'armes
Et qu'ils pourront tirer.

Boris Vian, « Le Déserteur », dans *Textes et Chansons*,
© Éd. Christian Bourgois.

PRÉCISER LES OBJECTIFS

1. Dans chacun des quatre poèmes, relevez le pronom qui indique la présence de la personne qui parle.

2. Dans quels poèmes des lieux sont-ils décrits ? Nommez ces lieux.

3. Quels sont les deux poèmes dans lesquels s'exprime un sentiment amoureux entre deux personnes identifiées ?

4. Dans ces deux poèmes, relevez les mots qui désignent l'être qui aime et celui qui est aimé.

5. Quels sont les deux poèmes dans lesquels s'exprime une opinion liée à la politique ou à l'Histoire ?

6. Utilisez les indications qui accompagnent ces deux poèmes pour nommer les deux événements historiques dont il est question.

7. Cherchez dans le lexique le sens des expressions *poésie lyrique** et *poésie engagée**, puis classez les quatre poèmes dans ces deux catégories.

LECTURES

▸ *Suggérer des sentiments*

Chanson

Marie Noël
(1883-1903), écrivain et poète, a passé toute sa vie à Auxerre (Yonne). L'amour de la nature, le goût de la vie simple et le sentiment religieux s'expriment dans ses poèmes.

Quand il est entré dans mon logis clos,
J'ourlais un drap lourd près de la fenêtre,
L'hiver dans les doigts, l'ombre sur le dos...
Sais-je depuis quand j'étais là sans être ?

5 Et je cousais, je cousais, je cousais...
– Mon cœur, qu'est-ce que tu faisais ?

Il m'a demandé des outils à nous.
Mes pieds ont couru, si vifs dans la salle,
Qu'ils semblaient, – si gais, si légers, si doux, –
10 Deux petits oiseaux caressant la dalle.

De ci, de là, j'allais, j'allais, j'allais...
– Mon cœur, qu'est-ce que tu voulais ?

Il m'a demandé du beurre, du pain,
– Ma main en l'ouvrant caressait la huche, –
15 Du cidre nouveau, j'allais, et ma main
Caressait les bols, la table, la cruche.

Deux fois, dix fois, vingt fois je les touchais...
– Mon cœur, qu'est-ce que tu cherchais ?

Il m'a fait sur tout trente-six pourquois.
20 J'ai parlé de tout, des poules, des chèvres,
Du froid et du chaud, des gens et ma voix
En sortant de moi caressait mes lèvres...

Et je causais, je causais, je causais...
– Mon cœur, qu'est-ce que tu disais ?

25 Quand il est parti, pour finir l'ourlet
Que j'avais laissé, je me suis assise.
L'aiguille chantait, l'aiguille volait,
Mes doigts caressaient notre toile bise.

Et je cousais, je cousais, je cousais...
30 – Mon cœur, qu'est-ce que tu faisais ?

Marie Noël, « Chanson »,
dans *Les Chansons et les Heures,*
© Éditions Sansot, R. Chiberre, éditeur.

Lire le texte

La situation

1. Relevez le mot qui indique la présence de la narratrice. À qui parle-t-elle ?

2. À quel vers du poème apparaît pour la première fois un autre personnage ? Comment ce personnage sera-t-il nommé tout au long du poème ? À votre avis, pourquoi ?

3. Qu'est-ce qui permet de situer la scène à la campagne ?

Les sentiments

4. Nommez les actions effectuées par la narratrice pour répondre aux demandes de l'autre personnage : ces actions sont-elles importantes ou anodines ?

5. Relevez un verbe répété cinq fois dans le poème.

6. Relevez les compléments d'objet de ce verbe : qu'ont-ils de curieux après un tel verbe ?

7. À qui s'adresse en réalité l'action exprimée par ce verbe répété ?

8. Expliquez l'expression « *j'étais là sans être* » (vers 4).

9. Relisez la première et la dernière strophe et comparez :
– le lieu,
– l'action effectuée par la narratrice,
– les sentiments ressentis par la narratrice.
Justifiez votre réponse par des expressions du texte.

Mary CASSATT (1844-1926),
Femme cousant, 1886.
Paris, Musée d'Orsay.
© Photo Josse.

Les distiques *

10. Relisez tous les distiques, et repérez les ressemblances et les différences.

11. Que montre la triple répétition du même verbe dans les distiques ?
Selon vous, sur quel rythme faudrait-il lire ces verbes à voix haute ?

12. Les distiques contiennent :
– des moments de la narration,
– un commentaire de ce qui se passe,
– un dialogue intérieur ?

13. La question contenue dans les distiques est-elle une véritable question ?

14. Justifiez le titre du poème.

S'exprimer à l'oral

15. Comptez le nombre de syllabes dans chaque vers, nommez cette sorte de vers, puis lisez le poème à voix haute, en distinguant les distiques du reste du poème par votre lecture.

Exprimer sa peine

Gaspard Hauser chante :

Gaspard Hauser, né aux alentours de 1812, était le fils de la princesse Stéphanie de Beauharnais. On suppose qu'il fut enlevé à sa mère pour que son héritage revienne aux enfants du prince de Bade, le mari de sa mère. Il fut abandonné, puis assassiné en 1833. Dans ce poème, Paul Verlaine s'identifie à Gaspard Hauser.

Paul VERLAINE (1844-1896) a écrit essentiellement des poèmes, dans lesquels il recherchait la musicalité de la langue.

Je suis venu, calme orphelin,
Riche de mes seuls yeux tranquilles,
Vers les hommes des grandes villes :
Ils ne m'ont pas trouvé malin.

5 À vingt ans un trouble nouveau
Sous le nom d'amoureuses flammes
M'a fait trouver belles les femmes :
Elles ne m'ont pas trouvé beau.

Bien que sans patrie et sans roi
10 Et très brave ne l'étant guère,
J'ai voulu mourir à la guerre :
La mort n'a pas voulu de moi.

Suis-je né trop tôt ou trop tard ?
Qu'est-ce que je fais en ce monde ?
15 Ô vous tous, ma peine est profonde :
Priez pour le pauvre Gaspard !

Paul VERLAINE, *Sagesse*, III, 4, 1880.

LIRE LE TEXTE

Le personnage

1. Relevez le pronom qui indique la présence du personnage qui parle.

2. Quels êtres le personnage rencontre-t-il dans les trois premières strophes ?

3. Indiquez approximativement l'âge du personnage au moment où il s'exprime. Justifiez votre réponse par des citations du texte.

Les découvertes

4. Quelle qualité faut-il pour s'imposer aux « *hommes des grandes villes* » (vers 3) ?

5. Nommez le sentiment découvert par le personnage dans la deuxième strophe.

6. Pourquoi le personnage a-t-il voulu « *mourir à la guerre* » (vers 11) ?

7. Rapprochez cette troisième strophe du destin de Gaspard Hauser : pourquoi est-il particulièrement tragique ?

8. Par quelles conjonctions de coordination pourrait-on remplacer les deux points dans chaque strophe ?

9. Les découvertes de Gaspard Hauser amènent-elles à des succès ou à des échecs ?

S'interroger sur soi-même

10. Repérez dans le poème les vers consacrés à la narration, les vers consacrés à la réflexion.
Pourquoi viennent-ils dans cet ordre ?

11. Relevez dans la dernière strophe une expression qui indique des destinataires : selon vous, qui Gaspard Hauser veut-il toucher ?

12. Pourquoi le poète choisit-il l'expression « *le pauvre Gaspard* » à la fin du poème ?

LIRE L'IMAGE

13. Quels éléments de l'image pouvez-vous rapprocher de ce qui est dit ou suggéré dans le poème ?

ÉCRIRE

14. Pour un groupe d'amis, faites le récit d'une action dont vous attendiez beaucoup, mais que vous avez manquée.
Accordez une place importante à l'expression de vos sentiments et de votre commentaire.
Concluez par un paragraphe qui demandera à vos amis aide, conseils, compassion, sympathie...

S'EXPRIMER À L'ORAL

15. Dites quels sentiments vous inspire le personnage de Gaspard Hauser : le trouvez-vous pitoyable ? ridicule ? émouvant ?
Justifiez votre réponse, puis dites si, selon vous, le poème de Verlaine montre bien ce que vous inspire le personnage.

Erich GERLACH, *Autoportrait*, 1947. Dresde, Staatl. Kunstsammlungen, Neue Meister. Photo Erich Lessing/Magnum Photos. © Adagp 1999.

LECTURES

▸ *L'élégie*

Jardin d'hiver

Gustav KLIMT (1862-1918),
Le Grand Peuplier, 1903.
Vienne, Sammlung Leopold, Autriche.
© Photo Erich Lessing / Magnum.

Jean LORRAIN
(1855-1906) s'appelait en réalité Paul Duval. Il écrivait des chroniques au *Journal* et à *L'Écho de Paris.* Son œuvre littéraire comprend des contes, des romans, des pièces de théâtre et des poèmes.

À Alphonse Daudet

Ma vie, où des vols de colombe
Neigeaient autrefois dans l'azur,
Est un jardin rempli de tombes
Avec des hiboux sur son mur.

5 Les mornes oiseaux d'heure en heure
S'éveillent au fond des cyprès,
Et chacun d'eux ulule et pleure
Sur mes vœux devenus regrets.

Leur cri lugubre et monotone
10 Chante les précoces départs
De mes rêves, au vent d'automne
Qui tombent, tombent tous épars.

Leurs débris jonchent les allées
Et, sous le vieux porche jauni,
15 L'ennui des plaines désolées
Monte et s'enfonce à l'infini.

Sous le ciel rouge et la bise aigre,
Serré dans un mince habit noir,
Un petit vieux, propret et maigre,
20 Y vient parfois rôder le soir.

Baisant de ses lèvres dévotes
Une grêle flûte en tuya[1],
Il fait succéder aux gavottes[2]
Des vieux refrains d'alleluia.

25 Au pied du mur qui se lézarde
Le vieux chantonne, et les hiboux,
Hérissant leur plume hagarde,
Ferment lentement leurs yeux roux.

Sous les grands traits d'ocre et d'orange
30 Des crépuscules jaunissants
Le vieux joue, et sa flûte étrange
Endort les hiboux gémissants.

Le vieux danse, et des violettes
Percent sous son pied leste et sec,
35 Et sous les vieux arbres squelettes
Répondent des sons de rebec[3] ;

Car ce vieillard est ma jeunesse
Et les chers amours d'autrefois,
Attendant que mon cœur renaisse,
40 Chantent dans son flûtet de bois.

Jean LORRAIN, « Jardin d'hiver »,
dans La Forêt bleue, 1883.

---

1. **tuya** (généralement écrit *thuya*) : conifère ornemental.
2. **La gavotte** est une danse ancienne.
3. **rebec** : instrument de musique médiéval à trois cordes.

S'INFORMER

1. Cherchez dans un dictionnaire le sens exact des mots *élégie* et *mélancolie,* et consultez la page 266 pour comprendre ce qu'est une *métaphore**.

LIRE LE TEXTE

La mélancolie

2. Relevez les mots qui appartiennent au champ lexical* de :
a) la tristesse,
b) la mélancolie.

3. Dans quelle partie du poème ces mots sont-ils les plus nombreux ?

4. Quel décor cette partie du poème installe-t-elle ?

5. À quel âge le poète a-t-il écrit ce texte ? Quelle remarque pouvez-vous faire sur le travail du poète ?

6. Pourquoi, selon vous, ce poème se rattache-t-il au genre de l'élégie ?

L'emploi de la métaphore

7. Pour le poète, que représente ce décor ? que représente le personnage qui apparaît au vers 19 ?

8. Relevez l'expression expliquant la cause de la mélancolie qui s'exprime dans le poème.

9. Relevez une métaphore dans la première strophe du poème.

10. Le poète exprime-t-il explicitement sa tristesse ? Comment la fait-il comprendre ?

11. À quel mot renvoie le déterminant « *Leurs* » (vers 13). Expliquez la métaphore.

12. Quel espoir est suggéré à la fin du poème ?

ÉCRIRE

13. Vous avez le regret de ne pas avoir accompli une action qui aurait rendu heureux quelqu'un de votre entourage. Racontez dans quelles circonstances, et exprimez vos sentiments en veillant à utiliser une métaphore que vous soulignerez en vert.

S'EXPRIMER À L'ORAL

14. Lisez à haute voix la troisième strophe du poème :
– à quels endroits marquerez-vous des pauses ?
– à quel endroit n'en marquerez-vous pas, malgré la fin du vers ?

15. On dit qu'il y a *enjambement* lorsque deux ou plusieurs vers se disent ou se lisent d'une seule traite, sans pause à la fin des vers. À quels endroits du poème pouvez-vous relever des enjambements ? Quel effet produisent-ils ?

L'engagement du poète

Les connaître tous

Pablo Neruda
(1904-1973) a été ambassadeur du Chili à Paris. Poète, il a obtenu le prix Nobel de littérature en 1971.

Quelqu'un demandera plus tard, un jour ou l'autre,
cherchant un nom, le sien ou bien celui d'autrui,
pourquoi j'ai méprisé son amitié ou son amour
ou sa raison ou son délire ou ses travaux :
5 il sera dans le vrai car mon devoir était de vous nommer,
toi, celui d'au-delà et celui d'en-deçà,
certain pour sa glorieuse cicatrice,
cette femme pour son pétale,
l'arrogant pour sa candeur agressive
10 et l'oublié pour son insigne obscurité.

Je n'ai eu ni le temps ni l'encre pour vous tous.

Ce fut peut-être aussi l'écourtement de la ville, du temps,
le cœur froid des horloges
dont la pulsation suspendit mon propre battement,
15 que s'est-il passé ? je n'ai pas su déchiffrer,
je n'ai pas réussi à capter tous les sens :
j'en demande pardon au délaissé
car mon devoir était de les comprendre tous, le délirant,
le faible, l'obstiné, l'avili, l'héroïque, l'abject,
20 l'amant à en pleurer, l'ingrat,
le rédempteur empêtré dans sa chaîne,
le champion de la joie en son habit de deuil.

À quoi bon dénombrer tes vérités
puisque j'ai vécu avec elles,
25 puisque je suis chacun et chaque fois,
puisque mon nom toujours aura été le tien.

Pablo Neruda, « Les connaître tous »,
dans *La Rose détachée et autres poèmes*,
traduction de Claude Couffon,
© Gallimard, 1979.

P. REGGIANI, *Hommes*, 1969.
© Photo Alinari – Giraudon.

LIRE LE TEXTE

La communication

1. Qui parle ? De quoi ?

2. Relevez les mots qui montrent la présence de destinataires dans le texte.

3. Pourquoi le poète emploie-t-il le pronom « *Quelqu'un* » au début du poème ?

4. De quoi le poète pourra-t-il être accusé un jour ?

5. Relevez les deux listes dans lesquelles le poète énumère les êtres envers lesquels il se sent coupable.

6. Quel est l'effet de ces énumérations ?

La mission du poète

7. Selon le poète, le reproche qu'on peut lui adresser est-il justifié ?

8. Un vers du poème est mis en évidence : par quel moyen ?

9. Reformulez les raisons que donne le poète dans la troisième strophe pour se justifier.

10. Selon Pablo Neruda, faut-il posséder des qualités particulières pour être immortalisé par le poète ? Justifiez votre réponse par des citations du texte.

11. Quel acte accomplit le poète envers les oubliés ?

12. Selon Pablo Neruda, le poète a-t-il pour mission de faire rêver ? de témoigner ? de raconter des histoires ? de partager des émotions ?

LIRE L'IMAGE

13. Selon vous, le tableau de P. Reggiani illustre :
– la solitude du poète,
– la multitude des êtres dont le poète doit parler,
– le poète dans la multitude humaine ?
Justifiez votre réponse.

ÉCRIRE

14. Préférez-vous les livres qui racontent de belles histoires, ou ceux qui témoignent de leur temps ? Vous présenterez votre réflexion sous la forme d'un paragraphe argumenté.

15. De quel personnage aimeriez-vous raconter l'histoire ? Présentez d'abord en quelques lignes ce que vous savez de ce personnage, puis expliquez les raisons de votre choix.

S'EXPRIMER À L'ORAL

16. Lisez le poème à haute voix, en prenant soin de respecter le rythme suggéré par la ponctuation.

Prendre position pour une cause

L'Enfant

> *Ô horror ! horror ! horror !*
> Shakespeare, Macbeth.

Victor Hugo (1802-1885) poursuivit une double carrière d'homme politique et d'écrivain. Son œuvre comprend aussi bien des romans que des pièces de théâtre, des souvenirs ou des poèmes. Comme beaucoup d'intellectuels de son époque, Victor Hugo a exprimé son indignation à propos des massacres de Chio, perpétrés par les Turcs en 1822.

Les Turcs ont passé par là. Tout est ruine et deuil.
Chio, l'île des vins, n'est plus qu'un sombre écueil.
    Chio, qu'ombrageaient les charmilles,
Chio, qui dans les flots reflétait ses grands bois,
5 Ses coteaux, ses palais, et le soir quelquefois
    Un chœur dansant de jeunes filles.

Tout est désert. Mais non ; seul près des murs noircis,
Un enfant aux yeux bleus, un enfant grec, assis,
    Courbait sa tête humiliée.
10 Il avait pour asile, il avait pour appui
Une blanche aubépine, une fleur, comme lui
    Dans le grand ravage oubliée.

Ah ! pauvre enfant, pieds nus sur le roc anguleux !
Hélas ! pour essuyer les pleurs de tes yeux bleus
15   Comme le ciel et comme l'onde,
Pour que dans leur azur, de larmes orageux,
Passe le vif éclair de la joie et des jeux,
    Pour relever ta tête blonde,

Que veux-tu ? Bel enfant, que faut-il te donner
20 Pour rattacher gaîment et gaîment ramener
    En boucles sur ta blanche épaule
Ces cheveux, qui du fer n'ont pas subi l'affront,
Et qui pleurent épars autour de ton beau front,
    Comme les feuilles sur le saule ?

25 Qui pourrait dissiper tes chagrins nébuleux ?
Est-ce d'avoir ce lys, bleu comme tes yeux bleus,
    Qui d'Iran borde le puits sombre ?
Ou le fruit du tuba, de cet arbre si grand,
Qu'un cheval au galop met, toujours en courant,
30   Cent ans à sortir de son ombre ?

Veux-tu, pour me sourire, un bel oiseau des bois,
Qui chante avec un chant plus doux que le hautbois,
    Plus éclatant que les cymbales ?
Que veux-tu ? fleur, beau fruit, ou l'oiseau merveilleux ?
35 – Ami, dit l'enfant grec, dit l'enfant aux yeux bleus,
    Je veux de la poudre et des balles.

8-10 juin 1828

Victor Hugo, « L'Enfant », dans *Les Orientales*, XVII.

Eugène DELACROIX (1798-1863), *Scènes des massacres de Scio ; familles grecques attendant la mort ou l'esclavage*, 1824. Paris, Musée du Louvre. © Photo Josse.

S'INFORMER

1. À l'aide d'un atlas, situez l'île de Chio (ou Chios).

LIRE LE TEXTE

L'enfant

2. Dès le début du poème, à quoi pouvons-nous attribuer la tristesse de l'enfant ?

3. Relevez les mots qui appartiennent au champ lexical de la défaite et du malheur.

4. Relevez les mots qui appartiennent au champ lexical du bonheur.

5. Lesquels sont les plus nombreux ? Lesquels se rattachent à ce qui est vécu ? Lesquels se rattachent à ce qui est envisagé ?

Le poète

6. Nommez les moyens imaginés par le poète pour chasser la tristesse de l'enfant.

7. Relevez, pour chacun de ces moyens, un détail qui le rattache au merveilleux.

8. Justifiez l'abondance des points d'interrogation dans les vers 24 à 34.

9. Dans quel vers le poète rassemble-t-il toutes ses propositions ?

10. Relevez les expressions qui montrent la pitié que ressent le poète pour l'enfant.

La chute* du poème

11. Quel effet de surprise vient juste après le rappel des propositions que fait le poète à l'enfant ?

12. Pourquoi l'enfant exprime-t-il ce souhait ?

13. Pourquoi ce souhait précis nous déroute-t-il ?

14. À votre avis, pourquoi Victor Hugo a-t-il choisi un enfant pour héros de ce poème ?

LIRE L'IMAGE

15. La scène représentée par Delacroix se situe-t-elle avant la scène évoquée par le poème, en même temps, ou après ? Justifiez votre réponse en citant le texte.

ÉCRIRE

16. Écrivez une lettre à un enfant triste, et proposez-lui des moyens variés d'oublier son chagrin.

S'EXPRIMER À L'ORAL

17. Lisez le roman d'Andrée Chédid, *L'Enfant multiple* (vous le trouverez sûrement au C.D.I.), et préparez un compte rendu oral pour la classe. Vous résumerez l'histoire, et vous exprimerez votre jugement sur le livre.

LECTURES

▶ *Symbole et poésie*

Le Galant Tireur

Eugène GUÉRARD (1821-1866), *Promenade au Pré Catelan*. Paris, Musée Carnavalet.
© Photo Josse.

Charles BAUDELAIRE (1821-1867) a écrit des poèmes en vers, mais aussi de *Petits Poèmes en prose*. Il a également été critique d'art.

Comme la voiture traversait le bois, il la fit arrêter dans le voisinage d'un tir, disant qu'il lui serait agréable de tirer quelques balles pour *tuer* le Temps. Tuer ce monstre-là, n'est-ce pas l'occupation la plus ordinaire et la plus légitime de chacun ? – Et il offrit galamment la main à
5 sa chère, délicieuse et exécrable femme, à cette mystérieuse femme à laquelle il doit tant de plaisirs, tant de douleurs, et peut-être aussi une grande partie de son génie.

Plusieurs balles frappèrent loin du but proposé ; l'une d'elles s'enfonça même dans le plafond ; et comme la charmante créature riait follement, se moquant de la maladresse de son époux, celui-ci se tourna brusquement vers elle et lui dit : « Observez cette poupée, là-bas, à droite, qui porte le nez en l'air et qui a la mine si hautaine. Eh bien ! cher ange, *je me figure que c'est vous.* » Et il ferma les yeux et il lâcha la détente. La poupée fut nettement décapitée.

Alors, s'inclinant vers sa chère, sa délicieuse, son exécrable femme, son inévitable et impitoyable Muse, et lui baisant respectueusement la main, il ajouta : « Ah ! mon cher ange, combien je vous remercie de mon adresse ! »

Charles BAUDELAIRE,
Petits Poèmes en prose, 1869.

S'INFORMER

1. Consultez un dictionnaire : qu'est-ce qu'une *muse* ?

LIRE LE TEXTE

Une expression

2. Que signifie *tuer le temps* ?

3. Dans quelles occasions cherche-t-on à tuer le temps ?

4. Expliquez les caractères italiques de *tuer,* et la majuscule de Temps.

L'épouse

5. Relevez les mots qui qualifient la femme.

6. Par quelle phrase ces mots sont-ils développés ? quelle explication essentielle cette phrase apporte-t-elle ?

7. Quelle réaction de la femme montre un aspect détestable ?

La Muse

8. Relevez les détails physiques qui montrent la poupée. À quel trait de caractère ces caractéristiques physiques sont-elles habituellement liées ?

9. Relevez la phrase qui montre que la poupée a été atteinte.
Relevez celle qui explique ce succès.

10. Quelle action du tireur montre son amour pour sa femme ? Pourquoi la remercie-t-il ?

11. Pourquoi la femme est-elle alors appelée « *Muse* » (ligne 16) ?

12. Si la femme est une Muse, que représente le tireur ?

13. Expliquez pourquoi on peut dire que le poème est une longue métaphore*.

ÉCRIRE

14. Rédigez une lettre adressée à une personne que vous n'aimez guère, et qui vous a involontairement apporté une aide précieuse, sans peut-être le savoir. Vous la remercierez sur un ton ironique.

15. Rédigez une lettre à un(e) ami(e) contre qui vous êtes en colère. Vous énumérerez tous les faits que vous lui reprochez, et tous les défauts que vous lui trouvez. N'oubliez pas que les travaux d'expression doivent utiliser un registre de langue courant, voire soutenu.

Lecture personnelle

Cantique des Cantiques

L'épouse
J'entends mon bien-aimé :
le voici qui vient,
bondissant sur les monts,
5 sautant sur les collines.
Mon bien-aimé ressemble à la gazelle
ou au faon des biches.
Le voici qui se tient derrière notre mur !
Il regarde par la fenêtre,
10 il épie par le treillis.
Mon bien-aimé me parle et me dit :
« Lève-toi, mon aimée,
ma toute belle, et viens.
Car voici l'hiver passé ;
15 la pluie a cessé, elle a disparu.
Les fleurs paraissent sur la terre ;
le temps des chansons est venu,
on entend la voix de la tourterelle.
Le figuier pousse ses jeunes fruits,
20 la vigne en fleur exhale son parfum.
Lève-toi, mon aimée,
ma toute belle, et viens !
Ma colombe, blottie aux fentes du rocher,
dans l'abri des parois escarpées,
25 montre-moi ton visage !
Car ta voix est douce
et charmant ton visage. »
Prenez-nous les renards,
les petits renards
30 qui ravagent les vignes,
car nos vignes sont en fleur !
Mon bien-aimé est à moi et je suis à lui ;
il fait paître son troupeau parmi les lis.
Avant que le jour ne fraîchisse
35 et que ne fuient les ombres,
reviens, mon bien-aimé,
semblable à la gazelle
ou au faon des biches,
sur les montagnes de Beter.

La Bible, Cantique des Cantiques, 2,3, à partir du XIIIe siècle avant J.-C.

PALMA IL VECCHIO (1480-1528),
Portrait de femme, 1513.
Lyon, Musée des Beaux-Arts.
© Photo Josse.

Sonnet

Je vis, je meurs ; je me brûle et me noie ;
J'ai chaud extrême en endurant froidure ;
La vie m'est trop molle et trop dure ;
J'ai grands ennuis entremêlés de joie.

5 Tout à un coup je ris et je larmoie,
Et en plaisir maint grief[1] tourment j'endure ;
Mon bien s'en va, et à jamais il dure ;
Tout en un coup je sèche et je verdoie.

Ainsi Amour inconstamment me mène ;
10 Et quand je pense avoir plus de douleur,
Sans y penser je me trouve hors de peine.

Puis quand je crois ma joie être certaine
Et être au haut de mon désiré heur[2],
Il me remet en mon premier malheur.

Louise LABÉ, Sonnets, VIII, 1555.

1. **grief** : grave, pénible.

2. **heur** : bonheur.

Lecture personnelle

Les roses de Saadi

J'ai voulu ce matin te rapporter des roses ;
Mais j'en avais tant pris dans mes ceintures closes
Que les nœuds trop serrés n'ont pu les contenir.

Les nœuds ont éclaté. Les roses envolées
5 Dans le vent, à la mer s'en sont toutes allées.
Elles ont suivi l'eau pour ne plus revenir.

La vague en a paru rouge et comme enflammée.
Ce soir, ma robe encore en est toute embaumée...
Respires-en sur moi l'odorant souvenir.

Marceline DESBORDES-VALMORE,
Poésies inédites, 1860.

Ernest QUOST (1842-1931), *Roses*, 1909. Paris, Musée d'Orsay. © Photo Erich Lessing / Magnum.

Avis

La nuit qui précéda sa mort
Fut la plus courte de sa vie
L'idée qu'il existait encore
Lui brûlait le sang aux poignets
5 Le poids de son corps l'écœurait
Sa force le faisait gémir
C'est tout au fond de cette horreur
Qu'il a commencé à sourire
Il n'avait pas un camarade
10 Mais des millions et des millions
Pour le venger il le savait
Et le jour se leva pour lui.

Paul ÉLUARD, *Au rendez-vous allemand*,
© Éditions de Minuit, 1944.

Afrique du Sud, 1961.
© Photo Ian Berry /
Magnum.

Afrique

À ma mère

Afrique mon Afrique
Afrique des fiers guerriers dans les savanes ancestrales
Afrique que chante ma grand-mère
Au bord de son fleuve lointain
5 Je ne t'ai jamais connue
Mais mon regard est plein de ton sang
Ton beau sang noir à travers les champs répandu
Le sang de ta sueur
La sueur de ton travail
10 Le travail de l'esclavage
L'esclavage de tes enfants
Afrique dis-moi Afrique
Est-ce donc toi ce dos qui se courbe
Et se couche sous le poids de l'humilité
15 Ce dos tremblant à zébrures rouges
Qui dit oui au fouet sur les routes de midi
Alors gravement une voix me répondit
Fils impétueux cet arbre robuste et jeune
Cet arbre là-bas
20 Splendidement seul au milieu des fleurs blanches et fanées
C'est l'Afrique ton Afrique qui repousse
Qui repousse patiemment obstinément
Et dont les fruits ont peu à peu
L'amère saveur de la liberté.

David DIOP, « Afrique », dans *Coups de pilon*.
© Présence Africaine, 1973.

Chanson pour l'Auvergnat

Elle est à toi cette chanson
Toi l'Auvergnat qui sans façon
M'as donné quatre bouts de bois
Quand dans ma vie il faisait froid
5 Toi qui m'as donné du feu quand
Les croquantes et les croquants[1]
Tous les gens bien intentionnés
M'avaient fermé la porte au nez
Ce n'était rien qu'un feu de bois
10 Mais il m'avait chauffé le corps
Et dans mon âme il brûle encore
À la manièr' d'un feu de joie.

Toi l'Auvergnat quand tu mourras
Quand le croq'mort t'emportera
15 Qu'il te conduise à travers ciel
Au père éternel.

1. **croquants** : paysans

Elle est à toi cette chanson
Toi l'hôtesse qui sans façon
M'as donné quatre bouts de pain
20 Quand dans ma vie il faisait faim
Toi qui m'ouvris ta huche quand
Les croquantes et les croquants
Tous les gens bien intentionnés
S'amusaient à me voir jeûner
25 Ce n'était rien qu'un peu de pain
Mais il m'avait chauffé le corps
Et dans mon âme il brûle encore
À la manièr' d'un grand festin

Toi l'hôtesse quand tu mourras
30 Quand le croq'mort t'emportera
Qu'il te conduise à travers ciel
Au père éternel.

Elle est à toi cette chanson
Toi l'étranger qui sans façon
35 D'un air malheureux m'as souri
Lorsque les gendarmes m'ont pris
Toi qui n'as pas applaudi quand
Les croquantes et les croquants
Tous les gens bien intentionnés
40 Riaient de me voir emmené
Ce n'était rien qu'un peu de miel
Mais il m'avait chauffé le corps
Et dans mon âme il brûle encore
À la manièr' d'un grand soleil

45 Toi l'étranger quand tu mourras
Quand le croq'mort t'emportera
Qu'il te conduise à travers ciel
Au père éternel.

Georges Brassens, *Chanson pour l'Auvergnat*, (Ray Ventura, 1954).
© Warner Chapell Music.

L'expression de soi

OBSERVATION

Cierges

Les jours futurs se dressent devant nous comme une file de petits cierges allumés, petits cierges dorés, chauds et vifs.

Les jours passés demeurent derrière nous, triste rangée de cierges éteints. Les plus récents fument encore, cierges froids, fondus et penchés.

Je ne veux pas les voir ; leur aspect m'afflige. Le souvenir de leur ancienne lumière me fait mal. Je regarde devant moi mes cierges allumés.

Je ne veux ni tourner la tête ni constater en tremblant combien vite la sombre rangée s'allonge, combien vite les cierges éteints se multiplient.

Constantin CAVAFY, « Cierges », dans *Poèmes,* avant 1911, traduction de Marguerite Yourcenar et Constantin Dimaras.
© Gallimard, 1958, 1978.

M. K. CIURLIONIS, *Hiver,* 1906. Kaunas, Musée Ciurlionis. © Artephot / A. Held.

1. Entre les cierges allumés et les cierges éteints, à quel moment correspond l'endroit où nous nous trouvons ?

2. Que représente l'ensemble des cierges ?

3. Relevez deux verbes qui expriment des sentiments.

4. Relevez un verbe qui montre une réaction physique. Quel sentiment cette réaction traduit-elle ?

LEÇON

L'expression de soi, c'est la manifestation par la parole ou l'écriture de ce qu'on **ressent** face à une situation, un événement, ou une personne.

On peut exprimer des **sentiments** ou des **réactions**.

L'expression de soi constitue l'essentiel de la poésie lyrique, mais on la rencontre également dans les écrits autobiographiques.

A. Sentiments, émotions et réactions

Les **sentiments** sont des états dans lesquels on se trouve. Ils se caractérisent par une certaine durée, une certaine **permanence**, à l'inverse des **émotions** qui sont moins profondes et moins durables. Les sentiments appartiennent au domaine de l'**abstrait**, même si leurs manifestations sont concrètes.

→ *Mais pour lui refuser le droit d'**aimer la France**
Il vous faudrait savoir que vous n'y pouvez rien*
sentiment évoqué : l'amour de la patrie

- Les **réactions** sont des **comportements observables** de l'extérieur, qui surgissent spontanément face à une situation. Les comportements, visibles, appartiennent au domaine du **concret**.

→ *Un enfant aux yeux bleus, un enfant grec, assis,*
   Courbait sa tête humiliée ;

réaction : baisser la tête, sentiment éprouvé : la tristesse

B. Des moyens pour l'expression de soi

Les sentiments et les réactions s'expriment grâce à divers moyens.

- L'emploi du vocabulaire

	Verbes	**Noms**	**Adjectifs qualificatifs**
Sentiments	sentir ressentir éprouver être envahi par ...	bonheur amour égoïsme reconnaissance colère ...	heureux furieux triste fidèle ...
Réactions	crier - fuir rire - pleurer ...	panique évanouissement fou rire ...	hilare - apeuré larmoyant ...

→ *... leur aspect **m'afflige***

- L'expression des **paroles** ou des **pensées** des personnages

→ *Ô vous tous, ma peine est profonde :*
Priez pour le pauvre Gaspard !

- Le recours aux **images**

Devant la difficulté de communiquer de façon précise l'intensité ou la nuance particulière d'un sentiment, les auteurs ont souvent recours aux **images** qui font surgir des souvenirs dans la mémoire du lecteur.

Les images s'expriment principalement à travers trois figures de style : **la comparaison**, **la métaphore** et **la personnification**. Ces procédés d'écriture provoquent l'imagination du lecteur, et l'aident à se représenter les sentiments, les émotions et les réactions de celui qui s'exprime.

→ *... Une blanche aubépine, **une fleur comme lui***
   ***Dans le grand ravage oubliée**.*

comparaison

→ *C'est qu'à **l'orgue** l'orage a détruit **la voix d'ange***

métaphore

→ *Il y a dans les bois des arbres **fous** d'oiseaux*

personnification

EXERCICES

1. Groupez les mots suivants en deux listes, selon qu'ils expriment des sentiments ou des comportements observables. Utilisez éventuellement un dictionnaire.

le rire – l'appréhension – le regret – l'agressivité – la bouderie – l'honneur – le mutisme – le remords – l'aversion – la sympathie – l'orgueil.

2. Recopiez les phrases suivantes en remplaçant les… par des mots appartenant au vocabulaire des sentiments.

1. Je me sentis si … que je saisis un vase et le fracassai contre la cheminée. – **2.** Marianne …. sans cesse des remords d'avoir menti sur un sujet aussi grave. – **3.** Après avoir réussi quelque chose de difficile et de périlleux, on éprouve un immense sentiment de … – **4.** Pour te sentir plus …, commence donc par faire la paix avec ton entourage. – **5.** Personnellement, je trouve que … est le sentiment le plus agréable, et que … est le sentiment le plus pénible à vivre. – **6.** Les alpinistes égarés reprirent … quand ils entendirent le moteur d'un avion qui se rapprochait.

3. Lisez le texte suivant, nommez explicitement le comportement de la narratrice, et dites quel sentiment traduit ce comportement.

Le père de la narratrice est mort. C'est le jour de son enterrement.

Moi, immobile dans un coin du jardin, à l'instant où son corps est hissé dans la voiture, j'entends un long son rauque, tressautant, écorché : ma voix qui, étouffée, me racle en dedans pour s'exhaler par à-coups, alors que le cortège s'éloigne. Ma voix qui continue, déchirure informe, assourdie, pour prolonger quoi, accompagner le père, en dépit des hommes là-bas qui disparaissent.

Assia DJEBAR, « Le retour du père », dans *Méditerranées*, Anthologie de Lebris/Izzo. © E.J.L., 1998.

4. Pour chacune des situations suivantes, écrivez une phrase dans laquelle vous nommerez le sentiment éprouvé, et vous le montrerez grâce à un comportement.

1. Vous venez de remporter un championnat sportif que vous prépariez depuis des mois. – **2.** Vous venez de découvrir que votre meilleur(e) ami(e) s'est débarrassé(e) d'un cadeau que vous aviez choisi avec soin pour son anniversaire. – **3.** Vous apprenez que les gendarmes ont retrouvé votre chien, disparu depuis trois jours.

5. Racontez un moment de votre vie où vous avez été bouleversé(e) par une scène à laquelle vous avez assisté.
Vous montrerez vos réactions, et vous nommerez deux sentiments que vous avez éprouvés.

6. Lisez le texte suivant, puis rédigez la lettre que Charles adresserait à son meilleur ami pour lui faire part de ses sentiments et de ses réactions.

Charles Bovary est nouveau dans une classe.

– Levez-vous, dit le professeur.

Il se leva, sa casquette tomba. Toute la classe se mit à rire.

Il se baissa pour la reprendre. Un voisin la fit tomber d'un coup de coude ; il la ramassa encore une fois.

– Débarrassez-vous donc de votre casque, dit le professeur qui était un homme d'esprit.

Il y eut un rire éclatant des écoliers qui décontenança le pauvre garçon, si bien qu'il ne savait s'il fallait garder sa casquette à la main, la laisser par terre, ou la mettre sur sa tête. Il se rassit et la posa sur ses genoux.

– Levez-vous, dit le professeur, et dites-moi votre nom.

Le nouveau articula, d'une voix bredouillante, un nom inintelligible.

– Répétez.

Le même bredouillement de syllabes se fit entendre, couvert par les huées de la classe.

Gustave FLAUBERT, *Madame Bovary*.

7. Relevez dans le texte suivant :
– les effets physiques de l'angoisse,
– les images utilisées par l'auteur pour faire percevoir ce sentiment.

Une vague d'angoisse me submergea. Personne ici. Le sang battait à mes tempes, j'avais la gorge sèche, tentais de déglutir, avais l'impression que ma langue enflait. J'étais en sueur, mon dos s'arquait, j'entendis une voix de femme hurler sa peur, à l'intérieur du cri quelque chose s'écroula, je me détendis, je m'aperçus que j'avais planté mes ongles dans la paume. Pendant un instant, malgré mes efforts, je ne pus me décrisper comme si ma vie s'était concentrée dans mes poings serrés, qu'elle s'effilocherait si j'écartais les doigts.

Claude DARBELLAY, *Le Ciel plié*, © Éditions Zoé, 1995.

11. Poésie

PROLONGEMENTS

Figures de style

MISE AU POINT

- On appelle figures de style des manières d'écrire qui produisent des effets particuliers. Certaines expressions se trouvent ainsi mises en relief. Le lecteur perçoit, mais n'analyse pas toujours ces effets.
- Tous les registres de langue utilisent des figures de style.
- La comparaison, la métaphore, la personnification sont des figures de style qui font surgir des images.

MOTS CLÉS

• Comparaison	La comparaison rapproche deux éléments par l'intermédiaire d'un mot de comparaison. Elle aide à se représenter une réalité. →… les pleurs de tes **yeux bleus** Comme le **ciel** et comme l'**onde** yeux bleus comme le ciel, l'onde comparé mot de comparaison comparant
• Métaphore	La métaphore rapproche deux éléments de façon implicite. Il n'y a pas de mot de comparaison. L'image, qui n'est pas explicitée, acquiert plus de relief. Une métaphore qui se poursuit dans plusieurs phrases s'appelle une métaphore filée. →cette **femme** pour son **pétale** pétale renvoie à fleur, il y a donc comparaison implicite de la femme et de la fleur →les cierges = la vie tout le poème de C. Cavafy (page 263) est une métaphore
• Personnification	Un élément non humain est présenté comme une personne. On lui prête des sentiments et des réactions d'ordinaire réservés aux personnes. →… ces cheveux… qui **pleurent** épars autour de ton beau front

ACTIVITÉ 1   Les expressions suivantes appartiennent à la langue courante. Dites pour chacune d'elles quelle figure de style est utilisée, puis employez chaque expression dans une phrase qui en fera comprendre le sens.

un froid de loup – bavarde comme une pie – dans la fleur de l'âge – arriver comme une fleur – la chanson du vent – ennuyeux comme la pluie.

ACTIVITÉ 2 Dans les vers suivants, relevez et nommez les figures de style employées.

Le Paresseux

Accablé de paresse et de mélancolie.
Je rêve dans un lit où je suis fagoté
Comme un lièvre sans os qui dort dans un pâté,
Ou comme un Don Quichotte en sa morne folie.

Saint-Amant, « Le Paresseux »,
dans La Suite des œuvres, 1631.

Tristesse en mer

Les mouettes volent et jouent ;
Et les blancs coursiers de la mer,
Cabrés sur les vagues secouent
Leurs crins échevelés dans l'air.
Le jour tombe ; une fine pluie
Éteint les fournaises du soir,
Et le steam-boat[1] crachant la suie
Rabat son long panache noir.

Théophile Gautier, Émaux et Camées.

1. **steam-boat** : bateau à vapeur

La Mer mauvaise

J'aime entendre la pluie tomber sur la campagne
Le tonnerre lointain, le silence mouillé.
J'aime entendre la nuit vivre endormie ;
                              la porte
Gémir contre l'étable
                   où bougent encor, sous
Les toiles d'araignées, de vieilles peurs mal mortes ;
Et l'écho des sabots de chevaux disparus.
J'aime entendre le vent quand se heurtent les arbres
Dans la hauteur du ciel ;
                   la marche des nuages ;
L'appel d'une âme en peine auquel un chien répond ;

Et, plus que tout, battre la coque, à grands coups sourds,
Grondante de tous ses abîmes, la mer mauvaise.

Louis Brauquier, « La Mer mauvaise »,
© La Nouvelle Revue Française n° 240, décembre 1972.

Mes Deux filles

Voyez, la grande sœur et la petite sœur
Sont assises au seuil du jardin, et sur elles
Un bouquet d'œillets blancs aux longues tiges frêles,
Dans une urne de marbre agité par le vent,
Se penche, et les regarde, immobile et vivant,
Et frissonne dans l'ombre, et semble, au bord du vase,
Un vol de papillons arrêté dans l'extase.

Victor Hugo, « Mes Deux Filles », Les Contemplations.

LECTURE DE L'IMAGE

PEINTURE ET SENTIMENTS

Salvador DALI (1904-1989), *Personnage à une fenêtre*. Madrid, Musée National.
Photo Descharnes et Descharnes. © Adagp 1999.

1. En quoi cette façon de présenter un personnage est-elle inhabituelle ?

2. À quel indice comprend-on que la jeune fille a interrompu une occupation pour aller se placer à la fenêtre ?

3. Quelle partie du tableau le paysage occupe-t-il ?

4. Pourquoi le paysage permet-il de donner un sens au tableau ?

5. Selon vous, que regarde précisément la jeune fille ?
Imaginez quels sont ses sentiments.
Présentez votre réponse dans un paragraphe rédigé.

Léon BONNAT (1833-1922), *Italienne*. Bayonne, Musée Bonnat. © Photo RMN – R.G. Ojeda.

1. Que représente cette scène ?
2. Ce tableau est-il un portrait ? Justifiez votre réponse.
3. Pourquoi le regard des personnages est-il dirigé vers le bas du tableau ?
4. Quels sont, selon vous, les sentiments qu'éprouve la femme ? Justifiez votre réponse en vous appuyant sur des éléments du tableau.
5. Comparez ce tableau avec la photographie de la page 104 (chapitre 4) : quelles ressemblances, quelles différences constatez-vous ? Comment expliquez-vous les différences ?

Chapitre 12.
Le récit fantastique

OBJECTIFS ▶ Reconnaître les caractéristiques du récit fantastique
Différencier les formes de l'imaginaire

LECTURES

▷ **Préciser les objectifs du chapitre**
Frankenstein de Mary W. SHELLEY
Le Manoir d'Orleur DE Didier CONVART

▷ **Amuser grâce au fantastique**
Le Chat assassiné de Jean RAY

▷ **Décrire pour effrayer**
La Malvenue de Claude SEIGNOLLE

▷ **Faire naître l'incertitude**
Sosie de Dino BUZZATI

▷ **L'irruption de l'étrange**
Le Portrait de Dorian Gray de Oscar WILDE

LECTURE-ÉCRITURE
Écrire un récit fantastique

PROLONGEMENTS
Science-fiction, merveilleux, fantastique

LECTURE DE L'IMAGE
La peinture de l'imaginaire

Max ERNST (1891-1976), *L'Œil du silence*, 1943 / 44. Saint-Louis, Washington University Gallery of Art. Photo Artephot / Roland. © Adagp 1999.

▶ **Préciser les objectifs du chapitre**

Frankenstein

Mary W. Shelley (1797-1851) était l'épouse du poète romantique britannique Percy B Shelley. Avec *Frankenstein,* elle a créé un style de récit intermédiaire entre le fantastique, la science-fiction et l'épouvante.

Une sinistre nuit de novembre, je pus enfin contempler le résultat de mes longs travaux. Avec une anxiété qui me mettait à l'agonie, je disposai à portée de ma main les instruments qui allaient me permettre de transmettre une étincelle de vie à la forme inerte qui gisait à mes pieds.
5 Il était déjà une heure du matin, la pluie tambourinait lugubrement sur les carreaux, et la bougie achevait de se consumer. Tout à coup, à la lueur de la flamme vacillante, je vis la créature entrouvrir des yeux d'un jaune terne. Elle respira profondément, et ses membres furent agités d'un mouvement convulsif.
10 Comment décrire l'émotion que j'éprouvais devant cette catastrophe, où trouver les mots pour décrire l'être repoussant que j'avais créé au prix de tant de soins et de tant d'efforts ? Ses membres étaient, certes, bien proportionnés, et je m'étais efforcé de conférer à ses traits une certaine beauté. De la beauté ! Grand Dieu ! Sa peau jaunâtre dissi-
15 mulait à peine le lacis sous-jacent de muscles et de vaisseaux sanguins. Sa chevelure était longue et soyeuse, ses dents d'une blancheur nacrée, mais cela ne faisait que mieux ressortir l'horreur des yeux vitreux, dont la couleur semblait se rapprocher de celle des orbites blafardes dans lesquelles ils étaient profondément enfoncés. Cela contrastait avec la peau
20 ratatinée du visage et de la bouche rectiligne aux lèvres presque noires.

Mary W. Shelley, *Frankenstein*, 1818, traduction Joe Ceurvorst,
© Marabout (Belgique), 1978.

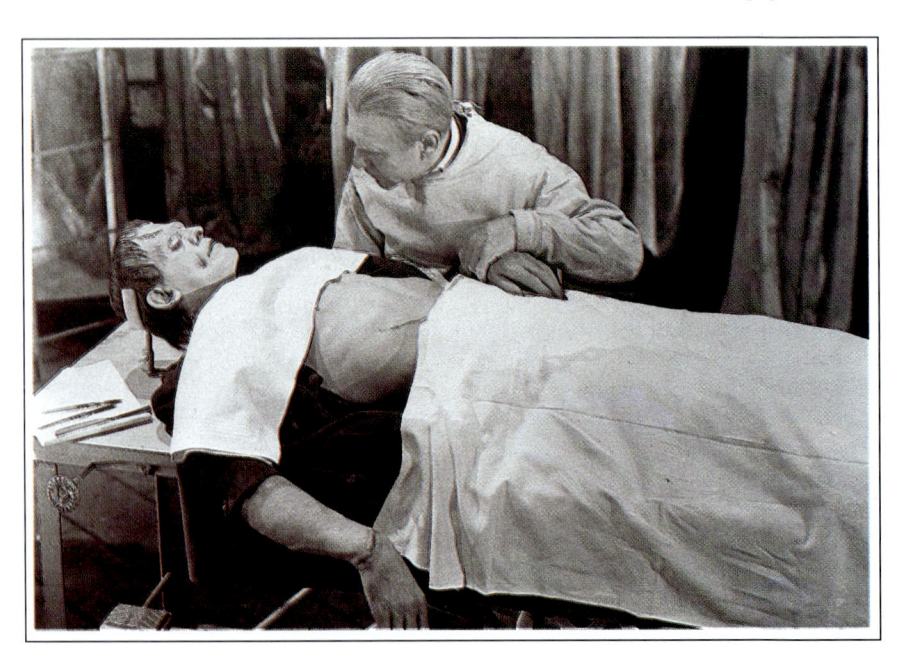

Photo du film *Frankenstein*.
© Cats / KIPA.

Le Manoir d'Orleur

Didier Convart, né en 1950, est l'auteur de plusieurs bandes dessinées, souvent en tant que scénariste, parfois en tant que dessinateur. Il écrit également des romans pour la jeunesse, parmi lesquels *Le Manoir d'Orleur.*

Il fait froid, soudainement.
Didier se lève avec difficulté et, au prix d'un effort considérable, il fait quelques pas, titubant, manquant de tomber... Ses pieds nus ne reconnaissent plus le contact de la moquette habituellement si douce, si
5 agréable...
« Les deux mondes sont en train de se confondre ! »
Le jeune homme se dirige vers la salle de bains avec le désir de mouiller son visage d'eau froide... Mais il faut traverser le couloir qui s'est assombri et dont les murs suintants renferment maintenant des
10 bruits sourds, des appels lointains...
Il tombe. Comme il l'a tant fait sur le chemin de ses nuits. Il s'est reçu sur son genou droit et la douleur dont il ne souffrait alors que dans ses cauchemars devient ici réalité. Cela lui donne envie de crier... Il ressent la même souffrance que celle perçue dans ses rêves ! La même !
15 « Orleur[1] me traque jusque dans la réalité ! Il vient me chercher dans mon propre univers ! »
Il se relève et poursuit sa progression en boitant... Vient-il d'inventer le son qu'il a entendu dans son dos ? Pareil à un halètement.
Des respirations rauques...
20 Il avance une main tremblante vers la poignée de la porte de la salle de bains... Le geste est lent, comme s'il traversait un espace qui s'est distendu, déstructuré...
Enfin... Enfin le contact solide de la poignée métallique... Ouvrir la porte, maintenant... Ouvrir la porte...
25 Ce n'est pas dans la salle de bains que Didier entre !
Le hurlement du jeune homme effraie une colonie de chauves-souris. Ces dernières se détachent des branches où elles étaient accrochées et s'envolent dans un grand froissement d'ailes épaisses.
Didier est dans une petite chapelle en ruines. Les chauves-souris
30 achèvent de s'égailler en piaillant.
Il se retourne pour retrouver la porte par laquelle il vient d'accéder à ce monde. Elle n'existe plus !

Didier CONVARD, *Le Manoir d'Orleur,*
© Éditions Magnard, 1996.

1. Orleur : personnage d'un film précisément intitulé *Le Manoir d'Orleur.* Il cherche, par le film même, à pénétrer dans les consciences des spectateurs.

PRÉCISER LES OBJECTIFS

1. Dites en une phrase ce qui échappe à la réalité ordinaire dans chaque texte.

2. Relevez dans chaque texte des indices qui installent une atmosphère angoissante.

3. À quoi sert la description de la créature dans le premier texte ?

4. Pourquoi le premier texte s'approche-t-il de la science-fiction ?

5. Observez les signes de ponctuation utilisés dans le second texte : quelle remarque faites-vous ?

6. Dans le second texte, à quelles créatures Didier se trouve-t-il confronté ? Ces créatures sont-elles irréelles ? Sont-elles inquiétantes ?

LECTURES

▶ *Amuser grâce au fantastique*

Le Chat assassiné

Un chat affamé s'est introduit dans la cave des quatre dames Puss, célèbres à Hidelsheim pour leur avarice.

Jean RAY s'est inspiré des *Contes de Canterbury,* de l'écrivain anglais Chaucer (v. 1340-1400), dont il a voulu faire revivre les sortilèges au XXe siècle.

1. Les **Groschen** et les **Pfennigs** sont des pièces de monnaie.

Le pauvre chat fouilla en vain tous les recoins les plus obscurs des souterrains, resta patiemment à l'affût des trous suspects ; aucun gibier ne se présenta et, le ventre tordu par la faim, il miaula avec désespoir.

Les dames Puss l'entendirent, et une joie sans bornes alluma des
5 flammes obscures dans leurs âmes noires.

– Deux Groschen[1] pour la peau, calcula l'aînée.

– Trois Pfennigs[1] pour les griffes, à l'usage des superstitieux qui y voient un remède contre la migraine, jubila la puînée.

– Gibelotte ! triomphèrent les deux autres. [...]
10 Le soir, tout en rongeant les os et léchant leurs assiettes, les dames Puss comptaient et recomptaient les Groschen et les Pfennigs dont elles venaient d'accroître leur fortune.

Et, pendant ce temps-là, l'âme du chat assassiné monta vers le Grand Chat, qui préside à la destinée de la petite gent féline, et elle
15 porta plainte contre ses tortionnaires.

Le Grand Chat la reçut parmi les justes assis à sa droite, lui promit des souris éternelles et décida d'infliger le châtiment aux coupables.

– Eh, eh, murmura l'aînée des dames Puss en se retournant dans son lit, comme j'ai chaud ! Jamais je n'ai eu si chaud... Pourtant je n'ai
20 prélevé aucune couverture supplémentaire dans les armoires, de peur de les user trop vite, et pas une de mes sœurs n'aurait osé remettre du charbon sur le feu. Comme j'ai chaud !... Qu'est cela ?...

Elle poussa un cri de frayeur car, en passant la main sur son corps moite de sueur, elle se sentit la peau douce et velue.
25 – Aïe ! cria en même temps la seconde.

Elle venait de sentir une puce lui mordre l'épaule et, en voulant gratter la démangeante ampoule levée à même sa chair, elle s'était griffée jusqu'au sang.

Oublieuses du coût de la chandelle, elles firent toutes les deux de la
30 lumière, et poussèrent des clameurs horribles.

À la place de l'aînée, un énorme chat noir se tordait dans les draps, et la puînée vit que des ongles de bête venaient de pousser à ses mains et à ses pieds.

Ce fut à la même heure que les deux autres sœurs Puss, mues par
35 une force invincible, s'enfuirent à travers les rues et gagnèrent les

champs. Elles couraient au clair de lune, le long d'un bois, quand Grun le braconnier les vit.

— Ah, les beaux lapins ! s'écria-t-il le cœur en joie.

— Nous ne sommes pas des lapins, mais les dames Puss ! s'écrièrent-elles.

— Quels singuliers cris ils viennent de pousser ! s'exclama Grun. Mais qu'à cela ne tienne ! Ils n'en feront pas moins bonne figure dans la marmite...

Il leva son fusil qui avait deux coups et fit Pan ! Pan !

— Il sont un peu maigres, dit Frau Grun en couvrant d'oignon, de thym et de laurier, râbles et cuisses sautant au lard dans la casserole.

— Mais ils sentent très bon ! protesta Grun. Miam ! Miam !

Jean RAY, *Les Derniers Contes de Canterbury*, 1944,
© Librairie des Champs-Élysées, Paris, 1979.

Théophile-Alexandre STEINLEN (1859-1923), *Chat violet*.
Paris, Musée de la Publicité.
© Photo AKG Paris.

S'INFORMER

1. Au C.D.I., consultez des livres d'art et observez des scènes représentant le Jugement dernier.

LIRE LE TEXTE

Les dames Puss

2. Relevez dans le texte toutes les expressions qui montrent l'avarice des quatre sœurs.

3. Quelle expression indique que les dames Puss sont méchantes ? Quelles actions le prouvent ?

La métamorphose*

4. À quel moment la métamorphose des dames Puss intervient-elle dans le récit ?

5. Précisez quelle est la métamorphose pour chacune des sœurs.

6. Comment l'aînée et la deuxième sœur s'aperçoivent-elles de leur transformation ?

7. Relevez les expressions qui prouvent que, malgré leur nouvelle apparence, elles restent les dames Puss.

8. Qu'indique la réflexion de Grun lignes 39 à 44 ?

L'humour

9. Utilisez votre recherche de la question **1** : à qui le Grand Chat accompagné des justes à sa droite fait-il penser ?

10. Que représentent pour le chat assassiné « *des souris éternelles* » (ligne 17) ?

11. Relevez les onomatopées employées dans le texte : quel effet produisent-elles ?

ÉCRIRE

12. *Le Chat assassiné* vous a-t-il amusé(e) ? indigné(e) ? semblé ridicule ? Justifiez votre réponse dans un paragraphe de commentaire qui s'appuiera sur le texte.

13. Écrivez pour de jeunes enfants de votre entourage un court conte fantastique qui mettra en scène un animal qu'ils connaissent bien. Vous raconterez la métamorphose de l'animal, ou des enfants, ou d'une autre personne.

> *Décrire pour effrayer*

La Malvenue

Claude Seignolle est né en 1917. Ethnographe et archéologue, il s'est rendu célèbre par ses romans fantastiques.

En quelques bonds, le gros lièvre traverse le champ perdu. Il est bientôt au pied des joncs du marais. Là, il s'arrête et paraît se moquer de ces deux-là qu'il conduit où bon lui semble. Jeanne a vers Lucas un geste de la tête, volontaire : « Viens, cette fois-ci on le tient... » Mais le
5 gars hésite. Rien qu'à se trouver sur le bord de cette terre de la Malnoue, il ne se sent plus de jambes. Il sait trop qu'une malédiction pèse sur elle pour des générations entières. La fille le pousse en avant. Il trébuche, s'arrête, s'immobilise au milieu des creusements qu'on a faits là autrefois et qui, maintenant, sont en partie comblés.
10 C'est un champ de longues plaies herbeuses. Un profond silence chasse la vie. Le lièvre reste accroupi sur ses pattes de derrière. Il attend patiemment. Alors Jeanne laisse Lucas à ses craintes et court sur lui. Elle tend les bras. Cette fois-ci elle est certaine de pouvoir le saisir. À ce moment, elle reçoit dans le dos la poussée d'une main invisible et tombe
15 à plat ventre, les bras toujours tendus. Ses lèvres s'écrasent à même le sable. Un goût de vase et de sang se met dans sa bouche. Elle ne crie pas, ne cherche pas à comprendre pourquoi elle est tombée. Le lièvre est là, de dos. Il regarde vers le marais. « À ce coup-ci, je t'aurai », pense la Malvenue. Elle retient son souffle. Écarte ses doigts pour mieux crocher
20 la peau, juste derrière la tête, juste là où elle est détendue. Soudain le lièvre se retourne. Alors, comme si une vipère allait la mordre, la fille ramène précipitamment sa main. Elle étouffe un cri de surprise et de frayeur.
Le lièvre montre sa face et celle-ci est affreuse. Les orbites sont sans
25 yeux, vides, profondes, sanguinolentes. Les narines béent jusqu'à l'os. Les babines remuent une putréfaction visqueuse. Seules les dents conservent un semblant de vie. Mais la fille voit tout de suite qu'il n'a plus de langue. La peau de la tête pend, pourrie. Jeanne voit tout cela en un instant. Mais ce qui l'apeure le plus c'est que cette tête morte repose
30 sur un corps vivant, gras de santé, au poil luisant et aux pattes pleines de vigueur.

Claude Seignolle, *La Malvenue*,
© Éditions Phébus, Paris, 1987.

Albrecht DÜRER (1471-1528), *Le Lièvre*. Vienne, Graphische Sammlung Albertina. © Erich Lessing / Magnum.

LIRE LE TEXTE

La situation

1. Par quel autre nom Jeanne est-elle désignée dans le texte ?

2. Pour quelles raisons, selon vous, ce surnom lui a-t-il été donné ?

3. À l'aide d'un dictionnaire, cherchez le sens des deux parties du mot qui nomme la terre où se déroule la scène, et expliquez le sens de ce mot.

L'invisible

4. Quelle est la particularité de la terre sur laquelle se déroule la scène ?

5. Relevez les expressions qui permettent de se représenter le lieu : comment le qualifieriez-vous ?

6. Pourquoi Jeanne est-elle tombée ?

7. À quel moment Jeanne ressent-elle une peur soudaine ? Quelle est alors sa réaction ? Quelle comparaison permet de bien montrer cette réaction ?

La description

8. Dans le dernier paragraphe du texte, relevez les mots qui appartiennent au champ lexical* de l'horreur.

9. Dans le dernier paragraphe du texte, relevez les mots qui appartiennent au champ lexical de la vie.

10. Que produit la juxtaposition, dans un même paragraphe, de ces deux champs lexicaux ?

11. L'extrait apporte-t-il une explication rationnelle* au phénomène décrit ?

ÉCRIRE

12. Vous avez eu une grande frayeur aujourd'hui. Faites-en le récit dans votre journal. Pensez à décrire ce qui vous a effrayé(e), à noter vos réactions, et à faire l'analyse de votre peur.

13. Cherchez une image effrayante. Décrivez-la en quelques lignes, et expliquez pourquoi vous ressentez de la peur en la regardant.

S'EXPRIMER À L'ORAL

14. Pensez-vous que certaines images vues à la télévision puissent effrayer de jeunes enfants ? Présentez votre opinion de façon argumentée et appuyée sur des exemples précis.

LECTURES

▶ *Faire naître l'incertitude*

Sosie

Paul DELVAUX (1897-1994), *Toutes les lumières*, détail, 1962.
Photo Artephot / John Pole. © Adagp 1999.

Dino BUZZATI
(1906-1972) a mené une triple carrière de journaliste, d'écrivain et de peintre. Il a écrit des nouvelles, des pièces de théâtre et des romans. Le fantastique est souvent présent dans son œuvre.

     Je me rappelle, racontait-il, un certain Luigi Bertàn, un brave garçon de bonne famille, fils unique, orphelin, fiancé à une certaine Marion, une des plus belles jeunes filles de Trévise. Mais cette superbe créature meurt, à moins de dix-huit ans, d'une péritonite je crois.

5   Or, personne ne peut se représenter le désespoir de Bertàn. Il s'enferme chez lui, ne veut plus voir personne. Ses amis frappent à sa porte : « Gino, montre-toi au moins, nous tous comprenons ta douleur, mais tu exagères, toi qui étais le plus joyeux d'entre nous, toi qui étais l'âme de la bande. » Mais lui rien, il ne répond pas, il n'ouvre pas, en
10 somme un cas pitoyable.

Si incroyable que cela paraisse, la chose dure deux ans. Jusqu'au jour où deux vieux amis réussissent à force de supplications à se faire ouvrir la porte. Ils l'embrassent, ils cherchent à le consoler, il était devenu un squelette, avec une longue barbe. « Écoute, Gino, tu as assez
15 souffert, cela ne peut absolument plus continuer, tu as le devoir de revenir à la vie. »

Pour le remonter, les amis organisent une fête en son honneur, ils invitent un tas de belles filles, champagne, musique, gaieté.

Et il fallait le voir ce soir-là, Gino Bertàn, bien rasé, avec ses habits
20 des grandes occasions, il semblait un autre, brillant et spirituel comme au beau temps jadis.

Mais à un certain moment de la fête, il se met dans un coin à l'écart avec une blonde et il lui parle, parle, parle, comme font les amoureux.

« Qui est cette blonde ? » demande quelqu'un. Ils répondent :
25 « Je ne sais pas, elle ne doit pas être d'ici, c'est la première fois qu'on la voit. » Ils répondent : « Il paraît que c'est une amie de Sandra Bartolin. » Ils disent : « En tout cas, laissons-les tranquilles. Dieu veuille que cette blonde lui fasse oublier ses malheurs. » Ils disent : « On voit qu'elle est vraiment son type. Ce n'est pas un hasard, vous
30 avez remarqué ? Elle a les yeux de la pauvre Marion. – C'est vrai, c'est vrai, c'est vrai, c'est étonnant comme elle lui ressemble... »

Pendant toute la soirée ces deux-là ne se quittent pas, jusqu'à la fin de la fête, il était déjà plus de trois heures du matin.

Gino raccompagnera la belle en voiture. Ils sortent, elle frissonne,
35 et en effet le vent s'est levé. « Couvrez-vous avec ceci », fait-il. Et il lui met sur les épaules son pull-over.

« Où dois-je vous conduire, mademoiselle ? – Par ici, répond-elle avec un signe du doigt. – Mais dans quelle rue exactement ? – Peu importe, je vous dirai où vous devez vous arrêter, les miens sont peut-
40 être encore debout à m'attendre, je ne voudrais pas qu'ils nous voient ensemble. »

Ils vont, ils vont, par les rues désertes. Il sont déjà à la périphérie.

« Ici, fait la jeune fille à un certain point. Nous sommes arrivés. Non, ne descendez pas, je vous en prie. Merci pour tout. Et au revoir. –
45 Mais votre adresse ? Votre téléphone ? Nous nous reverrons, non ? »

Elle, déjà sur le trottoir, sourit : « Eh, il faudra bien que je vous rende votre pull-over ! » Elle fait un signe d'adieu avec la main, elle a déjà disparu à l'angle de la rue.

Il repart, un peu bouleversé, et il a repris la direction de chez lui
50 quand il lui vient un étrange doute : « Mais où l'ai-je conduite ? Où était-ce ? »

Il fait demi-tour, il retrouve l'endroit, il tourne à l'angle où elle a disparu. C'est une rue sombre, on ne voit rien. Il allume les phares. Tout au fond, il y a une grille.

55 Il s'approche. Son pull-over est accroché à une des barres de fer. C'est l'enceinte du cimetière où Marion est enterrée.

Dino BUZZATI, « Sosie », dans « Histoires de Vénétie »,
dans *Les Nuits difficiles*, 1971, traduction Michel Sager,
© Éditions Robert Laffont, 1972.

S'INFORMER

1. Qu'est-ce qu'un *sosie* ?

LIRE LE TEXTE

*La chronologie**

2. Combien de temps dure le chagrin de Gino ? Indiquez le numéro des lignes qui lui sont consacrées.

3. Combien de temps environ dure la soirée ? Indiquez le numéro des lignes qui lui sont consacrées.

4. Combien de temps environ faut-il pour que Gino comprenne ce qui s'est passé ? Indiquez le numéro des lignes dans lesquelles cette prise de conscience est racontée.

5. Expliquez pourquoi le nombre de lignes consacrées à chaque partie du texte est si différent.

Le récit

6. Pourquoi les amis de Gino jouent-ils un rôle déterminant dans sa vie ?

7. Relevez les verbes qui introduisent les paroles des amis dans les lignes 24 à 28 : qu'indiquent les répétitions ?

8. Quel est le temps le plus employé dans le texte pour raconter l'histoire ? Quel est l'effet produit ?

Marion et la jeune fille

9. Qui présente Marion au début du texte ? Quelle idée a-t-on d'elle ?

10. Relevez les expressions qui aident à se représenter la jeune fille que rencontre Luigi pendant la soirée : permettent-elles de penser qu'il s'agit de la même personne que Marion ?

11. Qu'est-ce que cette jeune fille a de mystérieux ?

12. Quel rôle joue le pull-over dans l'histoire ?

L'incertitude

13. Le texte fournit-il une explication rationnelle à ce qui s'est passé ?

14. La jeune fille est-elle réellement un sosie de Marion ?

15. Quelles réponses de la jeune fille font naître l'incertitude, pour Gino et pour le lecteur ?

LIRE L'IMAGE

16. Quels éléments du tableau de Paul Delvaux pouvez-vous rapprocher du texte ? Justifiez votre réponse.

ÉCRIRE

17. Gino – qui s'est de nouveau enfermé – écrit à ses amis pour leur raconter la fin de la soirée et leur expliquer dans quel état d'esprit il se trouve. Rédigez cette lettre.

18. Aimeriez-vous avoir un sosie ? Écrivez à un(e) camarade pour lui exposer toutes les expériences amusantes que cela vous permettrait, ou au contraire toutes les difficultés que cela créerait.

> ▶ *L'irruption de l'étrange*

Le Portrait de Dorian Gray

Le jeune Dorian Gray vient de quitter pour toujours Sibyl, la jeune actrice à laquelle il était fiancé, parce qu'il estime qu'au cours d'une représentation théâtrale, elle a mal joué. Après cette rupture, il erre toute la nuit, puis rentre chez lui au petit matin.

Au plafond du grand hall d'entrée pendait, éclairant les panneaux de vieux chêne, une énorme lanterne vénitienne, dépouille dorée de quelque gondole ducale. Trois jets de lumière vacillants y brûlaient encore. On eût dit de légers pétales bleus, bordés de flamme blanche.
5 Dorian les éteignit, jeta sur la table son chapeau et son manteau, puis traversa la bibliothèque pour gagner la porte de sa chambre à coucher. C'était, au rez-de-chaussée, une vaste pièce octogonale que, cédant à ses jeunes goûts de luxe, il venait de faire décorer à sa fantaisie et tendre de curieuses tapisseries Renaissance, retrouvées en tas dans une mansarde
10 condamnée de Selby Royal[1]. Il allait tourner la poignée, quand son regard tomba sur le portrait qu'avait fait de lui Basil Hallward. Il recula, d'un mouvement de surprise, puis entra dans sa chambre, la mine préoccupée. Sa boutonnière détachée, il parut hésiter. Enfin, revenant sur ses pas, il entra dans la bibliothèque, marcha droit au portrait et l'examina.
15 Dans le jour éteint et dompté que les stores de soie crème laissaient filtrer à regret, la figure lui parut légèrement changée. L'expression ne semblait plus la même. On eût dit que la bouche était marquée d'une nuance de cruauté. C'était vraiment étrange.

Il se tourna vers la fenêtre et alla lever le store. Les feux de l'aurore
20 emplirent la chambre et chassèrent les ombres spectrales dans les recoins obscurs où elles se blottirent, frissonnantes. Mais l'étrange expression qu'il avait notée dans le portrait semblait flotter encore sur le visage et même s'y être accentuée. À la lumière chaude et vibrante du jour, il vit les lignes cruelles de la bouche aussi clairement que s'il se fût
25 penché sur un miroir après quelque forfait.

Il tressaillit et, prenant sur la table une glace ovale qu'encadraient de petits amours d'ivoire – l'un des nombreux présents de Lord Henry[2] – il en consulta fébrilement les profondeurs polies. Pas de trace de l'horrible ligne ! Rien ne déformait les lignes vermeilles. Que signifiait ce
30 prodige ?

● **Oscar WILDE** est né à Dublin (Irlande) en 1854. Il est mort à Paris en 1900. Il a publié des poèmes, de nombreux contes, des pièces de théâtre et un unique roman : *Le Portrait de Dorian Gray*. Son œuvre fait une large place à une réflexion sur l'art et, sous des apparences souvent légères et brillantes, elle exprime une vision tragique de la vie.

1. Selby Royal : un quartier de Londres.

2. Lord Henry est un ami de Dorain Gray.

Photo du film, *Le Portrait de Dorian Gray*.
© Photo Cats / KIPA.

  Il se frotta les yeux, vint tout près du portrait et de nouveau l'examina. À bien regarder, la peinture en elle-même n'offrait pas la moindre altération ; et pourtant, il n'en pouvait douter, l'expression avait entièrement changé. Ce n'était point une simple imagination de son cerveau.
35 Le fait était là, d'une redoutable évidence.
  Il se jeta sur un fauteuil et se mit à réfléchir. Tout à coup, comme dans un éclair, il se rappela les paroles qu'il avait proférées dans l'atelier, le jour où Basil avait fini la toile. Oui, il s'en souvenait parfaitement. Il avait formulé un vœu insensé : rester toujours jeune, tandis que vieilli-
40 rait le portrait ; garder l'éclat de sa beauté, tandis que le visage peint sur

la toile assumerait le fardeau de ses passions et de ses péchés ; il avait souhaité que le tableau fût flétri des stigmates de la souffrance et de la pensée, tandis que lui-même garderait la fleur délicate et la grâce d'une adolescence alors à son prime éveil. Mais, assurément, son désir n'avait
45 pu être exaucé. Ces choses-là sont impossibles. Il semblait monstrueux d'y seulement penser. Et pourtant ce portrait était là, devant lui, la bouche marquée d'une nuance de cruauté.

De cruauté ? Avait-il donc été cruel ? C'était la faute de Sibyl, et non la sienne. Il avait rêvé d'elle comme d'une grande artiste et, parce
50 qu'il l'avait crue géniale, il lui avait donné son amour. Or, voilà qu'elle l'avait déçu.

Oscar WILDE, *Le Portrait de Dorian Gray,* 1890,
traduction Edmond Jaloux et Félix Frapereau,
© Stock.

LIRE LE TEXTE

L'atmosphère

1. Quand cette scène se déroule-t-elle ? Relevez les indications qui précisent le moment de la journée.

2. Quelle importance ce moment peut-il avoir quand il s'agit de voir quelque chose ?

3. Qualifiez les lumières qui éclairent l'appartement dans le premier paragraphe du texte.

4. Relevez la phrase qui contient une personnification* des ombres : quelle atmosphère ce détail permet-il de créer ?

Le phénomène

5. Quelle réaction de Dorian Gray est inhabituelle de la part d'un homme qui rentre chez lui ?

6. Relevez la phrase qui, la première, exprime un jugement de Dorian Gray sur ce qui se passe chez lui.

7. Combien de fois Dorian Gray tente-t-il de vérifier sa première impression ? Quelle autre chose, liée à cette première impression, vérifie-t-il également ?

8. Relevez les verbes qui introduisent les constatations auxquelles se livre Dorian Gray : qu'indiquent-ils ?

Le personnage

9. Relevez une phrase du texte qui montre que le lecteur voit Dorian Gray d'un point de vue extérieur.

10. Relevez une phrase du texte qui montre au lecteur ce que voit Dorian Gray.

11. Relevez un passage du texte qui permet de connaître les pensées de Dorian Gray.

12. Quel intérêt l'alternance de ces différents points de vue présente-t-elle ?

13. Quel souci de lui-même révèle le vœu qu'exprime Dorian Gray quand son portrait est terminé (l. 36 à 44) ?

14. Quel lien pouvez-vous établir entre la rupture avec la jeune actrice et le phénomène constaté ?

LIRE L'IMAGE

15. À votre avis, l'image du film correspond-elle au moment évoqué par le texte ? à un autre moment ? lequel ? pourquoi ?

ÉCRIRE

16. Imaginez une suite au texte d'Oscar Wilde. Vous inventerez deux manifestations du fantastique de plus en plus accentuées.

17. Dorian Gray écrit à Lord Henry pour lui exprimer son inquiétude et lui demander conseil : rédigez cette lettre.

S'EXPRIMER À L'ORAL

18. Racontez, de manière à faire naître le suspense, l'anecdote la plus incompréhensible qu'il vous soit arrivé de vivre. Ce n'est qu'à la fin du récit que vous donnerez l'explication rationnelle.

Écrire un récit fantastique

OBSERVATION

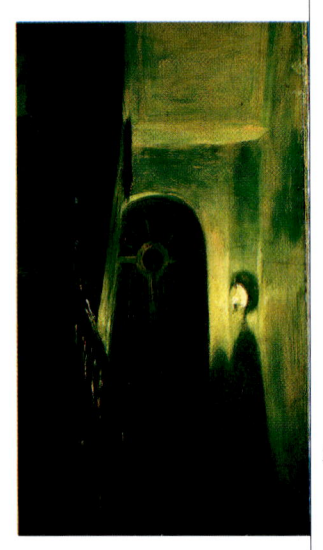

Lui ?

Un soir d'automne, le narrateur est pris par « une de ces tristesses sans cause qui vous donnent envie de pleurer ». Il sort pour se promener dans les rues de Paris mais, à son regret, il ne rencontre aucune de ses connaissances.

J'errai longtemps ainsi et, vers minuit, je me mis en route pour rentrer chez moi. J'étais fort calme, mais fort las. Mon concierge, qui se couche avant onze heures, m'ouvrit tout de suite, contrairement à son habitude ; et je pensai : « Tiens, un autre locataire vient sans
5 doute de remonter... »

Quand je sors de chez moi, je donne toujours à ma porte deux tours de clef. Je la trouvai simplement tirée, et cela me frappa... Je supposai qu'on avait monté des lettres dans la soirée.

J'entrai. Mon feu brûlait encore et éclairait même un peu l'appar-
10 tement. Je pris une bougie pour l'allumer au foyer, lorsqu'en jetant les yeux devant moi, j'aperçus quelqu'un assis dans mon fauteuil, et qui se chauffait les pieds en me tournant le dos.

Je n'eus pas peur, oh ! non, pas le moins du monde. Une supposition très vraisemblable me traversa l'esprit ; celle qu'un de mes
15 amis était venu pour me voir. La concierge, prévenue par moi à ma sortie, avait dit que j'allais rentrer, avait prêté sa clef. Et toutes les circonstances de mon retour, en une seconde, me revinrent à la pensée : le cordon tiré tout de suite, ma porte seulement poussée.

Mon ami, dont je ne voyais que les cheveux, s'était endormi
20 devant mon feu en m'attendant, et je m'avançai pour le réveiller. Je le voyais parfaitement, un de ses bras pendant à droite ; ses pieds étaient croisés l'un sur l'autre ; sa tête, penchée un peu sur le côté gauche du fauteuil, indiquait bien le sommeil. Je me demandais : « Qui est-ce ? » On y voyait peu d'ailleurs dans la pièce. J'avançai
25 la main pour lui toucher l'épaule !...

Je rencontrai le bois du siège ! Il n'y avait plus personne. Le fauteuil était vide !

Quel sursaut, miséricorde !

Guy DE MAUPASSANT, « Lui ? », dans *Contes et nouvelles.*

Adolph von MENZEL (1815-1905), *Palier sous un éclairage nocturne,* 1848. Essen, Museum Folkwang. © Photo AKG Paris.

1. Précisez où se déroule la scène, à quel moment, qui est le personnage principal.

2. Relevez des indications sur la lumière qui baigne cette scène : que peut-elle expliquer ?

3. Quelles constatations étranges le narrateur fait-il (l. 1 à 18) ? Quelles explications rationnelles trouve-t-il ?

4. Relevez un passage de description qui veut faire croire à la réalité des faits, puis un passage qui fait douter le lecteur.

LEÇON

1. L'histoire : des faits étranges dans un monde réel

• Le récit fantastique est au départ **ancré dans la réalité** : les temps, les lieux, les personnages, les choses appartiennent à un monde présenté comme réel.
→ *J'entrai. Mon feu brûlait encore...*

• Certains **lieux** et certains **moments** sont propices à l'irruption d'événements étranges : lieux isolés, brouillard, nuit, obscurité ou demi-jour...
→ *On y voyait peu d'ailleurs dans la pièce.*

• Des **indices étranges** installent souvent un doute dans l'esprit du lecteur, mais le personnage peut tenter de trouver une **explication rassurante**.
→ *Je donne toujours à ma porte deux tours de clef. Je la trouvai simplement tirée et cela me frappa.* (indice étrange)
→ *Une supposition très vraisemblable me traversa l'esprit : celle qu'un de mes amis était venu pour me voir.* (explication rassurante)

• Dans cet univers bien réel, il se produit un ou des événements inhabituels, qui ne peuvent trouver une explication rationnelle (une explication donnée par la raison) : c'est le **phénomène**.
→ *J'avançai la main pour lui toucher l'épaule !... Je rencontrai le bois du siège !*

• Les **réactions** du personnage peuvent être évoquées : elle peuvent aller d'un simple trouble à une véritable panique. Elles peuvent se traduire par des malaises physiques.
→ *Quel sursaut, miséricorde !*
→ *Il avance une main tremblante vers la poignée de la porte.*

2. Le récit : de la certitude à l'hésitation

• Tant qu'il s'agit de faire croire à la réalité, **la narration** rapporte les faits de manière réaliste, **les descriptions** cherchent à être précises.
→ *Mon feu brûlait encore, et éclairait même un peu l'appartement. Je pris une bougie pour l'allumer au foyer...*
→ *Je le voyais parfaitement, un de ses bras pendant à droite ; ses pieds étaient croisés l'un sur l'autre ; sa tête penchée un peu sur le côté gauche du fauteuil, indiquait bien le sommeil.*

• Mais les faits étranges, les créatures fantastiques sont difficiles à décrire et à évoquer. On trouve alors de nombreux termes qui marquent **l'incertitude** : *cela, quelque chose, on ne sait quoi, c'était comme si, il semblait, on aurait dit...*
→ **On eût dit** *que la bouche était marquée d'une nuance de cruauté.*

12. Le récit fantastique

- **Aucune explication logique** ne vient éclairer l'apparition du phénomène. Les causes restent inconnues, inexplicables. Le récit n'apporte pas de solution au lecteur qui reste, comme le personnage, en plein désarroi.
→ *Son pull-over est accroché à une des barres de fer. C'est l'enceinte du cimetière où Marion est enterrée.*

- Le récit fantastique suit les étapes habituelles de tout récit. Le narrateur peut faire partie de l'histoire ou être extérieur. Tous les points de vue habituellement utilisés dans un récit peuvent se rencontrer. Divers points de vue peuvent être adoptés tour à tour.

EXERCICES

1. Classez les adjectifs qualificatifs suivants en deux séries, et nommez le critère de classement. Ces adjectifs qualificatifs vous seront utiles dans les exercices d'écriture qui suivent.

exceptionnel – commun – ordinaire – inaccoutumé – insolite – quotidien – étrange – extraordinaire – courant – ahurissant – coutumier – normal.

2. Lisez le texte suivant.

a) Identifiez les caractéristiques du texte fantastique correspondant aux différents points de la leçon.

b) Écrivez un passage qui précédera immédiatement cet extrait : vous devrez respecter les caractéristiques de la leçon qui prépareront l'apparition du phénomène fantastique (ancrage dans le réel, description, indices étranges).

Tout à coup le feu prit un étrange degré d'activité ; une lueur blafarde illumina la chambre, et je vis clairement que ce que j'avais pris pour de vaines peintures était la réalité ; car les prunelles de ces êtres encadrés remuaient, scintillaient d'une façon singulière ; leurs lèvres s'ouvraient et se fermaient comme des lèvres de gens qui parlent, mais je n'entendais rien que le tic-tac de la pendule et le sifflement de la bise d'automne.

Une terreur insurmontable s'empara de moi, mes cheveux se hérissèrent sur mon front, mes dents s'entrechoquèrent à se briser, une sueur froide inonda tout mon corps.

La pendule sonna onze heures. Le vibrement du dernier coup retentit longtemps, et, lorsqu'il fut éteint tout à fait...

Oh ! non, je n'ose pas dire ce qui arriva, personne ne me croirait, et l'on me prendrait pour un fou.

Les bougies s'allumèrent toutes seules ; le soufflet, sans qu'aucun être visible lui imprimât le mouvement, se prit à souffler le feu, en râlant comme un vieillard asthmatique, pendant que les pincettes fourgonnaient dans les tisons et que la pelle relevait les cendres.

Ensuite une cafetière se jeta en bas d'une table où elle était posée, se dirigea, clopin-clopant, vers le foyer, où elle se plaça entre les tisons.

Quelques instants après, les fauteuils commencèrent à s'ébranler, et, agitant leurs pieds tortillés d'une manière surprenante, vinrent se ranger autour de la cheminée.

Théophile GAUTIER,
« La cafetière »,
dans *Contes fantastiques*.

3. Imaginez une suite au texte « Lui ? », de Guy de Maupassant. Prenez soin d'intensifier peu à peu le caractère fantastique du texte.

4. Lisez le texte suivant, puis répondez à la question a), et exécutez la consigne b).

Tessa croise le regard d'une chatte.

Il y eut fusion.

Tessa ressentit la panique de l'autre.

Il y eut transfert.

Puis une exultation féroce.

Il y eut la brève sensation étrange d'être insupportablement comprimée, resserrée ; l'univers parut s'incliner et tournoyer ; puis tout prit fin. La lumière faiblit jusqu'à l'obscurité normale d'une ville, le rugissement se tut, et elle sentit qu'elle était affalée sur les dalles froides de la terrasse.

Elle essaya de se relever, mais son corps réagissait curieusement. Tout étourdie, elle regarda autour d'elle et hurla devant la folie d'un monde brusquement agrandi – un cri qui s'étouffa lorsqu'elle aperçut quelqu'un d'énorme assis sur la chaise longue devenue immense.

Une femme mûre, grassouillette et grisonnante, qui se tenait la tête entre des mains tremblantes et marmonnait : « Dieu merci ! Dieu merci ! »

Tessa, bouleversée, comprit qu'elle voyait pour la première fois son propre visage sans l'effet d'inversion du miroir. Son affolement augmenta lorsque, baissant les yeux, elle vit de belles pattes blanches à la place de ses mains.

Margaret MARON, « La bête intérieure »,
dans La Griffe du chat,
traduction de Monique Lebailly,
© Éditions Joëlle Losfeld, 1994.

a) Qu'est-il arrivé à Tessa ?

b) Imaginez que quelqu'un subisse la même épreuve, mais avec un autre animal. Racontez. Le narrateur pourra être extérieur à l'histoire, mais vous pourrez également raconter à la première personne.

5. Lisez le texte suivant, et faites la liste de tous les éléments qui peuvent préparer l'apparition d'un phénomène étrange, puis écrivez une suite fantastique.

Chaussé d'espadrilles, Archambaud cheminait sans bruit. Bien qu'absorbé dans ses réflexions, il avait vaguement conscience qu'il se passait dans la ville quelque chose d'inhabituel à cette heure du soir. En traversant le grand carrefour, il entendit un bruit de pas, des appels et, soudain, se trouva pris dans un faisceau lumineux qui s'éteignit après s'être attardé sur lui un temps appréciable. L'itinéraire de ses promenades du soir était invariable. Il s'engagea dans l'avenue Aristide-Briand qui descendait à la rivière entre deux rangées de décombres. Là aussi, des lumières circulaient parmi les ruines, tandis que des hommes s'interpellaient dans l'obscurité. Cette agitation était au moins insolite, mais il ne songea pas à s'en étonner. Nombre de familles habitaient les caves de certaines maisons détruites et, après tout, il n'était pas extraordinaire qu'à dix heures du soir la nuit fût encore animée. Archambaud reprit le cours de ses réflexions.

Marcel AYMÉ, Uranus,
© Gallimard, 1948.

6. Examinez le tableau ci-dessous et faites du personnage la créature fantastique d'un récit de votre invention.

Giuseppe ARCIMBOLDO (1527-1593), *Le Feu*, 1566. Vienne, Kunsthistorisches Museum. © Photo Hubert Josse.

PROLONGEMENTS

Science-fiction, merveilleux, fantastique

MISE AU POINT

- En littérature, le fantastique se rencontre dans les romans ou dans les nouvelles. Il est lié au discours narratif. Le fantastique s'exprime aussi au cinéma et dans la peinture.
- Le fantastique est une création de l'imaginaire. Il propose des mondes, des créatures, qui ne peuvent pas être réels.
- L'imaginaire peut également s'exprimer par la science-fiction et le merveilleux. Il arrive que science-fiction et fantastique se rejoignent ou se mélangent dans une même œuvre.

MOTS CLÉS

VOCABULAIRE	
• Science-fiction	Le monde proposé se situe dans un futur plus ou moins proche, souvent caractérisé par une avance technologique importante. Il est une projection de notre monde dans le futur.
• Merveilleux	Le merveilleux se caractérise par l'intervention, dans la vie et les aventures des personnages, d'êtres surnaturels qui les aident ou contrarient leurs projets. Ces êtres peuvent être des fées, des lutins, des anges, des génies (bons ou mauvais), des démons, des gnomes, des sorciers... Le lecteur sait d'emblée que l'histoire se déroule dans un monde imaginaire.
• Fantastique	Le fantastique repose sur l'irruption progressive, dans une réalité ordinaire, de phénomènes qui restent inexplicables. Le fantastique présente ou non des êtres surnaturels, parfois monstrueux (fantômes, créatures composites, spectres...). Le lecteur sent s'installer un doute sur la réalité du monde qu'il découvre.

UN MONDE RECONSTRUIT	
• Description	Pour permettre au lecteur de croire à ce qui est raconté, il faut l'aider à se représenter ce qui n'existe pas dans le monde réel, et qui naît de l'imaginaire des auteurs. La description est donc très importante dans les textes qui proposent des mondes étranges.
• Métamorphose	Dans le merveilleux et dans le fantastique, le thème de la métamorphose revient très souvent. Il peut parfois se rencontrer dans la science-fiction.

ACTIVITÉ — Dites si les manifestations de l'imaginaire présentes dans les textes suivants relèvent de la science-fiction, du merveilleux ou du fantastique. Écrivez ensuite pour chaque texte une suite de quelques lignes dans lesquelles vous accentuerez les caractères identifiés.

A

Le Roi de la Mer était veuf depuis de longues années, sa vieille maman tenait sa maison. C'était une femme d'esprit, mais fière de sa noblesse ; elle portait douze huîtres à sa queue, les autres dames de qualité n'ayant droit qu'à six. Elle méritait du reste de grands éloges et cela surtout parce qu'elle aimait infiniment les petites princesses de la mer, filles de son fils. Elles étaient six enfants charmantes, mais la plus jeune était la plus belle de toutes, la peau fine et transparente comme un pétale de rose blanche, les yeux bleus comme l'océan profond... mais comme toutes les autres elle n'avait pas de pieds, son corps se terminait en queue de poisson.

Hans Christian ANDERSEN,
« La petite sirène », dans *Contes,* traduction Anne-Mathilde Paraf,
© Gründ, Paris, 1962.

B

Le déclic de l'orgue d'humeur situé près de son lit réveilla Rick Deckard. Agréablement surpris, comme chaque jour, par la qualité de son éveil, il se dressa dans son lit puis, debout dans son pyjama multicolore, il étira ses membres. Dans le lit jumeau, sa femme Iran ouvrit des yeux gris sans joie, cligna deux ou trois fois des paupières en grognant puis referma les yeux.

– Tu n'as pas réglé ton Penfield assez haut, lui fit-il observer. Je vais t'arranger ça, et tu te sentiras bien réveillée...

– Touche pas à mon orgue ! (Sa voix était pleine de rancœur.) Je ne *veux* pas me réveiller.

Il s'assit à côté d'elle, se pencha et lui expliqua doucement :

– Si tu règles la décharge de manière qu'elle soit assez forte, tu seras *heureuse de te réveiller.* C'est tout l'intérêt de la chose ! Tu mets le bouton sur C et tu atteins d'un *seul* coup à la conscience éveillée. Comme moi.

Philip K. DICK, *Blade runner,* 1968, traduction Serge Quadruppani,
© Éditions Champ Libre, 1976.

C

Il franchit la porte du collège pour y subir les quatre heures de consigne qu'il a récoltées la semaine précédente.

Personne.

Il a l'habitude (c'est un cancre récidiviste) et connaît bien la classe où un pion réunit les punis pour d'interminables et humiliantes dictées [...]

Perplexe, il entreprend l'exploration de la bâtisse dont, il le constate bientôt, il ignore bon nombre de parties. Une légère altération de son aspect général l'intrigue autant qu'elle l'exalte. Il en oublie sa consigne pour ne plus s'attacher qu'aux métamorphoses qu'il observe et qui semblent toujours le précéder de peu tandis qu'il traverse couloirs, cours et préaux. Il a l'impression que le collège occupe maintenant une superficie énorme, incompatible avec les limites que chacun lui connaît dans la ville ; il n'en reste pas moins désert.

André HARDELLET, « Consigne », dans *Les Chasseurs,*
© SNE Jean-Jacques Pauvert, 1966.

LECTURE DE L'IMAGE

LA PEINTURE DE L'IMAGINAIRE

Tapisserie de l'Apocalypse d'Angers. 4ᵉ pièce : *Saint Michel terrassant le dragon*. Château d'Angers.
Caroline Rose/© C.N.M.H.S., Paris.

▲

1. Combien de dragons sont visibles dans ce détail de la tapisserie de l'Apocalypse ? Comment expliquez-vous alors le singulier du titre ?

2. Quelle particularité présente l'un des dragons ?

3. Quel personnage pouvez-vous identifier comme étant saint-Michel ?
Sur quoi vous appuyez-vous pour cela ?

4. De quel côté sera la victoire ?
Qu'est-ce qui vous permet de le dire ?

5. Décrivez l'attitude du personnage présent à l'extrême gauche : que traduit-elle ?

6. Cette tapisserie vous semble-t-elle plus proche du merveilleux ou du fantastique ? Justifiez votre réponse.

Monsù Desiderio (vers 1593-après 1644), *Les Enfers*, 1622. Besançon, Musée des Beaux-Arts et d'Archéologie.
© Photo Lauros-Giraudon.

1. Repérez dans le tableau des détails qui montrent des chutes ; des détails qui montrent des courses ; des détails qui évoquent la mort.

2. Dans quel espace la scène représentée se situe-t-elle ?

3. Pourquoi les Enfers sont-ils situés dans ce lieu ?

4. Les êtres qui peuplent l'espace sont-ils des personnages réalistes ou des créatures imaginaires ? Justifiez votre réponse.

5. Quelle est l'identité du personnage de gauche qui s'appuie sur une fourche ?

12. Le récit fantastique

Chapitre 13.
Les écrits autobiographiques

OBJECTIFS ▶ *Découvrir ce que l'auteur raconte de sa vie*
Comprendre sa vision du monde

LECTURES

▷ **Préciser les objectifs du chapitre**
   Les Feux de la mémoire de Edwige FEUILLÈRE
   Bonheurs d'enfance de Christian SIGNOL
   Souvenirs pieux de Marguerite YOURCENAR

▷ **Évoquer l'enfance**
   Mémoires d'une jeune fille rangée de Simone DE BEAUVOIR

▷ **Observer le fonctionnement de la mémoire**
   Si le grain ne meurt de André GIDE

▷ **Tout dire ?**
   Passe-temps de Paul LÉAUTAUD

▷ **Comment exprimer ce qu'on a vécu ?**
   L'Écriture ou la Vie de Jorge SEMPRUN

LECTURE-ÉCRITURE
Les commentaires du narrateur

PROLONGEMENTS
Parler de soi, parler du monde

LECTURE DE L'IMAGE
Autoportraits

Lucian FREUD (né en 1922), *Fragment d'autoportrait*, 1956.
Coll. particulière. © The Bridgeman Art Library.

LECTURES

▶ *Préciser les objectifs du chapitre*

Les Feux de la mémoire

● **Edwige FEUILLÈRE** (1907-1998) est le pseudonyme de Caroline Cunati. Cette comédienne fut l'une des plus grandes actrices du théâtre et du cinéma français.

Au début de la Première Guerre mondiale, Edwige Feuillère vient avec ses parents se réfugier dans un petit village d'Italie où vit Nonna Carolina, sa grand-mère qui ne la connaît pas encore.

Dès notre arrivée, j'attirai sa curiosité. Elle n'acceptait pas que je ne parle pas sa langue. Elle se pliait, s'accroupissait dans sa longue jupe noire pour être à ma hauteur, et m'examinant, me palpant, prenait du recul pour proférer, simplement, comme dans la tragédie : « Ô
5 douleur ! l'enfant de mon enfant ! le sang de mon sang ! » Puis elle ajoutait : « Elle n'est même pas baptisée ! » Telle Hécube gémissant sur le cadavre d'Astyanax[1]… Cette femme noire et dure appartenait au monde grec plus qu'au monde latin.

Souvent j'ai cherché à définir ce qui revivait en moi de cette famille
10 paternelle, italienne et catholique, et ce qui restait de ma famille maternelle, française et protestante, venue d'Europe centrale. Difficile à mesurer. Ces deux courants se sont heurtés, ont provoqué déséquilibre et dualité. Mais il m'est arrivé de faire appel au souvenir de Nonna Carolina, lorsque pour ma vie ou pour un personnage, j'avais besoin de ras-
15 sembler toutes mes forces. Dans mes nombreuses périodes de doute – doute sur ma vocation, sur mon art, sur l'emploi de mes jours ou le sens de ma vie –, c'est vers elle qu'instinctivement je me tournais, vers la partie de moi-même qui me vient de cette paysanne exemplaire.

Heureuse, j'étais la petite Française qui avait la chance de ne pas
20 aller à l'école. J'apprenais le « meneghin », dialecte lombard. J'apprenais aussi comment il fallait cueillir le raisin dont les grappes ployaient jusqu'à moi ; comment sécher au soleil les figues, les tomates, les champignons ; suspendre dans leurs robes de tulle les petits fromages ; comment griller le maïs ou cuire les châtaignes dans une poêle trouée, tour-
25 ner la « polenta » avec un bâton de bois plus haut que moi ; comment soigner les vers à soie, préparer leur hachis de feuilles de mûrier, nettoyer les claies qui forment leur lit. Nous avions même un petit hôpital pour les vers débiles, entièrement confié à la responsabilité des enfants. Les miraculés devenus cocons étaient vendus à notre profit.

1. Hécube gémissant sur le cadavre d'Astyanax : après la guerre de Troie, Astyanax, fils d'Hector et petit-fils d'Hécube, reine de Troie, a été tué par le vainqueur grec Pyrrhus.

Alexander MANN (1853-1908), *Picking up Silver and Gold,* 1906.
Coll. particulière. © Photo AKG Paris.

2. Le marsala est du vin doux et sucré.

J'avais des cousins, des copains, une liberté totale. Notre bande d'enfants – de cinq à douze ans – venait se ravitailler dans la grande salle : œufs bouillis, frits ou battus avec du sucre ou du marsala[2], fruits, fromage, pain. Nous nous organisions à notre guise. Berthe se scandalisait de ce laisser-aller, mais elle fut vite débordée. Elle finit même par accepter qu'on me baignât avec les autres dans les grands cuveaux à lessive remplis d'eau tiédie au soleil. Le savon était rare et cher. On nous frottait avec de la cendre tamisée. Les garçons avaient droit à la première eau, les filles à la seconde, les chiens à la troisième.

Ma mère me désapprouvait de partager les jeux de « ces petits rustres », et, me soustrayant autant qu'elle le pouvait à « leur influence néfaste », m'apprenait à écrire et à lire dans les ouvrages qu'elle avait pu réunir, en particulier Victor Hugo et Émile Zola. La Bible serait pour plus tard.

Edwige FEUILLÈRE, *Les Feux de la mémoire.*
© Albin Michel, 1977.

Bonheurs d'enfance

Christian Signol est un écrivain français contemporain. Dans *Bonheurs d'enfance,* il évoque son village natal dans le Quercy.

J'y vivais follement heureux et cependant, je l'ignorais. Je l'ai appris brusquement à onze ans, ce jour d'octobre où je suis entré pensionnaire dans un lycée d'une ville trop grande pour moi. Ce fut une déchirure. Une blessure profonde qui ne s'est jamais vraiment refermée, mais dont mes parents, bien sûr, ne sont en aucun cas coupables. Ils avaient confusément deviné que la vie glissait vers les villes, que le monde rural était condamné, que les études étaient devenues indispensables. Je suis donc parti, déchiré, malheureux comme je ne l'avais jamais été. Privé de liberté dans les champs et les prés, du cocon de la famille, et jeté dans une prison enclose dans une grande ville, j'aurais pu sombrer jusqu'à l'anorexie[1]. Je ne comprenais rien à ce monde violent, aux vexations, aux menaces quotidiennes proférées par des surveillants d'une autre époque (c'était bien avant 1968), je guettais les coins de ciel bleu, je comptais les nuages, j'attendais désespérément le samedi, je ne travaillais pas.

Pourtant j'ai franchi l'obstacle. Où ai-je trouvé la force, à onze ans, de survivre à ce terrible exil ? Sans doute dans l'idée d'une île préservée du mal, à vingt kilomètres de là, et dans la souffrance de ceux qui m'aimaient assez fort pour m'éloigner d'eux alors qu'ils avaient tant besoin de moi, parce qu'il y allait de mon « avenir ». Un ami psychiatre, à qui je parlais de cette époque de ma vie et de la gravité de la blessure, m'a répondu que c'était sans doute grâce à elle que j'étais devenu romancier. C'est possible. C'est même probable. Banni du royaume de l'enfance, j'ai utilisé le moyen de l'écriture pour me l'approprier définitivement. Pour qu'on ne me le prenne plus jamais.

Christian S<small>IGNOL</small>,
Bonheurs d'enfance,
© Albin Michel.

1. L'anorexie est une maladie psychique qui se manifeste par le refus de s'alimenter.

Souvenirs pieux

Marguerite Yourcenar (1903-1987) est née à Bruxelles d'un père français et d'une mère belge. *Souvenirs pieux* fait partie d'un ensemble de trois livres consacrés à l'histoire de sa famille.

L'être que j'appelle moi vint au monde un certain lundi 8 juin 1903, vers les 8 heures du matin, à Bruxelles, et naissait d'un Français appartenant à une vieille famille du Nord, et d'une Belge dont les ascendants avaient été durant quelques siècles établis à Liège, puis s'étaient
5 fixés dans le Hainaut. La maison où se passait cet événement, puisque toute naissance en est un pour le père et la mère, se trouvait située au numéro 193 de l'avenue Louise, et a disparu il y a une quinzaine d'années, dévorée par un building.
    Ainsi consignés ces quelques faits qui ne signifient rien par eux-
10 mêmes, et qui, cependant, et pour chacun de nous, mènent plus loin que notre propre histoire et même que l'histoire tout court, je m'arrête, prise de vertige devant l'inextricable enchevêtrement d'incidents et de circonstances qui plus ou moins nous déterminent tous. Cet enfant du sexe féminin, déjà pris dans les coordonnées de l'ère chrétienne et de
15 l'Europe du XXe siècle, ce bout de chair rose pleurant dans un berceau bleu, m'oblige à me poser une série de questions d'autant plus redoutables qu'elles paraissent banales, et qu'un littérateur qui sait son métier se garde bien de formuler. Que cet enfant soit moi, je n'en puis douter sans douter de tout.

Marguerite YOURCENAR,
Souvenirs pieux,
© Gallimard, 1974.

PRÉCISER LES OBJECTIFS

1. Les passages dans lesquels sont mentionnés les parents des auteurs occupent-ils une place égale dans les trois textes ? Justifiez votre réponse.

2. Deux des textes mettent en relation l'enfance de l'auteur et certains moments précis de sa vie d'adulte. Dites dans quelles circonstances ces écrivains ont établi une telle relation.

3. Dans quel texte l'auteur marque-t-il une distance par rapport à elle-même ? Par quelles expressions ?

4. Relevez, dans deux des trois textes, des passages qui évoquent des moments heureux de l'enfance.

5. Dans quels textes trouve-t-on l'évocation de difficultés ou de chagrins ?

13. Les écrits autobiographiques

LECTURES

▶ *Évoquer l'enfance*

Mémoires
d'une jeune fille rangée

Simone DE BEAUVOIR (1908-1986) était la compagne de l'écrivain et philosophe Jean-Paul Sartre. L'engagement politique et l'engagement féministe traversent son œuvre d'essayiste, de romancière et de mémorialiste (*Mémoires d'une jeune fille rangée, La Force de l'âge, La Force des choses*).

1. **Guynemer** : aviateur français (1894-1917).

Jacques est le cousin de l'auteur. Le père du jeune garçon est décédé, sa mère est remariée, il est élevé par sa grand-mère.

Avec son teint vermeil, ses yeux dorés, ses cheveux brillants comme l'écorce d'un marron d'Inde, c'était un très joli petit garçon. Sur le palier du premier étage, il y avait une bibliothèque où il me choisissait des livres ; assis sur les marches de l'escalier, nous lisions côte à côte,
5 moi *Les Voyages de Gulliver*, et lui une *Astronomie populaire*. Quand nous descendions au jardin, c'était lui qui inventait nos jeux. Il avait entrepris de construire un avion qu'il avait baptisé d'avance *Le-Vieux-Charles*, en l'honneur de Guynemer[1] ; pour lui fournir des matériaux, je ramassais toutes les boîtes de conserve que je trouvais dans la rue.
10 L'avion ne fut même pas ébauché, mais le prestige de Jacques n'en pâtit pas. À Paris, il logeait non dans un immeuble ordinaire, mais dans une vieille maison du boulevard Montparnasse où l'on fabriquait des vitraux ; en bas il y avait des bureaux, au-dessus l'appartement, plus haut les ateliers, et sous les combles des halls d'exposition ; c'était sa
15 maison et il m'en faisait les honneurs avec l'autorité d'un jeune patron ; il m'expliquait l'art du vitrail et ce qui distingue celui-ci d'un vulgaire verre peint ; il parlait aux ouvriers d'un ton protecteur ; j'écoutais bouche bée ce petit garçon qui m'avait déjà l'air de gouverner une équipe d'adultes : il m'en imposait. Il traitait à égalité avec les grandes
20 personnes, et il me scandalisait même un peu lorsqu'il rudoyait sa grand-mère. D'ordinaire, il méprisait les filles et j'appréciai d'autant plus son amitié. « Simone est une enfant précoce », avait-il déclaré. Le mot me plut beaucoup. Un jour, il fabriqua de ses mains un authentique vitrail, dont les losanges bleus, rouges, blancs, étaient sertis de plomb ;
25 en lettres noires, il y avait inscrit une dédicace : « Pour Simone. » Jamais je n'avais reçu de cadeau aussi flatteur. Nous décidâmes que nous étions « mariés d'amour » et j'appelai Jacques « mon fiancé ». Nous fîmes notre voyage de noces sur les chevaux de bois du Luxembourg. Je pris au sérieux notre engagement. Cependant, en son absence, je ne
30 pensais guère à lui. Chaque fois que je le voyais, j'étais contente, mais il ne me manquait jamais.
Ainsi, l'image que je retrouve de moi aux environs de l'âge de raison est celle d'une petite fille rangée, heureuse et passablement arrogante. Deux ou trois souvenirs démentent ce portrait et me font suppo-
35 ser qu'il eût suffi de peu de choses pour ébranler mon assurance.

Simone DE BEAUVOIR, *Mémoires d'une jeune fille rangée*. © Gallimard, 1958.

S'INFORMER

1. Qu'est-ce que « *l'âge de raison* » ?

LIRE LE TEXTE

Jacques

2. Relevez plusieurs manières d'agir de Jacques qui ne sont pas habituelles chez un petit garçon.

3. Lorsque l'auteur est avec Jacques, c'est ce dernier qui dirige tout : montrez-le en citant le texte.

4. Quelles actions accomplies par Jacques montrent qu'il a de la considération pour l'auteur ? Par quel jugement de Jacques cette considération est-elle expliquée ?

L'auteur

5. Relevez les lignes consacrées au portrait physique de Jacques, et dites à quel jugement de l'auteur aboutissent ces lignes : ce jugement a-t-il été formulé par l'enfant qu'elle était, ou est-il formulé par l'adulte qui écrit ses souvenirs ?

6. Relevez toutes les expressions qui montrent les réactions de l'auteur devant les paroles ou les actions de son cousin.

7. Quels sentiments éprouvait-elle pour lui ?

8. Pourquoi peut-on dire qu'ils ont vécu un amour d'enfants ?

Le moment de l'écriture

9. Quel est le temps le plus employé dans cet extrait ?
Justifiez l'emploi de ce temps.

10. Repérez le paragraphe lié au moment de l'écriture : quel est le temps le plus employé ?

11. Relevez l'expression qui montre le travail de la mémoire.

12. Quel défaut trouve l'auteur à l'enfant qu'elle était ?
Quelle nuance apporte-t-elle à ce jugement ?

13. Justifiez l'emploi de la forme verbale « *il eût suffi* » (l. 35).

Henri D'ESTIENNE (1872-1949),
Portrait de fillette ou Mademoiselle S...,
Paris, Musée d'Orsay.
© Photo RMN – H. Lewandowski.

14. Que signifie l'adjectif « *rangée* » (dans le titre du livre, et l. 33) ?.

ÉCRIRE

15. Vous admirez une personne de votre entourage. Montrez-la par un portrait, par le récit de ses actions, et concluez votre travail par l'expression d'un jugement.

16. Imaginez l'un des « *deux ou trois souvenirs* » mentionnés à la fin du texte (l. 34).

> Observer le fonctionnement de la mémoire

Si le grain ne meurt

André Gide
(1869-1951) est un écrivain français qui a obtenu le prix Nobel de littérature en 1947. Toute sa vie, il a tenu son journal intime. *Si le grain ne meurt* est son autobiographie.

J'écrirai mes souvenirs comme ils viennent, sans chercher à les ordonner. Tout au plus les puis-je grouper autour des lieux et des êtres ; ma mémoire ne se trompe pas souvent de place ; mais elle brouille les dates ; je suis perdu si je m'astreins à la chronologie. À reparcourir le
5 passé, je suis comme quelqu'un dont le regard n'apprécierait pas bien les distances et parfois reculerait extrêmement ce que l'examen reconnaîtra beaucoup plus proche. C'est ainsi que je suis resté longtemps convaincu d'avoir gardé le souvenir de l'entrée des Prussiens à Rouen :

C'est la nuit. On entend la fanfare militaire, et du balcon de la rue
10 de Crosne où elle passe, on voit les torches résineuses fouetter d'inégales lueurs les murs étonnés des maisons…

Ma mère à qui, plus tard, j'en reparlai, me persuada que d'abord, en ce temps, j'étais beaucoup trop jeune pour en avoir gardé quelque souvenir que ce soit, qu'au surplus jamais un Rouennais, ou en tout cas
15 aucun de ma famille, ne se serait mis au balcon pour voir passer fût-ce Bismarck ou le roi de Prusse lui-même, et que si les Allemands avaient organisé des cortèges, ceux-ci eussent défilé devant des volets clos. Certainement mon souvenir devait être des « retraites aux flambeaux » qui, tous les samedis soirs, remontaient ou descendaient la rue de
20 Crosne après que les Allemands avaient depuis longtemps quitté la ville.

« C'était là ce que nous te faisions admirer du balcon, en te chantant, te souviens-tu :

Zim laï la ! Zim laï la
Les beaux militaires ! »

25 Et soudain je reconnaissais aussi la chanson. Tout se remettait à sa place et reprenait sa proportion. Mais je me sentais un peu volé ; il me semblait que j'étais plus près de la vérité d'abord, et que méritait bien d'être un événement historique ce qui, devant mes sens tout neufs, se douait d'une telle importance. De là ce besoin inconscient de le reculer à
30 l'excès afin que le magnifiât la distance.

Il en est de même de ce bal, rue de Crosne, que ma mémoire s'est longtemps obstinée à placer du temps de ma grand-mère – qui mourut en 73, alors que je n'avais que quatre ans. Il s'agit évidemment d'une soirée que mon oncle et ma tante Henri donnèrent trois ans plus tard, à la
35 majorité de leur fille :

Je suis déjà couché, mais une singulière rumeur, un frémissement du haut en bas de la maison, joints à des vagues harmonieuses, écartent

James Jacques TISSOT (1836-1902), *La Robe jaune*.
Paris, Musée d'Orsay. © Photo Josse.

de moi le sommeil. Sans doute ai-je remarqué, dans la journée, des préparatifs. Sans doute l'on m'a dit qu'il y aurait un bal ce soir-là. Mais, un bal, sais-je ce que c'est ? Je n'y avais pas attaché d'importance et m'étais couché comme les autres soirs. Mais cette rumeur à présent... J'écoute ; je tâche de surprendre quelque bruit plus distinct, de comprendre ce qui se passe. Je tends l'oreille. À la fin, n'y tenant plus, je me lève, je sors de la chambre à tâtons dans le couloir sombre et, pieds nus, gagne l'escalier plein de lumière. Ma chambre est au troisième étage. Les vagues de sons montent du premier ; il faut aller voir ; et, à mesure que de marche en marche je me rapproche, je distingue des bruits de voix, des frémissements d'étoffes, des chuchotements et des rires. Rien n'a l'air coutumier ; il me semble que je vais être initié tout à coup à une autre vie, mystérieuse, différemment réelle, plus brillante et plus pathétique, et qui commence seulement lorsque les petits enfants sont couchés. Les couloirs du second tout emplis de nuit sont déserts ; la fête est au-dessous. Avancerai-je encore ? On va me voir, on va me punir de ne pas dormir, d'avoir vu. Je passe ma tête à travers les fers de la rampe. Précisément des invités arrivent, un militaire en uniforme, une dame toute en rubans, toute en soie ; elle tient un éventail à la main ; le domestique, mon ami Victor, que je ne reconnais pas d'abord à cause de ses culottes et de ses bas blancs, se tient devant la porte ouverte du premier salon et introduit. Tout à coup, quelqu'un bondit vers moi ; c'est Marie, ma bonne, qui comme moi tâchait de voir, dissimulée un peu plus bas au premier angle de l'escalier. Elle me saisit dans ses bras ; je crois d'abord qu'elle va me reconduire dans ma chambre, m'y enfermer ; mais non, elle veut bien me descendre, au contraire, jusqu'à l'endroit où elle était, d'où le regard cueille un petit brin de la fête. À présent j'entends parfaitement bien la musique. Au son des instruments que je ne puis voir, des messieurs tourbillonnent avec des dames parées qui toutes sont beaucoup plus belles que celles du milieu de la journée. La musique cesse : les danseurs s'arrêtent ; et le bruit des voix remplace celui des instruments. Ma bonne va me remmener ; mais à ce moment une des belles dames qui se tenait debout, appuyée près de la porte et s'éventait, m'aperçoit ; elle vient à moi, m'embrasse et rit parce que je ne la reconnais pas. C'est évidemment cette amie de ma mère que j'ai vue précisément ce matin ; mais tout de même je ne suis pas bien sûr que ce soit tout à fait elle, elle réellement. Et quand je me retrouve dans mon lit, j'ai les idées toutes brouillées et je pense, avant de sombrer dans le sommeil, confusément : il y a une réalité et il y a les rêves ; et puis il y a *une seconde réalité*.

La croyance indistincte, indéfinissable, à je ne sais quoi d'autre, à côté du réel, du quotidien, de l'avoué, m'habita durant nombre d'années ; et je ne suis pas sûr de n'en pas retrouver en moi, encore aujourd'hui, quelques restes.

André GIDE, *Si le grain ne meurt*,
© Gallimard, 1920.

S'INFORMER

1. À quelle date les Prussiens ont-ils envahi la France ?

LIRE LE TEXTE

Le récit des événements

2. Quelles sont les deux anecdotes* dont André Gide fait le récit dans cet extrait ? Quel âge a-t-il environ lors de chaque anecdote ?

3. L'une des deux anecdotes est beaucoup plus développée que l'autre : pour quelle raison ?

4. Quelle anecdote est racontée au présent ? Quelle anecdote est racontée au présent et au passé ? Que montre le choix de ces temps ?

5. Dans le second récit, pourquoi l'enfant ne reconnaît-il pas les personnes qui lui sont pourtant familières ?

Mémoire fidèle, mémoire infidèle

6. Peut-on dire que l'auteur a une mauvaise mémoire ? Justifiez votre réponse.

7. Relevez les preuves apportées par la mère de l'auteur pour le convaincre que son souvenir est faux.

8. Pourquoi l'auteur accepte-t-il mal d'abandonner ce souvenir ?

Des souvenirs à l'écriture

9. À quel endroit du texte l'auteur parle-t-il de l'écriture autobiographique ?

10. Relevez le mot qui exprime ce que l'auteur est incapable de reconstituer et d'exprimer.

11. Relisez les lignes 48 à 53 : ces pensées sont-elles exprimées par l'enfant ? par le narrateur adulte ?

12. Quelle partie du texte permet de dire que les souvenirs qui viennent de l'enfance sont importants pour l'adulte ?

13. À votre avis, pourquoi l'auteur prend-il la précaution d'informer le lecteur de la manière dont il va écrire ses souvenirs ?

LIRE L'IMAGE

14. Relevez dans le texte deux expressions que vous pouvez rapprocher du tableau de J.-J. Tissot.

ÉCRIRE

15. Dans votre journal intime, racontez le souvenir le plus ancien de votre petite enfance. Observez et notez la manière dont vous vous y prenez pour le retrouver.

16. Vous est-il arrivé, comme à André Gide, de prendre conscience qu'un de vos souvenirs était partiellement ou totalement faux ? Racontez ce souvenir, et dites comment vous vous êtes aperçu(e) de votre erreur.

▶ Tout dire ?

Passe-temps

• **Paul LÉAUTAUD** (1872-1956) est un écrivain français. Son *Journal littéraire* en dix-neuf volumes révèle une pensée originale.

J'ai été, dans ma jeunesse, clerc d'avoué pendant une bonne dizaine d'années. J'avais vingt-deux ans. Il me fallait gagner ma vie, en gardant du loisir pour m'occuper des choses qui m'intéressaient. On m'avait indiqué cette sorte d'emploi. L'étude B…, quai Voltaire, deman-
5 dait un troisième clerc. Je m'y étais présenté, disant que je commençais mon droit. À la faveur de ce mensonge, j'avais tout de suite été agréé. Cinquante francs par mois. J'avais trente francs de chambre dans un

hôtel rue de Savoie, au deuxième, sur la rue, une grande fenêtre, un tapis par terre, n'ayant jamais pu vivre dans un taudis. Restaient vingt francs. En y ajoutant une trentaine de francs que m'envoyait chaque mois ma tante Fanny, cela faisait, en forçant un peu, cinquante francs pour me nourrir, m'habiller, acheter un livre de temps en temps. Je n'en suis pas mort, et je n'ai jamais emprunté cent sous à personne. J'avais seulement bien froid l'hiver dans ma chambre le matin quand je me levais et à midi quand je venais déjeuner, ne faisant un peu de feu que pour mes soirées. J'ai pincé là une bronchite qui sera certainement la cause de mon départ un jour, le plus tard possible, espérons-le.

Ce qui m'a sauvé, c'est la régularité. Du pain, du fromage, une tasse de café, tels étaient mes repas, que je prenais chez moi, pendant près de dix ans, sans que j'en fusse le moins du monde privé. Je me contenterais aussi bien de ce régime aujourd'hui, les plaisirs de la table n'existant pas pour moi. On donnait tous les jours, à l'étude, un pain de quatre livres pour les clercs. J'en emportais en cachette dans ma serviette. Ma situation s'améliora rapidement. Au bout de trois ou quatre ans, promu deuxième clerc, j'avais soixante-dix francs. Au bout de deux autres années, cent francs. Ce jour-là, je quittai l'hôtel et me mis dans mes meubles.

Quand je changeais d'hôtel, chassé par le bruit des autres locataires ou des enfants dans la rue, je faisais mon déménagement moi-même, en plusieurs fois, portant mes livres, mon poêle, mon fauteuil, ma lampe, ce que je pouvais avoir de linge et de vêtements, ces deux derniers les moins embarrassants. Il m'est arrivé d'aller ainsi du Panthéon à la rue de Savoie, un petit poêle en fonte sous le bras, et de l'autre main ma corbeille à papier contenant mes ustensiles de cuisine et de repas.

J'avais aussi comme ressources supplémentaires les « rôles » que je faisais[1] dans certaines affaires. Trente, cinquante, cent, selon l'importance de l'affaire et les moyens du client. On me donnait cinquante centimes. La place réservée à l'énoncé des parties et au *conclusum*, je les complétais avec des tirades de tragédies de Racine que je savais par cœur.

Après tout, pourquoi ne pas le dire ? On m'a fait une réputation de cynique. Il faut bien la justifier. Cynique est bien inexact. Franchise serait plus juste. Franchise, qui se moque du qu'en-dira-t-on. Goût pour la vérité, à commencer par moi-même. J'ajoutais de temps en temps un petit supplément à mes appointements. De temps en temps, dans mon travail, je faisais sauter quelques feuilles de timbre. Je les mettais de côté. J'étais chargé d'acheter ces feuilles au Palais quand la provision de l'étude était épuisée. Je faisais passer celles que j'avais en réserve, la somme qu'elles représentaient allant dans ma poche. Voilà-t-il pas un bien grand crime ? À ce compte-là, j'en ai quelques-uns sur la conscience.

Paul LÉAUTAUD,
« Souvenirs de basoche »,
dans *Passe-temps*,
© Mercure de France, 1929.

---

1. les « rôles » que je faisais : les rôles sont les pages d'un acte juridique. Paul Léautaud était chargé de rédiger en langage juridique certaines parties de ces pages et était payé cinquante centimes pour cela.

Théodore CATTI,
Portrait de Paul Léautaud, 1915.
Paris, Musée Carnavalet.
© Photo Josse.

S'INFORMER

1. Consultez le dictionnaire : qu'est-ce qu'un *clerc d'avoué* ? *la basoche* ? *un cynique* ?

LIRE LE TEXTE

L'évocation de la pauvreté

2. Dans quels domaines la pauvreté évoquée par l'auteur a-t-elle été assez facile à supporter ? Dans quel domaine a-t-il exigé un peu de confort ?

3. Pourquoi l'auteur peut-il faire son déménagement lui-même ?

Le métier de clerc

4. Faites la liste des actions douteuses ou malhonnêtes auxquelles s'est livré l'auteur.

5. L'auteur a-t-il donné satisfaction à son employeur ? Justifiez votre réponse en vous appuyant sur le texte.

6. Pourquoi, selon vous, remplaçait-il précisément par « *des tirades de tragédies de Racine* » certaines parties des actes juridiques qu'il devait rédiger ?

Le moment de l'écriture

7. Repérez, en indiquant le numéro des lignes, les passages du texte liés au moment de l'écriture.

8. Dans quel paragraphe du texte Paul Léautaud se livre-t-il à un commentaire de ses actions ?

9. Par quels arguments justifie-t-il ces actions ?

10. Dans cet extrait, qu'est-ce qui montre l'anticonformisme de Paul Léautaud ?

ÉCRIRE

11. Selon vous, l'auteur a-t-il raison de raconter ses mauvaises actions dans son autobiographie ? Justifiez votre réponse par deux arguments, et comparez votre réponse avec celle d'un camarade qui aura une opinion différente de la vôtre.

12. Racontez le souvenir d'une action que vous avez accomplie, et dont vous n'êtes pas content. Expliquez votre attitude, et précisez vos sentiments.

13. Relisez les lignes 34 à 39. Vous jugez cette action : ridicule ? révoltante ? très drôle ?
Justifiez votre réponse, puis comparez-la à celles de vos camarades.

Comment exprimer ce qu'on a vécu ?

L'Écriture ou la Vie

Jorge Semprun est un auteur espagnol contemporain, qui écrit certains de ses livres en français. Il a été déporté à Buchenwald pendant la Seconde Guerre mondiale, et libéré le 11 avril 1945 par les troupes alliées commandées par le général Patton. La scène évoquée dans l'extrait se situe au moment de sa libération.

Je riais, ça me faisait rire d'être vivant.
Le printemps, le soleil, les copains, le paquet de Camel que m'avait donné cette nuit un jeune soldat américain du Nouveau-Mexique, au castillan chantonnant, ça me faisait plutôt rire.
5 Peut-être n'aurais-je pas dû. Peut-être est-ce indécent de rire, avec la tête que je semble avoir. À observer le regard des officiers en uniforme britannique, je dois avoir une tête à ne pas rire.
À ne pas faire rire non plus, apparemment.
Ils sont à quelques pas de moi, silencieux. Ils évitent de me regar-
10 der. Il y en a un qui a la bouche sèche, ça se voit. Le deuxième a un tic de la paupière, nerveux. Quant au Français, il cherche quelque chose dans une poche de son blouson militaire, ça lui permet de détourner la tête.
Je ris encore, tant pis si c'est déplacé.
15 – Le crématoire s'est arrêté hier, leur dis-je. Plus jamais de fumée sur le paysage. Les oiseaux vont peut-être revenir !
Ils font la grimace, vaguement écœurés.
Mais ils ne peuvent pas vraiment comprendre. Ils ont saisi le sens des mots, probablement. Fumée : on sait ce que c'est, on croit savoir.
20 Dans toutes les mémoires d'homme, il y a des cheminées qui fument. Rurales, à l'occasion, domestiques : fumées des dieux-lares[1].

1. dieux lares : dieux protecteurs de la maison et du foyer chez les Romains.

Cette fumée-ci, pourtant, ils ne savent pas. Et ils ne sauront jamais vraiment. Ni ceux-ci, ce jour-là. Ni tous les autres, depuis. Ils ne sauront jamais, ils ne peuvent pas imaginer, quelles que soient leurs bonnes
25 intentions. [...]
« S'en aller par la cheminée, partir en fumée » étaient des locutions habituelles dans le sabir[2] de Buchenwald. Dans le sabir de tous les camps, les témoignages n'en manquent pas. On les employait sur tous les modes, tous les tons, y compris celui du sarcasme. Surtout, même
30 entre nous, du moins. Les S.S. et les contremaîtres civils, les *Meister*, les employaient toujours sur le ton de la menace ou de la prédiction funeste.

2. Sabir : langue faite de plusieurs langues qui coexistent.

Ils ne peuvent pas comprendre, pas vraiment, ces trois officiers. Il faudrait leur raconter la fumée : dense parfois, d'un noir de suie
35 dans le ciel variable. Ou bien légère et grise, presque vaporeuse, voguant au gré des vents sur les vivants rassemblés, comme un présage, un au revoir.

3. linceul : drap dans lequel on enveloppe les morts.

Fumée pour un linceul[3] aussi vaste que le ciel, dernière trace du passage, corps et âmes, des copains.
40 Il y faudrait des heures, des saisons entières, l'éternité du récit, pour à peu près en rendre compte.

Jorge SEMPRUN, L'Écriture ou la Vie,
© Gallimard, 1994.

LIRE LE TEXTE

La communication

1. Observez l'attitude des trois soldats : que traduit celle des deux Anglais ? que traduit celle du Français ?

2. Une réelle communication est-elle montrée entre les quatre personnes ? Pourquoi ?

3. Quelle tête l'auteur peut-il avoir (l. 6 et 7) ?

4. Pourquoi rit-il ?
Pourquoi ne rient-ils pas ?

Ce qui a été vécu

5. À partir de quel mot, supposé connu de tous, Jorge Semprun amorce-t-il une réflexion sur la difficulté de raconter ?

6. Deux images opposées de ce mot sont contenues dans le texte : lesquelles ? pourquoi ?

7. Pourquoi l'expression « *partir en fumée* » (l. 26) pouvait-elle être employée sur le ton du sarcasme, sur le ton de la menace, et sur le ton de la prédiction funeste ?

Raconter

8. Pour l'auteur, y a-t-il une différence entre comprendre le sens des mots, et saisir la réalité des choses ?
Justifiez votre réponse.

9. Quelles phrases sont répétées dans le texte ? Pourquoi ?

10. Quelle phrase du texte montre l'incapacité de l'écrivain à faire savoir ce qu'il a vécu ?

11. Pourquoi écrit-il tout de même ce souvenir ?

12. Relisez le titre du livre et expliquez-le.

Franck KUPKA (1871-1957), *Essay, Force*, 1920.
Vienne, Musée d'Art moderne.
Photo Erich Lessing / Magnum.
© Adagp 1999.

S'EXPRIMER À L'ORAL

13. Consultez votre manuel d'histoire, et lisez ce qui est consacré aux camps de concentration : du texte de votre manuel d'histoire ou du texte de Jorge Semprun, lequel vous touche le plus ? Pourquoi ?

Les commentaires du narrateur

OBSERVATION

Après le souper, quand la soirée était belle, nous allions encore tous ensemble faire quelque tour de promenade sur la terrasse, pour y respirer l'air du lac et la fraîcheur. On se reposait dans le pavillon, on riait, on causait, on chantait quelque vieille chanson
5 qui valait bien le tortillage moderne, et enfin l'on s'allait coucher content de sa journée, n'en désirant qu'une semblable pour le lendemain.

J'ai remarqué dans les vicissitudes[1] d'une longue vie que les époques des plus douces jouissances et des plaisirs les plus vifs ne
10 sont pourtant pas celles dont le souvenir m'attire et me touche le plus. Ces courts moments de délire et de passion, quelque vifs qu'ils puissent être, ne sont cependant, par leur vivacité même, que des points bien clairsemés dans la ligne de la vie. Ils sont trop rares et trop rapides pour constituer un état ; et le bonheur que mon cœur
15 regrette n'est point composé d'instants fugitifs, mais un état simple et permanent, qui n'a rien de vif en lui-même, mais dont la durée accroît le charme, au point d'y trouver enfin la suprême félicité.

Jean-Jacques ROUSSEAU, *Les Rêveries du promeneur solitaire*.

1. **vicissitudes :** succession des événements heureux et malheureux de la vie.

1. Quelle habitude agréable Jean-Jacques Rousseau évoque-t-il ?

2. Pour lui, ces moments :
– représentent le bonheur,
– sont des moments de bonheur isolés dans le cours de la vie.
Justifiez votre réponse.

3. Dans quel paragraphe l'auteur évoque-t-il des habitudes ? Dans quel paragraphe mène-t-il une réflexion sur ces moments passés ?

4. Quelle définition Jean-Jacques Rousseau donne-t-il du vrai bonheur ?

Victor DUBOIS (1779-1850),
*Plan des jardins de Chantilly.
Temple de Vénus.*
Chantilly, Musée Condé.
© Photo Giraudon.

Leçon

1. Le moment des événements

Dans les écrits autobiographiques, on trouve des **évocations** de moments précis, des récits d'événements ou d'habitudes du passé. Tout cela **a réellement existé** à une époque plus ou moins éloignée du moment où l'auteur écrit ses souvenirs. L'auteur cherche à **recréer** le passé.

→ *On se reposait dans le pavillon.* (J.-J. Rousseau)
  souvenir situé dans le passé

Le plus souvent, l'évocation de ces moments de l'enfance, de la jeunesse ou de la maturité est écrite aux **temps du passé**, pour marquer la rupture avec le moment de l'écriture. Si certains faits ou événements sont racontés au présent, il s'agit **du présent de narration.**

→ *Je tends l'oreille. À la fin, n'y tenant plus, je me lève.* (A. Gide)

2. Le moment de l'écriture

L'évocation du passé amène souvent l'écrivain à réfléchir sur ce qu'il raconte. Le souvenir, ou le fait d'écrire permettent de regarder le passé avec du recul. Les réflexions sont contemporaines du **moment de l'écriture** (ou de l'énonciation). Elles sont écrites aux temps des énoncés **ancrés dans la situation d'énonciation**, et majoritairement au **présent**. Il s'agit alors du **présent du narrateur** (ou présent de l'énonciation).

→ *... les époques des plus douces jouissances et des plaisirs les plus vifs ne sont pourtant pas celles dont le souvenir **m'attire** et **me touche** le plus.* (J.-J. Rousseau)

→ *Ayant ainsi consigné ces quelques faits, **je m'arrête**, prise de vertige.* (M. Yourcenar)

Pour bien marquer que ces commentaires sont liés au moment de l'écriture, l'auteur peut avoir recours à des adverbes ou des locutions comme *aujourd'hui, au moment où j'écris ces lignes, maintenant...* (M. Yourcenar)

3. Les commentaires

Le fait de chercher à se souvenir de son passé et d'écrire ses souvenirs amène l'auteur à :

- revivre des **sensations**, et des **sentiments** d'autrefois. À cette occasion, il peut établir une comparaison avec ses sensations ou ses sentiments au moment où il écrit,

→ *La croyance indistincte, indéfinissable, à je ne sais quoi d'autre, à côté du réel, du quotidien, de l'avoué, m'habita durant nombre d'années. Je ne suis pas sûr de n'en pas retrouver en moi, encore aujourd'hui, quelques restes.* (A. Gide)

- s'interroger sur la manière dont la **mémoire** fonctionne, dont elle transmet le souvenir, ou sur le langage et sur la difficulté de traduire exactement le passé,

→ *C'est ainsi que je suis resté longtemps convaincu d'avoir gardé le souvenir de l'entrée des Prussiens à Rouen.* (A. Gide)

→ *Il y faudrait des heures, des saisons entières, l'éternité du récit, pour à peu près en rendre compte.* (J. Semprun)

- s'engager dans une **réflexion plus générale** sur la vie et le monde,

→ *La maison où se passait cet événement, puisque toute naissance en est un pour le père et la mère,...* (M. Yourcenar)

⚠ Dans ce cas, le **présent de vérité générale** est souvent employé.

L'ensemble de ces réflexions rédigées au moment de l'écriture constitue les **commentaires** de l'auteur. Ils expriment la vision que l'auteur veut transmettre.

EXERCICES

1. Lisez ou relisez quatre textes du chapitre. Pour chacun d'entre eux, relevez un fait, un événement ou une habitude appartenant au passé, et un commentaire produit par l'auteur à partir du passé.

2. Dans les textes suivants, délimitez l'évocation de faits du passé, et un commentaire lié au moment de l'écriture, ou un commentaire général.

A

Je fis un voyage aux Échelles, ce fut comme un séjour dans le ciel, tout y fut ravissant pour moi. Le bruit du Guiers, torrent qui passait à deux cents pas devant les fenêtres de mon oncle, devint un son sacré pour moi, et qui sur-le-champ me transportait dans le ciel.

Ici, déjà les phrases me manquent, il faudra que je travaille et transcrive ces morceaux, comme il m'arrivera plus tard pour mon séjour à Milan.

STENDHAL, *Vie de Henri Brulard*.

B

Nous nous arrêtâmes pour contempler cette créature : une *coclopeltis lacertina* d'une taille imposante, presque aussi longue qu'un corps humain. Ce n'est qu'au Capo Rosso que je devais en rencontrer une plus grande encore. Aucune couleuvre n'a un aspect plus métallique ; la cuirasse de bronze, avec ses écailles jaunes et brunes, semble une armure de parade.

Ernst JÜNGER, *Chasses subtiles*, traduction de Henri Plard, © Christian Bourgois, 1967.

C

Je n'arriverai sans doute pas à évoquer d'une manière satisfaisante les riches couleurs de ces premières années à Roustchouk, les passions et les terreurs dont elles furent traversées. Rien de ce que je vivrai plus tard qui ne se fût déjà produit, sous une forme ou sous une autre, à Roustchouk, en ce temps-là. L'Europe, là, c'était le reste du monde. Quand quelqu'un remontait le Danube, vers Vienne, on disait : il va en Europe : l'Europe commençait là où finissait autrefois l'empire ottoman.

Élias CANETTI, *Histoire d'une jeunesse*, traduction de B. Kreiss, © Albin Michel, 1980.

D

C'est lui qui avait présenté au public de Marseille ma première ébauche dramatique, qui était un vaudeville assez graveleux[1] ; je pensais que *Marius* lui plairait, et je fus surpris de ne recevoir aucune réponse. Puis vint un télégramme laconique[2] : « Viens me voir, Franck. » Je ne sus qu'en penser, et je « descendis » à Marseille.

Cette expression méridionale fait rire les gens du Nord, elle est pourtant fort juste, car sur une carte murale, quand on va de Paris à Marseille, on descend.

Marcel PAGNOL, *Confidences*,
© Marcel Pagnol, Éd. Bernard de Fallois.

---

1. **graveleux** : vulgaire.
2. **laconique** : bref.

3. Relisez les commentaires contenus dans les textes de l'exercice 2, et dites s'ils portent sur des sensations, sur la difficulté d'écrire, ou sur le langage.

4. Pour un ami dont vous venez de faire la connaissance, racontez en quelques lignes un souvenir qui montre bien qui vous êtes, et écrivez un commentaire plus général à partir de cette anecdote.

5. Racontez au passé ou au présent de narration un souvenir comique de votre petite enfance.

Parler de soi, parler du monde

MISE AU POINT

- Les écrits autobiographiques sont les seuls dans lesquels

  auteur = narrateur = personnage.

  Il s'agit d'une seule et même personne, qui a réellement existé, et qui écrit ses souvenirs.

- Quand un récit est écrit à la première personne, on ne peut être sûr qu'il s'agit d'un récit autobiographique qu'en s'informant et en vérifiant par la biographie de l'auteur.

- Les écrits autobiographiques peuvent porter des titres divers. Toutefois, on peut rencontrer dans le titre de l'œuvre des mots qui indiquent qu'il s'agit d'un écrit autobiographique. Ce sont des mots comme *Souvenirs, Mémoires, Confessions, Confidences*…

- À propos des écrits autobiographiques, on peut se poser deux questions :
  – ce qui est raconté est-il vrai ?
  – pourquoi l'auteur éprouve-t-il le besoin de raconter ses souvenirs ?

MOTS CLÉS

• **La mémoire**	L'écrivain se fie à ses propres souvenirs. Mais il peut aussi s'agir de souvenirs reconstruits à partir de ce qui lui a été raconté. En outre, **la mémoire** peut parfois se tromper.
• **Les mémoires**	**Les mémoires** sont des ouvrages dans lesquels l'auteur raconte ses souvenirs dans un milieu social précis. Il parle autant de la société dans laquelle il a vécu que de lui-même. L'autobiographie est davantage centrée sur la personne de l'auteur.
• **Choix**	L'écrivain choisit lui-même ce dont il parle, en fonction de l'image qu'il veut donner de lui. Il peut volontairement passer sous silence certains épisodes de sa vie, ou les modifier.
• **Commentaires**	Les commentaires qui sont liés à un épisode raconté par l'auteur dépassent le cadre de l'anecdote. Ce sont parfois des réflexions générales sur la vie.
• **Regards sur le monde**	Parce que son existence s'est déroulée dans des lieux précis et à une époque déterminée, l'auteur propose une vision du monde dans lequel il a vécu.

PROLONGEMENTS

ACTIVITÉ 1 Relisez les titres de tous les livres dont sont tirés les extraits du chapitre (textes et exercices) : quels titres permettent de supposer qu'on va lire une autobiographie ?

ACTIVITÉ 2 Dans l'extrait suivant, quel méfait l'auteur avoue-t-il, faisant ainsi preuve de sincérité ? Comment pouvez-vous justifier ce méfait ? Quelle information le texte donne-t-il sur le régime politique sous lequel vit alors l'auteur ?

Juan Goytisolo est étudiant en droit. Mais la littérature l'attire davantage, et notamment les auteurs interdits en Espagne par le général Franco.

Là, mon ami et moi explorions étagères et piles, tremblant d'émotion devant une pléthore de titres et d'auteurs dont nous avions à peine entendu parler mais que nous soupçonnions d'être indispensables à notre formation intellectuelle : Proust, Kafka, Malraux, Gide, Camus, Sartre. Pour satisfaire à mes dépenses croissantes dans les librairies, j'imaginai de convaincre mon père qu'il s'agissait d'ouvrages juridiques nécessaires au succès de ma carrière. À la maison, je trouvai plusieurs cachettes, parfois ingénieuses, où dissimuler mes acquisitions, car je craignais que ma sœur ne les découvre et ne me reproche de lire et de posséder des ouvrages à l'Index[1].

Juan GOYTISOLO, Chasse gardée,
traduction d'Aline Schulman,
© Librairie Arthème Fayard, 1987.

---

1. Des ouvrages à l'Index : des ouvrages interdits par le gouvernement.

ACTIVITÉ 3 Pourquoi, selon vous, l'auteur raconte-t-il cet épisode de sa vie ? Par quelle raison tente-t-il d'excuser son acte ? À sa place, auriez-vous avoué un épisode semblable ? Pourquoi ?

Ma cousine était très belle et le savait. Ses cheveux très noirs, qu'elle portait en bandeaux, faisaient valoir un profil de camée[1] (j'ai revu sa photographie) et une peau éblouissante. De l'éclat de cette peau, je me souviens très bien ; je m'en souviens d'autant mieux que, ce jour où je lui fus présenté, elle portait une robe largement échancrée.

« Va vite embrasser ta cousine », me dit ma mère lorsque j'entrai dans le salon. (Je ne devais avoir guère plus de quatre ans : cinq peut-être.) Je m'avançai. La cousine de Flaux m'attira contre elle en se baissant, ce qui découvrit son épaule. Devant l'éclat de cette chair, je ne sais quel vertige me prit : au lieu de poser mes lèvres sur la joue qu'elle me tendait, fasciné par l'épaule éblouissante, j'y allai d'un grand coup de dents, la cousine fit un cri de douleur ; j'en fis un d'horreur ; puis je crachai, plein de dégoût. On m'emmena bien vite, et je crois qu'on était si stupéfait qu'on oublia de me punir.

André GIDE, Si le grain ne meurt, © Gallimard, 1920.

---

1. Un **camée** est une pierre fine sculptée, souvent utilisée en bijouterie.

ACTIVITÉ 4 — Dans le texte suivant, de quelle qualité l'auteur fait-il preuve dans le jugement qu'il porte sur lui-même ? De quel milieu social parle-t-il ? Quel jugement porte-t-il sur ce milieu ?

Dans ce cas [lorsqu'il trouve qu'il n'a pas assez de succès], l'écrivain ou l'artiste se métamorphose en furieux, mais il réserve le spectacle et les extravagances de la démesure à son éditeur et à ses proches. Il insulte le premier, bat les seconds, alterne : il boit jusqu'à l'abêtissement complet ; il téléphone toutes les heures pour un caprice nouveau ; il menace d'une immédiate infidélité ; il s'use à reconstituer la trame du complot qui empêche son élévation et des jalousies qui rabaissent son œuvre ; il quémande des récompenses, et, s'il en a reçu une, il s'aplatit pour passer au grade supérieur et faire partie d'un jury, il médit, il calomnie, il ment, il poignarde dans le dos, il courtise, il copie, il vole, il a peur des journaux, il recueille avec avidité des renseignements controuvés sur la vie sexuelle de ses confrères et il répand ces détails en y ajoutant un peu de salissure. Il pèse sans cesse le poids d'influence de l'un et de l'autre, il n'a pas d'autre horizon que son nombril : « Cessons de parler de moi ! Qu'as-tu pensé de mon livre ? » Ce raccourci a été attribué à tant d'écrivains qu'il doit bien les peindre tous (sauf l'auteur de ces lignes, miraculeusement immunisé à la naissance contre chacun des défauts qu'il vient de survoler).

Philippe MEYER, *Paris la Grande,* © Flammarion, 1997.

ACTIVITÉ 5 — Relevez la phrase qui évoque un moment postérieur à l'anecdote racontée, et qui constitue un commentaire sur l'événement.

Peu après, M. Roosevelt m'envoya quelqu'un pour arranger notre rencontre. J'y fus, tard dans la soirée. Nous passâmes une heure ensemble, assis sur le même canapé, dans une grande pièce de la villa où il s'était installé. Bien que mon interlocuteur affectât d'être seul en ma compagnie, je discernais des ombres au fond d'une galerie supérieure et je voyais des rideaux remuer dans les coins. Je sus, plus tard, que M. Harry Hopkins et quelques secrétaires écoutaient sans se découvrir et que des policiers armés veillaient sur le président. En raison de ces présences indistinctes, c'est dans une atmosphère étrange que nous eûmes, Roosevelt et moi, notre première conversation.

Charles DE GAULLE, *Mémoires de guerre,* © Plon, 1956.

ACTIVITÉ 6 — Dans quel but l'abbé de Choisy écrit-il ses *Mémoires* ?

Je laisserai tomber de ma plume tout ce qui me regardera personnellement, quelque petit qu'il soit, et mes amis y trouveront aussi leur place ; car pour des ennemis, grâces à Dieu je n'en ai point, et n'en eus jamais : et si je savais quelqu'un qui me voulût du mal, j'irais tout à l'heure lui faire tant d'honnêtetés, tant d'amitiés, qu'il deviendrait mon ami en dépit de lui. C'est donc ici un plaisir innocent que je me propose. Quand je serai bien vieux, je me ferai lire et relire ces Mémoires, et me rajeunirai en quelque sorte en me rappelant ces temps heureux de la jeunesse, où l'on ne songe qu'à se réjouir.

Mémoires de l'abbé de Choisy.

LECTURE DE L'IMAGE

AUTOPORTRAITS

Albrecht DÜRER (1471-1528), *Autoportrait à l'âge de treize ans*, 1484, crayon d'argent sur papier enduit, 27,5 × 19,6, Vienne, Graphische Sammlung Albertina. © Photo AKG-Paris.

Ce dessin est le premier autoportrait du nord de l'Europe. Il porte en haut et à droite l'annotation suivante : « *Cela, je l'ai reproduit de moi-même devant un miroir, alors que j'étais encore enfant.* »

Albrecht DÜRER, *Autoportrait avec fleur de ricin*, 1493, 57 × 45, Paris, musée du Louvre.
© Photo Hubert Josse.

On pense que Dürer peignit cet autoportrait pour sa fiancée, Agnès Frey, car la fleur de ricin était le symbole de la fidélité conjugale.

314

Albrecht Dürer, *Autoportrait*, 1498, 52 × 41, Madrid, musée du Prado.
© Photo Hubert Josse.

L'inscription située sous la fenêtre signifie : « *1498, j'ai fait ceci à ma ressemblance, quand j'avais vingt-six ans* ». Dürer venait de remporter un grand succès avec un ensemble de gravures de l'Apocalypse.

1. Qu'ont en commun ces trois autoportraits ? L'auriez-vous deviné sans les indications qui accompagnent chaque autoportrait ?

2. Selon vous, quand l'annotation qui figure en haut et à droite de l'*Autoportrait à l'âge de treize ans* a-t-elle été écrite ?
Que nous apprend-elle sur la manière dont le dessinateur a procédé ?

3. Quel âge Dürer avait-il lorsqu'il peignit l'*Autoportrait avec fleur de ricin* ?

4. Quelle image veut-il donner de lui-même par cet autoportrait ?

5. Comparez le tableau de 1498 et celui de 1493 : quelles différences remarquez-vous ? à quoi sont-elles dues ?

Lexique

Abstrait
Qui appartient au domaine des idées, qui exprime une qualité, une caractéristique de manière générale. S'oppose à concret*.

Allitération
Répétition d'une même consonne dans une phrase, dans un vers.
→ *Dans **s**on **s**ommeil gli**ss**ant l'eau **s**e **s**u**sc**ite un **s**onge.* (C. Roy)

Anaphore
Répétition à plusieurs endroits de la phrase, ou au début de plusieurs phrases successives.
→ ***De l'eau** dans les champs, **de l'eau** sur les routes, **de l'eau** dans les villes, **de l'eau** à perte de vue.*

Anecdote
Récit bref d'un fait curieux, intéressant.

Anticiper
Annoncer, à un moment du récit, des événements qui auront lieu plus tard.

Antithèse
Figure de style qui rapproche deux mots ou deux expressions contraires pour mieux en faire apparaître le contraste.

Antonyme
Mot dont le sens est opposé à celui d'un autre mot.

Argument
Les arguments sont des idées, des faits exposés pour soutenir ou repousser une thèse.

Caractériser
Indiquer des caractéristiques. Préciser un caractère, c'est-à-dire un élément distinctif et particulier d'une personne ou d'une chose.

Champ lexical
Ensemble des mots qui se rapportent à une même notion.

Chute
Procédé littéraire, particulièrement utilisé dans la nouvelle*, consistant à terminer le texte par une fin qui était difficilement prévisible. La chute produit un effet de surprise.

Chronologie, ordre chronologique
Suite d'événements rangés par ordre de dates. Ordre des événements dans le temps.

Comparaison
Rapprochement de deux éléments (le comparé et le comparant) par l'intermédiaire d'un mot-outil.

→ *Le plongeur,   tel   un oiseau, prit son envol.*
    comparé   mot-outil   comparant

Concret
Qui appartient au domaine de la réalité perceptible par l'un des cinq sens (la vue, l'ouïe, l'odorat, le goût, le toucher). S'oppose à abstrait*.

Connotation
Ensemble des sens suggérés par un mot, en fonction du contexte.

Destinataire
Celui auquel le message est adressé.

Didascalie
Dans un texte théâtral, tout ce qui n'est pas paroles de personnages. Plus spécialement, indications qui précisent les déplacements, les gestes des personnages, leurs intonations, etc.

Discours (sens 1)
On parle de discours lorsque la langue est utilisée à l'oral ou à l'écrit. Selon l'intention de celui qui s'exprime, on distingue quatre **formes de discours :**
– le discours narratif rapporte des événements, les situe dans le temps ;
– le discours descriptif vise à aider le lecteur à se représenter une réalité, en nommant les éléments qui la composent, en les caractérisant et en les situant dans l'espace ;
– le discours explicatif cherche à faire comprendre un phénomène naturel, un processus, etc. ;
– le discours argumentatif vise à soutenir un ou plusieurs points* de vue.

Discours (sens 2)
L'expression **discours rapporté** désigne dans un récit trois façons de faire connaître les paroles des personnages. On distingue :
– le discours direct : les paroles des personnages sont citées telles qu'ils les ont dites au moment où ils les ont dites. Elles sont distinguées du récit à l'aide de la ponctuation (deux points, guillemets) :
→ *Il refusa énergiquement : « Personne n'a le droit de me contraindre à prendre cette décision. »*
– le discours indirect : les paroles sont incluses dans le récit à l'aide de verbes introducteurs et de propositions subordonnées.
→ *Il refusa énergiquement et précisa que personne n'avait le droit de le contraindre à prendre cette décision.*
– le discours indirect libre : les paroles sont incluses dans le récit, mais aucun mot subordonnant n'est utilisée.
→ *Il refusa énergiquement. Personne n'avait le droit de le contraindre à prendre cette décision.*

Discours (sens 3)
Le mot discours peut être utilisé pour désigner un énoncé ancré dans la situation d'énonciation. Il s'emploie alors par opposition au récit. Voir système de temps*.

Distique
Strophe de deux vers.

Ellipse
1) Suppression de certains mots dans une phrase, du pronom sujet par exemple.
→ *Elle tourne, virevolte, sautille, termine par un entrechat.*
2) Dans un récit, l'ellipse consiste à ne pas raconter un moment plus ou moins long, soit parce qu'il n'est pas connu, soit parce que le lecteur peut en deviner l'essentiel. On parle alors d'une ellipse temporelle.

Énoncé, Énonciation, Énonciateur
Un **énoncé,** c'est-à-dire un message écrit ou oral, est produit au cours d'un acte que l'on appelle l'**énonciation.** Celui qui est à l'origine de l'énoncé se nomme l'**énonciateur.**
La situation d'énonciation se détermine en précisant : Qui parle ? ou Qui écrit ? Pour qui ? Quand et où le fait-il ? Dans quel but ?

Explicite
Qui est précisément exprimé dans le message.

Fable
1) Récit mensonger.
2) Court récit dont on tire une moralité.

Genre
Catégories d'œuvres qui présentent des caractéristiques communes (roman, théâtre, poésie, etc.). À l'intérieur d'un genre, on peut procéder à un deuxième classement. On parle alors de sous-genres, par exemple, le récit fantastique, le roman policier, sont des sous-genres du roman.

Gradation
Figure de style qui consiste en une suite de mots ordonnés du plus faible au plus fort ou inversement.
→ *Il s'approchait, **sérieux, sévère, menaçant, terrible.***

Histoire
Ce que contient le récit ; suite d'événements réels ou imaginaires.

Image
Ensemble des moyens par lesquels l'auteur aide le lecteur à se représenter ce dont il parle par association.

Implicite
Information, jugement ou signification qui ne sont pas précisément exprimés dans le message, mais que le lecteur peut construire grâce au contexte.

Interlocuteurs
Personnes ou personnages qui parlent et qui échangent des messages.

Mélioratif
Qui présente quelque chose de manière favorable. Dans le même sens on peut employer « laudatif ». S'oppose à péjoratif*.

Le merveilleux
Dans une œuvre littéraire et dans les contes particulièrement, ensemble de ce qui n'appartient pas à la réalité, est inexplicable ou surnaturel. Les fées, les sorcières, les métamorphoses*, les objets magiques, par exemple, sont des éléments du merveilleux.

Métamorphose
Changement de forme, de nature.

Métaphore
Comparaison sous-entendue, sans terme comparatif.
→ *Il disparut sous le **rideau** de la pluie.* (= La pluie est comme un rideau)

Métaphore filée
Métaphore qui se poursuit sur plusieurs mots, au fil des phrases ou des vers.
→ *Le **rideau** de la pluie **voilait** l'horizon, **drapait** les forêts d'**étoffes** scintillantes.*

Mythe
Récit fabuleux ou légendaire qui met en scène des êtres représentant des éléments de la nature, des aspects de la vie des êtres humains. Le mythe a souvent une fonction explicative.

Narrateur
Personnage qui raconte l'histoire.

Nouvelle
Récit court, présentant un petit nombre de personnages, des actions ou des faits concentrés.

Objectif
1) Nom masculin : but que l'on se propose d'atteindre.
2) Adjectif qualificatif : qui peut être constaté par tout le monde, indépendamment des opinions et des sentiments qu'une personne peut formuler. S'oppose à subjectif*.

Opinion
Avis que l'on exprime sur une question.

Paradoxe, paradoxal
Affirmation qui va à l'encontre des idées courantes, qui heurte le bon sens.

Paratexte
Indications, informations entourant le texte (notice biographique concernant l'auteur, chapeau introduisant le texte, indication de l'année de publication, etc.).

Péjoratif
Qui présente quelque chose ou quelqu'un de manière défavorable. S'oppose à mélioratif*.

Périphrase
Figure de style qui consiste à remplacer un mot par un groupe de mots synonyme.
→ *l'astre de la nuit* (= la lune)

Personnifier, personnification
Parler d'un objet comme d'un être humain, avec ses caractéristiques de pensée et de comportement.
→ *Le chèvrefeuille* **se penchait mélancoliquement** *au-dessus d'une petite source.*

Poésie engagée
La poésie engagée se fonde sur l'expression d'opinions personnelles : le poète soutient une thèse, des idées, ou lutte contre une situation.

Poésie lyrique
La poésie lyrique accorde une grande place à l'expression de sentiments personnels.

Point de vue
1) Dans un récit à la troisième personne, manière de raconter l'histoire.

– **Point de vue objectif :** Le narrateur rapporte seulement ce qu'un spectateur de la scène pourrait observer ; il donne moins d'informations que n'en connaissent les personnages.

– **Point de vue subjectif :** Le narrateur raconte l'histoire à travers le regard d'un personnage ; il dit ce que sait le personnage, fait connaître ses pensées, ses sensations, etc.

– **Point de vue omniscient :** Le narrateur, connaissant tout de l'histoire, raconte le passé des personnages, rapporte leurs pensées ; il peut s'intéresser ainsi à plusieurs personnages, successivement.

2) Dans le discours argumentatif, le point de vue désigne la prise de position de l'énonciateur, la thèse* qu'il soutient.

Procédé d'écriture, procédé de style, figure de style
Procédé utilisé par un auteur pour exprimer une idée. Certains procédés sont utilisés par tous les auteurs, et aisément identifiables : comparaison, métaphore, etc.

Question rhétorique
Fausse question que l'énonciateur d'un discours argumentatif formule pour exprimer sa propre opinion ou amener son interlocuteur à lui donner son accord.

Rationnel
Qui appartient à la raison, au raisonnement.

Réaction
Comportement d'une personne en réponse à une situation ou à une action.

Récit
Texte qui rapporte des actions – réelles ou imaginaires – longtemps après leur déroulement.

Réfuter
Démontrer, à l'aide d'arguments,* que l'on considère une thèse comme fausse.

Relation logique
Lien établi entre deux ou plusieurs idées, entre deux ou plusieurs faits et qui souligne le raisonnement ; il peut s'agir d'un lien de cause, de conséquence, de but, d'opposition, de condition.

Retour en arrière
Le narrateur remonte dans le temps et raconte des actions, des faits antérieurs à d'autres. Au cinéma, on parle d'un « flash back ».

Scène
1) Dans un théâtre, endroit où jouent les acteurs.

2) Divisions d'un acte. Il y a une nouvelle scène chaque fois qu'un personnage entre ou sort.

3) Dans un récit, action réunissant quelques personnages, racontée de façon détaillée.

Schéma narratif
Ensemble des cinq étapes d'un récit : situation initiale, modification, série d'actions, résolution, situation finale.

Sensation
Perception physique ressentie par l'un des cinq sens (goût, odorat, ouïe, toucher, vue).

Sentiment
État affectif stable et durable résultant de sensations, d'impressions, d'émotions...

Stéréotype
Idée toute faite, banalité, cliché.

Subjectif
Qui présente une opinion ou un jugement propre à la personne qui s'exprime. S'oppose à objectif*.

Symbole, symboliser
1) Un symbole est une image qui représente une idée abstraite.
→ *La colombe est le symbole de la paix.*
2) Portée symbolique : sens général que prend un mot, une phrase, un texte contenant des symboles.

Syntaxe
Ensemble des relations grammaticales que les mots entretiennent dans une phrase.

Temps (système du discours)
Le temps de référence est le présent ; les autres temps employés sont : le passé composé, le plus-que-parfait, l'imparfait, le futur antérieur, le futur simple.
Ce système de temps est utilisé lorsque les actions, les faits évoqués sont **ancrés dans la situation d'énonciation.**

Temps (système du récit)
Le temps caractéristique est le passé simple ; les autres temps employés sont le passé antérieur, le plus-que-parfait, l'imparfait, le futur du passé.
On utilise ce système de temps à l'écrit, pour raconter des actions, des faits situés dans un passé lointain et **coupés de la situation d'énonciation.**

Thème
1) Sujet général abordé dans un texte. On le trouve en posant une question : *De quoi parle-t-on ? De quoi est-il question ?*
2) Dans une phrase, c'est l'information de départ, ce dont on parle. À cette information s'ajoute une information nouvelle : c'est le **propos.**

Thèse
Position qu'on prend sur un sujet. Opinion qu'on soutient.

Tirade
Dans une pièce de théâtre, longue réplique au cours de laquelle un personnage expose ses idées, ses sentiments…

Ton, Tonalité
Manière de s'exprimer à l'oral ou à l'écrit (ton dramatique, humoristique…). Impression générale qui se dégage d'un texte (tonalité dramatique, humoristique, comique, tragique…).

Transition
Passage d'une idée à une autre, d'une phrase à une autre, d'un paragraphe à un autre.

Visée
Le but que se propose d'atteindre celui qui s'exprime.

Vraisemblable, vraisemblance
Caractère de ce qui peut paraître vrai.

Index des auteurs

Alain, 129, 138, 188
Andersen, 289
Anouilh J., 225
Aragon L., 243
Aymé M., 287
Balzac H. de, 200
Barbusse H., 92
Bataille C., 188
Baudelaire C., 256
Beauvoir S. de, 298
Brassens G., 262
Brauquier L., 267
Brisville J.-C., 56
Buzzati D., 278
Canetti E., 310
Cantique des Cantiques, 258
Cavafy C., 263
Carrère S., 196
Choisy (abbé de), 313
Cioran E.-M., 173
Clavel B., 186
Colette, 90
Coloane F., 33, 46
Comte H., 134
Conrad J., 22
Convart D., 273
Courier P.-L., 103
Couture C., 140
Cueco H., 147
Darbellay C., 265
Desbordes-Valmore M., 260
Dick P.K., 289
Diop D., 261
Djebar A., 265
Dumas A., 237
Duras M., 20
Éluard P., 242, 261
Ésope, 35

Feuillère E., 294
Flaubert G., 15, 265
Galey M., 176
Gaulle C. de, 313
Gautier T., 267, 286
Genet J., 236
Gide A., 300, 312
Goytisolo J., 312
Hardellet A., 289
Hémon L., 59
Hugo V., 14, 42, 102, 231, 254, 267
Jacob F., 143
Jacquard A., 204
Jerome J. K., 132
Jünger E., 310
Labé L., 259
Labiche E., 228
Lacarrière J. 40
La Fontaine J. de, 114
Léautaud P., 303
Lorrain J., 250
Maron M., 286
Martin du Gard R., 86
Maupassant G. de, 27, 31, 128, 284
Maurois A., 178
Mérimée P., 33, 66 à 75, 202
Merle R., 130
Meyer P., 313
Molière, 239
Neruda P., 252
Noël M., 246
Onfray M., 129
Pasternak B., 82
Pagnol M., 310
Poirot-Delpech B., 103
Ponge F., 120

Pouchkine A., 58
Prévert J., 121
Quignard P., 174
Ray J., 274
Resnais A., 188
Rilke R.-M., 44
Rimbaud A., 242
Robbe-Grillet A., 17, 33
Rostand E., 152 à 163, 165 à 167
Rousseau J.-J., 308
Roy C., 145
Saint-Amant, 267
Seignolle C., 276
Semprun J., 306
Sévigné (madame de), 59, 116, 118
Shakespeare W., 222
Shelley M.W., 272
Signol C., 296
Stahl P.-J., 182
Stendhal, 310
Troyat H., 18
Vercors, 95
Verlaine, 248
Vian B., 245
Viansson-Ponté P., 180
Visdei A., 218
Voltaire, 147, 198
Wilde O., 281
Yourcenar M., 176, 297
Zei A., 100
Zola É., 24, 33
Zweig S., 84

Textes de presse, 34, 35, 61, 110, 111, 112, 113, 172, 188, 189, 194, 210, 211